Christoph J. Schmidt-Lellek · Astrid Schreyögg (Hrsg.)

Praxeologie des Coaching

D1724292

OSC

Organisationsberatung
Supervision Coaching

Sonderheft 2 | 2008

Christoph J. Schmidt-Lellek
Astrid Schreyögg (Hrsg.)

Praxeologie des Coaching

VS VERLAG FÜR SOZIALWISSENSCHAFTEN

OSC Organisationsberatung Supervision Coaching

www.osc-digital.de

Herausgeberin: Dr. Astrid Schreyögg, Breisgauer Str. 29, D-14129 Berlin, E-Mail: info@Schreyoegg.de

Mitherausgeber: Prof. Dr. Nando Belardi, Bergisch-Gladbach, Prof. Dr. Hilarion Petzold, Düsseldorf, Dr. Wolfgang Rechtien, Nordkirchen, Dr. Christoph J. Schmidt-Lellek, Oberursel.

Redaktion: Dr. Christoph J. Schmidt-Lellek, Taunusstraße 126, D-61440 Oberursel, E-Mail: kontakt@schmidt-lellek.de

Wissenschaftlicher Beirat: Prof. Dr. Jesús Hernández Aristu (E-Pamplona), Prof. Dr. Ferdinand Buer (D-Münster), Prof. Dr. Jörg Fengler (D-Köln), Prof. Dr. Peter Fürstenau (D-Düsseldorf), Dr. Peter Großkurth (D-Wetzlar), Dr. Ralph Großmann (A-Wien), Drs. Louis van Kessel (NL-Wageningen), Dr. Monika-Isis Ksiensik (D-Mannheim), Prof. Dr. Heidi Möller (A-Innsbruck), Christopher Rauen (D-Goldenstedt), Prof. Dr. Sabine Scheffler (D-Köln), Prof. Dr. Wilfried Schley (CH-Zürich), Prof. Dr. Arist v. Schlippe (D-Osnabrück/Witten), Dr. Wolfgang Schmidbauer (D-München), Prof. Dr. Wolfgang Weigand (D-Nottuln).

Die Zeitschrift OSC ist ein internationales Diskussionsforum für eine qualifizierte Beratungspraxis. OSC widmet sich Innovationen in der Organisationsberatung, in der Supervision und im Coaching. OSC soll eine Brücke schlagen zwischen Management- und Organisationswissen und den in sozialen Arbeitsfeldern entwickelten Handlungskompetenzen. Diesem Ziel wollen die Herausgeber mit einem internationalen Stab von Wissenschaftlern, Organisationsberatern, Supervisoren und Coaches gerecht werden.
Jedes Heft der OSC hat einen Themenschwerpunkt, der mit Grundlagenaufsätzen, feldspezifischen Beiträgen und Praxisberichten vertieft wird; die Herausgeber wünschen sich Beiträge, die innovative methodische, konzeptionelle oder feldspezifische Positionen umreißen. In der Rubrik „Diskurs" ist Platz für kritische Resonanzen auf einzelne Beiträge, Diskussionen über relevante Konzepte oder zu aktuellen Fragen. Auch Buchbesprechungen sind eine feste Rubrik. In einer letzten Rubrik wird OSC als Informationsbörse über Tagungen, Werkstattgespräche, berufspolitische Veränderungen, Fragen der Ausbildung usw. berichten sowie entsprechende Terminankündigungen veröffentlichen.
Manuskripteinsendungen bitte per E-Mail an die Herausgeberin oder an die Redaktion. Richtlinien für die Textgestaltung können bei der Redaktkon angefordert werden.

VS Verlag für Sozialwissenschaften | GWV Fachverlage GmbH | www.vs-verlag.de
Abraham-Lincoln-Straße 46 | 65189 Wiesbaden

Geschäftsführer: Dr. Ralf Birkelbach, Albrecht F. Schirmacher
Gesamtleitung Anzeigen: Thomas Werner
Gesamtleitung Produktion: Ingo Eichel
Gesamtleitung Vertrieb: Gabriel Göttlinger

Abonnentenbetreuung: Ursula Müller, Tel.: 0 52 41/ 801 965, Fax: 0 52 41/ 809 620, Ursula.Mueller@bertelsmann.de
Marketing: Ronald Schmidt-Serrière M. A., Tel.: 06 11/78 78 - 280, Fax: 06 11/78 78 - 440, Ronald.Schmidt-Serriere@vs-verlag.de
Anzeigenleitung: Yvonne Guderjahn; Telefon: (06 11) 78 78-155; Telefax: (06 11) 78 78-430 Yvonne.Guderjahn@gwv-fachverlage.de
Anzeigendisposition: Monika Dannenberger; Telefon: (06 11) 78 78-148; Telefax: (06 11) 78 78-443 Monika Dannenberger@gwv-fachverlage.de

Es gilt die Sammelpreisliste vom 1.1. 2008

Produktion/Layout: Frieder Kumm, Tel.: 06 11/78 78 -175, Fax: 06 11/78 78 -468, Frieder.Kumm@gwv-fachverlage.de

Bezugsmöglichkeiten 2009: Jährlich erscheinen 4 Hefte. Jahresabonnement / privat (print+online) 86,– EUR; Jahresabonnement / privat (nur online) 54,– EUR; Jahresabonnement / Bibliotheken/Institutionen 144,– EUR; Jahresabonnement / Studenten/Emeritus (print+online) – bei Vorlage einer Studienbescheinigung 36,– EUR. Alle Print-Preise zuzüglich Versandkosten. Alle Preise und Versandkosten unterliegen der Preisbindung. Die Bezugspreise enthalten die gültige Mehrwertsteuer. Kündigungen des Abonnements müssen spätestens 6 Wochen vor Ablauf des Bezugszeitraumes schriftlich mit Nennung der Kundennummer erfolgen.
Jährlich können Sonderhefte (Beihefte) erscheinen, die nach Umfang berechnet und den Abonnenten des laufenden Jahrgangs mit einem Nachlass von 25 % des jeweiligen Ladenpreises geliefert werden. Bei Nichtgefallen können die Sonderhefte innerhalb einer Frist von drei Wochen zurückgegeben werden.

Zuschriften, die den Vertrieb oder Anzeigen betreffen, bitte nur an den Verlag.

Umschlaggestaltung: KünkelLopka Medienentwicklung, Heidelberg
Druck und buchbinderische Verarbeitung: Krips b.v., Meppel
Gedruckt auf säurefreiem und chlorfrei gebleichtem Papier
Printed in the Netherlands

ISBN 978-3-531-16295-9

Inhalt

Teil IV. Neue Felder, neue Themen

Vorwort

Christoph J. Schmidt-Lellek, Astrid Schreyögg

Nachdem wir uns im ersten Beiheft von OSC mit Konzepten fürs Coaching befasst haben, begeben wir uns mit diesem zweiten Band in die Coaching-Praxis. Dabei soll ein grober, allerdings wiederum konzeptionell orientierter Rahmen für unterschiedliche methodische Maßnahmen umrissen werden. Dies ist dann eine Praxeologie, in die sich verschiedene diagnostische und methodische Zugänge einordnen lassen. Außerdem wollen wir zeigen, wie sich die Coaching-Praxis heute auf immer mehr Felder ausgedehnt hat.

Der Band gliedert sich in vier Teile: Im ersten, hier „Prolog" genannt, werden einige Eckpfeiler für eine Praxeologie des Coaching behandelt. Im zweiten Teil präsentieren wir einige spezifische Diagnosekonzepte als Basis für unterschiedliche Methodenanwendungen im Coaching. Der dritte Teil enthält Beiträge von Autoren, die ihrer Arbeit besondere Verfahren, meistens aus dem Bereich der Psychotherapie, zugrunde legen. Und im letzten Teil sind Beiträge versammelt, die von Coaching in Kontexten berichten, in denen diese Arbeitsform, ja oft sogar jede Form von Personalentwicklung ein Novum darstellt. In dieser Rubrik finden sich aber auch Arbeiten zu Themen, die im Coaching bislang noch nicht bearbeitet wurden.

Zu Beginn entfaltet *Astrid Schreyögg* ein theorie- und methodenplurales Handlungsmodell fürs Coaching. In diesem sind alle Diagnosekonzepte, aber auch alle angewandten Methoden in eine so genannte Wissensstruktur eingebunden. Dabei werden dann methodische Maßnahmen im Sinne einer Praxeologie reflektiert gewählt und reflektiert angewandt. Die Basis dieser Wissensstruktur besteht in einem Meta-Modell, das anthropologische und erkenntnistheoretische Prämissen enthält. Sie bilden eine Leitlinie für alle diagnostischen und methodischen Aspekte der Coaching-Arbeit. Das heißt, jeder diagnostische und jeder methodische Ansatz muss in seinen, meistens nur implizit zugrunde gelegten Menschenmodellen mit den Prämissen des Metamodells kompatibel sein. Daraus folgt, dass bestimmte heute oft propagierte Diagnosekonzepte und natürlich auch manche „moderne" Methoden kaum oder gar nicht in das Handlungsmodell integrierbar sind. Gleichzeitig resultiert aus dem Meta-Modell eine multiparadigmatische Sichtweise, wonach Coaching gleichermaßen individuelle, interaktive und systemische Phänomene abdecken muss.

Im zweiten Beitrag befasst sich *Gerhard Jost* mit Überlegungen, inwieweit sozialwissenschaftliche Forschungsmethoden als Verfahren im Coaching genutzt werden können. Der Autor startet mit der Überlegung, dass im Coaching – im Gegensatz zur Supervision – bislang noch kaum interpretative Methoden eingesetzt wurden. Jedoch seien besonders für die Diagnosephase, in der Klienten ihre Anliegen oft nur diffus vorbringen, hermeneutische Arbeitsweisen etwa aus narrativen Interviews äußerst nützlich. So könnten besonders bei sehr komplexen Fragestellungen noch unsichtbare Fallstrukturen in kontrollierter Weise erhellt werden.

Der dritte Beitrag von *Marion Jonasson* enthält eine Analyse von konkreten Methodenanwendungen. Die Autorin hat Videomitschnitte von Coaching-Sitzungen, die am Institut für angewandte Psychologie in Zürich stattfanden, ausgewertet und auf ihre Wirkungsweise untersucht. Interessant war besonders, dass in diese Untersuchung die Arbeit unterschiedlicher Coaches einflossen, die aber jeweils einen hohen Bekanntheitsgrad in der Szene haben und im Prinzip als „Schulengründer" fungieren: *Gunther Schmidt, Astrid Schreyögg, Maja Storch, Rudolf Wimmer, Bernd Schmid* und *Sonja Raddatz*. Das Fazit der Autorin lautet: Trotz unterschiedlicher Persönlichkeiten und unterschiedlicher Schulenbindung haben alle Coaches einen hochflexiblen Methodeneinsatz praktiziert, und alle haben die Deutungs- und Handlungsmuster der Klienten verändert. Dieser Befund spricht noch einmal für die Bedeutung integrativer Arbeitsformen.

Im *Teil II* wollen wir etwas detaillierter zeigen, dass mit der Wahl diagnostischer Konzepte eine Präferenz für bestimmte Methoden einhergeht bzw. einhergehen sollte. Dabei spielt hier die unterlegte sozialwissenschaftliche Paradigmatik eine besondere Rolle. Je nachdem, ob ein Konzept gewählt wird, das eine individuelle, eine interaktive oder eine systemische Paradigmatik zugrunde legt, eröffnen sich auch unterschiedliche Perspektiven als Basis für die Methodenwahl.

Im ersten dieser Beiträge befasst sich *Christoph Schmidt-Lellek* mit einem Diagnostikum, das zunächst individuell erscheint, individuelle Sichtweisen aber doch weit überschreitet. Das von *Max Weber* ursprünglich beschriebene Phänomen „Charisma" impliziert nämlich alle drei sozialwissenschaftlichen Paradigmen. Entsprechend dieser Multiparadigmatik zeigt der Autor im vorliegenden Beitrag, dass charismatische Interaktionsmuster in organisatorischen Systemen, in denen es immer auch um Macht geht, allzu häufig anzutreffen ist, denn hier finden sich überdurchschnittlich oft Persönlichkeiten mit stark narzisstischen Persönlichkeitsanteilen. Als methodische Empfehlung formuliert der Autor, dass sich ein Coach angesichts solcher Phänomene leicht zu verstricken droht, wenn er nicht sorgfältig diagnostiziert.

Im folgenden Beitrag thematisiert *Astrid Schreyögg,* die „Bedeutung von Familienkonstellationen im Coaching." Dieses Diagnostikum rekurriert auf eine tiefenpsychologische Sozialisationstheorie, die anhand der Stellung sowie anhand der Geschlechterverteilung in einer Geschwisterreihe bzw. -gruppe gewisse Prognosen für bestimmte Führungspositionen erlaubt. Damit ergibt dieser Ansatz erste Hinweise für das Ge- oder Misslingen von Führer-Geführten-Interaktionen, die im Coaching auch als solche zu bearbeiten sind.

Wolfgang Rechtien präsentiert einen Beitrag, in dem es nicht um familiale, sondern um generelle Gruppenphänomene als diagnostische Kategorien geht. Er beschreibt die Struktur gruppaler Systeme, ihre kommunikativen Muster, aber auch die spezifischen Interaktionen in Gruppen und Teams. Mit Hilfe solcher Diagnosekonzepte lassen sich dann vor allem informelle Phänomene in Organisationen erfassen, um sodann entsprechende methodische Maßnahmen in Gruppen- und in Team-Coachings zu planen.

Der nächste Beitrag von *Bettina Warzecha* ist einem Diagnostikum gewidmet, das sich nicht nur bei Coaches, sondern auch bei vielen Organisationsberatern besonderer Beliebtheit erfreut: die Systemtheorie von *Niklas Luhmann*. Deren Anhängern muss die Autorin allerdings eine herbe Enttäuschung bereiten, denn sie zeigt eindringlich, dass sich die Systemtheorie von *Luhmann* nicht bis auf die Handlungsebene herunterbrechen lässt, dass es sich lediglich um ein sozialphilosophisches Konzept handelt. Eine Verwertung für die Praxis laufe den Intentionen *Luhmanns* sogar ausdrücklich zuwider.

Im *Teil III* stellen sechs Autoren unterschiedliche therapeutische Verfahren bzw. Bruchstücke davon als Basis fürs Coaching vor. Zu Beginn befasst sich *Lilo Endriss* mit „Coaching als kreativitätsfördernden Prozess". Sie geht von einem Strukturkonzept der Kreativität aus, wie es von *Joachim Sikora* entwickelt wurde, und verknüpft es mit Ansätzen aus der Kreativitätsforschung. Daraus leitet sie eine ganze Reihe von Prinzipien für ein Coaching ab, das die Kreativität von Klienten zu fördern vermag.

Anschließend geht es um psychodramatische Arbeit, die im Coaching schon länger umfassend Verwendung findet. Zuerst zeigt *Jasmin Messerschmidt* an einem Beispiel, wie sich in einem Konfliktcoaching die Technik des imaginativen Rollenspiels bewährt. Dabei können nämlich nicht nur die Deutungsmuster eines Klienten verändert werden, sondern auf diese Weise lassen auch ganz neuartige Handlungsstrategien befördern. *Ines Cremer von Brachel* präsentiert daran anschließend die „psychodramatische Organisationsskulptur als Weiterentwicklung des Organigramms". Nach Meinung der Autorin bietet gerade diese Arbeitsform gute Möglichkeiten, Rollenphänomene in Organisationen anschaulich und erlebnishaft zu thematisieren.

Der Beitrag von *Mohammed el Hachimi* und *Arist v. Schlippe* befasst sich mit dem Methodenansatz „Crea Space", der sich vor allem fürs Gruppencoaching eignet. Die Autoren entfalten dieses Instrument der Kreativitätsentwicklung zur Erarbeitung von Zukunftsvisionen in einem Prozess, der fünf Schritte umfasst.

Im darauf folgenden Beitrag präsentiert *Christoph Schmidt-Lellek* einen neuartigen Zugang zur Work-Life-Balance. Unter Bezugnahme auf den Philosophen *Martin Seel* entfaltet er mit dem Konzept der „vier Dimensionen des Tätigseins" eine Heuristik, die weit mehr als nur die Balance zwischen Arbeit und Familie oder Arbeit und Freizeit erfasst und damit sehr viel umfassender zur Analyse der generellen Lebens-Balance einlädt.

Daran anschließend befasst sich *Manuel Barthelmess* auf eher meta-theoretischer Ebene mit dem Einsatz systemischer Techniken und Methoden. Sein Fazit lautet, dass es sich bei qualifizierter Anwendung von Systemischer Beratung eher um eine Kunstform handelt als um die „richtige" Anwendung von Tools.

Im *Teil IV* geht es ums Coaching in neuen Feldern oder zu neuen Themen. Damit meinen wir Milieus, in denen Coaching bisher noch nicht üblich war. Und wir meinen Themen, die im Coaching bisher noch kaum aufgegriffen wurden.

Im ersten dieser Aufsätze beschreibt *Hans Karl Peterlini*, wie schwierig, d.h. schnell kränkend sich Kritikgespräche im Journalismus gestalten. Deshalb wäre, wie der Autor darstellt, gerade hier Coaching für die leitenden Journalisten ausgesprochen nützlich. Auf der Basis eigener Erfahrungen als Chefredakteur von Wochenmagazinen und Tageszeitungen empfiehlt er eine gute Auseinandersetzung mit den drei F: Führungsarbeit, Fehlerkultur und Feedback.

Constanze Sigl befasst sich zwar mit einem altbekannten Thema, nämlich dem Time-Coaching, sie zeigt aber, dass die Wirkungen solcher Maßnahmen im Allgemeinen verpuffen, wenn es dem Coach nicht gelingt, den Umgang mit der Zeit an ganz konkreten Fachthemen zu exemplifizieren. Damit empfiehlt die Autorin ganz neue Arbeitsformen, bei denen sich Prozess- und Expertenberatung verschränken.

Die Implementierung von Coaching in einer internationalen Wirtschaftskanzlei ist, wie auch die *Frankfurter Allgemeine Zeitung* feststellte, ein Novum. *Gabriele Bollhöfer* hat es aber geschafft, auch in diesem eher elitären Milieu Coaching einzuführen. Aufgrund der sehr spezifischen Themen ist hier organisationsinternes Coaching besonders sinnvoll. Und wie die Autorin zeigt, wird es hier sogar besonders gut angenommen. Denn in diesem Hochleistungsmilieu dient das Coaching auch zum Innehalten und Neubesinnen.

Ein anderes Feld, in dem Coaching bisher noch wenig in Anspruch genommen wurde, wie *Andreas Brüning* meint, ist das Milieu von Hochschulen. Der Autor betont, dass sich insbesondere neu berufene Hochschullehrerinnen und Hochschullehrer anfangs überschwemmt fühlen von unterschiedlichsten Führungs- und Koordinationsaufgaben. Das ist heute noch bedrängender als früher, weil hier derzeit ein regelrechter Professionalisierungsschub zu verzeichnen ist. Der Autor empfiehlt, dass sich manche Coaches auf genau dieses Feld spezialisieren sollten.

Der letzte Beitrag von *Bertram Wolf* befasst sich mit einem Thema, über das in diesem Buch erstmalig publiziert wird: mit dem Coaching einer Führungskraft für ihre letzten hundert Tage in einer Organisation. Über das Coaching für die ersten hundert Tage wird immer wieder geschrieben – da geht es um die Unterstützung einer neu ernannten Führungskraft bei all der neuen Anforderungen. Beim Coaching der letzten hundert Tage geht es um den Prozess des Abschiednehmens, um das innere Loslassen. Und es geht um eine qualifizierte Verarbeitung des in der Organisation Erfahrenen – die Höhen und Tiefen, die Widersprüche und Spannungen und vielleicht auch manche ungelöste Konflikte. Eine solche Verarbeitung kann sich als äußerst nützlich erweisen, um dann für neue Aufgaben gut gerüstet zu sein.

Teil I

Prolog

1. Kapitel

Die konzeptionelle Einbettung der Coaching-Praxeologie am Beispiel eines integrativen Handlungsmodells fürs Coaching

Astrid Schreyögg

Zusammenfassung: Techniken, Tools, Interventionen sollten in Ansätzen angewandter Sozialwissenschaft immer im Sinne einer Praxeologie konzeptionell eingebunden sein. So sind auch alle methodischen Maßnahmen im Coaching in einen konzeptionellen Rahmen zu setzen. In diesem Beitrag wird gezeigt, wie eine Modellkonstruktion fürs Coaching zu denken ist, in der nicht nur unterschiedliche diagnostische Kategorien zur Analyse von beruflichen Situationen enthalten sind, sondern auch unterschiedliche methodische Möglichkeiten zu ihrer Bearbeitung. Als Integrationsmodell enthält der Ansatz ein Meta-Modell mit anthropologischen und erkenntnistheoretischen Prämissen, denen sich alle sonstigen Ebenen des Ansatzes einzufügen haben. Auf diese Weise sind dann auch alle methodischen Maßnahmen konzeptionell „gerahmt".

Im Vorwort zu dem von ihm herausgegebenen Buch, „Coaching-Tools" weist *Christopher Rauen* (2004) darauf hin, dass Coaching „natürlich nicht" in der ausschließlichen Applizierung unterschiedlicher „Werkzeuge", also Tools besteht. Von einem Coach sei weitaus mehr als nur handwerkliches Können zu erwarten. Solche Werkzeuge sollten nicht ohne einen konzeptionellen Hintergrund angewandt werden. Der Markt hat aber anders entschieden: „Nur drei Wochen nach Erscheinen war die gesamte Auflage vergriffen" (*Rauen* 2007: 9) und musste sogleich nachgedruckt werden. Daraus lässt sich schließen, dass der Bedarf nach derartigen Methodensammlungen übergroß ist. Wie *Rauen* (1999) an anderer Stelle zeigt, entspricht das durchaus dem Trend innerhalb der Coaching-Szene. Denn in der aktuellen Coaching-Literatur finden sich zwar viele methodenorientierte Bücher, aber nur ausnahmsweise Publikationen, in denen einzelne methodische Maßnahmen im Sinne einer Praxeologie (= ein reflektiertes Praxiskonzept) in ein explizites Handlungsmodell integriert werden. Im Buch „Coaching-Tools II" wird dieses Problem tatsächlich in einer Einleitung von *Klaus Eidenschink* und *Karin Horn-Heine* angesprochen. Die Autoren weisen darauf hin, dass einzelne methodische Maßnahmen (Techniken, Tools, Interventionen) in einen konzeptionellen Gesamtzusammenhang zu stellen sind, der auf einem Fundament mit anthropologischen und erkenntnistheoretischen Prämissen steht.

    Damit sprechen die Autoren die Modellkonstruktion von integrativen Handlungsmodellen an, wie es schon in den 1980er Jahren von *Herzog* (1982) vorgeschlagen wurde und dann in den 1990ern von *Petzold* für die Psychotherapie (1993) und von mir zuerst für die Supervision (*Schreyögg* 1991, 2004), später für das Coaching (*Schreyögg* 1995, 2003) ausgearbeitet wurde. Hier möchte ich nun etwas expliziter als bisher die Praxeologie des Coachings in einen modelltheoretischen Rahmen stellen. Das heißt, ich werde zeigen, wie ein Handlungsmodell für das Coaching konstruiert sein muss, wenn es über eine große Methodenvielfalt verfügen soll, die aber im Sinne einer expliziten Praxeologie nicht beliebig zusammengestellt ist.

1.1 Struktur und Konstruktion eines integrativen Coaching-Ansatzes

Solche Anforderungen sollen integrative Handlungsmodelle einlösen. Was ist in diesem Zusammenhang unter „integrativ" zu verstehen? Im Folgenden werde ich zunächst die Bedeutung von Methodenpluralität, aber auch die von Theorienvielfalt erläutern, daran anschließend die Struktur eines „integrativen Modells" und schließlich die Inhalte skizzieren, die für ein integratives Handlungsmodell fürs Coaching maßgeblich sind.

1.1.1 Die Bedeutung von Theorie- und Methodenpluralität

Jeder Coach, aber auch jeder erfahrene Coaching-Klient weiß, dass die Themen dessen, was im Coaching verhandelt werden kann, eine kaum zu überschauende Vielfalt aufweisen. Selbst wenn das Coaching als „Executive Coaching" nur auf die unmittelbaren Themen von Führungskräften in Organisationen begrenzt ist und nicht auch noch andere Lebensbereiche wie beim Life-Coaching (*Buer & Schmidt-Lellek* 2008) umfasst, geht es einmal um individuelle, einmal um interaktive und wieder ein anderes Mal um Fragestellungen, die soziale Systeme berühren. Alle diese Themen sind idealerweise mit den Mustern zu strukturieren, die als Theorie oder als reflektierte Alltagserfahrung zum Thema passen. Und diese sind dann mit genau den methodischen Maßnahmen zu bearbeiten, die zu der Thematik passen. Aus solchen Praxisanforderungen folgt, dass der Coach über zahlreiche theoretische und methodische Muster verfügen muss, – was eben auch die große Nachfrage nach den Coaching-Tool-Büchern erklärt. Wie lässt sich aber nun diese Vielfalt „bändigen", denn „wildwüchsige" Methodenanwendungen ziehen etliche Probleme nach sich. Im psychotherapeutischen Bereich, in dem schon seit den 1970er Jahren der Methodenmix an der Tagesordnung ist, zeigte sich bei unreflektierten Methodenkombinationen, dass Patienten widersprüchliche Botschaften erhalten, weil den Methoden oft gegensätzliche Zielsetzungen und gegensätzliche Menschenmodelle zugrunde liegen. So werden sie etwa durch gesprächspsychotherapeutische Sequenzen in ihrer Bereitschaft, dem Therapeuten zu vertrauen, gestärkt, während sie durch paradoxe Interventionen aus der strategischen Familientherapie eher in einer Misstrauenshaltung bestärkt werden. Mit dem ersten Ansatz spricht sie der Professionelle dialogisch als Subjekte an, mit dem zweiten sollen sie „raffiniert" als Objekte zu einem bestimmten Ziel hin gebracht werden. Ein solcher Methodenmix führt nicht nur zur Irritation des Klienten in seiner Beziehung zum Therapeuten, sie zieht auch eine generelle Irritation von Klienten nach sich (*Dittmer* 1982; *Textor* 1988).

Aus diesem Grund versucht man seit Anfang der 1980er Jahre Modellkonstruktionen zu entwerfen, die trotz angemessen großer Theorie- und Methodenvielfalt diese Probleme nicht enthalten, die also nicht „wildwüchsig" sind. Es handelt sich dann um spezielle Modellkonstruktionen, die als „Integrationsmodelle" bezeichnet werden, weil sie eine konzeptionell fundierte Konklusion vielfältiger Theorien und vielfältiger Methoden erlauben (*Herzog* 1982, 1984; *Hagehülsmann* 1984; *Petzold* 1993, 1998; *Schreyögg* 1991, 1995).

1.1.2 Die Struktur von integrativen Handlungsmodellen

Zunächst ist zu sagen, dass Modelle, dementsprechend auch Handlungsmodelle, einen prinzipiell nicht-empirischen Charakter haben, obschon ihnen auch für empirische Untersuchungen eine erkenntnisleitende Funktion zukommt (*Stachowiak* 1973). Anders gesagt, auch empirische Untersuchungen benötigen zu ihrer Fundierung entsprechende Modelle, aus denen Hypothesen abgeleitet werden können. Modelle dienen zunächst als strukturierender Rahmen, um ursprünglich vage Vorstellungen zu präzisieren und gedankliche Muster theoretisch zu transformieren. Sie haben außerdem eine selegierende Funktion, um wichtige und weniger wichtige Phänomene und Phänomenkonstellationen zu unterscheiden (*Herzog* 1984).

Daraus ergibt sich, dass die Konstruktion von Handlungsmodellen prinzipiell bei normativen Grundentscheidungen starten muss, das heißt bei anthropologischen und erkenntnistheoretischen Setzungen. Eine solche Vorgehensweise hat auch den Vorteil, dass diese Prämissen dem Verwender des Modells bzw. seiner kritischen Prüfung zugänglich sind. Solche Prämissen müssen aber nach Meinung einschlägiger Autoren in eine so genannte Wissensstruktur eingebettet werden, die folgende strukturelle Ebenen umfasst:

- Auf einer übergeordneten Ebene, der *Meta-Ebene*, muss das Modell grundlegende anthropologische und erkenntnistheoretische Setzungen enthalten. Das Meta-Modell ist die Basis eines jeden Handlungsmodells. Zwar wird bei den meisten Handlungsmodellen im Bereich von Psychotherapie, Supervision und Coaching das Meta-Modell nicht expliziert, ihnen ist aber prinzipiell eines unterlegt, dann eben nur implizit. Bei einer fortgeschrittenen Modellkonstruktion sollte es aber expliziert werden.
- Auf einer zweiten Ebene, der *Theorie-Ebene*, sind Theorien anzugeben, mit deren Hilfe sich Ist- und Soll-Zustände der für das Handlungsmodell relevanten Phänomene erfassen lassen.
- Eine dritte Ebene sollte *grundlegende methodische Anweisungen* enthalten. (1) Das sind die Ziele des Modells, (2) die Art und Weise, wie Themen von Klienten in der Praxissituation rekonstruiert werden, (3) welche Wirkungsfaktoren dem Modell unterstellt werden, (4) der zu empfehlende Interaktionsstil und (5) Anweisungen, wie unterschiedliche Settings in der Praxis gehandhabt werden sollen.

- Auf einer vierten Ebene ist die *Praxeologie* des Modells zu konzipieren, d. h. seine einzelnen methodischen Maßnahmen und prozessualen Anweisungen.
- Das alles mündet schließlich auf einer fünften Ebene in *konkretes praktisches Handeln* des Professionellen.

Daraus ergibt sich folgende Struktur, die als deduktive Grundstruktur für jedes Handlungsmodell gedacht ist:

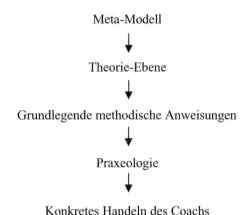

Meta-Modell

↓

Theorie-Ebene

↓

Grundlegende methodische Anweisungen

↓

Praxeologie

↓

Konkretes Handeln des Coachs

Wie ist nun die Grundstruktur eines integrativen Modells mit vielfältigen Theorien und vielfältigen Methoden zu entwickeln?

- Hier wird mit einem expliziten *Meta-Modell* gestartet, das anthropologische und erkenntnistheoretische Prämissen enthält.
- Wenn dann auf der zweiten *Ebene vielfältige Theorien* im Sinne eines Theorie-Universums in das Modell integriert werden sollen, ist jeweils zu prüfen, ob diese mit den Prämissen des Meta-Modells kompatibel sind, d. h., ob das ihnen unterlegte Menschenmodell zu den anthropologischen und erkenntnistheoretischen Positionen des Meta-Modells passt.
- Bei den *grundlegenden methodischen Anweisungen* wie etwa dem Interaktionsstil oder den Wirkungsfaktoren ist dann zu untersuchen, ob sie zu dem Meta-Modell, aber auch zu der Theorie-Ebene passen bzw. sich aus ihnen ableiten lassen.
- Und für die Wahl der einzelnen methodischen Elemente (Tools, Interventionen usw.) und die Wahl der prozessualen Muster, also der *Praxeologie* gilt, dass sie mit allen vorhergehenden Ebenen kompatibel sein müssen. Erst dann ist ein konzeptionell sinnvolles Handeln zu erwarten.

1.2 Die Wissensstruktur eines integrativen Ansatzes für das Coaching

Nach welchen Gesichtspunkten ist nun die „Wissensstruktur" eines integrativen Modells für das Coaching zu füllen, und vor allem, wie ist die Integration von unterschiedlichen Theorie- und Methodenansätzen zu denken? Das soll nun für alle vier Ebenen nacheinander gezeigt werden.

1.2.1 Die Ebene des Meta-Modells

Für unseren Zusammenhang, für das Coaching als eine Form angewandter Sozialwissenschaft, ist bei der Auswahl von anthropologischen und erkenntnistheoretischen Prämissen wichtig, dass sie die Erscheinungsformen menschlichen Daseins, menschlicher Beziehungen – und beruflichen Handelns möglichst vielfältig einzufangen vermögen. Solche Anforderungen lösten bislang besonders Ansätze aus dem Bereich der Phänomenologie, d. h. der phänomenologischen Psychologie (*Strasser* 1964, *Graumann & Metraux* 1977 u.a.) und der phänomenologischen Soziologie (*Berger &Luckmann* 2007; *Bourdieu* 1987; *Coenen* 1985 u.a.) ein. Dabei lässt sich allerdings nicht von „der" Phänomenologie als in sich geschlossenem Konzept sprechen, denn unterschiedliche Autoren haben zu je unterschiedlichen Phänomenbereichen einen eigenen Beitrag geleistet. Die Ansätze decken sich aber in ihren anthropologischen und erkenntnistheoretischen Grundpositionen. Für das Meta-Modell eines Coaching-Ansatzes bieten sich dann besonders die phänomenologischen Konzepte an, die eine multiparadigmatische und mehrperspektivische Grundposition mit verschiedenen Antinomien enthalten.

Anthropologische Setzungen

Inhaltlich müssen die anthropologischen Setzungen eines Handlungsmodells fürs Coaching folgende Bereiche abdecken: (1) Das Verhältnis des Menschen zu Individualität und Sozialität, (2) zu seiner Subjekthaftigkeit und seiner Determiniertheit, (3) zu seinem Lebensganzen und seinen potenziellen Entfaltungsmöglichkeiten und (4) zu seinem Verhältnis gegenüber Institutionalisierungen und gegenüber Arbeit.

(1) Der Mensch ist gleichermaßen ein individuelles und ein soziales Wesen.
Phänomenologische Konzepte gründen sich auf die Überzeugung, dass jeder Mensch als je einmaliges, unverwechselbares Wesen zu betrachten ist und Handlungsfreiheit hat (*Apel et al.* 1984). Gleichzeitig gehen sie davon aus, dass sein individuelles Sosein von Anbeginn aus gelebten Interaktionen mit anderen Menschen resultiert. Sie gehen außerdem davon aus, dass der Mensch, besonders der berufstätige Mensch, Teil von sozialen Systemen ist. So muss der Coach seinen Klienten immer multiparadigmatisch erfassen: als je einmaliges Individuum, als Interaktionspartner anderer Menschen und als Teil von sozialen Systemen. In der konkreten Arbeit ist dann einmal der eine, ein anderes Mal der andere Aspekt von Mensch-Sein zu akzentuieren.

(2) Der Mensch ist gleichermaßen Subjekt und determiniertes Wesen.
Jeder Mensch lässt sich als Wesen begreifen, das unabhängig von anderen Menschen eigene Ziele bestimmen kann und sich ganz bewusst für oder gegen das eine oder das andere Ziel zu entscheiden vermag. Als Subjekt kann der Mensch auch prinzipiell eine exzentrische Position einnehmen (*Plessner* 1982), die es ihm erlaubt, seine eigene Lage und die Zusammenhänge, in denen er steht, zu durchschauen. So reflektiert und selbstbestimmt aber nun das eigene Handeln eines einzelnen Menschen erscheinen mag, ist doch immer der Tatsache Rechnung zu tragen, dass es auf der Folie seines jeweiligen aktuellen und historischen Erfahrungshintergrunds steht. Das Geplante kann durch die individuelle Lebenserfahrung immer konterkariert werden. Deshalb muss der Coach immer gewärtig sein, dass vom Klienten optimal geplante Aktivitäten durch seine biographisch erworbenen Muster durchkreuzt werden können.

(3) Der Mensch ist ein potenziell lebenslang sich entfaltendes Wesen.
Die Phänomenologie unterstellt dem Menschen umfassende Potenziale, die er sein Leben lang immer umfassender entfalten kann (*Merleau-Ponty* 1976). Das bestätigt sogar neuerdings die Neurologie, wonach der Mensch sein Leben lang neue Nervenzellen bilden kann (*Bauer* 2006). Für das Coaching hat das seine Bedeutung darin, dass auch ältere Menschen, selbst wenn sie schon lange führende Positionen in Organisationen eingenommen haben, immer noch in der Lage sind, Neues zu erlernen.

(4) Der Mensch ist gleichermaßen gesichert und bedrängt durch Arbeit und durch Institutionalisierungen.
Jede Berufstätigkeit, selbst die „Freie Praxis", steht in unterschiedlichem Maße in organisatorischen und institutionalisierten Kontexten. Aus phänomenologischer Sicht bilden sich im Prozess jeden sozialen Lebens Institutionen heraus, d. h. regelgeleitete Formen menschlichen Zusammenlebens, in denen Menschen unterschiedliche Rollenkonstellationen entfalten. Dadurch schaffen sie sich einen berechenbaren Rahmen ihres Zusammenlebens, der Sicherheit garantiert. Dem Einzelnen fordern sie aber die Einhaltung institutioneller Regulative ab; dann muss er Bedürfnisbefriedigungen zu Gunsten dieser Regulative aufschieben oder unterlassen. So wird der Mensch durch Institutionalisierungen gleichermaßen gesichert und bedrängt (*Berger & Luckmann* 2007). Das gilt auch für Arbeit. Sie fordert dem Menschen Disziplin ab, sodass er elementare Bedürfnisse aufschieben muss oder nicht ausleben kann. Arbeit sichert aber gleichzeitig seine Reproduktion bzw. sein Überleben. Auch diese Antinomie muss ein Coach immer mit bedenken: Führungskräfte werden beispielsweise durch hierarchische Strukturen eingeengt, gleichzeitig aber auch gesichert. Denn im Rahmen moderner Reorganisierungsmaßnahmen sind Führungskräfte heute oft gezwungen, sich in Selbstabstimmungsprozessen laufend mit anderen Menschen im Sinne einer „unfreien Freiheit" auseinanderzusetzen.

Erkenntnistheoretische Setzungen

Auch die erkenntnistheoretischen Setzungen des Meta-Modells resultieren aus phänomenologischen Positionen. Fürs Coaching sind hier folgende relevant: Erkenntnis ist (1) ein intersubjektiver Deutungs- und Strukturierungsprozess, (2) ein mehrperspektivisches Phänomen, (3) ein szenisches Phänomen eines Leib-Seele-Geist-Subjektes und (4) ein Vorgang, bei dem gegenständliche und nicht-gegenständliche Erscheinungen erfasst werden können.

(1) Erkenntnis ist ein intersubjektiver Deutungs- und Strukturierungsprozess.
In der phänomenologischen Literatur (*Schütz* 1977; *Forster* 1981 u.a.) wird immer wieder betont, dass Menschen die ihnen begegnende Welt nie objektiv im Sinne von fotographisch erfassen, sondern sie auf dem Hintergrund ihrer bisherigen Welterfahrung subjektiv ausdeuten. Sie neigen dabei zu Strukturierungen, d. h. sie nehmen auf den ersten Blick nicht einzelne Elemente war, sondern führen sie kognitiv und wahrnehmungsmäßig zu gestalthaften Konfigurationen zusammen. Diese dienen dann als „kognitive Schemata" (*Piaget* 2003) zur Handlungsorientierung. Im Verlauf ihres Lebens entwickeln Menschen eine große Fülle solcher Schemata. Sie stellen dann einen personenspezifischen „Wissensvorrat" dar (*Berger & Luckmann* 2007), der sich allerdings für manche Lebenssituationen als untauglich erweist. Dann können die neuen Erfahrungen nicht in vorhandene Muster assimiliert werden. Jetzt müssen neue Muster zu einer angemessenen psychischen Verarbeitung gebildet werden. Und das geschieht besonders oft durch Interaktionen mit anderen Menschen. Das hat *Piaget* (2003) als „Akkommodation" bezeichnet. Idealerweise findet ein fließender Wechsel zwischen Assimilation und Akkommodation statt, was *Piaget* als „Äquilibrierungsprozess" beschrieben hat. In vielen Fällen ist es dann die Aufgabe des Coachs, Klienten zu unterstützen, im Sinne von Akkommodation neue kognitive Schemata zu bilden, um den Äquilibrierungsprozess wieder zu verflüssigen. Vielfach können Klienten erst dann wieder sinnvoll handeln.

(2) Erkenntnis ist ein mehrperspektivisches Phänomen.
Flexibles, treffsicheres und umfassendes Erkennen ist an die Verfügbarkeit vieler unterschiedlicher kognitiver Schemata geknüpft. So sind komplexe Phänomengestalten nur mit einer großen Zahl kognitiver Schemata zu erfassen. Eine Anreicherung von solchen kognitiven Mustern kann entweder durch einen Wechsel des Standorts vorgenommen werden, damit ein Phänomen aus einer neuen Perspektive sichtbar wird. Eine Anreicherung kann aber auch durch Dialoge mit anderen Menschen geschehen, wenn diese neue Sichtweisen an den Erkennenden herantragen. So ist es eine wichtige Aufgabe des Coachs, das Erkenntisrepertoire des Klienten durch neue Muster anzureichern, damit auch dieser zunehmend mehrperspektivisch wahrnehmen und erkennen kann.

(3) Erkenntnis ist ein „szenisches" Phänomen von Leib-Seele-Geist-Subjekten.
Erkennen ist allerdings nie als rein kognitiver Akt zu begreifen, menschliches Erkennen ist immer an den ganzen Menschen als ein Leib-Seele-Geist-Subjekt gekop-

pelt. Der Mensch nimmt seine Welt wahr und wird von ihr auch erfasst. Wie wir aus psychotherapeutischen Zusammenhängen wissen, wird Erlebtes, auch beruflich Erlebtes vom jeweiligen Menschen als Leib-Subjekt in erlebnishaften Konfigurationen, in „Szenen" gespeichert (*Lorenzer* 2000; *Petzold* 1993). Diese höchst individuellen und dadurch emotional eingefärbten Szenen stellen eine spezifische Art der Ausdeutung von Situationen dar. Wenn diese Szenen von Schmerz oder gar von Panik begleitet sind, bilden sich starre kognitive Schemata, die das Erkennen in vergleichbaren Situationen erschweren oder sogar unmöglich machen. In solchen Fällen ist es häufig Aufgabe des Coachs, die zugrunde liegenden blockierenden Erfahrungen dem Bewusstsein zugänglich zu machen, sodass der Klient wieder frei wird für neue Erfahrungen.

(4) Erkenntnis kann sich auch auf nicht-gegenständliche Phänomene beziehen.
Menschliches Erkennen ist jedoch nicht auf Auseinandersetzungen mit gegenständlichen Phänomenen beschränkt. Vielfach berichten Menschen über kaum zuordenbare Erfahrungen, die sie als „kühle" oder „aggressive" Atmosphären (*Schmitz* 1978) beschreiben. Solche Erscheinungen stellen oft einen sehr relevanten „Schlüssel" zum Verständnis von Situationen dar. So sollte auch der Coach solche Phänomene sehr ernst nehmen und in seine Deutungs- und Handlungsstrategien einbeziehen.

1.2.2 Die Theorie-Ebene

Theorien kommt in sozialwissenschaftlichen Handlungsmodellen eine ganz zentrale Bedeutung zu, denn durch sie wird Handeln überhaupt erst professionell. In einem integrativen Handlungsmodell sollten ihre Funktion, die Art ihrer Anwendung und vor allem ihre Auswahl verdeutlicht werden. Im Folgenden werde ich diese Aspekte für das hier zugrunde liegende Modell beschreiben:

(1) Die Funktion von Theorien
Menschen nutzen für ihre Erkenntnisprozesse viele Theorien, d. h. kognitive Schemata. *Schütz* (1932) differenziert Theorien erster und zweiter Ordnung. Im Verlauf der frühen Sozialisation in Elternhaus und Schule erwerben wir wie selbstverständlich einen „Wissensbestand" (*Berger & Luckmann* 2007), den *Bourdieu* (1987) als „Habitus" bezeichnet hat. Dieser ermöglicht uns spontanes und sicheres Handeln im Alltagsleben. Das sind dann Alltagstheorien bzw. Theorien erster Ordnung. Im weiteren Leben benötigen wir aber in Konfrontation mit komplexen beruflichen Anforderungen als Lehrer oder Arzt abstraktere Strukturierungsmuster, d. h. Schemata, die sich nicht mehr aus der „einfachen" handelnden Auseinandersetzung mit der Welt ergeben – das sind dann Theorien zweiter Ordnung. Ihre Funktion besteht darin, den ursprünglich naiven Erkenntnishorizont von Menschen zu erweitern. Über Theorien als kognitive Schemata, die wir meistens nicht mehr selbst entwickeln, sondern die andere kreiert haben, lässt sich dann das, was uns ursprünglich „verborgen" war, doch noch strukturieren und dann erkennen. Als öffentliche kognitive Schemata sind diese Theorien zweiter Ordnung einer großen Anzahl von Menschen zugänglich, so dass auf ihrer Basis auch eine flüssige Verständigung mit vielen Menschen ermög-

licht wird. Wenn berufliche Phänomene im Coaching thematisiert werden, gelingt es oft überhaupt erst durch die Strukturierung mit Hilfe von theoretischen Mustern, zu verstehen, um was es dem Klienten geht.

(2) Die Anwendung von Theorien
Neben solchen positiven Funktionen kann die Anwendung theoretischer Konstrukte das Erkennen aber auch behindern. Dies geschieht, wenn eine Theorie voreilig oder einseitig angewandt wird. Theorie schafft dann einen „Tunnelblick". Aus diesem Grund hatte *Husserl*, der Vater der Phänomenologie, eine „natürliche Einstellung" des Erkennenden gefordert. Der erkennende Mensch sollte sich mit einer möglichst offenen, unvoreingenommenen Haltung der phänomenalen Welt nähern. Wie aber *Schütz* (1977) und andere gezeigt haben, ist die von *Husserl* geforderte Einstellung nur ein Ideal. In der Realität werden Menschen das ihnen Begegnende immer auf dem Hintergrund von lebensweltlich erworbenen Mustern strukturieren. Verwender von Theorien, in unserem Fall die Coaches, sollten aber in Annäherung an dieses Ideal vor jeder theoretischen Strukturierung die wahrzunehmenden Phänomene so unvoreingenommen wie möglich auf sich wirken lassen. Die Auswahl und Anwendung von Theorien ist dann auch immer im Hinblick auf die unmittelbare phänomenale Erfahrung zu überprüfen. Wie ich im Weiteren noch zeigen werde, entspricht das auch der Haltung bei der „Prozessberatung", wie sie im Anschluss an *Schein* von vielen Coaches propagiert wird (*DBVC* 2007). Vor jeder expliziten Theorieanwendung sollte der Coach die Aussagen von Klienten so unvoreingenommen wie möglich auf sich wirken lassen und erst dann theoretisch strukturieren. Er sollte aber auch dem Klienten Unterstützung geben, dass dieser gleichfalls zuerst möglichst offen und theoriefrei seine Themen vorbringt.

(3) Kriterien zur Auswahl von Theorien
Eine Modellkonstruktion fürs Coaching, die möglichst alle denkbaren Fragestellungen von Klienten abzudecken beansprucht, muss unter pragmatischen Gesichtspunkten ein breit angelegtes Theorieuniversum zugrunde legen. Unter modelltheoretischen Gesichtspunkten ist dieses Theorieuniversum aber an den Prämissen des Meta-Modells auszurichten. Das heißt zunächst, die Auswahl hat multiparadigmatisch zu sein. Je nach der zu untersuchenden Fragestellung geht es ja einmal um individuelle Phänomene aktueller oder historischer Art, ein nächstes Mal um Interaktionen, also Beziehungsphänomene, auch wieder aktueller und historischer Art, und mindestens ebenso oft geht es im Coaching um Systemphänomene. Für alle diese Erscheinungen sollte das Handlungsmodell theoretische Konstrukte vorsehen. Das sind dann in einem Modell fürs Coaching theoretische Positionen aus der allgemeinen Psychologie, um individuelle Phänomene zu strukturieren; es sind Theorien aus der Psychoanalyse und der Sozialpsychologie, um Beziehungsphänomene zu fassen. Man benötigt aber auch Konzepte aus der Organisationssoziologie, um organisatorische Erscheinungen zu strukturieren. Außerdem sind Konzepte aus der Managementlehre einzubeziehen, um Führungskräfte bei ihrer besonderen Aufgabenstellung zu unterstützen. Diese Ansätze sind aber nun alle auf ihre anthropologischen Implikationen hin zu überprüfen, ob sie z. B. den Menschen als Subjekt erfassen oder nur

als Objekt, ob sie ihm die Möglichkeit lebenslangen Lernens unterstellen oder nicht, ob sie den Menschen schwerpunktmäßig als Herr seines Lebens sehen oder ob sie ihn primär als determiniert durch soziale Systeme begreifen usw. So erweisen sich beispielsweise klassische Übertragungs-Gegenübertragungsmodelle nur als begrenzt kompatibel, weil sie menschliche Beziehungserfahrungen auf frühkindliche Muster reduzieren. Im Gegensatz dazu unterstellt etwa das Konzept von *Mead* (1973) eine lebenslange Entwicklung von Beziehungen usw. Oder bei den Organisationskonzepten unterstellt etwa das Mikropolitik-Konzept, dass Menschen grundsätzlich auf ihren eigenen Vorteil bedacht sind (*Neuberger* 1994), während der Organisationskultur-Ansatz (*Schein* 1995) eine weitaus konstruktivere Sicht von Sozialität transportiert. Dementsprechend sind manche Theorien nicht oder nur gelegentlich in hervorstechenden Situationen anzuwenden.

Bei der Anwendung von Theorie in einem konkreten Anwendungsfall geht es zunächst immer um die Frage, ob die Theorie zum Thema passt, das verhandelt werden soll. Wie ich im Weiteren noch zeigen werde, stellt sich die Anwendung der „richtigen" Theorie manchmal gar nicht so einfach dar, denn die Klienten bringen ja im Coaching oft schon eigene Erklärungsmuster vor, die durch ihre bisherigen Erfahrungen verengt sind. So tragen etwa Führungskräfte aus therapeutischen Milieus vielfach individualisierende Problemformulierungen vor, wo es nach eingehender Rekonstruktion eher um organisatorische Komplikationen geht. Welche Theorie dann letztlich zur Anwendung kommt, klärt sich erst im Rahmen eines Dialogs von Coach und Klient. Erst dann lässt sich nämlich endgültig zu klären, welcher Phänomenbereich verhandelt werden soll.

1.2.3 Die Ebene der grundlegenden methodischen Anweisungen

Diese Ebene der Modellkonstruktion schießt bereits eng an die Praxeologie an. Genauer gesagt, sie ist der Praxeologie unmittelbar vorgeschaltet; denn einzelne methodische Maßnahmen sind idealerweise auf bestimmte Ziele abgestimmt, und sie werden sowohl im Verlauf, als auch nach erfolgter Rekonstruktion eines Coaching-Themas appliziert. Außerdem sollten in einem Handlungsmodell die Wirkungsfaktoren expliziert werden, dazu der zu wählende Interaktionsstil und schließlich Anweisungen zur Handhabung unterschiedlicher Settings. Die methodischen Anweisungen müssen in einem Integrationsmodell mit den Prämissen des Meta-Modells, aber auch mit der Theorie-Ebene kompatibel sein.

(1) Die Zielstruktur

Im Coaching werden von den Auftraggebern, den Klienten und auch von den Coaches viele unterschiedliche Ziele formuliert. In einer expliziten Modellkonstruktion sind sie zu systematisieren und entsprechend dem Meta-Modell in eine Zielstruktur zu integrieren. Diese Zielstruktur lässt sich zunächst entsprechend dem multiparadigmatischen Theorie-Universum nach drei Prinzipien ordnen, einem individuellen, einem interaktionistischen und einem systemischen. Dabei geht es dann einerseits um die Beseitigung von Defiziten, andererseits in einem proaktiven Sinn um die

Förderung von Potenzialen. Außerdem sind neben der Steigerung von Effizienz auch immer Ziele zu verfolgen, die positives Mensch-Sein ermöglichen. Und das sind dann Humanisierungsziele.

- Auf der *individuellen Ebene* zielt das integrative Coaching-Modell darauf, einzelne Menschen, Klienten wie auch ihre Interaktionspartner als Leib-Seele-Geist-Subjekte in all ihren Arbeitsvollzügen zu fördern, sodass sie gleichermaßen erfolgreich wie auch ethisch angemessen agieren. Das Modell sieht außerdem vor, personen-immanente Blockaden aktueller oder historischer Art, die Menschen an der Realisierung solcher Ziele hindern, zu beseitigen.
- Auf *interaktionaler Ebene* geht es darum, Menschen in ihren beruflichen Beziehungen im Sinne einer situativ und ethisch angemessenen Bezogenheit zu fördern und ihnen Unterstützung zu bieten, wenn ihre beruflichen Beziehungen entweder nicht ausreichend wirkungsvoll sind oder wenn sie sich als ethisch problematisch erweisen.
- Auf der *System-Ebene* geht es um die Förderung von sozialen Systemen, d. h. von Gruppen und Organisationen bis hin zu Gesellschaften. Diese Systeme sollen sich durch die Mitwirkung von Coaching im Sinne von Effizienz, aber auch im Sinne von Humanität möglichst positiv entfalten. Coaching will aber auch einen Beitrag leisten, dass sich soziale Systeme gleichermaßen effizient und human entwickeln können.

(2) Die Rekonstruktion des Kliententhemas

Unter „Rekonstruktion des Kliententhemas" ist eine vertiefte Darstellungsform zu verstehen, während derer Klienten ihre Anliegen in Coaching-Situationen mit Unterstützung des Coachs ausbreiten. Die Rekonstruktion dient als Grundlage für den weiteren Dialog zwischen Coach und Klient. Die Bedeutung von Rekonstruktionen ergibt sich aus erkenntnistheoretischen Positionen des Meta-Modells. Coaching-Klienten treten ja meistens deswegen in einen Coaching-Prozess ein, weil ihr „Wissensvorrat" (*Berger & Luckmann* 2007), d. h. ihre Deutungs- und Handlungsmuster für eine aktuelle Anforderung nicht mehr ausreichen oder nicht mehr passend sind. Das oft nur diffus erlebte Unbehagen oder Unvermögen artikulieren die Klienten dann aber auch nur auf dem Hintergrund ihres bisherigen Wissensvorrats. Und das sind dann Muster, die sich gerade als untauglich erwiesen haben. So sind viele Führungskräfte äußerst irritiert, wenn ihre Mitarbeiter auf eine etwas schärfere Kritik völlig verstummen. Die Führungskräfte suchen dann laufend nach sachlichen Begründungen für diesen Umstand. Erst wenn sie der Coach darauf aufmerksam macht, dass jede soziale Situation unterhalb der offensichtlichen Kommunikation noch eine untergründige, emotional oft hoch aufgeladene Ebene als Subtext enthält, können sie ihr eigenes Handeln noch einmal neu erfassen und dementsprechend neu ausdeuten. Im Verlauf einer Rekonstruktion wird also eine vom Klienten berichtete Situation im Dialog noch einmal auf möglichst viele ihrer Implikationen hin abgetastet. Das Ziel von Rekonstruktionen besteht in der Entwicklung einer bündigen Problemdefinition, an der dann weiter gearbeitet wird. Im Anschluss an das Meta-Modell sollte die Rekonstruktion „szenisch" und mehrperspektivisch sein.

- Im Sinne der erkenntnistheoretischen Positionen des Meta-Modells sollte die Rekonstruktion das infrage stehende Ereignis möglichst umfassend, detailreich und erlebnishaft, d. h. *„szenisch"* einfangen. Dabei empfehlen sich häufig imaginative Arbeitsformen, bei denen der Klient gebeten wird, sich vorstellungsmäßig noch einmal in die erlebte Situation zu begeben und sie mit allen seinen Sinnen noch einmal in sein Bewusstsein zu holen. Auf diese Weise erscheinen viele Situationen nicht nur vielfältiger, oft erscheinen sie sogar in einem völlig neuen Licht. Durch eine solche Vorgehensweise kann der Klient ein berufliches Ereignis auch emotional und oft sogar leiblich neu erfassen.
- Die Rekonstruktion sollte aber auch noch einem anderen erkenntnistheoretischen Postulat entsprechen. Sie sollte immer *mehrperspektivisch* sein. In manchen Fällen empfiehlt es sich z. B., den Klienten zu bitten, einen inneren Rollentausch mit seinem Interaktionspartner in der Szene zu machen und sich dann selbst aus dessen Position zu betrachten. Auf diese Weise erschließen sich Klienten meistens ganz neue Facetten einer Situation. Außerdem sollte der Coach auch immer wieder darauf achten, dass Klienten nicht auf ihre bevorzugte Paradigmatik fixiert bleiben. So neigen z. B. viele Führungskräfte dazu, Konflikte einzelnen Personen anzulasten, obwohl sie letztlich viel häufiger in organisatorischen Besonderheiten zu verorten sind. Deshalb ist jedem Coach zu empfehlen, dass er jede Fragestellung des Klienten im Hinblick auf ihre individuellen, ihre interaktiven und ihre systemischen Implikationen untersucht.

(3) Die Wirkungsfaktoren

Im Rahmen eines expliziten Handlungsmodells, das selbstverständlich Veränderungen anstrebt, ist auch anzugeben, wie diese Veränderungen erwirkt werden sollen. Das heißt, wie wirkt Coaching in diesem integrativen Modell bzw. wie soll es wirken? Als grundsätzliche Veränderungsmechanismen, die mit den anthropologischen und erkenntnistheoretischen Prämissen kompatibel sind, lassen sich Veränderungen der Deutungs- und Handlungsmuster von Klienten begreifen.

- Dabei geht es in manchen Situationen, in denen der Wissensvorrat von Klienten zur Bewältigung einer neuen Situation nicht ausreicht, um eine *Erweiterung von Deutungs- und Handlungsmustern*. Schon bei einer eingehenden Rekonstruktion eines beruflichen Ereignisses ergibt es sich oft, dass der Klient das bislang Erlebte in einem neuen Licht sehen kann und damit seine Deutungsmuster erweitert. In vielen anderen Fällen wird der Coach vorschlagen, eine neu zu bewältigende Situation, etwa das Führen eines Kritikgesprächs, im Schonraum des Coachings zu üben. Dann erweitert der Klient seine Handlungsmuster.
- Andere Wirkungen sind *Umstrukturierungen von Deutungs- und Handlungsmustern*. In vielen Fällen „kleben" Klienten an bestimmten Sichtweisen oder an bestimmten Handlungsstrategien, obwohl sich diese aktuell nicht bewähren und die Klienten auch andere zur Verfügung hätten. Dann ist es die Aufgabe des Coachs, Klienten zu gewinnen, diese Muster zu verlassen zu Gunsten anderer, die sich in der jeweiligen Situation vielleicht als effizienter oder als ethisch angemessener erweisen.

(4) Der Interaktionsstil

Der Interaktionsstil eines Handlungsmodells ist die spezifische Form, in der Professionelle im ihrer professionellen Arbeit ihren Klienten begegnen sollen. Der Interaktionsstil eines integrativen Handlungsmodells hat sich auch wieder an den Prämissen des Meta-Modells zu orientieren. Nach einer allgemeinen Charakterisierung des Interaktionsstils möchte ich spezifische Dimensionen dieses Stils darstellen.

• Im Sinne des *Meta-Modells* besteht das anthropologische Ideal, an dem der Dialog im Coaching gemessen wird, in einer Subjekt-Subjekt-Beziehung zwischen Coach und Klient. Auf dem Hintergrund einer phänomenologischen Erkenntnishaltung nimmt der Coach gegenüber jedem Anliegen des Klienten eine „natürliche Einstellung" im Sinne von *Husserl* ein. Das heißt, er begegnet dem Klienten maximal offen, möglichst theoriefrei und eigentlich non-direktiv. Im weiteren Verlauf des Coaching-Dialogs muss der Coach aber im Verständnis des hier unterlegten Rekonstruktionsansatzes sowie der postulierten Wirkungsfaktoren eine sehr variable Haltung einnehmen zwischen unterschiedlichen Dimensionen. Diese Flexibilität ist nämlich ein wesentlicher Gradmesser für seine Professionalität. Der Interaktionsstil realisiert sich allerdings immer durch die Person des Coachs, weshalb er selbst auch das „entscheidende Instrument" im Coaching darstellt.

• Im Verlauf von Rekonstruktionen, aber auch der weiteren Arbeit, etwa bei Rollenspielsequenzen, muss der Interaktionsstil phasen- und inhaltsspezifisch stark variieren zwischen den *Dimensionen Direktivität versus Non-Direktivität, Symmetrie versus Asymmetrie* sowie *Authentizität versus Zurückhaltung.* Während der Rekonstruktion, wenn der Klient seine Fragestellung überhaupt erst entfaltet, wird der Coach weitgehend non-direktiv, zuerst passiv, danach aktiv zuhören. Da er die Fragestellung des Klienten anfangs erst langsam erschließen muss, besteht in diesem Stadium immer eine Asymmetrie zu Gunsten des Klienten. Denn auch bei ausgeprägter Feldkompetenz des Coachs muss sich dieser belehren lassen, um was es sich bei dem Klientenanliegen genau handelt. Am Ende der Rekonstruktion, wenn die „richtige" Problemformulierung gefunden ist, stehen sich Coach und Klient symmetrisch gegenüber, denn nun gilt es im Dialog festzulegen, was im Weiteren genau bearbeitet werden soll. Bei der nun folgenden Arbeit muss der Interaktionsstil des Coachs je nach der angestrebten Wirkung zwischen den genannten Dimensionen variieren. Wenn es um eine Erweiterung von Deutungs- und Handlungsmustern geht, der Klient z. B. bestimmte Ressourcen von seinem Vorgesetzten zu erlangen sucht, wird der Coach zunächst wesentliche Parameter der Situation erfragen. Jetzt besteht wieder Asymmetrie zu Gunsten des Klienten. Wenn dann der Coach ein imaginatives Rollenspiel vorschlägt und mit dem Klienten durchführt, muss er wieder sehr variabel zwischen Direktivität und Non-Direktivität agieren. Das heißt, er schlägt direktiv eine bestimmte methodische Maßnahme vor und leitet den Klienten dabei an. Während einer solchen Sequenz muss der Coach aber immer wieder über große Strecken nur zuhören, d. h. nur den Ausführungen des Klienten non-direktiv folgen. Bei Übungs-zentrierten Sequenzen, wenn der Klient sich auf bestimmte Situationen vorbereiten möchte, wird der Coach prinzipiell direktiver agieren, als wenn im gemeinsamen Dialog neue Deutungsmuster entwickelt werden. Bei der Umstrukturierung von Deutungs- und Handlungsmustern, wenn der Klient eine Verengung seiner Perspektiven oder Handlungsweisen überwinden will, ist der Coach allerdings meistens gefordert, relativ direktiv zu kommunizieren, denn gerade hier ist er ja als Feedback-Geber gefragt. Auch im Hinblick auf seine Authentizität sollte der Coach sehr professionell handeln, denn das Postulat einer grenzenloser „Ehrlichkeit" kann im Coaching wie im sonstigen Leben zu Unhöflichkeit oder zu Verletzungen führen, die sich später nicht mehr auffangen lassen. Offenheit und Ehrlichkeit sind auch im Coaching keine letzten Werte, sondern sie müssen in einem professionellen Sinn situations- und themenspezifisch variiert werden Lediglich bei unethischen Aktivitäten von Klienten, die auch der Anthropologie dieses Ansatzes zuwiderlaufen, empfehle ich dem Coach, sich deutlich ablehnend zu äußern.

(5) Die Handhabung unterschiedlicher Coaching-Situationen
Seit einigen Jahren wird Coaching nicht nur mit Einzelnen, „unter vier Augen", praktiziert, sondern mit Gruppen- und gelegentlich sogar mit Teams. Nach einigen grundsätzlichen Überlegungen zur Handhabung von Coaching- Situationen sollen die Differenz zwischen Ein- und Mehrpersonen-Settings sowie der Unterschied zwischen Gruppen- und Team-Coachings deutlich werden.

- In allen Coaching-Situationen muss der Coach *diagnostizieren und handeln*. Dabei wird er den zu diagnostizierenden Parametern, dem Kontext, den Beziehungen und dem Thema, mit einer phänomenologischen Grundhaltung begegnen und sich von diesen Phänomenen auch erlebnishaft berühren lassen. Er wird im Sinne von *Schütz* (1977) einerseits auf dem Hintergrund theoretischer Muster, andererseits auf dem Hintergrund seiner Alltagserfahrung deutend zu erschließen suchen, welche subjektive Bedeutung diesen situativen Parametern aus der Sicht des einzelnen Klienten zukommt. Er muss allerdings auch jeweils eine exzentrische Position gegenüber der Gesamtsituation einnehmen, um seine Rolle in der aktuellen Situation ebenfalls zu erfassen. Die Handlungen des Coachs zielen grundsätzlich auf einen intersubjektiven Dialog mit den Klienten sowie der Klienten untereinander. Der Coach sollte besonders sorgsam Kontextfaktoren zu erfassen suchen, denn sie färben nicht nur die Thematik im Coaching ein, sondern auch die Beziehung zum Coach sowie bei Mehrpersonen-Settings noch die Beziehungen der Klienten untereinander. Bei der Handhabung von Settings im Coaching erhalten ihr Institutionalisierungsgrad und die Anzahl der Personen eine besondere Bedeutung.
- Coaching-Situationen lassen sich nach dem *Grad ihrer Institutionalisierung* unterscheiden in Situationen mit geringer, mittlerer und hoher Institutionalisierung. Einen sehr niedrigen Institutionalisierungsgrad haben Situationen, in denen sich eine einzelne Führungskraft einen Coach aussucht und ihn auch bezahlt. Den höchsten Grad an institutioneller Anbindung weisen Team-Coachings auf, bei dem der gesamte Kader eines Unternehmens etwa zum Zwecke der

Strategieberatung (*Wolff* 2005) von einem Coach gleichzeitig beraten wird und die Firma das Coaching auch finanziert. In Coaching-Situationen mit geringer institutioneller Anbindung besteht für Coach und Klient die größte Freiheit im Hinblick auf die Gestaltung der Situation, die Wahl des Themas, die Preisgestaltung usw. Hier besteht auch die größte Nähe in der Beziehung zwischen beiden. Solche Coachings sind oft eher „Personal"- oder „Life-Coachings" (*Buer & Schmidt-Lellek* 2008), denn alle Elemente des Kontrakts werden hier nur zwischen Coach und Klient ausgehandelt. Bereits ein Einzel-Coaching, das vom Arbeitgeber des Klienten finanziert wird, impliziert einen höheren Institutionalisierungsgrad. Als „Dreiecks-Kontrakt" ist es immer durch Ziele der Organisation des Klienten mitbestimmt, denen der Coach Rechnung zu tragen hat. In diesem Setting ist Coaching als „Executive-Coaching" schon deutlich eine Maßnahme der Personalentwicklung, bei der schwerpunktmäßig die Funktionsfähigkeit des Klienten gefördert werden soll. „Personen-Entwicklung" (*Neuberger* 1994) im Sinne der Entwicklung individueller Potenziale ist im Kontrakt zwischen dem Coach und der jeweiligen Organisation eher nicht vorgesehen.

- Einen noch höheren Institutionalisierungsgrad weisen alle *Mehrpersonen-Coachings* auf. Beim Gruppen-Coaching werden hierarchie- und funktionsgleiche Führungskräfte in einer Kleingruppe von vier bis sechs Personen von einem Coach beraten. Solche Aktivitäten finden meistens organisationsintern statt, und der Coach ist dann auch meistens ein organisationsinterner Coach aus der Personalentwicklungsabteilung (*Wallner* 2004; *Westerwelle* 2004). Hier werden die Beziehungen der Klienten nach anfänglicher Vorsicht im Laufe der ersten Sitzungen meistens durchaus lebendig und intensiv, da sich nämlich ihre soziale Situation ähnelt und sie deshalb auch ähnliche Themen vorbringen. Das führt zwar schnell zu einem hohen Solidaritätspegel, gleichzeitig ist aber allen klar: „Wir bleiben auch im Coaching in unserer Firma", und man vermeidet es, sich mehr als nötig bloßzustellen. Den höchsten Institutionalisierungsgrad weisen schließlich Coachings von Teams auf, die in sich hierarchisch sind. Selbst in betont demokratisch geführten Organisationen finden wir erhebliche Vorbehalte, persönliche Themen anzusprechen, sodass die Themen auch nach einem längeren Zeitraum gemeinsamer Arbeit verhältnismäßig stark mit formalen Konstituenten der Organisation in Verbindung sind. Und allen diesen Bedingungen hat der Coach bei der Wahl seiner methodischen Maßnahmen Rechnung zu tragen.

1.2.4 Die eigentliche Praxeologie

Jetzt kommen wir endlich zur eigentlichen Praxeologie, in die dann auch etliche Tools integrierbar sind, die *Rauen* in seinen beiden Büchern (2004, 2007) gesammelt hat. Entsprechend der Komplexität von Coaching, seinen möglichen Settings und besonders seinen potenziellen Themen muss ein Handlungsmodell fürs Coaching über ein breites Methoden-Universum verfügen. Bei einem Integrationsmodell sind aber selbstverständlich alle methodischen Maßnahmen und alle prozessualen Anweisungen auch wieder an seinen anthropologischen und erkenntnistheoretischen Setzungen zu messen.

(1) Die Methodik

Die Methodik des Modells gliedert sich in drei Gruppen: Gesprächsführung, erlebnis- und handlungsorientierte Arbeitsformen, Medien.

• Jede Beratungsform startet mit Formen *professioneller Gesprächsführung.* Im Coaching beziehen sich etliche Autoren (*DBVC* 2007) auf Gesprächsformen, wie sie als „Prozessberatung" von *Edgar Schein* (2003) schon seit etlichen Jahren propagiert werden. Dieser Autor knüpft an Formen der Gesprächsführung an, wie sie ursprünglich von *Rogers* angestoßen und dann im deutschen Sprachraum von *Tausch & Tausch* (1990) ausgearbeitet wurden. In diesen Gesprächen wird der Klient immer als Subjekt angesprochen, dessen Deutungsmuster der Professionelle zunächst konzentriert anhören soll und im Weiteren durch „aktives Zuhören" in seiner Essenz zu präzisieren hat. Das allerdings eher implizite Meta-Modell dieser Form der Gesprächsführung ist kompatibel mit den Prämissen des oben beschriebenen Meta-Modells.

• Zur vertieften Auseinandersetzung mit dem beruflich Erlebten und besonders zur Auseinandersetzung mit unterschiedlichen Handlungsmustern ist es dann aber sinnvoll, *erlebnis- und handlungsorientierte Arbeitsformen* aus dramatherapeutischen Verfahren wie der Gestalttherapie, dem Psychodrama usw. einzusetzen. Diese Verfahren sind in ihren anthropologischen und erkenntnistheoretischen Prämissen kompatibel mit der Gesprächsführung, die bei *Rogers* ihren Ausgang nahm. Sie sind aber auch untereinander kompatibel. Auch in diesen Verfahren wird der Mensch grundsätzlich als Subjekt begriffen, und auch in diesen Verfahren wird ihm lebenslanges Lernen unterstellt. Manipulative Strategien, die den Menschen objektivieren, sind auch hier nicht vorgesehen *(Schreyögg* 2004). Im Gegensatz zur reinen Gesprächsführung werden diese Ansätze aber dem Menschen auch als Leib-Subjekt gerecht, denn hier geht es immer um Arbeitsformen, die den Menschen nicht nur mit seinen Emotionen ansprechen, sondern auch in seinen leiblichen Möglichkeiten. Hier gelingt es dann durch imaginative Verfahren, das im Beruf Erlebte gegenwärtig zu setzen und im Coaching noch einmal neu auszudeuten. Mit diesen Arbeitsformen lässt sich nicht nur Vergangenes, sondern auch Zukünftiges gegenwärtig zu setzen. Das ist z. B. dann wichtig, wenn eine Führungskraft im Coaching neue Handlungsmuster einüben will. Der Coach kann sie dazu animieren, aus ihrem vorhandenen Repertoire das aktuell passendste für eine neue Situation zu kultivieren. Oder er kann mit Klienten ganz neue Handlungsmuster erarbeiten.

• Viele Fragestellungen im Coaching weisen einen so hohen Grad an Komplexität auf, dass ein Coach, der auf rein sprachlichen Arbeitsformen besteht, schnell überfordert ist. Aus diesem Grund ist es sinnvoll, *unterschiedliche Medien* wie Magnetplättchen, Bausteine, Stifte, Flipcharts usw. zu nutzen, um eine aktuelle Fragestellung transparent, d. h. verstehbar zu machen. Über diese pragmatische Bedeutung hinaus wohnt manchen dieser Medien wie etwa Kasperfiguren, Stofftieren, selbst gebauten Masken usw. die Aufforderung zur kreativen Gestaltung inne, sodass sie vielfach bei den Klienten neue Impulse zu wecken vermögen (*Schreyögg* 2003).

28

(2) Prozessuale Anweisungen zur Methodenanwendung
Einzelne methodische Maßnahmen sollten allerdings nicht ohne einen prozessualen Leitfaden angewandte werden. Zur Einordnung methodischer Maßnahmen bietet sich das psychodramatische Prozessmodell an mit seinen drei Phasen:

- Das erste Stadium, die *„Anwärmphase"*, dient dazu, den Klienten für eine Methodenanwendung überhaupt erst bereit zu machen. Das ist die erste Phase von Coaching-Sitzungen, in denen Klienten ihr Anliegen darzustellen beginnen. Der Coach gibt mit Hilfe von Formen professioneller Gesprächsführung im Dialog Unterstützung, eine bündige Problemformulierung zu finden, die dann die weitere Methodenwahl bestimmt. Wenn der Klient beispielsweise in der ersten Phase zu der Problemformulierung kommt: „Ich möchte mit dem Mitarbeiter X ein ernstes Kritikgespräch führen, ich weiß aber noch nicht, wie das gehen kann", wird der Coach ein imaginatives Rollenspiel vorschlagen, um dieses Gespräch gut vorzubereiten. Wenn sich im ersten Gespräch allerdings als Problemformulierung herausschält, dass der Klient etwa als Newcomer in einer Abteilung ein Kritikgespräch notwendig findet, sich aber noch scheut, eines zu starten, wird der Coach vielleicht lieber mit Bausteinen die Gesamtsituation, in der die Führungskraft steht, erkunden und dann seine Gefühle, Einstellungen, Wahrnehmungen usw. in dieser Situation ausführlich thematisieren.
- Wenn der Coach eine methodische Maßnahme vorschlägt und der Klient mit der Wahl einverstanden ist, beginnt die *Aktionsphase*. Wenn etwa in obigem Beispiel der Klient üben möchte, wie er mit seinem Mitarbeiter am besten ein Kritikgespräch machen kann, das einer aktuellen Situation angemessen ist und auch ihm selbst entspricht, wird der Coach den Klienten anleiten, den Mitarbeiter auf einem leeren Stuhl zu imaginieren, sodann zu der imaginierten Person zu sprechen. Danach ist es sinnvoll, den Klienten zu einem Rollentausch zu animieren, bei dem er nun als Mitarbeiter auf dem vormals leeren Stuhl versuchen kann, wahrzunehmen, wie es dem Mitarbeiter in dieser Sequenz geht. Diese Rollentausch-Sequenz dauert so lange, bis der Klient eine für sich befriedigende Form der Gesprächsführung gefunden hat.
- Nach einer solchen Aktion ist es dann die Aufgabe des Coachs, in einer so genannten *Integrationsphase* die vom Klienten neu entwickelten Deutungs- und/oder Handlungsmuster in dessen gesamtes Repertoire integrieren zu helfen. Zu diesem Zweck kann der Coach in unserem Beispiel fragen, wie der Klient bislang mit seiner Kritik umgegangen ist, wie er früher anderen Mitarbeitern gegenüber seinen Unmut geäußert hat usw. Diese Nachphase dient auch dazu, dass sich der Klient abschließend stabilisiert, sich vielleicht auch selbst noch anfeuert, sein neu entwickeltes Muster tatsächlich in der Praxis anzuwenden.

Literatur

Apel, K.O., Böhler, D., Rebel, K.H. (Hrsg.) (1984). *Praktische Philosophie/Ethik*. Studientexte 1-32, Funkkolleg, Weinheim, Basel: Beltz.

Bauer, J. (2006). *Warum ich fühle, was du fühlst. Intuitive Kommunikation und das Geheimnis der Spiegelneurone.* Hamburg: Hoffmann und Campe.

Berger, P., Luckmann, T. (2007). *Die gesellschaftliche Konstruktion der Wirklichkeit* (Orig. 1969). Frankfurt/M.: Fischer.

Bourdieu, P. (1987). *Die feinen Unterschiede. Kritik der gesellschaftlichen Urteilskraft* (Orig. 1973). Frankfurt/M.: Suhrkamp.

Buer, F., Schmidt-Lellek, C. (2008). *Life-Coaching. Über Sinn, Glück und Verantwortung in der Arbeit.* Göttingen: Vandenhoeck & Ruprecht.

Coenen, H. (1985). *Diesseits von subjektivem Sinn und kollektivem Zwang.* München: Wilhelm Fink.

DBVC (2007). *Leitlinien und Empfehlungen für die Entwicklung von Coaching als Profession. Kompendium mit den Professionsstandards des DBVC.* Osnabrück.

Dittmer, W. (1982). Theoretische Aspekte der Methodenintegration in der Psychotherapie. In: Petzold, H. (Hrsg.), *Methodenintegration in der Psychotherapie.* Paderborn: Junfermann.

Eidenschink, K., Horn-Heine, K. (2007). Der professionelle Einsatz von Coaching-Tools. In: C. Rauen (Hrsg.), *Coaching-Tools II.* Bonn: managerSeminare.

Forster, J. (1981). Teamarbeit. Sachliche, personelle und strukturelle Aspekte einer Kooperationsform. In.: W. Grundwald, W. Lilge (Hrsg.), *Kooperation und Konkurrenz in Organisationen.* Bern, Stuttgart: Poeschel.

Graumann, O.F., Metreau, A. (1977). Die phänomenologische Orientierung in der Psychologie. In: K.A. Schneewind (Hrsg.), *Wissenschaftstheoretische Grundlagen in der Psychologie.* München, Basel: Reinhardt.

Hagehülsmann, H. (1984). Begriff und Funktion von Menschenbildern in Psychologie und Psychotherapie. In: H. Petzold (Hrsg.), *Wege zum Menschen, Bd. I.* Paderborn: Junfermann.

Herzog, W. (1982). Die wissenschaftstheoretische Problematik der Integration psychotherapeutischer Methoden. In.: H. Petzold (Hrsg.), *Methodenintegration in der Psychotherapie.* Paderborn: Junfermann.

Herzog, W. (1984). *Modell und Theorie in der Psychologie.* Göttingen. Hogrefe.

Lorenzer, A. (2000). *Sprachzerstörung und Rekonstruktion* (Orig. 1970). Frankfurt/M.: Suhrkamp.

Mead, G.H. (2005). *Geist, Identität und Gesellschaft* (Orig. 1932). Frankfurt/M.: Suhrkamp.

Merleau-Ponty, M. (1976). *Die Struktur der Wahrnehmung.* Berlin: De Gruyter.

Neuberger, O. (1994). *Mikropolitik.* Stuttgart: Enke.

Petzold, H. (1993). *Integrative Therapie.* Paderborn: Junfermann.

Petzold, H. (1998). *Integrative Supervision, Meta-Consulting & Organisationsentwicklung.* Paderborn: Junfermann.

Piaget, J. (2003). *Das Erwachen der Intelligenz* (Orig. 1946). Zürich: Rascher.

Plessner, H. (1982). *Mit anderen Augen* (Orig. 1953). Stuttgart: Reclam.

Rauen, C. (1999). *Coaching. Innovative Konzepte im Vergleich.* Göttingen: Verlag für Angewandte Psychologie.

Rauen, C. (2004). Vorwort. In: C. Rauen (Hrsg.), *Coaching-Tools.* Bonn: managerSeminare.

Rauen, C. (Hrsg.) (2007). *Coaching-Tools II.* Bonn: managerSeminare.

Schein, E. (1995). *Organisationskultur.* Frankfurt/M., New York: Campus.

Schein, E. (2003). *Prozessberatung für die Organisation der Zukunft. Der Aufbau einer helfenden Beziehung*. Köln: EHP.

Schmitz, H. (1978). *System der Philosophie, Bd. V. Die Wahrnehmung*. Bonn: Bouvier.

Schreyögg, A. (2004). *Supervision. Ein integratives Modell. Lehrbuch zu Theorie und Praxis* (4. Aufl., Orig. 1991). Wiesbaden: VS Verlag.

Schreyögg, A. (2003). *Coaching. Einführung für Praxis und Ausbildung* (6. Aufl., Orig 1995). Frankfurt/M., New York: Campus.

Schreyögg, A. (2004). Imaginativer Rollentausch. In: C. Rauen (Hrsg.), *Coaching-Tools*. Bonn: managerSeminare.

Schütz, A. (1932/1977). *Der sinnhafte Aufbau der sozialen Welt* (Orig. 1932). Frankfurt/M.: Suhrkamp.

Stachowiak, H. (1973). *Allgemeine Modelltheorie*. Berlin u.a.: Springer.

Strasser, S. (1964). *Phänomenologie und die Erfahrungswissenschaft vom Menschen*. Berlin: De Gruyter.

Tausch, R., Tausch, A. (1990). *Gesprächspsychotherapie*. Göttingen: Hogrefe.

Textor, M.R. (1988). Psychotherapie – Charakteristika und neue Entwicklungen. *Integrative Therapie* 14 (4), 269-280.

Wallner, I. (2004). Gruppencoaching für Führungskräfte. *OSC* 11 (3), 275-283.

Westerwelle, G. (2004). Interne Supervision und Coaching in der öffentlichen Verwaltung. *OSC* 11 (3), 267-275.

Wolff, U. (2005). Strategie-Coaching. In: C. Rauen (Hrsg.), *Handbuch Coaching* (3. Aufl.). Göttingen u.a.: Hogrefe.

2. Kapitel

Sozialwissenschaftliche Methoden
als Verfahren im Coaching

Gerhard Jost

Zusammenfassung: In der anhaltenden Professionalisierungsdiskussion im Coaching erscheinen interpretative Verfahrensweisen der empirischen Sozialforschung eine nützliche Option im analytisch-diagnostischen Bereich zu bieten. In der Regel wird im Coaching davon ausgegangen, dass die Perspektive des Klienten nicht einfach zu übernehmen, vielmehr die „Eigentheorie" über das Problem, die Ursachen und Kontexte zu hinterfragen ist. Gleichzeitig werden kaum konkrete Verfahrensschritte angeboten. Interpretative Verfahren könnten in diesem Bereich sowohl mit Erhebungs- als auch mit Interpretationsstrategien ein brauchbares Instrumentarium anbieten. Der Artikel beschäftigt sich mit den Fragen, in welcher Form sozialwissenschaftliche Verfahren für das Coaching einsetzbar sind, wie sie adaptiert und mit welchen Interventionsschritten sie kombinierbar sind.

Da es an geteilten Standards und allgemein gültigen Ausbildungslehrgängen mangelt, besteht im Coaching ein Diskurs über den Professionalisierungsgrad (vgl. *Birgmeier* 2006; *Kühl* 2008; *Schmidt-Lellek* 2006). In diesem Kontext werden allerdings kaum analytisch-diagnostische Verfahren diskutiert. Es wird zwar davon ausgegangen, dass zwischen der „Eigentheorie" von Klienten und der Reflexion durch den Coach differenziert werden muss, folglich die Selbstdarstellungen eines Klienten nicht unhinterfragt bleiben kann (vgl. u.a. *Schreyögg* 1995: 309f.). Gleichzeitig wird jedoch wenig auf analytische Verfahrensweisen verwiesen, die den Umgang mit Daten anleiten. Darüber hinaus sind Coaching-„Tools", die analytischen Funktionen nachkommen, auf unterschiedliche Gegenstände konzentriert. So werden unter anderem Fähigkeiten, Werte, Rollen oder Beziehungsfelder fokussiert (vgl. *Rauen* 2006: 149ff.).

Methoden interpretativer bzw. (fall-)rekonstruktiver Sozialforschung[1] können nun, so die weiteren Ausführungen in diesem Artikel, für analytische Zwecke im Coaching herangezogen werden. Sie sind wie Coaching selbst durch Fallanalysen und Verstehen von Prozessen gekennzeichnet. Prinzipiell werden mit diesen Methoden Bedeutungs- und Handlungsstrukturen in den Mittelpunkt gerückt, um Auf-

---

[1] Angesprochen sind damit Methoden des interpretativen Paradigmas, welche sich für die Rekonstruktion sozialer Strukturen eignen. Dieser Zweig empirischer Sozialforschung hat sich seit den 70er Jahren etabliert und zeichnet sich durch ein umfassendes Feld an Studien und Lehrbüchern aus (vgl. u.a. *Rosenthal* 2005; *Bohnsack* 1991; *Flick* 1995; *Lamnek* 1987, 1993; *Jakob & v. Wensierski* 1997).

schlüsse über biografische oder soziale Zusammenhänge zu erhalten. Eine solche Option kann im Coaching dazu beitragen, komplexe, oft diffuse Problemdarstellungen von Klienten genauer zu untersuchen.[2] In der Anwendung sind dabei keine Einschränkungen gegeben: Mit den Methoden können sowohl Analysen berufsbezogener Belastungssituationen, der wohl zentralen Thematik von Coaching, als auch jene von familiären Problematiken, von „Work-Life-Balance" (*Schreyögg* 2005), (berufs-)biografischer Sinnkrisen, „Burn-out"-Syndromen oder Ziel- bzw. Orientierungsproblemen durchgeführt werden.

Analysen zu Beginn des Coachings bzw. diagnostische Arbeiten sind grundlegend, da sie die Voraussetzung für die Konzeption von Interventionen schaffen. Zwar können auch noch während der eigentlichen Beratungsphase Informationen über den „Fall" gewonnen und erste Hypothesen noch präziser gefasst bzw. transformiert werden, doch erscheint eine eingehende Auseinandersetzung zu Beginn für ein erfolgreiches Coaching unumgänglich.

Methoden interpretativer Sozialforschung folgen dem Grundprinzip einer offenen, unstrukturierten Herangehensweise. Ziel ist es, die Konstitution eines Verlaufs (wie z.b. die Entstehung eines Problems) innerhalb der fallspezifischen Erfahrungs- und Bedeutungszusammenhänge zu klären. So kann nicht nur einem Interviewten im Forschungsprozess, sondern genauso dem Klienten im Coaching Raum für Gestaltentwicklung gegeben werden, damit ein Problem detailliert in seiner Geschichtlichkeit erklärt werden kann. Anvisiert werden Erkenntnisse über den Anlass der Krise, das Anliegen des Klienten und die Ressourcen für Veränderungen. Spezifische Gesprächsformen – wie z.B. narrative Interviews – entsprechen dem Kriterium der Offenheit besonders. Sie ermöglichen eine ungefilterte Strukturierung durch den Klienten und lassen es zu, dass das Problem weitgehend ohne thematische und theoretische Einschränkung dargestellt wird. Durch Formen themenzentrierter, halbstrukturierter (Leitfaden-)Interviews wären dagegen die Inhalte immer auch thematisch durch den Interviewer mitgestaltet, sodass die Eigenstrukturierung des Problems nicht so klar zu Tage tritt.

1. Gestaltung narrativer Gespräche

Die Form des narrativen Interviews wurde im Rahmen einer Gemeindestudie über Machtstrukturen entwickelt (vgl. u.a. *Schütze* 1983; *Küsters* 2006; *Glinka* 2003).[3] Derzeit wird es im Bereich der Biografieforschung besonders eingesetzt. Bei diesem

---

2 Nur in einem Coaching-Konzept, das als „High Profiling" bezeichnet wird, gehen solche Methoden explizit ein (*Baus* 2004). Dabei wird zu Beginn ein lebensgeschichtliches Interview durchgeführt, und die Erkenntnisse daraus werden dem Klienten zur Reflexion gegeben. Bei der Interpretation wird auf Verfahrensweisen der Objektiven Hermeneutik verwiesen. Allerdings werden in einem Forschungsbericht (INQUA 2002/03) die Daten letztlich in ein Raster von vierzehn sozialen und emotionalen Kompetenzen eingeordnet.
3 *Schulze* (2008) hat lebensgeschichtliches Erzählen im Kontext von Beratung und Therapie diskutiert.

Verfahren wird davon ausgegangen, dass Erzählen die grundlegende Form der Rekapitulation von Erfahrungen ist. Durch Erzählen müssen eigenerlebte Erfahrungen zu einer Struktur verknüpft werden, in denen die Deutungs- und Handlungsmuster – wenn auch nicht ausschließlich manifest – zum Vorschein kommen. Dadurch entsteht ein aufschlussreiches Datenmaterial, mit dem biografische und soziale Strukturen rekonstruiert werden können.

Das narrative Interview erlaubt durch die eigenständige Selektion der Kommunikation und den hohen Dispositionsspielraum die Darstellung der „Eigentheorie" über das Problem. Der Erzähler führt sich dabei als Handlungsträger ein, entwickelt Verbindungslinien zu bedeutenden Faktoren, Personen, historischen Ereignissen und Erwartungen. Er kann seine Erfahrungen in einem offenen Möglichkeitsraum erzählerisch und reflexiv rekapitulieren. Dadurch werden auch die Handlungsspielräume und heteronomen Faktoren der Lebensgestaltung deutlich.

Im Coaching kann mit dieser Gesprächsform die Geschichte des Problems detailliert erfasst werden. Um diesen Verlauf zu verdeutlichen, wird eine (Handlungs-)Struktur mit Schauplätzen, Zeitpunkten und anderen Aspekten entfaltet werden. Deutlich wird dadurch auch das Verhältnis des Klienten zu sozialen Gebilden, also wie man positioniert ist, welche Handlungsspielräume man hat oder wie heteronom die Lebensbedingungen sind. Diese Konstruktionen „ersten Grades" sind in der Folge konstitutiv für jene „zweiten Grades", wie sie vom Sozialforscher bzw. vom Coach in der Analyse des Gesprächs dann vorgenommen werden.

Im Gespräch soll sich der Klient in die Vergangenheit zurückversetzen und vergangene Erfahrungen präsentieren, auch wenn sie aus dem Heute dargestellt werden. Für die praktische Durchführung des Interviews ist es folglich wichtig, Erinnerungsprozesse und szenische Rekonstruktionen zu fördern. Bereits die am Beginn stehende Erzählaufforderung soll dazu beitragen. Diese sorgt mit einem breiten Erzählrahmen für eine Haupterzählung, in der das Problem des Klienten und seine Entstehungskontexte möglichst ohne Unterbrechung bzw. Zwischenfragen des Interviewers bzw. Coach grundlegend ausgeführt werden soll. Thematisch soll dabei weder zeitlich noch örtlich eingeschränkt werden, sodass die Erzählung möglichst autonom entwickelt wird. Reaktionen wie nonverbale oder kurze verbale Signale des aufmerksamen Zuhörens, des Verständnisses und der Neugier sollen das Erzählen aufrechterhalten. Thematische Interventionen und Verständnisfragen sollen noch hinten angehalten werden. Führt man thematische oder zeitliche Fragen ein, könnte sich die interviewte Person daran orientieren und den Rahmen anders wählen. Wird der Erzählfluss unterbrochen, sollte am ehesten eine allgemeine Anregung zum Weitererzählen gegeben werden. Solche weiterführenden, noch sehr unspezifischen Fragen können zum Beispiel sein, „Wie ging es dann weiter?" oder „An was können Sie sich noch erinnern?" (*Fischer-Rosenthal & Rosenthal* 1997a: 144). Der Coach sollte in dieser Phase des Gesprächs auch dann nicht steuernd wirken, wenn einzelne Ereignisse nur kurz angeschnitten werden oder Zusammenhänge unverständlich bleiben. Es ist zunächst also vor allem notwendig, aufmerksam zuzuhören und der Erzählung zu folgen, um diese dann zu vertiefen bzw. einzelne Punkte in der Nachfragephase anzusprechen.

Wenn die Haupterzählung von der interviewten Person beendet wird, kann in der zweiten Phase die Darstellung des Problems und seine soziale bzw. biografische Einbettung durch offene, erzählgenerierende Fragen weiter verdichtet werden. Nun wird der Coach aktiv und spricht erzählte Stellen an. Offene Nachfragen, die nicht auf Argumentationen oder Berichte abzielen, sind geschlossenen vorzuziehen, um die Strukturierung des Gegenstandes auch weiterhin dem Klienten zu überlassen. Genauso sind Fragen nach Ereignisabläufen gegenüber den punktuellen – nach Ort, Zeit und Ursache von Entwicklungen – zu präferieren.

Prinzipiell sollen um detaillierte Erzählungen zu wenig ausgeführten Punkten der Haupterzählung ersucht sowie unverständliche und mehrdeutige Darstellungen der Haupterzählung nochmals angesprochen werden. Nachfragen werden sich gleichfalls auf Erzählungen beziehen, die abgebrochen worden sind. Interessant ist es darüber hinaus, Erzählungen zu Argumenten zu bekommen (vgl. *Rosenthal & Fischer-Rosenthal* 1997b). Die Präferenz des Erzählens bedeutet aber nicht, dass reflexive Argumentationen des Erzählers nicht ebenfalls wichtige Aufschlüsse geben. Natürlich können in dieser Phase auch exmanente Fragen eingebracht werden, um Themen, die bisher noch nicht angeschnitten worden sind und für das Verständnis des „Falles" wichtig erscheinen, anzusprechen. In Einzelfällen muss ein sehr sensibles Fragen erfolgen, da die Thematisierung unter Umständen für den Klienten schwierig ist. Dazu gehört auch, mit eigenen Interpretationen zurückhaltend zu sein. Interpretationen, die der „Eigentheorie" eines Klienten widersprechen, könnten den Klienten nicht nur irritieren, sondern den Erzählfluss eindämmen. Insofern sollte man sich in dieser Phase auf die Paraphrasierung der Sichtweise beschränken.

Ein wichtiger Aspekt bei narrativen Darstellungen ist, dass eine Nähe zu vergangenen Orientierungs- und Handlungsmustern hergestellt wird. Kritiken, dass damit eine authentische Abbildung von Vergangenheit anvisiert wird (z. B. *Ziegler* 2000: 253ff.), erscheinen nicht sehr plausibel. Die offene Struktur narrativer Gespräche lässt gerade die subjektive Verarbeitung eines Problems und Relevanzsetzungen durch den Erzähler zu. So wird von Erzählungen nicht erwartet, gespeicherte „Abbilder" vergangener Erfahrungen zu erhalten. Man ist sich bewusst, dass Erzählungen immer den heutigen Horizont darstellen und die zukünftigen Erwartungen antizipieren. Gespräche und Fallanalysen sollen nicht zwischen Familien-, Arbeits- und Sozialanamnese sowie einer vertieften biografischen Anamnese unterscheiden, wie dies im Coaching zum Teil gemacht wird (vgl. z. B. *Migge* 2005). Vielmehr sollten die Gespräche zu thematisch integrierten Hypothesen über die Struktur des zu behandelnden Problems, seiner Entstehung und Kontexte münden.[4] Auch in den narrativen Gesprächen selbst sollen nicht einzelne Themen vorab ausgewählt werden, auch keine grundsätzliche Beschränkung auf den Arbeits- oder Familienbereich stattfinden. Erst im Interview zeigt sich, welche Aspekte bedeutend sind und weiter vertieft werden müssen. Insofern ist es wichtig, dass dem Klienten ein breiter Gestaltungsspielraum zugestanden wird und Thematiken selbst selektiert werden. In der Regel werden meistens biografische Teilerzählungen im narrativen Gesprächsablauf erfolgen.

---

4 In zahlreichen Biografiestudien wird ein solches Vorgehen ersichtlich.

Im Prinzip wird ein einmaliges diagnostisches Gespräch zu Beginn des Coachings ausreichen. Doch sind bei unklaren Seiten des Problems und seiner bestimmenden Faktoren weitere, eher kürzere Befragungen in Form von narrativen Gesprächen möglich. Mit diesen „neuen" Daten können die Fallhypothesen konkretisiert werden, eine gänzliche Transformation der Hypothesen wird selten stattfinden. Diagnostik ist aus dieser Perspektive prozessual ausgerichtet. Sie muss nicht schon zu Beginn abgeschlossen werden, sondern ist als dauerhafter Prozess zu sehen. Gleichfalls ist sie nicht von normativen „Soll-Werten" und Defiziten geleitet.

Nun stellt sich die Frage, wie man von diesen erhobenen Daten zu Fallhypothesen kommt und inwieweit auf interpretative Strategien fallrekonstruktiver Sozialforschung zurückgegriffen werden kann. Interpretationsstrategien haben zwei Vorteile: Erstens kann mit ihnen kontrolliert und systematisch vorgegangen werden; zweitens kann mit einer extensiven Analyse auf die latenten Strukturen der bestimmenden Dynamik eines Problems Bezug genommen werden.

2. Rekonstruktive Analysen von Erzählungen

Die Führung eines narrativen (Eingangs-)Gesprächs ist also wichtige Basis zum Verstehen des Falls, erscheint aber noch nicht ausreichend, um daraus schon Interventionen abzuleiten. Die Methodenentwicklungen und die vielfältigen Studien innerhalb interpretativer Sozialforschung zeigen, dass meistens nicht bei der Reproduktion von Erzähltem und „Eigentheorien" stehen geblieben wird und Daten aus narrativen Interviews meistens einer eingehenden Analyse unterzogen werden.[5] Dazu wird das Gespräch aufgenommen und transkribiert, danach eine genaue Explikation von Bedeutungsgehalten vorgenommen. Man geht davon aus, dass die Strukturen eines Problems und seine Sinnzusammenhänge nur partiell bzw. perspektivisch im Lebensvollzug des Klienten erkannt werden. In Erzähltem bildet sich daher eine latente Struktur ab, die nicht intentional vom Erzähler vermittelt, sondern vorbzw. unbewusst mittransportiert wird. So kann man annehmen, dass jede Darstellung mehr an sozialer Strukturiertheit in sich trägt, als auf den ersten Blick erkennbar wird. Mit einer extensiven Analyse können diese latenten Momente rekonstruiert werden.

Die Analyse kann in Form von hermeneutischen Interpretationsverfahren erfolgen. Dabei wird unabhängig von bereits bestehenden Hypothesen interpretiert. Folgt man diesem Weg im Coaching, können Coaches damit genuin Hypothesen über den Fall entwickeln, welche sowohl für die Vereinbarung der Beratungsziele als auch für die Gestaltung des Beratungsdialogs grundlegend sind.[6] Indem auch vor- bzw. un-

---

5 In der rekonstruktiven Biografieforschung wird allerdings z. T. auch Gegenteiliges vertreten, indem eine narrative Gesprächsführung bereits als dialogische Arbeit verstanden wird (vgl. z. B. *Köttig* 2007). Unter solchen Prämissen wird die Differenz zwischen Diagnose und Intervention dann ein wenig verwischt.
6 Im Rahmen stationärer Jugendhilfe wurde eine solche Zugangsweise einer narrativ-biographischen Diagnostik durchgeführt (*Fischer & Goblirsch* 2004; *Goblirsch* 2007). So

bewusste Anteile expliziert werden, können die Interventionen noch besser auf die Strukturen eines Problems abzielen, auch neue Sichtweisen darauf abgestimmt werden. Gleichzeitig hat die Erstellung von genauen diagnostischen Analysen vor der eigentlichen Beratung den Vorteil, etwaige Fehlinterventionen während des Coachings beobachten und korrigieren zu können. Ohne Diagnosen kann keine (Eigen-) Evaluation von getroffenen Entscheidungen vorgenommen und können die eingesetzten Vorgangsweisen nicht oder nur an der Zufriedenheit des Klienten evaluiert werden (vgl. *Goblirsch u.a.* 2007: 227ff.).

Hermeneutische Analysen basieren nun auf einigen Annahmen, die sich wesentlich darauf beziehen, dass es sich bei dem Problem und seiner Genese um eine strukturierte, geschichtlich konstituierte Handlungseinheit mit identifizierbaren Grenzen handelt. Die präsentierten Zusammenhänge sind durch die Reichweite des Problems begrenzt, nicht beliebig und zufällig. Würden Äußerungen eines Falls nicht in einer identifizierbaren Struktur stehen und wären sie (auch) dem Zufall überlassen, könnten keine Zusammenhänge bzw. Konzepte über ein Problem rekonstruiert werden. Konkrete Umsetzungsvarianten wie z.B. die objektive Hermeneutik (*Oevermann* 1979), die strukturale Analyse von Erzählungen (*Fischer-Rosenthal & Rosenthal* 1997a,b) oder Kodierverfahren nach der „Grounded Theory" (*Glaser & Strauss* 1998) bauen auf solchen Annahmen auf.

In der Regel werden die in der Forschung angewandten Vorgehensweisen jedoch für Beratungen zu aufwändig sein. Allerdings könnte in reduzierter Form auf Verfahrensweisen zurückgegriffen werden. Sinnvoll erscheint eine Variante – wie von *Helfferich & Kruse* (2007: 175ff.) vorgeschlagen –, einerseits im Interview selbst ein „hermeneutisches Ohr" zu haben, d.h. Auslegungen von Erzählungen ad hoc im Gespräch vorzunehmen und bereits an latente Strukturmomente im Gespräch zu denken. Andererseits können „verkürzte" Verfahrensstrategien aus dem wissenschaftlichen Kontext eingesetzt werden, um die ersten Überlegungen aus den ad-hoc-Auslegungen zu vertiefen.

Orientiert an der „Objektiven Hermeneutik" könnte das verkürzte Vorgehen in der Form vor sich gehen, dass erstens die „objektiven" Daten eines Falls interpretiert werden. Bei „objektiven" Daten handelt es sich um alle Ereignisdaten. Ausgehend von diesen Daten, also z.B. dem Zeitpunkt des ersten Auftretens des Problems, biografischen Daten usw. sollen Hypothesen entwickelt werden, welche Handlungsprobleme der Fall aufweist und welche Kontexte sowie Faktoren damit in Zusammenhang stehen. Diese (Struktur-)Daten können sequentiell und chronologisch analysiert werden (vgl. *Oevermann* u.a. 1980). Bei diesem Auslegungsschritt bleiben die Selbstdeutungen des Erzählers noch weitgehend ausgeblendet. Die auf diese Art gewonnenen Lesarten über den Verlauf des Problems und den lebens- und arbeitsgeschichtlichen Kontext stellen einen vorläufigen Bezugsrahmen für weitere Interpretationen dar. Sie sind ein Gerüst, das noch weiter entwickelt werden muss.

---

haben fallrekonstruktive Verfahren in Feldern der Sozialarbeit und Supervision bereits Verbreitung gefunden (vgl. auch *Hanses* 2000). Unvermeidlich ist, dass durch die unmittelbare Intention der Problemlösung im Coaching und dem Stehenbleiben bei Bearbeitungswünschen des Klienten die Analysen oft nicht zur Gänze in Interventionsschritte umsetzbar sind.

Im zweiten Schritt sollen die Eingangssequenzen und besonders bedeutende Stellen der Erzählung, durch (Teil-)Transkriptionen erstellt, genauer interpretiert werden. Es wird davon ausgegangen, dass sich strukturelle Besonderheiten schon zu Beginn eines Gesprächs deutlich zeigen. Damit können die im ersten Schritt gewonnenen Annahmen über den „Fall" weiter entwickelt und überprüft werden. Die Interpretation erfolgt durch extensives Einbringen und Prüfen von Auslegungen am Text, um Bedeutungen von Sinneinheiten aufzudecken. Dadurch sollen latente Momente der Handlungs- und Deutungspraxis eines Klienten mitberücksichtigt werden.

Ein Prinzip dieses Interpretationsschrittes ist, von Sequenz zu Sequenz mögliche Bedeutungsgehalte von Aussagen auszuformulieren und am Text zu prüfen. Dabei sollen spätere Stellen in der Erzählung und Kontextinformationen nicht zur Interpretation herangezogen werden. Generell sollen zwar alle Lesarten einer Sequenz expliziert werden, gleichzeitig jedoch keine „zu weiten" Interpretationen vorgenommen werden: Dem Prinzip der extensiven Sinnauslegung von Erzählungen – es werden auch Pausen, Betonungen und andere sprachliche Details interpretiert, um das sinnverkürzte Verstehen im Alltag zu überwinden – steht jenes der „sparsamen" und kontrollierten Deutungsarbeit gegenüber.

Nach den ersten beiden Schritten dieser verkürzten Vorgehensweise können noch besonders markante und bedeutende Stellen interpretiert werden. Sinnvoll ist es, auch Stellen in der Erzählung des Klienten heranzuziehen, die auf eine potenzielle Widerlegung bisheriger Interpretationslinien verweisen, um gerade die Zuverlässigkeit der gewonnenen Erkenntnisse zu überprüfen. Damit werden die aufgestellten Fallhypothesen weiter überprüft.

Eine solche Vorgehensweise hat einige Vorzüge: Es werden nicht ad-hoc einzelne, vom Klienten präsentierte Faktoren als Ursachen von Krisen herausgegriffen; auch bleibt man nicht bei der Problemdefinition des Klienten stehen oder nimmt vorschnelle Kategorisierungen unter bestehende Muster vor. Sukzessive und systematisch werden Fallhypothesen über das Problem und seine Dynamik gewonnen. Mit dieser offenen, systematisch-kontrollierten Fallanalyse könnte also eine bestimmte Form der Anamnese durchgeführt werden.

Besonders nützlich erscheint dieses Vorgehen für Fälle, in denen komplexe Problemlagen vorliegen und ein längerer Beratungsprozess notwendig erscheint. In diesen Settings werden meist Fragen biographischer Entscheidungen und Entwicklungen virulent. Ist ein Problem relativ abgrenzbar und lässt sich eine Lösung in voraussichtlich wenigen Sitzungen anvisieren, wird diese Eingangsphase kürzer und weniger aufwändig stattfinden. Abhängig wird die Diagnostik auch davon sein, inwieweit dem Klienten seine Handlungsmotive bekannt sind bzw. die Selbstreflexivität auf die Biografie noch nicht weit entwickelt ist. Ein Vorgehen, das stärker auf syntaktische und semantische Konstruktionen in der Kommunikation eingeht, wird jedenfalls die Eigen-„Hypothese" über die zentralen Handlungsprobleme hinterfragen und durch die Erweiterung mit alternativen Sichtweisen das Selbstgestaltungspotenzial fördern.

3. Analyse und Intervention

Interventionen sollen Anstöße für die Entwicklung neuer, problemlösender Deutungs- und Handlungsmuster geben. Prinzipiell können alle im Coaching vorhandenen intervenierenden Methoden an diese Form der Analyse anschließen (vgl. u.a. *Rauen* 2006: 219ff.), doch erscheinen Gestaltungsformen aus der „narrativen" Therapie den skizzierten Analyseschritten besonders nahe zu stehen (vgl. allgemein *Grossmann* 2003). Wie in der interpretativen Sozialforschung wird im Bereich „narrativer Therapie" davon ausgegangen, dass Erzählungen als strukturierende Schemata fungieren. Realität ist mit Sprache und Deutungen verwoben, weil sich Deutungen auf soziale, biografische und situative Kontexte beziehen. Subjektive Realität verändert sich daher zum Teil auch durch Perspektivenänderung, sodass Deutungen und Handlungsintentionen neu konzipiert werden müssen. Dabei kann durchaus auch die Ausrichtung der „narrativen Therapie" nach *White & Epston*[7] (2002) eingeschlagen werden. In dieser Ausrichtung wird durch die Entwicklung von Alternativgeschichten darauf abgezielt, das Problem von eigenen Persönlichkeitseigenschaften zu abstrahieren. So wird immer wieder die Frage gestellt, was das Problem mit einer Person macht, wie es sich entäußert und wie man es verändern kann. Auf diese Weise wird das Problem aus anderen Perspektiven betrachtet, um es neu zu bearbeiten und Handlungsmöglichkeiten zu entdecken.

Problemlösungen und neue Perspektiven müssen allerdings zum Problem und zu den Veränderungsressourcen (wie z.B. soziale und biografische Kompetenzen) „viabel" sein. Daher sind Erkenntnisse über vor- und unbewusste Strukturmomente wichtig. Coaching (wie Therapie) gründet wesentlich darin, passende alternative Handlungsoptionen wahrzunehmen und die Problemlösungskapazität auszuschöpfen. Diese alternativen Deutungs- und Handlungsoptionen müssen gemeinsam mit dem Klienten erarbeitet werden, bzw. die Interpretationsangebote des Coachs müssen aufgenommen und reflektiert werden. In einem Prozess von „Versuch und Irrtum" wird sich der Coach mit dem Klienten an neue Perspektiven herantasten. Änderungen können direkt beim Problem, aber auch bei den Kontextbedingungen, die das Problem generieren und aufrechterhalten, stattfinden.

Insgesamt sorgt der Coach daher für einen diskursiven Rahmen der Problembehandlung. Er regt den Klienten mit Fragen an, neue Perspektiven und Handlungen zu bedenken, zu erproben und zu evaluieren. Zunächst wird auf der Basis der analysierten Eingangserzählung reflektiert, wie die im Alltag nicht thematisierten Umstände, Zusammenhänge und Regeln beschaffen sind. Jede Lebensgeschichte kreiert durch seine äußeren Bedingungen und inneren Zuwendungsweisen eine spezifische Form von Ereignisverkettung, in der ein Problem entstehen kann. Diese stellt den Ausgangspunkt für alternative Sichtweisen und Handlungsentwürfe dar. Trotzdem lassen sich Deutungen bzw. das Alltagswissen eines Klienten nicht in jedem Fall

---

7 In der deutschsprachigen Literatur über Coaching wird kaum auf diese Ausrichtung Bezug genommen, auch wenn *Michael White* etwa bei der Fachtagung „Coaching" des Österreichischen Coaching Verbandes (AAC) und der Interessensgemeinschaft Coaching (IGC) im Juni 2004 als Referent geladen war.

verändern, kann die Aufnahme- und Reflexionsfähigkeit für manche Perspektiven unter Umständen durch kognitive, biografische oder emotionale Komponenten blockiert und längerfristige Therapien angebracht sein.

4. Fazit

Interpretative Methoden sozialwissenschaftlicher Forschung werden im Bereich des Coaching noch kaum eingesetzt, sind im Bereich der sozialen Arbeit und der Supervision aber bereits stärker diskutiert, sodass auf solche Überlegungen zurückgegriffen werden kann (vgl. u.a. *Giebeler u.a.* 2007; *Miethe u.a.* 2007; *Völter* 2008). An dieser Stelle wird ein Vorschlag diskutiert, wie interpretative Forschungsmethoden als Verfahrensweisen im Coaching verwendet werden können. Insbesondere erscheinen sie für die Diagnosephase wertvoll. Man kann dabei erstens mit einer Gesprächsführung operieren, die sich an narrativen Interviews anlehnt. Mit ihnen kann die Selbstdarstellung von Klienten erfasst und die Basis für das Fallverstehen gelegt werden. Die zuhörende, mitschwingende Haltung im Gespräch fördert gleichzeitig den Beziehungs- und Vertrauensaufbau für nachfolgende Interventionen.

Dazu können hermeneutische Verfahren eingesetzt werden. Mit diesen Methoden können in kontrollierter Weise latente Fallstrukturen aufgedeckt, damit un- und vorbewusste Anteile von Problemdarstellungen und ihren Kontexten reflektiert werden. Eine solche fallanalytische Fundierung professioneller Beratungsarbeit kann dann in Form von modifizierten, verkürzten Verfahrensweisen erfolgen.

Prozessgestaltung beratender Tätigkeit würde ohne Diagnose – besonders für komplexere Thematiken – zu kurz greifen, und die Wirkung von Interventionen wäre nur bedingt zu reflektieren. Insbesondere bei komplexen Problemstellungen, wie z.B. soziale (Dys-) Funktionen in familialen und betrieblichen Bereichen, kann der Einsatz interpretativer Methoden tiefer gehende Erkenntnisse über die Struktur des Falles erbringen.

Literatur

Baus, E. (2004). *Biografie und Coaching. Das Verfahren High Profiling im Vergleich herkömmlicher Coachingmethoden.* Diplomarbeit an der Evangelischen Fachhochschule Berlin.

Birgmeier, B. (2006). Coaching als Methoden und/oder Profession? *OSC* 13 (1), 65-85.

Bohnsack, R. (1991). *Rekonstruktive Sozialforschung. Einführung in Methodologie und Praxis qualitativer Sozialforschung.* Opladen: Leske + Budrich.

Fischer, W., Goblirsch, M. (2004). Fallrekonstruktion und Intervention in der Sozialen Arbeit. Narrativ-biographische Diagnostik im professionellen Handeln. *Psychosozial* 27 (2), 71-90.

Fischer-Rosenthal, W., Rosenthal, G. (1997a). Narrationsanalysen biografischer Selbstpräsentationen. In: R. Hitzler, A. Honer (Hrsg.), *Sozialwissenschaftliche Hermeneutik* (S. 133-164). Opladen: Leske + Budrich.

Fischer-Rosenthal, W., Rosenthal, G. (1997b). Warum Biografieanalyse und wie man sie macht. *ZSE/Zeitschrift für Sozialisationsforschung und Erziehungssoziologie* 17 (4), 405-427.

Flick, U. (1995). *Qualitative Forschung. Theorie, Methoden und Anwendung in Psychologie und Sozialwissenschaften*. Reinbek: Rowohlt.

Giebeler, C., Fischer, W., Goblirsch, M., Miethe, I., Riemann, G. (Hrsg.) (2007). *Fallverstehen und Fallstudien*. Opladen & Farmington Hills: Barbara Budrich.

Glaser, B.G., Strauss, A.L. (1998). *Grounded Theory. Strategien qualitativer Sozialforschung*. Bern u.a.: Huber.

Glinka, H.-J. (2003). *Das narrative Interview. Eine Einführung für Sozialpädagogen*. Weinheim: Juventa.

Goblirsch, M., Inthorn, D., Veit, M. (2007). Professionalisierung und Diagnostik in der Sozialen Arbeit. In: I. Miethe u.a. (Hrsg.), a.a.O., S. 227- 238.

Grossmann, K.P. (2003). *Der Fluss des Erzählens. Narrative Formen der Therapie*. Heidelberg: Carl-Auer-Systeme.

Hanses, A. (2000). Biografische Diagnostik in der Sozialen Arbeit. Über Notwendigkeit und Möglichkeiten eines hermeneutischen Fallverständnisses im institutionellen Kontext. *Neue Praxis* 30 (4), 357-379.

Helfferich, C., Kruse, J. (2007). Vom „professionellen Blick" zum „hermeneutischen Ohr". Hermeneutisches Fremdverstehen als eine sensibilisierende Praxeologie für sozialarbeiterische Beratungskontexte. In: I. Miethe u.a. (Hrsg.), a.a.O., S. 175-188.

INQUA-Institut (2002/03). *Berufsbiographien von Weiterbildnern*. http://www.inqua-institut.de.

Jakob, G., Wensierski, H.-J. v. (Hrsg.) (1997). *Rekonstruktive Sozialpädagogik: Konzepte und Methoden sozialpädagogischen Verstehens in Forschung und Praxis*. Weinheim, München: Juventa.

Köttig, M. (2007). Zwischen Handlungsdruck im Interaktionsgeschehen und Fallverstehen. Zur Übersetzung rekonstruktiven Vorgehens aus dem Forschungsprozess in die offene Jugendarbeit. In: C. Giebeler u.a. (Hrsg.), a.a.O. S. 79-92.

Kühl, St. (2008). Coaching zwischen Qualitätsproblemen und Professionalisierungsbemühungen. Thesen zur Entwicklung des Coaching. *OSC* 15 (1), 86-96.

Küsters, I. (2006). *Narrative Interviews. Grundlagen und Anwendungen*. Wiesbaden: VS Verlag.

Lamnek, S. (1987, 1993). *Qualitative Sozialforschung. Band 1: Methodologie; Band 2: Methoden und Techniken*. Weinheim: Beltz.

Miethe, I. (2007). Rekonstruktion und Intervention. Zur Geschichte und Funktion eines schwierigen und innovativen Verhältnisses. In: I. Miethe u.a. (Hrsg.), a.a.O., S. 9- 33.

Miethe, I., Fischer, W., Giebeler, C., Goblirsch, M., Riemann, G. (Hrsg.) (2007). *Rekonstruktion und Intervention. Interdisziplinäre Beiträge zur rekonstruktiven Sozialarbeitsforschung*. Opladen & Farmington Hills: Barbara Budrich.

Migge, B. (2005). *Handbuch Coaching und Beratung. Wirkungsvolle Modelle, kommentierte Falldarstellungen, zahlreiche Übungen*. Weinheim, Basel: Beltz.

Oevermann, U., Allert, T., Konau, E., Krambeck, J. (1979). Die Methodologie einer „objektiven Hermeneutik" und ihre allgemeine forschungslogische Bedeutung in den Sozialwissenschaften. In: H.-G. Soeffner (Hrsg.), *Interpretative Verfahren in den Sozial- und Textwissenschaften* (S. 352-433). Stuttgart: Metzler.

Oevermann, U., Allert, T., Konau, E. (1980). Zur Logik der Interpretation von Interviewtexten. Fallanalyse anhand eines Interviews mit einer Fernstudentin. In: T. Heinze, H.-W. Klusemann, H.-G. Soeffner (Hrsg.), *Interpretationen einer Bildungsgeschichte. Überlegungen zur sozialwissenschaftlichen Hermeneutik* (S. 15-69). Bensheim: Päd.-extra-Buchverlag.

Rauen, C. (Hrsg.) (2006). *Coaching-Tools. Erfolgreiche Coaches präsentieren 60 Interventionstechniken aus ihrer Coaching-Praxis*. Bonn: managerSeminare.

Rosenthal, G. (2005). *Interpretative Sozialforschung*. Weinheim: Juventa.

Schmidt-Lellek, C. (2006). Anmerkungen zur Professionalisierung des Coaching vor dem Hintergrund des klassischen Professionsbegriffs. *OSC* 13 (2), 183-192.

Schreyögg, A. (1995). Coaching. Eine Einführung für Praxis und Ausbildung. Frankfurt/M., New York: Campus.

Schreyögg, A. (2005). Coaching und Work-Life-Balance. *OSC* 12 (4), 309-319.

Schulze, H. (2008). Lebensgeschichtliches Erzählen im Kontext von Beratung und Therapie. *Forum Qualitative Sozialforschung / Forum: Qualitative Social Research*, 9 (1), Art. 1, http://www.qualitative-research.net/fqs-texte/1-08/08-1-1-d.htm.

Schütze, F. (1983). Biografieforschung und narratives Interview. *Neue Praxis* 13 (3), 283-293.

Völter, B. (2008). Verstehende Soziale Arbeit. Zum Nutzen qualitativer Methoden für professionelle Praxis, Reflexion und Forschung. *Forum Qualitative Sozialforschung / Forum: Qualitative Social Research*, 9 (1), http:// www.qualitative-research.net/fqs-texte/1-08/08-1-56-d.htm.

White, M., Epston, D. (2002). *Die Zähmung der Monster*. Heidelberg: Carl-Auer-Systeme.

Ziegler, M. (2000). *Das soziale Erbe. Eine soziologische Fallstudie über drei Generationen einer Familie*. Wien, Köln, Weimar: Böhlau.

3. Kapitel

Wirkungsvolles Coaching
Wie arbeiten erfolgreiche Coaches, um Veränderungen herbeizuführen?

Marion Jonassen

Zusammenfassung: Der Artikel beinhaltet die Zusammenfassung einer Diplomarbeit. Es handelt sich um eine empirische Arbeit, in der sechs Live-Beratungen verschiedener prominenter Coachs dargestellt und untersucht wurden. Beschrieben werden hier die theoretischen Grundlagen, die den Auswertungen zugrunde lagen und zu denen die bisherigen Erkenntnisse aus der Wirksamkeitsforschung zum Coaching, das Konzept der vier Wirkprinzipien nach Grawe, Erkenntnisse der Neurowissenschaften und das erweiterte Rubikonmodell nach Gollwitzer und Heckhausen gehören. Das methodische Vorgehen wird kurz erläutert und ein Überblick über die wichtigsten Resultate gegeben. Am Ende werden die wesentlichen Erkenntnisse vorgestellt und Antworten auf die eingangs gestellten Fragen gegeben.

Im Frühjahr 2007 wurde im Institut für Angewandte Psychologie Zürich (IAP) ein Coaching-Seminar für erfahrene Coaches, das *Coaching Advanced* durchgeführt. Hierdurch bot sich die Möglichkeit, sechs bekannte „Coaching-Größen" aus dem deutschsprachigen Raum während verschiedener Live-Beratungen zu filmen. Diese waren (in der Reihenfolge der durchgeführten Seminar-Sequenzen): Gunther Schmidt, Astrid Schreyögg, Maja Storch, Rudolf Wimmer, Bernd Schmidt und Sonja Raddatz. Diese Beratungen wurden im Auftrag des IAP, Hansjörg Künzli und Eric Lippmann, analysiert. Zusätzlich zu den Video-Aufzeichnungen wurden in unmittelbar anschließenden Interviews die Eindrücke und Beobachtungen seitens der genannten Coaches, der Klientinnen und Klienten und des Plenums eingeholt. Die Inhalte und Erkenntnisse dieser Arbeit werden im Folgenden zusammengefasst.[1]

3.1 Theoretischer Hintergrund

Für den theoretischen Rahmen sollen zunächst einige Begriffsklärungen vorgenommen werden: Es wird ein kurzer Überblick über den Stand der bisherigen Wirksamkeitsforschung und die in vielen Studien festgestellten Wirkfaktoren und Wirkme-

---

1 Zur Berücksichtigung beider Geschlechter wird versucht, geschlechtsneutrale Formulierungen anzuwenden, um den Lesefluss nicht zu behindern. Wo dies nicht passt, werden wechselweise die weibliche oder die männliche Form verwendet.

43

chanismen gegeben. Anschließend werden das Konzept der vier Wirkprinzipien nach *Grawe* (2000) sowie Erkenntnisse in der Wahrnehmungsforschung beschrieben. Diese dienen zum Verständnis für psychologische und neurowissenschaftliche Erklärungsmodelle über die Veränderung von Emotionen, Kognitionen und Verhalten. Weiter wird das Rubikon-Modell vorgestellt, welches die motivationspsychologische Grundlage für die Analyse der Veränderungsmechanismen bildet.

3.1.1 Coaching

Coaching wird als eine professionelle Form der Management-Beratung verstanden. Coaching setzt voraus, dass ein theoretisches und empirisch begründetes Veränderungsmodell zugrunde liegt. D. h. der Coach agiert auf der Basis eines ausgearbeiteten Coaching-Konzepts und ist jederzeit in der Lage, sein Vorgehen und die verwendeten Interventionen dem Klienten gegenüber zu erklären und somit transparent und bewusstseinsfördernd zu arbeiten (*Rauen* 1999: 64). Die Beratung erfolgt mit dem Ziel, dass die Klientin den Coach nicht mehr benötigt und ihre Selbstregulationsfähigkeiten wiederhergestellt oder verbessert werden. Die Klientin soll sich selbst verändern, und der Coach unterstützt nur in einem Beratungsprozess, der „den Stein ins Rollen bringt, das Rollen beobachtet, kommentiert und/oder lenkt" (*Roth et al.* 1995: 215). Nicht ihre Persönlichkeit soll sich verändern, sondern ihre Haltungen, Gewohnheiten oder Kompetenzen. Und: Coaching beschränkt sich auf das berufliche Feld unter Einbeziehung der gesamten Person der Klientin, was gelegentlich auch private Aspekte umfasst mit dem Ziel der Steigerung der beruflichen Zufriedenheit und Effektivität.

Obwohl die Konzepte der Coaches, die bei dieser Untersuchung mitgemacht haben, unterschiedlich sind, lassen sie sich unter der gewählten Definition einordnen. Es sind in allen Fällen Konzepte, die auf Psychotherapieverfahren rekurrieren. Hierzu gehören tiefenpsychologische, klientenzentrierte oder systemische Konzepte aus der Gestalttherapie, dem Psychodrama, dem neurolinguistischen Programmieren, der Hypnotherapie, der Transaktionsanalyse und weiteren psychologischen oder therapeutischen Schulen. Doch auch wenn sich Coaching und Psychotherapie in ihrer Vorgehensweise ähneln, lassen sich Unterschiede hinsichtlich der Themen, Ziele und der Zielgruppe feststellen.

3.1.2 Wirkfaktoren und Wirksamkeit

In der Fachliteratur findet man eine Begriffsvielfalt, wenn es um Wirkungen in der Psychotherapie oder der Beratung geht. Es ist von Wirkfaktoren, Wirkungen, Wirkmechanismen, Wirkprinzipien oder Wirksamkeit die Rede. Einige Begriffe unterscheiden sich nur in Nuancen, stehen in Beziehung zueinander oder verändern ihre Bedeutung je nachdem, ob man den prozesshaften Verlauf oder einen *punktuellen* Aspekt betrachtet. *Koch* (2005) beschreibt *Wirkfaktoren* als statische Elemente, die Einfluss auf bestimmte Vorgänge haben. *Grawe* (2000) bezeichnet die von ihm postulierten Wirkfaktoren als *Wirkprinzipien*, wobei er unter diesem Begriff auch bestimmte *Wirkmechanismen* mit einschließt. Sie sind die Verursacher von *Wirkun-*

gen. Unter Wirkmechanismen ist im Unterschied zu Wirkfaktoren eher ein dynamischer Aspekt, ein bestimmter Ablauf zu verstehen, welcher bestimmte Wirkungen nach sich zieht (*Koch* 2005). Der Begriff *Wirksamkeit* umfasst quasi die verursachenden Faktoren, Prinzipien und Mechanismen und ihre Wirkungen. Bei dem Begriff *Wirksamkeit* geht es in Zusammenhang mit therapeutischen Vorgehensweisen um messbare Effekte (*Häcker & Stapf* 2004). Für den Titel dieser Arbeit habe ich das Adjektiv *wirkungsvoll* gewählt und nicht *wirksam*, da dieses Attribut noch stärker die Effektivität im Verhältnis zu den eingesetzten Mitteln betont, während *wirksam* eher gleichbedeutend ist mit *tätig, wirken* oder *zielstrebig bearbeitet*.

Der Begriff *Wirkfaktor* schließt in der nachfolgenden Definition die Wirkprinzipien und Wirkmechanismen mit ein. In der Psychotherapie wird zwischen spezifischen und unspezifischen Wirkfaktoren unterschieden. Spezifische Wirkfaktoren sind die Techniken und Vorgehensweisen der jeweiligen psychotherapeutischen Schulen, z. B. die „Interpretation" in der Psychoanalyse, die „Desensibilisierung" in der Verhaltenstherapie oder die „Echtheit" in der Gesprächspsychotherapie. Unspezifische Wirkfaktoren sind dagegen zwischenmenschliche Aspekte der Therapeut-Klienten-Beziehung (*Koch* 2005). Im Coaching gehören hierzu nach *Kilburg* (2001) Selbstbewusstheit, Neugierde, die Fähigkeit und der Wille dazuzulernen und ausreichende Kommunikationsfähigkeiten auf Seiten des Coachs und der Klienten. Zusätzlich prägen Motivation und Veränderungsbereitschaft das „Commitment" der Klienten zum Coaching. Darüber hinaus stellen die Beziehung zwischen Coach und Klient, die durch Vertrauen und Respekt geprägt sein sollte, die Qualität der Interventionen, die Struktur der Coaching-Inhalte, klare Vereinbarungen und spezifische formulierte Ziele die wichtigsten Faktoren dar, die für den Erfolg des Coachings von Bedeutung sind. *Grawe* (2000) bezeichnet die unspezifischen Wirkfaktoren als ubiquitär. Sie sind allgemeingültig und schulenunabhängig.

In Bezug auf die Wirksamkeit gilt: „Die Wirksamkeit einer Interventionsmethode kann nur bezüglich definierter Ziele und im Vergleich zu einem Normmaßstab beurteilt werden; die Wirksamkeit stellt daher das Ausmaß an Veränderung in Hinblick auf einen Zielzustand dar, das auf die Intervention zurückgeführt wird" (*Baumann & Reinecker-Hecht* 1992: 66, zit. nach *Jansen et al.* 2004). Damit übereinstimmend betonen *Looss & Rauen* (2002), dass durch das Festlegen präzise umrissener Ziele die Erfolgsmessung im Coaching erleichtert bzw. erst möglich wird. Es ist daher außerordentlich wichtig, dass die Ziele objektivierbar und messbar sind.

3.1.3 Auswertung von Studien über die Wirksamkeit von Coaching

Künzli (2006: 280ff.) hat den Stand der Wirksamkeitsforschung recherchiert und insgesamt 22 Studien analysiert. In allen Fällen handelt es sich um Feldstudien, die bisher nur eingeschränkt Rückschlüsse auf kausale Verbindungen zwischen Interventionen und gemessener Wirkung zulassen. Er stellt Schwächen im methodischen Vorgehen hinsichtlich Auswertungsmethoden, Stichproben oder theoretischer Verankerung fest. Ausnahmen bilden hier die Studien von *Riedel* (2003) und *Behrendt* (2004). Die Studien sind wenig vergleichbar, dennoch lassen alle erkennen, dass die Beziehung zwischen Coach und Klient mit all ihren vielen Facetten von zentraler

Bedeutung ist. Von Bedeutung ist auch die Arbeit an den Zielen, das heißt die Klärung, die präzise Formulierung und die Kontrolle der Ziele sowie die Herstellung der Bindung an sie. Techniken, seien sie verbal- oder verhaltensorientiert, sind auch von Bedeutung, aber nachgeordnet (*Künzli* 2006).

In der Psychotherapieforschung (*Grawe et al.* 1994; zit. nach *Wissemann* 2006: 14) haben groß angelegte Metaanalysen gezeigt, dass trotz der verschiedenen Vorgehensweisen unterschiedliche Therapieverfahren (z. B. Verhaltenstherapie gegenüber klientenzentrierter Gesprächspsychotherapie) Therapieprozesse erfolgreich zum Abschluss bringen können. *Wissemann* (2006) schließt aus den Untersuchungsergebnissen, dass die verschiedenen psychotherapeutischen Verfahren Wirkfaktoren auf unterschiedliche Weise gewichten. Die Verhaltenstherapie unterstützt ihre Patienten schwerpunktmäßig bei der Problembewältigung, indem sie z. B. angemessene Lösungen trainiert. Ein Gesprächstherapeut dagegen hilft seinem Klienten bei der Klärung. Er würde ihm weder Anweisungen zur Problembewältigung geben noch Lösungswege mit ihm üben. Trotz der Unterschiede wurde für beide Verfahren die generelle Wirksamkeit nachgewiesen. Diese Erkenntnisse haben den Fokus auf wichtige therapieübergreifende Elemente und allgemeingültige Wirkfaktoren gelenkt. Nach *Hain* (2001: 20) ist durch qualitative und quantitative Therapieforschung belegt, dass schulenunabhängig die therapeutische Beziehung als Wirkfaktor inzwischen den unumstrittensten Baustein für den Erfolg einer Therapie darstellt.

3.1.4 Die vier Wirkprinzipien nach Grawe

Grawe et al. (1994) hatten auf der Basis ihrer Metaanalyse schulenübergreifende Handlungsbereiche wie „Ressourcenaktivierung", „Problemaktualisierung", „aktive Hilfe zur Problembewältigung" und „motivationale Klärung" als rudimentäre, allgemeingültige Wirkfaktoren benannt. Unter dem Titel „Psychologische Therapie" veröffentlichte *Grawe* (1998, 2000) später ein auf motivationalen Schemata beruhendes Erklärungs- und Therapiemodell psychischer und psychosomatischer Störungen unter Hinzuziehung des Rubikonmodells, das die von ihm postulierten Stärken verschiedener Therapieschulen vereinen sowie neuere Ergebnisse der Gehirnforschung in Bezug auf explizites und implizites Gedächtnis mit einbeziehen sollte (*Hain* 2001: 23). Im Zuge dieser aktuellen Erkenntnisse modifizierte *Grawe* (2000) einige der oben genannten Begriffe:

- *Das Wirkprinzip Intentionsrealisierung (Problembewältigung):* Die realisierungsorientierte Unterstützung sieht *Grawe* als eine der wichtigsten Aufgaben von Therapeuten und die *Intentionsrealisierung* als eines der wichtigsten Wirkprinzipien. Es geht darum, die Klienten bei der Umsetzung von Absichten und der Bewertung von Handlungsfolgen im Hinblick auf ihre Intentionen und auch mit Rückwirkung auf diese zu unterstützen, sodass auch die motivationalen Komponenten berücksichtigt werden. Diesen Wirkfaktor siedelt *Grawe* in *Heckhausens* Modell rechts des Rubikon an (s. u.). Der Prozess setzt voraus, dass die Klienten ihre gefassten Intentionen auch gegen konkurrierende Absichten verfolgen können. Erwartungen spielen dabei eine bedeutende Rolle.

- *Das Wirkprinzip Intentionsveränderung (Motivationale Klärung):* Hier geht es darum, durch motivationale Klärung das Streben nach widersprüchlichen Zielen zu reduzieren. Aufgabe des Therapeuten ist dabei, nach einem Prozess der Bedürfnisklärung den Abwägungs- und Entscheidungsprozess zu unterstützen. Es ist ein realitätsorientierter Prozess links des Rubikon (s. u.).
- *Das Wirkprinzip Prozessuale Aktivierung (Problemaktualisierung):* In der *Prozessualen Aktivierung* geht es darum, Aufmerksamkeit auf problematisch empfundene Erlebnis- und Verhaltensweisen zu lenken und diese dadurch Veränderungen zugänglich machen. *Grawe* beschreibt dies als Moderatorfunktion für die „Realisierungs- und Klärungsprozesse". Sie sind, verbunden mit prozessualer Aktualisierung, „das, was *Alexander* (1950) als ‚korrektive emotionale Erfahrung' bezeichnet hat. Man könnte (...) sagen, dass therapeutische Veränderungen zu einem großen Teil auf korrektiven emotionalen Erfahrungen beruhen oder sogar darin bestehen" (*Grawe* 2000: 95).
- *Das Wirkprinzip Ressourcenaktivierung:* Dies bedeutet nach *Grawe*, unter der Vielzahl von Ressourcen (Fähigkeiten, Werten, Möglichkeiten u.v.m.) solche aufzuspüren, die motivational stark besetzt und für das Selbstwertgefühl besonders wichtig sind, und sie für den Veränderungsprozess zu mobilisieren. Durch eine explizite Bezugnahme auf die positiven Ressourcen und deren prozessuale Aktivierung kann ein positiver Rückkoppelungsprozess gefördert werden: Fühlt sich der Klient in seinen positiven Seiten bestätigt, begleitet von positiven Gefühlen und einem verbesserten Selbstwertgefühl, wird er dies auf die Therapie zurückführen, was wiederum seine Hoffnung auf weitere Besserungen stärkt. Dies erhöht die Aufnahmebereitschaft und sein Engagement für die Therapie, was wiederum positive Auswirkungen auf den Therapeuten hat. „So betrachtet ist die Induktion positiver Besserungserwartungen ein Teilaspekt der Ressourcenaktivierung" (*Grawe* 2000: 35). Die Induktion positiver Besserungserwartungen führt zu einer veränderten Gesamteinschätzung der Situation. Erwartungen sind eine spezielle Art von Kognitionen. Im Unterschied zu Einstellungen und Überzeugungen sind viele Erwartungen zeitlich instabil, situationsabhängig und zu einem großen Teil das Ergebnis unbewusster Informationsverarbeitung. Sie haben wie viele Kognitionen bewertende und interpretierende Funktion und nehmen auch steuernd auf das Erleben und Verhalten Einfluss. Sie sind folglich ein allgegenwärtiger Bestandteil des psychischen Geschehens und vermitteln zwischen subjektiv wahrgenommener Gegenwart und gewünschter beziehungsweise gefürchteter Zukunft (*Grawe* 2000).

3.1.5 Das Rubikon-Modell

Das Rubikon-Modell wurde von *Peter M. Gollwitzer und Heinz Heckhausen* entwickelt. Es bekam seinen Namen aufgrund einer historischen Begebenheit, die Heckhausen (*Heckhausen et al.* 1987) als Metapher für ein Handlungsphasenmodell, wählte: Cäsar hatte, mit seinen Soldaten am Fluss Rubikon in Oberitalien stehend, die Entscheidung treffen müssen, den Fluss zu überqueren und damit einen Bürgerkrieg zu führen oder aber diesseits des Flusses zu bleiben und den Bürgerkrieg zu vermeiden. Psychologisch betrachtet waren Cäsars Bewusstseinszustände vor und hinter dem Rubikon unterschiedlich. Vor dem Rubikon war er mit Abwägung beschäftigt. *Heckhausen et al.* (1987) nennen diese Phase auch „prädezisionale Phase", also die Phase vor der eigentlichen Entscheidung. Hier ist das Denken offen und effizient, Für und Wider werden abgewogen, der Entscheider bezieht möglichst alle verfügbaren Informationen ein. Der Bewusstseinszustand kann damit auch als realitätsnah charakterisiert werden. Die Phase nach Überschreiten des Rubikon wird „postdezisionale Phase" oder „Planungsphase" genannt, weil die Entscheidung gefallen ist und der Entscheider jetzt nur noch die Ausführung plant. Informationen werden danach selektiert, inwiefern sie hilfreich zur Erreichung des anvisierten Ziels sind. Andere Informationen werden tendenziell unterdrückt. Damit ist das Denken weniger realitätsnah, dafür aber stärker realisierungsnah. Die Unterscheidung zwischen dem „Was will ich erreichen?" und „Wie kann ich es erreichen?" macht den Unterschied zwischen Klärung und Problembewältigung deutlich (*Wissemann* 2006: 42).

Problemlösungs- und bewältigungsorientierte Therapien arbeiten vorwiegend jenseits, d. h. rechts des Rubikon. Sie setzen eine bestimmte Zielintention bereits voraus und richten sich darauf aus, den Prozess der Realisierung dieser Intentionen mit geeigneten Maßnahmen zu unterstützen. In einem ersten Schritt geht es darum, diese Intention (z. B.: „Ich will keine Angst mehr haben") in eine Volition umzuwandeln. Die Volitionsstärke ergibt sich aus der Wünschbarkeit und der wahrgenommenen Realisierbarkeit (Möglichkeiten) des Behandlungsziels (*Gollwitzer* 1987). Auf die beiden Komponenten Wünschbarkeit und Realisierbarkeit kann der Therapeut gezielt Einfluss nehmen, z. B. durch Vorstellungsübungen wie *paradoxe Interventionen*, oder die *Wunderfrage*. Darüber hinaus kann der Therapeut auch die Erwartungskomponente gezielt beeinflussen. Alle Maßnahmen, die eine positive Besserungserwartung induzieren, tragen dazu bei, alle Maßnahmen, welche die Selbstwirksamkeitserwartung des Patienten erhöhen, und alle Maßnahmen, die geeignet sind, seine Angst vor der Angst zu überwinden. Konkretes Sprechen über das Wie, Wann und Wo fördert die Bildung verbindlicher Vornahmen (*Heckhausen* 1987a). Die neue Intention muss fortwährend abgeschirmt werden gegen das Eindringen konkurrierender Intentionen, deren Volitionsstärke als Produkt von Wünschbarkeit und Realisierbarkeit leicht wieder Oberhand über die neu gebildeten Intentionen gewinnen kann. Der allergrößte Teil des seelischen Geschehens ist also als parteilich realisierungsorientiert anzusehen und wird im Sinne einer automatisierten Wahrnehmung, Informationsverarbeitung und Handlungsregulation von übergreifenden Identitätszielen bestimmt. Zu diesen automatisierten Prozessen gehören auch die das Verhalten begleitenden, interpretierenden und steuernden Kognitionen.

3.1.6 Neurowissenschaftliche Erkenntnisse über Wahrnehmung

Erfahrungen werden durch sich wiederholende Aktivitäten der Synapsen im Gehirn gespeichert. Durch jede Erregung wird die synaptische Verbindung zwischen Nervenzellen verstärkt, und damit wird die Informationsübertragung verbessert. Die Neurowissenschaften sprechen von „Bahnung" im Sinne einer Wegverbreiterung vom Trampelpfad zur Autobahn. Genau wie Wege, die durch Nichtbenutzung zuwachsen, können Verbindungen zwischen Nervenzellen, die gar nicht oder selten benutzt werden, verkümmern (*Krause & Storch* 2005). Die einzelnen Nervenzellen im Gehirn bilden neuronale Netze. Unser Wissen ist in neuronalen Netzen gespeichert, die dadurch entstehen, dass als Reaktion auf einen Reiz bestimmte Muster gemeinsam ausgelöst werden. Geschieht dies wiederholt, stärkt sich dieser gesamte Nervenkomplex und wird in Zukunft immer leichter aktivierbar. In diesem Sinne erklären die Neurowissenschaften Lernen als häufige gemeinsame Benutzung von Nervenzellen. Neuronale Netze sind multicodiert, das heißt, dass sie sensorische, kognitive, emotionale und körperliche Informationen speichern. Mit diesen gehen entsprechende Handlungsbereitschaften, passende emotionale Bereitschaften sowie motivationale Bereitschaften einher (*Grawe* 2000). Die ganze Funktionsweise unseres Nervensystems kann als eine Erwartung an die Umwelt, als ein Satz von Annahmen darüber, wie die Welt beschaffen ist, was von ihr zu erwarten ist und was in ihr erreicht werden kann, angesehen werden. Einige dieser Erwartungen werden bestätigt. Wir könnten auch sagen, sie werden von der Umgebung verstärkt. Durch differentielle Verstärkung werden bestimmte Erwartungen „selegiert" (*Grawe* 2000), die dann immer bevorzugter an die Umgebung herangetragen werden.

Das Handlungsphasenmodell von *Heckhausen et al.* (1987) von der Wahl bis zur Handlungsrealisierung betrifft nur denjenigen Teil der psychischen Regulationsprozesse, der mit der privilegierten Qualität der Bewusstheit abläuft. Daneben laufen aber gleichzeitig viele weitere Prozesse ohne diese Qualität ab. Solche Prozesse können im Konflikt miteinander stehen und sich gegenseitig behindern. Daraus wird auch der Zusammenhang zwischen Konflikten und psychischen Störungen einsichtig. Die dauerhaft veränderten Emotionen, die bei den meisten psychischen Störungen eine große Rolle spielen, sind ein Korrelat der andauernden Inkonsistenzsignale auf höchster Systemebene, die eine unmittelbare systemeigene Rückmeldung der Konflikte darstellen. Diese Inkonsistenzsignale führen zum Vermeiden bestimmter Wahrnehmungen und zu Verhaltenweisen, die zunächst einmal gegen die Wünsche und Interessen des Individuums gerichtet erscheinen können (*Grawe* 2000). Die Konfliktspannung wird reguliert, indem konflikthafte Prozesse ganz oder teilweise ausgeblendet werden. Gleichzeitig behindert das Weglenken der Aufmerksamkeit von der Quelle der Inkonsistenz die Möglichkeit, Fähigkeiten und Kräfte für eine wirksame Verbesserung der Situation einzusetzen. Ein bewusstes Wahrnehmen des Konflikts wäre zunächst mit einem Anstieg der Konfliktspannung verbunden. Das Aushalten und Überwinden dieser Spannung würde „Willenskraft", d. h. „Volitionsstärke" im Sinne des Rubikonmodells erfordern (*Grawe* 2000).

Nach *Riedel* (2003: 108) entspricht dieses Konsistenzstreben, das auch als dysfunktionales Verhalten definiert wird, einer privaten Logik des Klienten. Dem auf den ersten Blick in sich logischen System der „privaten Logik" wird in der Beratung oder im Coaching durch die schrittweise Aufdeckung seiner inneren Widersprüche und dieses Mechanismus, verbunden mit Ermutigung, seine Funktion genommen. Das Erkennen ihrer wirklichen Intentionen macht es einer Person in der Regel unmöglich, sich im Sinne ihres bedrohten Selbstwertgefühls weiter als Opfer zu fühlen. Das Erkennen fehlerhafter Annahmen hilft der Person, effektivere Coping-Strategien zu entwickeln (*Shulman* 1996, 16; zit. nach *Riedel* 2003: 109).

3.1.7 Die Bedeutung des Rubikon-Modells und der neurowissenschaftlichen Erkenntnisse über Wahrnehmung für Coaching-Prozesse

Wirklichkeitskonstruktionen und Bedeutungsgebung basieren also beide auf Selektionen von Information, deren Verknüpfungen (Daten) sowie deren Bedeutungszuweisung (Werte). Probleme und Vorhaben, beides Anlässe für Beratung, sind solche Wirklichkeitskonstruktionen. *Backhausen & Thommen* (2004) beschreiben Selektionen von Daten und Bewertungen als Aufmerksamkeit fokussierende Maßnahmen. Voraussetzung für die Veränderung der Selektion sei damit eine Änderung der Aufmerksamkeitsfokussierung, die, wenn sie gelänge, von dem wahrnehmenden System nach seinen eigenen Regeln verarbeitet würde. Ziel aller beraterischen Kommunikation wäre also primär, den Aufmerksamkeitsraum sowohl für die gegenwärtigen „Gegebenheiten" als auch für die zukünftigen „Möglichkeiten" zu „stören", sodass anderes „in den Blick" kommen könne. Genau dazu sollen die Coaching-Techniken dienen, von denen einige speziell mit dieser Orientierung im systemischen Feld entwickelt worden sind. Insbesondere zählen dazu: Fragetechniken, Hypothesenbildung (Spiel mit Kontingenz und Wirklichkeitskonstruktion) und Reframing mit dem Ziel der Veränderung der Bedeutung von Ereignissen und ihres Kontextes (*Backhausen & Thommen* 2004: 172ff.).

Doch wie setzt man diese Mittel wirkungsvoll ein? Wie ist es möglich, den Weg zu ebnen, dass die Klienten es schaffen, die bisherigen Sicherheit gebenden Konstrukte aufzugeben und damit eine Änderung der Aufmerksamkeitsfokussierung zuzulassen? *Krause & Storch* (2005) haben die neurowissenschaftlichen Erkenntnisse und die von *Grawe* (2000) vorgeschlagene Erweiterung für das Rubikon-Modell aufgegriffen. Sie schalten der Phase des bewusst gewordenen Motivs eine Phase vor, welche die unbewussten und vorbewussten Bedürfnisse beinhaltet. Sie beschreiben konkrete Prozessschritte für den Beratungsprozess und nennen ihr erweitertes Modell „Rubikon-Prozess", welches auch die Grundlage für das *Zürcher Ressourcen Modell* (ZRM) bildet. Die wesentlichen Aspekte dieses Rubikon-Prozesses werden hier in Anlehnung an *Pallasch & Petersen* (2005) und leicht modifiziert für die Umsetzung in einen Coaching-Prozess dargestellt.

Ein Coaching-Prozess in Anlehnung an den erweiterten Rubikon-Prozess nach Krause & Storch (2005) und Pallasch & Petersen (2005):

(1) *Ein Bedürfnis zum Motiv / zum aktuellen Thema wandeln*: Bedürfnisse, Antriebe und Wünsche werden größtenteils vom limbischen System erzeugt. Dieses emotionale Erfahrungswissen ist nicht immer bewusst, aber wirksam. Um eine bewusste Handlungsplanung betreiben zu können, müssen die emotionalen Erfahrungen und impliziten Gedächtnisinhalte bewusst gemacht werden. Ein Coach muss folglich mit geeigneten, z. B. projektiven Methoden (Kreativitätstechniken, Bilder, Träume, Assoziationen, Landkarten, körperorientierte Übungen), bewusste und unbewusste Wünsche und Bedürfnisse des Coachee ermitteln.

(2) *Das Motiv / das aktuelle Thema in eine Intention umarbeiten (Rubikon-Überschreitung)*: Hat sich ein Bedürfnis zum Motiv (also in ein aktuelles Le-

bens-Thema) gewandelt, es ist bewusst verfügbar und kommunizierbar. Auch Motiv-Konflikte können bewusst geworden sein. Diese müssen zunächst gegeneinander abgewogen werden, bevor der Übergang zum nächsten Stadium möglich wird. Vor der Rubikon-Überschreitung erfolgt der Abwäge- und Suchprozess (z. B. Lebensqualität oder Geldverdienen, Abenteuerlust oder Sicherheit, Freiheit oder Geborgenheit). Vor der Intentionsbildung, bevor also der Rubikon überschritten und ein Motiv ins Wollen überführt wird, werden Informationen gesammelt, ein intensiver Reflexionsprozess läuft ab. Ein starker positiver Affekt, ein gutes Gefühl hilft, den Rubikon zu überqueren.

(3) *Intentionsbildung / Herausarbeiten handlungswirksamer Ziele*: Aus einer Vielfalt von Motiven wird eine Auswahl getroffen, und es wird eine eindeutige Präferenz gebildet. Es ist die feste Absicht, das Ziel in Handlung umzusetzen. Intentionen sind dann handlungswirksam, wenn sie besonders stark gewollt werden (Volitionsstärke = Produkt aus Wünschbarkeit und Realisierbarkeit), und Informationen wie Situationen werden danach bewertet, ob sie dem Ziel dienlich sind. Durch die Formulierung des handlungswirksamen Ziels entsteht aus neurobiologischer Sicht ein neues neuronales Netz, welches als individuelle Ressource betrachtet wird. Um das neuronale Netz auf eine breite Informationsbasis zu stellen, wird das Ziel mit weiteren Ressourcen auf verschiedenen Ebenen multicodiert, und es wird ein Ressourcenpool angelegt (Erinnerungshilfen, Zielauslöser, sog. *Anker*, und eine zieladäquate Körperverfassung bzw. -haltung).

(4) *Präaktionale Vorbereitung (oder: Probehandeln)*: In dieser Phase sind Vorbereitungen zu treffen, welche die Wahrscheinlichkeit erhöhen, dass die neue Intention im Ernstfall auch in Handlung umgesetzt werden kann. Wesentliche Anteile unserer Handlungssteuerung stammen aus Teilen unseres Gehirns, die dem Bewusstsein nicht zugänglich sind (*Roth* 1996: 306) und daher gerade in chaotischen oder zeitkritischen Situationen handlungsleitend sind (implizites Wissen). Es ist folglich notwendig, neu entwickelte Intentionen in den impliziten Modus zu überführen (*Krause & Storch* 2005: 67). Wenn Wahrnehmungs- und Reaktionsbereitschaften und damit Verhalten nachhaltig verändert werden sollen, müssen die Gedächtnisinhalte auf unbewusster Ebene verändert werden und ein neues neuronales Netz gebahnt werden. Eine mögliche bewusste Handlungsplanung wäre z. B. die Bildung von Ausführungsintentionen durch Zielintentionen wie: „Ich beabsichtige in folgender Weise X zu tun, wenn folgende Situation Y eintritt."

(5) *Handlung (Realisierung):* Unter Belastungsbedingungen kann es trotzdem zur Desorganisation der Handlungen kommen. Dabei verliert die übergeordnete zielorientierte Steuerung ihre koordinierende Funktion, und routiniert-reflexhafte Verhaltensmuster verselbstständigen sich wieder. Hier gilt es, daran zu arbeiten, dass die bisherigen Verhaltensroutinen durch neue Handlungen ersetzt werden, und zwar durch bewusstes Lernen, Üben und Trainieren zum Erwerb solcher neuer Handlungen (Automatismen), die auch in schwierigen und überraschenden Situationen greifen.

3.2 Methodisches Vorgehen

Die Beratungen, die zwischen 30 und 90 Minuten dauerten, wurden für die Auswertung aufgezeichnet. In unmittelbar anschließenden Interviews wurden die Eindrücke, Erlebnisse und Beobachtungen aus drei verschiedenen Perspektiven eingeholt. Den Interviews und Fragebögen lagen halbstrukturierte Interview-Leitfäden zugrunde. Zunächst wurde jedes Mal das Plenum aufgefordert, vier Fragen auf einem Fragebogens zu beantworten, danach wurden die Coaches im Plenum interviewt und diese Interviews aufgezeichnet, während die jeweiligen Klienten nicht mehr im Raum waren. Erst nach der Befragung der Coaches wurden die Klienten im Plenum interviewt. Die Interviews wurden mit Videokamera aufgezeichnet. Von Bedeutung ist noch, dass es sich bei den Klienten und den Beobachtenden um Coaching-Fachleute handelt, bei denen man besonderes Wissen im Beratungskontext und eine besondere Beobachtungsgabe voraussetzen konnte. Die Auswertung der erhobenen Daten wurde nach der „qualitativen Inhaltsanalyse" nach *Mayring* (2003) vorgenommen.

Bei den Untersuchungen ging es um die Fragen, welche Methoden zu Veränderungen bei den Klienten geführt haben und wie weit diese Veränderungen greifen. Die relevanten Indizien für die Auswertungen waren die Einschätzungen und Beobachtungen zu den Coaching-Prozessen aus den verschiedenen Perspektiven der Teilnehmenden über den jeweiligen Beratungserfolg, wahrgenommene Veränderungen, wirkungsvolle Methoden und Interventionen und Prognosen über einen möglichen Transfer in den Alltag. Diese Aussagen und meine eigenen Beobachtungen lassen nachvollziehbare Schlüsse und Bewertungen zu. Diese wurden in einem weiteren Analyseschritt den Wirkprinzipien nach *Grawe* (2000) gegenübergestellt, um den Vergleich mit Erkenntnissen über Wirkfaktoren und Wirksamkeit zu ermöglichen. In einem dritten Analyseschritt wurden die Coaching-Prozesse nach dem erweiterten Rubikon-Prozess nach *Krause & Storch* (2005) daraufhin untersucht, wie die Veränderungen von Kognitionen bewirkt wurden und diese wiederum zu verändertem Verhalten führen könnten. Abschließend interessierte, ob im Hinblick auf diese Fragestellungen vergleichbare Methoden in den sechs Beratungsprozessen auszumachen waren.

3.3 Zusammenfassung der Auswertungsergebnisse

Das beschriebene methodische Vorgehen wurde stufenweise auf jeden Beratungsfall angewendet. Die Auswertungen der Interviews und Video-Auszeichnungen werden hier nur summarisch vorgestellt.

3.3.1 Resultate der qualitativen Inhaltsanalyse

Die Aussagen der interviewten Coaches, Klientinnen und der schriftlich befragten Plenumsmitglieder bildeten die induktiven Kategorien zu den Hauptkategorien „Bewertung der Beratung", „Veränderung bei/m Klient/in", „Wirksame Interventionen/Methoden", „Erschwerende Bedingungen", „Erwartungen vor dem Gespräch" und „Transfer möglich?". Die Resultate der qualitativen Inhaltsanalyse zeigen, dass alle Beratungen als erfolgreich eingestuft wurden. Die weit überwiegende Mehrheit der Plenumsmitglieder und alle Coaches und Klientinnen gaben für alle Beratungsfälle die Skalenwerte sieben bis zehn (auf einer Skala von 0 bis 10) an. Doch was genau bedeutet „erfolgreich"? Die Beratungen wurden dann hoch bewertet, wenn Veränderungen wahrgenommen wurden und die Vermutung nahelag, dass diese auch zu verändertem Verhalten im Alltag führen werden. In allen Fällen wurden Veränderungen aus verschiedenen Beobachtungs- und Erlebnisperspektiven wahrgenommen. Zu den Transfermöglichkeiten waren nur die Klientinnen und Klienten befragt worden. Sie waren alle zufrieden und konnten sich gut vorstellen, ihre neuen Erfahrungen mitnehmen und anwenden zu können. Nur in einem Fall, in dem es um eine Traumdeutung ging, bestand noch Unsicherheit. Die übrigen Beteiligten, Coaches und Plenum, wurden nicht nach Transfermöglichkeiten befragt, gaben zum Teil aber auch Prognosen bzw. Einschätzungen hierzu ab. In allen Fällen wurden je nach methodischem Vorgehen oder auch nach Komplexität des Falls und des Umfangs der Beratung wenige oder eine Vielzahl an wirksamen Interventionen und Methoden gesehen. So wurden z. B. im Beratungsfall von Gunther Schmidt sehr viele Aspekte gesehen, die für den Prozess und das Ergebnis förderlich waren, wie die wertschätzende, empathische Haltung des Coachs, die konsequente Zielklärung, die Arbeit mit Bildern, mit Symbolen, dem Körper, dem Raum und dem inneren Team, der Mix zwischen kognitiver, körperlicher und emotionaler Arbeit, humorvolle Überhöhungen verbunden mit guter Rückkoppelung, Transparenz und noch anderes mehr. Für den Klienten waren die disziplinierte Zielklärung, das Verständnis, die Bewegungsmöglichkeiten, die Assoziationen zur Rückenthematik, und „dass der Coach schwere Momente erkannt und angemessen gehandelt hat", besonders wichtig.

3.3.2 Resultate bei Prüfung der vier Wirkprinzipien von Grawe

Mit dem Vergleich der Beobachtungen und Einschätzungen zum Einsatz wirksamer Interventionen und Methoden gegenüber den Wirkprinzipien nach *Grawe* (2000) wurde die Prozessqualität überprüft. Es war festzustellen, dass alle vier Wirkprinzipien in den sechs Beratungen zum Tragen kamen. Dies ist nur dadurch zu erklären, dass bestimmte Anforderungen, die eben auch nach *Grawe* zu einer professionellen und erfolgversprechenden Beratung gehören, in einem qualifizierten Coaching gegeben sein müssen. Und es sind die Wirkfaktoren, die erforderlich sind, um den Rubikon-Prozess zu ermöglichen.

3.3.3 Resultate bei Einordnung der Beratungen in den Rubikon-Prozess

So unterschiedlich die Themen, die Herangehensweisen und vor allem die durch die Persönlichkeiten der Coaches geprägten Beratungen auch waren, in allen Fällen gab es Prozessschritte, die den erweiterten Rubikon-Prozess abbildeten. Die Auswertungen zeigen, dass Klärungen und Abwägungen erfolgt sind, um jeweils die Bedürfnisse und die eigentlichen Intentionen zu erkennen. Dies war Voraussetzung dafür, dass die Klientinnen und Klienten wirklich Klarheit darüber hatten, was genau ihr Problem war oder was genau sie anstrebten. Dies weckte eine starke Motivation, vom Wählen zum Wollen (Intentionsveränderung). Das Erkennen der eigentlichen Problematik, die plötzlich andere oder erweiterte Form der Wahrnehmung forderte geradezu, etwas wirklich ändern zu wollen.

Im Beratungsfall von Gunther Schmidt erkannte der Klient, dass seine unbewussten Lösungsstrategien Ursache für sein Befinden waren. Der Klientin von Astrid Schreyögg wurde bewusst, dass sie die Situation ihres Chefs und ihr eigenes Verhalten eingeschränkt wahrgenommen hatte. Rudolf Wimmer unterstützte seinen Klienten bei der Klärung seiner persönlichen Motivation und der Situation seines Unternehmens, sodass er die Anforderungen an sich selbst erkennen konnte. Und die Klientin von Sonja Raddatz konnte ihr Dilemma aufgrund unterschiedlicher Zielvorstellungen mit ihrem Klientensystem klären und ihre professionellen Ansprüche wieder finden, indem sie ihre Selbstbeschreibung korrigierte. An diesen Beispielen wurde deutlich, dass ein Dilemma, in das wir geraten, oder Konflikte, die uns hindern, ein klares Ziel und eine angemessene Vorgehensweise zu finden, aus Anforderungen entstehen, die wir aus unserer Umgebung an uns herangetragen fühlen. Dabei haben sie mit unseren Intentionen zu tun, die wir an unsere Umwelt herantragen. Mit den neuen Erkenntnissen, den veränderten Wahrnehmungen, waren alle Klienten bereit zu zielführenderen, angemesseneren Verhaltensweisen. Sie fühlten sich nicht mehr als Opfer und konnten ihre eigenen Handlungs- und Realisierungsmöglichkeiten sehen. Die Volitionsstärke, die sich aus der Wünschbarkeit und der Realisierbarkeit ergab, war unterschiedlich, je nachdem wie konkret oder unmittelbar die Realisierungsmöglichkeiten gesehen wurden.

Die „präaktionale Vorbereitung", in der es darum geht, Handlungsrealisierungen möglichst weitgehend und zielorientiert vorzubereiten, war in den sechs Fällen unterschiedlich ausgeprägt. Gunther Schmidt erprobte mit seinem Klienten, wie die neue Intention durch einen geeigneten Ressourcenpool umgesetzt werden könnte. Astrid Schreyögg empfahl der Klientin, dass sie sich auf das Gespräch mit dem Chef vorbereiten und etwas ausarbeiten sollte, und fragte nach einem konkreten Termin für die Umsetzung. Maja Storch erprobte die neue Körperhaltung mit dem Durchspielen der erlebten Stresssituation und wie die neuen Körpererfahrungen abgerufen werden könnten. Rudolf Wimmer besprach mit dem Klienten, sich Zeit für einen ausgiebigen Rechercheprozess zu nehmen. Bernd Schmid ermutigte seine Klientin, einen alten Traum zu beerdigen und eine neue Metapher zu verwenden. Sonja Raddatz half ihrer Klientin, sich den Ablauf des Workshops mit einem neuen Selbstverständnis vorzustellen. Ob nach der präaktionalen Vorbereitung die letzte Phase des Rubikon-Prozesses, die Handlungsphase, erreicht wurde, konnte im Rahmen dieser Untersuchung nicht geprüft werden.

3.4 Schlussfolgerungen

Ein bedeutsames Ereignis in der Beratung, das zeigen die Auswertungen deutlich, ist also die Erkenntnis darüber, was die eigentlichen Bedürfnisse sind und dass die bisherigen Deutungs- und Handlungsmuster nicht mehr geeignet waren, den eigenen oder von außen herangetragenen Anforderungen gerecht zu werden. Die Antwort auf die Frage, wie es den Coaches gelingt, diese Erkenntnisse herbeizuführen, ist meines Erachtens auch die entscheidende Antwort auf die Frage: Gibt es ein methodisches Vorgehen, welches in allen Fällen erkennbar ist? Hier ist ein Aspekt aufgrund der Rückmeldungen in den Interviews und eigener Beobachtungen besonders aufgefallen: die *Aufmerksamkeitsfokussierung*. Nach *Backhausen & Thommen* (2004) besteht der Kern der Beratung darin, Anregungen für die Veränderung von Wirklichkeitskonstruktionen zu geben, und dies gelänge durch die Änderung der Aufmerksamkeitsfokussierung. Sie beschreiben die Selektion von Daten und Bewertungen als Aufmerksamkeit fokussierende Maßnahmen. Es gehe darum, die bisherigen Konstruktionen und Bedeutungsgebungen zu „stören" und anderes „in den Blick" kommen zu lassen. Für die verschiedenen Techniken oder das methodische Vorgehen gibt es in den jeweiligen Coaching-Konzepten, die oft mehrere therapeutische Schulen, systemische oder konstruktivistische Modelle integriert haben, unterschiedliche Bezeichnungen: Es geht immer um die Veränderung der Wahrnehmung durch das *Herausarbeiten von Unterschieden* und mit Hilfe von *Dissoziationen*, mit *Perspektivenwechsel z. B. durch imaginative Rollenwechsel, szenische Rekonstruktionen* oder eben durch *Fokussierung der Aufmerksamkeit*. Betrachtet man die sechs verschiedenen Coaching-Prozesse kann festgestellt werden:

Beratungsfall mit Gunther Schmidt: Der Coach hat die Aufmerksamkeit des Klienten – weg von der diffusen komplexen Problemsicht – auf bisherige Lösungsstrategien gelenkt, seine „lobenswerte Opferrolle" vor Augen geführt und über die Arbeit mit Assoziationen und dem inneren Team ein starkes emotionales Erleben erzeugt sowie die Erkenntnis, dass es so nicht mehr weitergehen kann. So fand durch die oben beschriebene „Störung" und über die „Utilisation" seiner Ressourcen und deren Umwertung eine Aufmerksamkeitsveränderung statt.

Beratungsfall mit Astrid Schreyögg: Hier gelang es dem Coach, über den imaginären Rollentausch die Sicht der Klientin weg von einer eingeschränkten Wahrnehmung auf die Bedürfnisse und Sichtweisen Anderer zu lenken. Es fand also eine Fokussierung auf unterschiedliche Perspektiven statt. Die Selbstbetrachtung der eigenen Person aus den Augen des Chefs mit Hilfe der *Stuhlmethode* bewirkte ein intensives emotionales Erleben, und es entwickelten sich ein neues Bewusstsein und die Motivation, etwas bei sich und an der Situation zu verändern.

Beratungsfall mit Maja Storch: Über die Arbeit mit Bildern und Assoziationen wurde von vornhinein die Aufmerksamkeit der Klientin auf ihre Bedürfnisse gelenkt. Die Arbeit mit dem Körper zur kreativen Umsetzung des erarbeiteten Lebens-Leitsatzes war eine körperorientierte Fokussierung der Aufmerksamkeit auf emotionales Erleben und wurde durch das schrittweise Vorgehen unterstützt. Die Klientin spürte in sich hinein und entdeckte Ressourcen, die vorher nicht in ihrem Bewusstsein waren. Und sie entdeckte, wie sie diese einsetzen könnte.

Beratungsfall mit Rudolf Wimmer: Die Selektion von Informationen und deren Verknüpfungen und Bewertungen aus verschiedenen Perspektiven verschafften dem Klienten einen Überblick über alle abzuwägenden Aspekte. Das Diffuse wurde geordnet und bewertet. Die dann folgende Konfrontation mit den unterschiedlichen Interessenslagen führte zur Fokussierung auf die eigentlichen Konflikte, und aus diesem Erkennen heraus konnte der Coach die Handlungsmöglichkeiten, welche dem Klienten aufgrund seiner Rolle gegeben waren, gut platzieren.

Beratungsfall mit Bernd Schmid: Hier lenkte der Coach die Aufmerksamkeit der Klientin weg von der Vergangenheit zu den heutigen Lebensthemen und versuchte mit leichten und lebendigen Bildern eine emotionale Distanz zu schaffen und die Ernsthaftigkeit zu nehmen. Er erreichte eine Irritation und zeigte der Klientin mit humorvollen und ermutigenden Aufforderungen neue Perspektiven auf.

Beratungsfall mit Sonja Raddatz: Die Unterscheidung der Auftragnehmer- und Auftraggeberpositionen und deren Zielvorstellungen führten zur Infragestellung des bisherigen Selbstverständnisses und der damit einhergehenden Selbstbeschreibung der Klientin. Dies geschah durch eine überzogene Gestik, Spiegelung und hypothetische Fragen. Es sind Wirkfaktoren, die der Fokussierung dienen. Die Klientin konnte dadurch ihr eigentliches Dilemma erkennen und erhielt über hypothetische Fragen Angebote vom Coach für neue Handlungsmöglichkeiten.

3.5 Antworten zu den Fragestellungen

Wie bewirkt Coaching Veränderungen von Kognitionen bei Klienten?
Coaching bewirkt Veränderungen, wenn es gelingt, die emotionalen und kognitiven Wahrnehmungen zu ändern. Dies wird ermöglicht, wenn bisherige Deutungs- und Handlungskonstrukte infrage gestellt, irritiert oder gestört und gleichzeitig neue Perspektiven aufgezeigt werden können. Es handelt sich genau um das Prinzip, welches *Grawe* (2000) „Prozessuale Aktivierung" nennt. Hierdurch erfolgte der entscheidende Sprung der Klienten über den Rubikon. Dieses „Irritieren" und „Stören" gelang den Coaches mit dem Einsatz eines vielfältigen Repertoires. Der Methodenmix und das fast spielerische Beherrschen der Methoden, gekonnt im richtigen Moment eingesetzt, führte in allen Fällen in erstaunlich kurzer Zeit zu Veränderungen. Die Coaches unterstützten also mit geeigneten Interventionen den Klärungs- und Abwägungsprozess und lenkten die Aufmerksamkeit auf das, was in zielführender Weise Gegenstand der Beratung sein sollte. Gleichzeitig musste in diese Aufmerksamkeitsfokussierung die Selektion motivational stark besetzter Ressourcen einbezogen werden, damit ein lösungsorientiertes Vorgehen möglich wurde.

Werden damit auch veränderte Haltungen und verändertes Verhalten erzielt?
Kognitive und emotionale Veränderungen führen, auch wenn die Entscheidung vom „Wählen" zum „Wollen" bereits getroffen und der Rubikon überschritten ist, nur dann zu verändertem Verhalten, wenn die Realisierung der neuen Intentionen als möglich angesehen wird. Die Handlungsrealisierung erfolgt am ehesten, wenn die eigenen Ressourcen hoch eingeschätzt werden. Dies hat Einfluss auf die Volitionsstärke und darauf, ob konkurrierende Intentionen die neuen Kognitionen wieder überlagern können. Ein wirkungsvolles Coaching muss daher über den Klärungsprozess links vom Rubikon hinaus das Probehandeln so weit mit einbeziehen, wie es für die Handlungsrealisierung sinnvoll und erforderlich ist. *Künzli* (2006) hat aus vielen bisher vorliegenden Studien geschlossen, dass Coaching vor allem klärungs-

und nicht verhaltensorientiert arbeitet. In den hier untersuchten Beratungen überwog ebenfalls die Klärungsarbeit, dennoch gingen die Prozesse immerhin so weit, dass auf die präaktionale Vorbereitung, auf eine Verankerung der Erkenntnisse und einen möglichen Transfer explizit geachtet wurde.

3.6 Fazit

Diese Arbeit führte zu der Erkenntnis, dass die Aufmerksamkeitsfokussierung in Verbindung mit der Ressourcenaktivierung von wesentlicher Bedeutung für ein wirkungsvolles Coaching ist und dass das Coaching umso wirkungsvoller ist, je mehr Prozess-Schritte des Rubikon-Prozesses einbezogen werden. Darüber hinaus wurde beim Vergleich der Beratungsfälle eines deutlich: Trotz völlig verschiedener Fälle, Coaches und Coachees, verschiedener spezifischer Coaching-Konzepte und unterschiedlichen Vokabulars geht es immer um das Gleiche. Es gibt unterschiedliche Methoden, und dennoch liegt eine Einheit in der Vielfalt. Es werden die gleichen Absichten verfolgt: Der Klärungs- und Abwägungsprozess soll durch Stören, Fokussieren oder Infragestellen befördert werden. Nach konstruktivistischen Ansätzen soll die Veränderung der Wahrnehmung der Klienten angestoßen werden. Dies geschieht durch ein Wechselspiel zwischen stabilem Rahmen und hochflexiblem Methodeneinsatz. Das lässt den Schluss zu, dass ein Erfolg in erster Linie nicht auf das spezifische Konzept zurückgeführt werden muss, sondern eher auf einen gekonnten, auch intuitiven und flexiblen Einsatz vielfältiger Methoden.

Hier wird aufgrund der Beobachtungen vermutet, dass es auch darauf ankommt, dass die Konzepte, und wie sie angewendet werden, den Persönlichkeiten der Coaches entsprechen müssen. Glaubwürdigkeit und Authentizität sind erst möglich, wenn der Coach die Technik beherrscht und diese zu ihm passt. Auffällig war bei den sechs Live-Beratungen, wie sehr die Art und Weise des Vorgehens den Persönlichkeiten der Coaches entsprach. Daher muss es eine Unterschiedlichkeit in den bevorzugten Techniken geben, und es ist gut, diese zu bewahren. Die Kunst im Coaching scheint darin zu bestehen, Gleiches auf unterschiedliche Weise zu tun.

Literatur

Alexander, F (1950). Psychosomatic medicine. London: Allen & Unwin.
Backhausen, W., Thommen, J-P. (2004). *Coaching. Durch systemisches Denken zu innovativer Personalentwicklung* (2. Aufl.). Wiesbaden: Gabler.
Baumann, U., Reinicker-Hecht, C. (1992). Methodik der klinisch-psychologischen Interventionsforschung. In: M. Perez, U. Baumann (Hg,), *Lehrbuch Klinische Psychologie*. Band 2: Intervention (S. 64-79). Bern: Hans Huber.
Behrendt, P. (2004). *Wirkfaktoren im Psychodrama und Transfercoaching*. Diplomarbeit. Institut für Psychologie der Albert-Ludwigs-Universität Freiburg.
Gollwitzer, P.M. (1987). Suchen, Finden und Festigen eigener Identität: Unstillbare Zielintentionen. In: H. Heckhausen et al. (Hrsg.), *Jenseits des Rubikon: Der Wille in den Humanwissenschaften* (S. 176-189). Berlin: Springer.

Grawe, K. (1994). *Psychotherapie im Wandel. Von der Konfession zur Profession.* Göttingen: Hogrefe.

Grawe, K. (1998). *Psychologische Therapie.* Göttingen: Hogrefe.

Grawe, K. (2000). *Psychologische Therapie* (2. korr. Aufl.). Göttingen: Hogrefe.

Häcker, H.O., Stapf, K.-H.. (Hrsg.) (2004). *Dorsch Psychologisches Wörterbuch* (14. vollst. überarb. und erw. Aufl.). Bern: Hans Huber.

Hain, P. (2001). *Das Geheimnis therapeutischer Wirkung.* Heidelberg: Carl-Auer-Systeme.

Heckhausen, H. (1987a). Wünschen – Wählen – Wollen. In: H. Heckhausen et al. (Hrsg.), *Jenseits des Rubikon: Der Wille in den Humanwissenschaften* (S. 176-189). Berlin: Springer.

Heckhausen, H. et al. (Hrsg.) (1987). Jenseits des Rubikon: Der Wille in den Humanwissenschaften. Berlin: Springer.

Jansen, A. et al. (2004). Erfolgreiches Coaching. Wirkfaktoren im Einzelcoaching. Kröning: Ansanger.

Kilburg, R.R. (2001). Facilitating intervention adherence in Executive Coaching: A model and methods. *Consulting Psychology Journal: Practice and Research*, 53 (4) 251-267.

Koch, M. (2005). *Wirkfaktoren und Wirkmechanismen: Übersichtsarbeit.* 2. Studienarbeit. Hochschule für Angewandte Psychologie Zürich.

Krause, F., Storch, M. (2005). *Selbstmanagement – ressourcenorientiert. Grundlagen und Trainingsmanual für die Arbeit mit dem Zürcher Ressourcen Modell ZRM* (3. korr. Aufl.). Bern: Hans Huber.

Künzli, H. (2006). Wirksamkeitsforschung im Führungskräftecoaching. In: E. Lippmann (Hrsg.), a.a.O., S. 280-294.

Lippmann, E. (Hrsg.). (2006). *Coaching. Angewandte Psychologie für die Beratungspraxis.* Heidelberg: Springer.

Looss, W., Rauen, C. (2002). Einzel-Coaching – das Konzept einer komplexen Beratungsbeziehung. In: C. Rauen (Hrsg.), *Handbuch Coaching* (2. überarb. und erw. Aufl.). (115-142). Göttingen: Hogrefe.

Mayring, P. (2003). *Qualitative Inhaltsanalyse* (8. Aufl.). Weinheim: Beltz.

Pallasch, W., Petersen, R. (2005). *Coaching. Ausbildungs- und Trainingskonzeption zum Coach in pädagogischen und sozialen Arbeitsfeldern.* Weinheim: Juventa.

Rauen, C. (1999). *Coaching. Innovative Konzepte im Vergleich.* Göttingen: Hogrefe.

Raddatz, S. (2006). *Beratung ohne Ratschlag. Systemisches Coaching für Führungskräfte und BeraterInnen* (4. Aufl.). Wien: Institut für systemisches Coaching und Training.

Riedel, J. (2003). *Coaching für Führungskräfte. Erklärungsmodell und Fallstudien.* Wiesbaden: Deutscher Universitätsverlag.

Roth, G. (1996). *Das Gehirn und sein Wirklichkeit. Kognitive Neurobiologie und ihre philosophischen Konsequenzen.* Frankfurt/M.: Suhrkamp.

Roth, W.L. et al. (1995). Coaching – Reflexionen und empirische Daten zu einem neuen Personalentwicklungsinstrument. In: F.W. Wilker (Hrsg.), *Supervision und Coaching: aus der Praxis für die Praxis* (S. 201-221). Bonn: Dt. Psychologen-Verlag.

Schmid, B. (2006). *Systemisches Coaching. Konzepte und Vorgehensweisen in der Persönlichkeitsberatung* (2. Aufl.). Bergisch Gladbach: EHP.

Schmidt, G. (2004). *Liebesaffären zwischen Problem und Lösung. Hypnosystemisches Arbeiten in schwierigen Kontexten.* Heidelberg: Carl Auer.

Schreyögg, A. (2003). *Coaching. Eine Einführung für Praxis und Ausbildung* (6. überarb. und erw. Aufl.). Frankfurt/M.: Campus.

Shulman, B.H. (1996). Adlerian Psychotherapy. In: R.J. Corsini, A.J. Auerbach (Hrsg.), *Concise Encyclopedia of psychology* (2nd ed., S. 15-17). New York: Wiley.

Wissemann, M. (2006). *Wirksames Coaching. Eine Anleitung.* Bern: Hans Huber.

Teil II

Spezifische Diagnosekategorien –
vom Individuum zum System

4. Kapitel

Charisma, Macht und Narzissmus
Zur Diagnostik einer ambivalenten Führungseigenschaft

Christoph J. Schmidt-Lellek

Zusammenfassung: Unter Führungskräften finden sich häufig Persönlichkeiten mit starken narzisstischen Anteilen, die sich als charismatische Begabungen zeigen können. Der Autor untersucht die Hintergründe dieser Fähigkeiten und ihre Ambivalenz, denn hinter dem Glanz einer erfolgreichen Führungspersönlichkeit verbirgt sich oft eine tief greifende narzisstische Problematik als eigentliche Antriebskraft. Dabei ist ein konstruktiver Narzissmus von einem destruktiven zu unterscheiden. Charismatische Konstellationen ebenso wie narzisstische Beziehungsdynamiken sind aber nicht nur als individuelle Problematik zu begreifen, sondern auch als interaktives Phänomen, an dem mehrere Seiten beteiligt sind. Zum Verständnis dieser Dynamiken stellt der Autor die Konzepte „narzisstische Kollusion" und „Expanded Self" vor. Für einen Coach ist es wichtig, solche Beziehungsmuster wahrnehmen und mit ihnen umgehen zu können – und nicht zuletzt sich schützen zu können, damit er sich nicht selbst in „narzisstische Verstrickungen" hineinziehen lässt.

Im Coaching von Führungskräften stellt sich häufig die Frage nach den Eigenschaften oder Fähigkeiten, die sie für ihre Führungsaufgaben qualifizieren. Dabei begegnen einem Coach vielleicht besondere Begabungen, die unter dem Begriff „Charisma" diskutiert werden. Gemeint ist damit die Fähigkeit, innovative Ideen zu entwickeln und in die Tat umzusetzen, andere zu begeistern und sie dafür zu motivieren, dass sie sich mit solchen Ideen bzw. mit den Zielen einer Firma oder einer Organisation identifizieren, aber auch die Fähigkeit, andere Menschen an sich zu binden und sie auf diese Weise für die Durchsetzung des eigenen Willens eher empfänglich zu machen. In diesem Beitrag untersuche ich mögliche Hintergründe dieser charismatischen Begabungen und ihre Ambivalenz, denn hinter dem Glanz einer erfolgreichen Führungspersönlichkeit verbirgt sich möglicherweise eine tief greifende narzisstische Problematik als eigentliche Antriebskraft für besondere Leistungen. Zwar gelangt man wohl ohne ein gewisses Maß an Narzissmus als Voraussetzung für Dominanz, Selbstvertrauen und Kreativität überhaupt nicht in Führungspositionen, aber „ein beachtlicher Prozentsatz der Unternehmensführer wird von reaktivem Narzissmus angetrieben", d. h. von einem unstillbaren Verlangen, frühkindliche Kränkungen durch grandiose Leistungen auszugleichen, mit der Gefahr, dass dieses Verlangen „in Neid, Hass und Rachsucht umschlägt" (*Kets de Vries* 2002: 94). Für den Coach ist es wichtig, solche verborgenen Dynamiken gerade bei erfolgreichen, charismatisch begabten Führungskräften wahrnehmen und konstruktive von destruktiven Formen des Narzissmus unterscheiden zu können – aber auch sich schützen zu können, damit er sich nicht selbst in „narzisstische Verstrickungen" hineinziehen lässt. Nach einigen Hinweisen zum Verständnis von Charisma beschreibe ich in diesem Beitrag narzisstische Beziehungsdynamiken aber nicht nur als individuelle Problematik von Führungskräften, sondern auch als interaktives Phänomen, an dem also mehrere Seiten beteiligt sind.

4.1 Der Begriff „Charisma"

Der heutige Begriff des Charisma ist wesentlich von *Max Weber* geprägt worden. *Weber* (1922) beschreibt eine Polarität zwischen bürokratischer und charismatischer Herrschaft. Der „technisch reinste Typus" der legalen Herrschaft ist die *Bürokratie*. Sie basiert auf Recht und gesetzten Regeln, der Typus des Herrschenden ist der „Vorgesetzte", der „geschulte Beamte", der auf Grund seiner sachlichen Kompetenz im Idealfall „ohne allen Einfluss persönlicher Motive oder gefühlsmäßiger Einflüsse, frei von Willkür und Unberechenbarkeiten, insbesondere ‚ohne Ansehen der Person' streng formalistisch nach rationalen Regeln und – wo diese versagen – nach ‚sachlichen' Zweckmäßigkeitsgesichtspunkten zu verfügen" hat (*Weber* 1922: 718). Grundlage des Funktionierens ist auf der Seite der zum Gehorsam verpflichteten Untergebenen die ebenso emotionslose „Betriebsdisziplin" (ebd.). Als polaren Gegentypus zur bürokratischen Herrschaft beschreibt *Weber* die „charismatische Herrschaft". Sie basiert auf „affektueller Hingabe an die Person des Herrn und ihre Gnadengaben (Charisma). (...) Das ewig Neue, Außerwerktägliche, Niedagewesene und die emotionale Hingenommenheit dadurch sind hier Quellen persönlicher Hingebung" (S. 725). Der Typus des Befehlenden ist hier der „Führer" und der des Gehorchenden der „Jünger" oder „Gefolgsmann", und Entscheidungen werden hier nicht rational nach gesetzten oder traditionalen Regeln getroffen, sondern sind wesentlich „irrational" (ebd.).

Kurz zusammengefasst, kann man bei *Weber* von einer Polarisierung oder Dichotomisierung zwischen Bürokratie und Charisma, zwischen Rationalität und Irrationalität – oder zwischen „Veralltäglichung" und „Außeralltäglichem" sprechen. Nun lässt sich mutmaßen, dass das Bedürfnis nach solchen charismatischen Persönlichkeiten umso größer wird, je mächtiger die Entwicklung zu einem bürokratischen Funktionalismus fortschreitet, zumal wenn in den modernen Demokratien der dritte von *Weber* (1922: 720-724) beschriebene Herrschaftstyp, die „traditionelle Herrschaft" (d. h. patriarchale und ständische Verwaltungsstrukturen) an Bedeutung verliert. Entsprechend meint *Steyrer* (1995: 31) in seiner Monographie über „Charisma in Organisationen", *Weber* gehe es mit dem Charisma-Konzept darum, „Restbedürfnisse nach Außeralltäglichkeit im Rahmen einer entzauberten Welt theoretisch und definitorisch im Griff zu behalten", um dem „bürokratischen Verfügungsabsolutismus" begegnen zu können; und er habe damit versucht, einen „Rest nichtsozialisierter und nicht sozialisierbarer Individualität und Naturalität" zu beschreiben (*Steyrer* 1995: 31f.). Mit anderen Worten, das Bedürfnis nach charismatischen Persönlichkeiten mag der Sehnsucht nach Freiheit, nach Befreiung aus der schlechten täglichen Routine oder nach den Alltag transzendierenden Bezügen entspringen. Jedenfalls entspricht es solchen Bedürfnissen, wenn sich charismatisch begabte Innovatoren, Reformatoren oder Gründerpersönlichkeiten hervortun und andere Menschen begeistern und an sich binden können; sie können bei ihnen ein Feuer für ihre Sache und zugleich für ihre Person entfachen. Die Fähigkeit, festgefahrene Konventionen (oder ggf. auch Recht und Gesetz) hinter sich zu lassen, kann für viele Menschen Hoffnungen wecken, Emotionen und Handlungsimpulse mobilisieren.

Auch in neuerer Literatur zur Managementforschung wird zunehmend die bürokratische „Funktionslogik des streng sachlichen, emotionsfreien Organisationshandelns" hinterfragt. Man konzediert, dass am Arbeitsplatz auch emotionale Bedürfnisse befriedigt werden, Vorgesetzte sollen ihren Mitarbeitern mit Verständnis und Wärme begegnen können, ihre Intuition und Spontaneität sowie ihre „emotionale Intelligenz" gewinnen an Bedeutung, und dementsprechend bieten Berater Schulungen zu „emotionalen Kompetenzen" an (*Schreyögg, Sydow* 2001: VII; vgl. *Kets de Vries* 2002). Mit den Emotionen kehren jedoch auch anders geartete Probleme ein: Emotionen sind widersprüchlich und oft schwer zu ergründen und noch schwerer zu kontrollieren; und wer sich emotional öffnet, ist auch leichter kränkbar. Auch für Coaches sind emotionale Anteile oder Hintergründe viel schwieriger zu thematisieren als rational-sachliche Fragestellungen. Dennoch ist es vor allem zum Verständnis von Interaktionen in der Arbeitswelt für Coaches sinnvoll, davon auszugehen, dass Emotionen sowie damit verbundene Ambivalenzen und Kränkungen immer und überall eine mehr oder weniger große Rolle spielen.

4.2 Das Charisma von Führungskräften – und sein Hintergrund

Wenn ich mich nun dem „Charisma von Führungskräften" zuwende, so will ich vorweg hervorheben, dass es nicht ausreicht, dies allein als Eigenschaft oder besondere Fähigkeit von Führungskräften in den Blick zu nehmen. Es handelt sich dabei vielmehr um ein *interaktives Phänomen* zwischen „Führern" und „Geführten" (*Neuberger* 2002), an dem also prinzipiell beide Seiten in irgendeiner Weise beteiligt sind. So hat schon *Weber* (1922: 725) herausgestellt: Wenn ein charismatischer Führer „des Glaubens der Massen an seine Führungskraft beraubt ist, fällt seine Herrschaft dahin". Anders herum gesagt, eine charismatische Begabung eines Firmeninhabers, Managers oder Institutsleiters kann überhaupt nur dann wirksam werden, wenn sie auf eine entsprechende Bedürfnisstruktur seitens der übrigen Organisationsmitglieder trifft. Wenn ich im Folgenden zunächst auf die Seite der Führungspersönlichkeit fokussiere, so kann dies also immer nur einen Teilaspekt eines umfassenderen Gesamtphänomens darstellen.

In seiner bereits zitierten Arbeit geht *Steyrer* (1995, 12) der Frage nach: „Welche psychische Disposition beim Führenden und den Geführten erhöht die ‚Charisma-Affinität', d. h. wer tendiert bewusst/unbewusst dazu, zum Charisma-Träger avancieren bzw. als Fokalperson in charismatischen Führungsbeziehungen fungieren zu wollen und wer unterliegt in einem erhöhten Ausmaß der Attraktion von Charisma?" Zur Beantwortung dieser Frage hat er die Narzissmustheorie, insbesondere die Konzepte *Kohuts,* als plausibles Erklärungsmuster herangezogen:

„Das psychische Problem der Selbstwertregulierung, wie es die Narzissmustheorien thematisieren, wird m. E. in besonderer Deutlichkeit im Kontext von Führung (Charisma) virulent, weil die Ausübung einer Führerrolle Phänomene wie Macht, Dominanz, Selbstvertrauen, ideale Strebungen, Beziehungsfähigkeit, Selbstinszenierung usw. tangiert. Eine Führerrolle ist geradezu idealtypisch dafür prädestiniert, narzisstische Defizite überkompensierend ausleben zu können bzw. als projektiver Fokus für Dependenz- und Idealisierungsbedürfnisse zu fungieren." (*Steyrer* 1995: 99)

Diese These und einschlägige Erfahrungen im Coaching mit Führungskräften sind der Ausgangspunkt meiner folgenden Darlegungen. Hier begegnen einem Berater häufig Menschen mit narzisstischen Persönlichkeitsanteilen, d. h. Menschen, die auf Grund eines „narzisstischen Defizits" ein besonderes Bedürfnis haben, sich mit herausragenden Leistungen hervorzutun und dafür von Anderen bewundert zu werden oder andere Menschen als von sich abhängig zu erleben. Ihre Antriebskraft für besondere Leistungen oder für eine besondere Karriere kann demnach aus einer verborgenen psychischen Not erwachsen.

Kohut (1976) zufolge sind die Spiegelungs- und Idealisierungsbedürfnisse ubiquitäre frühkindliche Phänomene, und die Frage ist, wie weit daraus ein konstruktives Streben nach Selbstdarstellung und Verwirklichung grandioser Ziele erwachsen kann oder wie weit sie eine fortdauernde narzisstische Zufuhr als neurotische Kompensation von Selbst-Defiziten verlangen. Mit Bezug auf *Kohut* spricht *Steyrer* (1995: 313f.) von den „zwei Gesichtern des Charisma", die er als „konstruktiven und destruktiven Narzissmus" beschreibt. Bei einem konstruktiven Narzissmus sind die „neurotischen Bestrebungen (...) gleichzeitig der Motor für schöpferisch-produktive Leistungen und stellen in ihrem Kern die soziale Nützlichkeit der Neurose dar." Dem steht „ein destruktives, von Aggressivität geprägtes und auf Fremdausbeutung (-zerstörung) abzielendes Verhalten" gegenüber, nach dem Motto: „Entweder du bist so, wie ich dich haben will, oder du hörst auf zu existieren" (ebd.), also ein Verhalten, das man als „narzisstischen Machtmissbrauch" beschreiben kann (*Schmidt-Lellek* 1995).

Bei der Beratung von Führungskräften ist es hilfreich, solche psychodynamischen Hintergründe erkennen und in ihren verschiedenen Ausprägungen unterscheiden zu können. Zum einen ist es sinnvoll, die verborgene Not hinter einer beeindruckenden und auch erfolgreichen Fassade wahrnehmen zu können, um ggf. dem Coachee im Sinne einer Burnout-Prophylaxe beistehen zu können. Zum anderen kann es zu einer Frage der Ethik werden, ob man einen Menschen mit ausgeprägter Neigung zu aggressiver Fremdausbeutung dabei unterstützen will, diese Neigung noch effektiver zu gestalten. Schließlich mag es auch dem Selbstschutz eines Coachs dienen, eine mangelnde Beratbarkeit rechtzeitig erkennen zu können, wenn also ein Klient das Coaching nur zu seiner Bestätigung instrumentalisiert und zu keiner ernsthaften kritischen Auseinandersetzung mit dem eigenen Denken und Handeln bereit ist. Dass ein Coaching nicht der Ort sein kann, solche oft sehr tiefgreifenden intrapersonalen Konflikte anzugehen und zu „therapieren", sei hier jedoch hervorgehoben (vgl. *Schmidt-Lellek* 2007). Zunächst einige erläuternde Bemerkungen zum Narzissmusbegriff.

4.3 Narzisstische Kompensation

Umgangssprachlich bezeichnen wir als „Narzisst" jemanden, der ein überzogenes Selbstwertgefühl oder eine ausgeprägte Selbstbezogenheit an den Tag legt, jemanden mit einem starken Selbstbewusstsein, der sich gerne in den Mittelpunkt des jeweiligen Geschehens stellt. Solche Personen werden deshalb gerne von Anderen bewundert oder beneidet, zumal wenn sie auf Grund dieser „Fähigkeiten" besonders erfolgreich sind und in der Öffentlichkeit eine größere Rolle spielen. Dieses Bild stellt allerdings häufig nur die Oberfläche dar, und hinter einem solchen Erscheinungsbild können sich abgründige psychische Probleme verbergen, die durch die genannten Fähigkeiten zu kompensieren gesucht werden. Darüber hinaus werden fachsprachlich unter der narzisstischen Problematik sehr unterschiedliche Erscheinungsformen gefasst, von denen das eben genannte Bild nur eine darstellt.

Generell handelt es sich bei der narzisstischen Problematik um die Regulierung des Selbstwertgefühls. Dieses ist im Prinzip bei allen Menschen anfechtbar oder unsicher; wir alle sind darin kränkbar und bestrebt, es zu schützen bzw. zu stabilisieren. Die Möglichkeiten dafür können allerdings sehr unterschiedlich sein, zum einen vielleicht wegen unterschiedlicher Begabungen, zum anderen und vor allem auf Grund unterschiedlicher biographischer Hintergründe: Wenn wir von einem „gestörten Narzissmus" reden, so ist damit eine Selbstwertproblematik gemeint, die ihre Wurzeln meistens in der frühkindlichen Entwicklung hat.[1] Die Grenzen zwischen einem „gestörten" und einem „normalen Narzissmus" (im Sinne einer durchschnittlichen Kränkbarkeit) sind dabei fließend. Von entscheidender Bedeutung ist jedenfalls, welche Ressourcen ein Mensch in seiner späteren Entwicklung zur Verfügung hat oder zu entwickeln in der Lage ist. Je breiter gestreut diese Ressourcen sind, desto stabiler wird das Selbstwertgefühl sein; andersherum gesagt, je schmaler sie sind bzw. je größer die kompensatorische Bedeutung eines einzelnen Persönlichkeitsbereichs ist, desto bedrohter wird das Selbstwertgefühl z. B. in Konflikt- oder in Krisensituationen sein.

Um diese Ressourcen zu eruieren, ist in dem Bereich, der hier zur Debatte steht, naturgemäß eine besondere Leistungsfähigkeit zentral, zumal Coaching in der Regel ja deren Steigerung oder Stabilisierung intendiert. Hier kann es bereits diagnostisch bedeutsam sein zu erfassen, wie weit es sich um eine kompensatorische Funktion der betreffenden Persönlichkeit handelt oder ob die berufliche Leistungsfähigkeit eingebettet ist in stabile andere Lebensbereiche. Diese lassen sich in Anlehnung an das heuristische Modell der „Fünf Säulen der Identität" (*Heinl, Petzold* 1980) folgendermaßen differenzieren:

---

1 Zur Ätiologie von narzisstischen Störungen bietet das „Drei-Säulen-Modell" von *Stavros Mentzos* (1995: 38ff.) eine nützliche Erklärungsfolie. Danach basiert unser Selbstwertgefühl auf drei Säulen: (1) die externe Stärkung durch Spiegelung, die ihre Grundlage in den ersten Lebensjahren erfährt, (2) die Stärkung durch Identifikation mit anderen Personen und mit Idealen, (3) die externe Stärkung durch Anerkennung von Leistung und Pflichterfüllung. Je ausgeglichener und stabiler diese drei Säulen sind, desto weniger wird es kompensatorische Überbewertungen der einen oder anderen Säule geben, und desto weniger wird es in Krisensituationen zu psychischen Einbrüchen kommen.

(1) *Die Leiblichkeit* (körperliche Belastbarkeit und Vitalität, gesundheitliche Stabilität oder Anfälligkeit, Attraktivität, Umgang mit dem Älterwerden, Identität als Mann bzw. als Frau usw.).

(2) *Das soziale Netz* (Familie, Freunde, Verwandte, Zugehörigkeit zu Vereinen oder Gruppen usw.; wie stabil und zuverlässig ist das soziale Netz?)

(3) *Arbeit und Leistung* (Leistungsfähigkeit und -motivation, Befriedigung durch berufliche Arbeit; wie weit entspricht der Inhalt der Arbeit den eigenen Interessen?).

(4) *Die materielle Sicherheit* (finanzielle Situation, Wohnsituation, Absicherung im Alter und in Krisenfällen usw.).

(5) *Die Wertorientierung* (das Erleben von Sinnhaftigkeit seines Handelns, politische, ethische, religiöse Überzeugungen usw.).

Alle diese Bereiche können zur Stabilisierung des Selbstwertgefühls kompensatorisch überbewertet werden, wenn die jeweils anderen Bereiche zu wenig oder gar nicht zur Geltung kommen bzw. nicht entwickelt werden. Zur Veranschaulichung sind z. B. folgende Situationen vorstellbar: Für einen Schauspieler, einen Balletttänzer oder ein Model kann körperliche Attraktivität eine so zentrale Rolle spielen, dass es durch die Alterungsprozesse zu schweren Krisen kommt, wenn die anderen Bereiche nicht ausreichend entwickelt sind; für einen Partyveranstalter oder einen Fernsehmoderator kann es zur alleinigen *Raison d'être* werden, möglichst viele Menschen zu kennen; ein Börsenspekulant kann in Depressionen geraten, wenn die Kurse fallen; und selbst der Bereich der Werte kann überbewertet werden, wenn jemand sich mit einer Ideologie so stark identifiziert oder sich für eine gute Sache so sehr engagiert, dass alles andere zu kurz kommt oder übersehen wird, und wenn dann ein Glaubenssystem oder eine Ideologie zusammenbricht (wie z. B. jüngst mit dem System des Kommunismus geschehen), kann auch das eigene Wertgefühl Schaden nehmen oder verloren gehen.

Wenn also in einer Coachingsituation der Eindruck entsteht, dass der Bereich der beruflichen Arbeit zu sehr überbewertet wird, dann ist es nicht unbedingt ratsam, in der Beratung allein auf diesen Bereich zu fokussieren; vielmehr wäre ein wackeliges Gesamtsystem einer Persönlichkeit besser dadurch zu stabilisieren, dass auch die anderen „Stützpfeiler" stärker beachtet und gepflegt werden (vgl. Kap. 12 in diesem Buch). Ein Herzinfarkt in mittleren Lebensjahren oder ein psychischer Zusammenbruch oder gar Todesfall kurz nach der Berentung kann rückblickend als Hinweis darauf zu verstehen sein, dass der Bereich Arbeit und berufliche Leistung überbewertet worden ist.

Es sei angemerkt, dass es oft nicht eindeutig ist, wie weit es sich um eine individuelle Pathologie (im Sinne von nicht oder nicht ausreichend bewältigten persönlichen Lebenskonflikten) handelt und wie weit dabei kollektive, gesellschaftliche Wertorientierungen maßgeblich beteiligt sind. In einer „Leistungsgesellschaft" wie der deutschen haben Arbeit und Leistung nach der Katastrophe der Nazizeit und des II. Weltkriegs über lange Zeit sicher auch kompensatorische Funktionen erfüllt, und solche kollektiven Kompensationen haben zwangsläufig Auswirkungen auf individuelle Biographien gehabt und haben es als Generationen übergreifende Haltung mutmaßlich bis heute (in anderen Ländern mögen andere Haltungen oder auch anders motivierte Kompensationsbedürfnisse vorrangig sein).

Als weitere Einschränkung im Hinblick auf die Frage, wie weit es sich um eine individuelle Pathologie handelt, ist zu berücksichtigen, dass auch der jeweilige Kontext bzw. die „Unternehmenskultur" auf das Verhalten und das Selbstverständnis eines Coaching-Klienten einen Einfluss haben kann. Z. B. werden der Geschäftsführer einer Werbeagentur oder der Marketingchef eines Automobilkonzerns eine anders geartete (kulturbedingte) Selbstinszenierung an den Tag legen als etwa der Leiter eines medizinischen Forschungslabors oder der Leiter eines Finanzamts. Allerdings kann auch der Einfluss einer narzisstisch geprägten Unternehmenskultur („Alles-oder-Nichts-Kultur", vgl. *Schreyögg* 2003: 34) auf Dauer durchaus pathologisierende Wirkungen auf den Einzelnen haben – abgesehen davon, dass die Entscheidung, in welche Unternehmenskultur sich jemand zur Verwirklichung seiner beruflichen Karriere hineinbegibt, in der Regel auf Grund bewusster oder unbewusster innerer Affinitäten erfolgt.

4.4 Narzissmus in Beziehungen

Schaut man auf die im Coaching zu bearbeitenden Themen, so stellt sich die Frage, wie sich narzisstische Persönlichkeitsstrukturen in der Arbeitswelt auswirken. So möchte ich nun den Blick auf die Beziehungsdynamiken lenken und dazu vorweg noch einmal betonen, dass Narzissmus nicht allein als individuelles, sondern auch als interaktives Phänomen zu betrachten ist, also als eine Beziehungsdynamik, an der mehrere Personen beteiligt sind oder sein können. Auch ganze Institutionen können davon affiziert sein, sodass man dann von einem „*kollektiven Narzissmus*", etwa im Rahmen einer „narzisstischen Unternehmenskultur" sprechen kann. Eine solche Unternehmenskultur kann durch eine narzisstische Führungspersönlichkeit wesentlich beeinflusst sein, da „die vorherrschende psychologische Ausrichtung der Schlüsselpersonen in einer Organisation die wichtigsten Determinanten des neurotischen Stils dieser Organisation bildet" (*Kets de Vries* 2002: 128). So gehe ich zur Erläuterung dieser Dynamik wiederum vom Einzelnen aus.

Für eine narzisstisch gestörte Persönlichkeit ist es schwer, das jeweilige Gegenüber in seiner Eigenheit und in seinem Anderssein wahrzunehmen, geschweige denn anzuerkennen – ebenso wenig wie letztlich sich selbst, wenn man nicht nur die glanzvollen, starken Seiten, sondern auch die düsteren, schwachen als zur eigenen Persönlichkeit gehörend ansieht. Andere Menschen dienen ihr dann hauptsächlich als Spiegel (vor allem ihrer glanzvollen Persönlichkeitsanteile), als Versicherung ihres Selbst und als Bestätigung ihres Selbstwertgefühls, das ansonsten bedroht scheint. Ein Narzisst kann sein Gegenüber loben und anerkennen, wenn dieser ihm zu Diensten ist, seine Meinung teilt oder Andersdenkende kritisiert und ablehnt. Mit *Johnson* (1988: 63) lässt sich behaupten, dass ein Narzisst generell dazu neigt, andere Menschen zu Objekten seiner eigenen Bedürfnisse, Beurteilungen, Behandlungen usw. zu machen und eine wahrhaftige, dialogische Begegnung mit einem wechselseitigen Geben und Nehmen gar nicht entstehen zu lassen.

Zur weiteren begrifflichen Verdeutlichung von narzisstisch geprägten Beziehungsstrukturen möchte ich die von *Kohut & Wolf* (1980) entwickelte Typologie narzisstischer Persönlichkeiten zitieren. Die ersten drei dieser Charaktertypen sind in ihren Augen „im Alltagsleben häufig anzutreffen und sollten im Allgemeinen nicht als Formen von Psychopathologie angesehen werden, sondern vielmehr als Varianten der normalen menschlichen Persönlichkeit mit ihren Vorzügen und Defekten"; erst die beiden letzten werden „dem Spektrum des pathologischen Narzissmus zugeordnet" (S. 678):

(1) *„Nach Spiegelung hungernde Persönlichkeiten* sind begierig nach Selbstobjekten, deren bestätigende und bewundernde Reaktionen ihr ausgehungertes Selbst nähren. Es treibt sie, sich zur Schau zu stellen und die Aufmerksamkeit Anderer zu erregen in dem Versuch, ihrem inneren Gefühl von Wertlosigkeit und ihrem Mangel an Selbstwertgefühl entgegenzuwirken."

(2) *„Nach Idealen hungernde Persönlichkeiten* sind ständig auf der Suche nach Anderen, die sie wegen ihres Prestiges, ihrer Macht, ihrer Schönheit, Intelligenz oder ihrer moralischen Größe bewundern können. Sie sind nur solange fähig, sich als wertvoll zu erleben, wie sie sich mit Selbstobjekten in Verbindung zu bringen vermögen, zu denen sie aufblicken können."

(3) *„Alter-ego-hungrige Persönlichkeiten* brauchen eine Beziehung zu einem Selbstobjekt, das, indem es der Erscheinung, den Meinungen und Werten des Selbst entspricht, die Existenz, die Realität des Selbst bestätigt, (...) Beziehungen, in denen jeder Partner die Gefühle des Anderen erlebt, als seien es seine eigenen. (...) Es ist charakteristisch für die meisten dieser Beziehungen, dass sie kurzlebig sind. Wie der nach Spiegelung und Idealen Hungernde neigt auch der alter-ego-Hungrige dazu, einen Ersatz nach dem anderen zu suchen."

(4) *„Nach Verschmelzung hungernde Persönlichkeiten* fallen uns durch ihr Bedürfnis auf, ihre Selbstobjekte zu kontrollieren. (...) Weil das Selbst (...) schwer defekt oder geschwächt ist, brauchen sie Selbstobjekte, um die fehlende Selbst-Struktur zu ersetzen. (...) Weil sie den Anderen als ihr eigenes Selbst erleben, können sie seine Unabhängigkeit nicht ertragen: Sie sind sehr empfindlich gegen Trennungen von ihm und fordern – ja, erwarten fraglos – die beständige Anwesenheit des Selbstobjekts."

(5) *„Kontaktvermeidende Persönlichkeiten* (...) isolieren sich, nicht weil sie kein Interesse an Anderen hätten, sondern im Gegenteil deshalb, weil ihr Bedürfnis nach ihnen so intensiv ist. Die Intensität ihres Bedürfnisses führt nicht nur dazu, dass sie sehr empfindlich gegen Zurückweisung sind (...), sondern auf tieferen und unbewussten Ebenen auch zu der Befürchtung, die Reste ihres Kern-Selbst würden von der ersehnten, allumfassenden Vereinigung verschluckt und zerstört werden." (*Kohut & Wolf* 1980: 678f.)

Auf diesem Hintergrund kann man sich z. B. die Situation vorstellen, dass ein Mitarbeiter, der entsprechend dem zweiten Charaktertypus insbesondere nach Partnern sucht, die er idealisieren kann, auf einen Chef trifft, der entsprechend dem ersten Charaktertypus insbesondere solche Partner sucht, von denen er bewundert werden kann. Dies wäre eine Beziehungskonstellation, in der oberflächlich gesehen die Bedürfnisse von beiden Beteiligten – zumindest zeitweilig – befriedigt werden: Der Chef braucht seinen Mitarbeiter, um sich seines eigenen Wertes zu vergewissern; in dessen bewundernden Augen kann er sich als der Großartige, Mächtige, Souveräne bestätigt sehen (was z. B. in der Pionierphase eines Unternehmens eine Zeit lang zu deren Entwicklung durchaus förderlich sein kann). Und der Mitarbeiter braucht seinen Chef vielleicht dazu, sich durch eine Teilhabe an dessen Großartigkeit selbst als großartig zu erleben (was für ihn eine Zeit lang durchaus bereichernd sein kann, indem er auf diese Weise zu Erfahrungen und zum Erleben von eigenen Kompetenzen gelangt, die ihm sonst verschlossen geblieben wären). Auf die Dauer aber wird es schwierig werden, eine kreative, sachbezogene und lösungsorientierte Arbeitsbeziehung aufrecht zu erhalten, denn beide Interaktionspartner können bei einer solchen Konstellation in ihrer kritischen Wahrnehmungsfähigkeit und damit auch in ihrer persönlichen Entwicklung blockiert sein: Der Chef wird ein offenes, kritisches Feedback nicht ertragen, wenn er dadurch sein Selbstbild in Frage gestellt sieht. Und der untergebene Mitarbeiter wird nur solche Äußerungen machen, von denen er meint, dass sie seinem Chef gefallen, ja, in langjährigen Arbeitsbeziehungen kann dies so weit gehen, dass er überhaupt nur noch so empfindet und urteilt, wie es sein Chef erwartet (bzw. zu erwarten scheint), sodass er schließlich sein eigenes Urteilsvermögen und damit seine Spontaneität und Kreativität weitgehend verliert.

4.5 Narzisstische Kollusion

Diese Beziehungskonstellation lässt sich in Anlehnung an *Jürg Willi* (1975) als „Kollusion" begreifen. Willi hat das Kollusionskonzept für die Paartherapie entwickelt und zusammenfassend folgendermaßen definiert:

„Kollusion meint ein uneingestandenes, voreinander verheimlichtes Zusammenspiel zweier oder mehrerer Partner auf Grund eines gleichartigen, unbewältigten Grundkonfliktes. Der gemeinsame unbewältigte Grundkonflikt wird in verschiedenen Rollen ausgetragen, was den Eindruck entstehen lässt, der eine Partner sei geradezu das Gegenteil des anderen. Es handelt sich dabei aber lediglich um polarisierte Varianten des gleichen." (*Willi* 1975: 59)

Als ein Beispiel einer Kollusionsbeziehung nennt *Willi* die „narzisstische Kollusion" (S. 65 ff.), in der ein Narzisst (in der progressiven, eher aktiven Position) und ein „Komplementärnarzisst" (in der regressiven, eher passiven Position) zusammenfinden. Beide können dabei die jeweils abgespaltenen Anteile, die das eigene Selbstwertgefühl bedrohen, auf den anderen projizieren bzw. im anderen statt in sich selbst erleben und damit deren Bedrohlichkeit entschärfen. Z. B. kann der eine in der aktiven Rolle, der nach außen hin Glanz und Macht darstellt, seine Gefühle von Ohnmacht, Kleinsein oder seine Selbstzweifel an den anderen delegieren, während dieser in der passiven Rolle, der sich nach außen hin bescheiden, zurückhaltend und moralisch zeigt, wiederum seine Größenphantasien, die vielleicht auch mit sadistischen Impulsen gepaart sind, an den ersten delegieren kann. In dieser Weise scheinen zwei Partner harmonisch zusammenzupassen, sodass die Bedürfnisse von beiden vordergründig befriedigt werden.

Solche scheinbar harmonischen Kollusionsbeziehungen können auch in organisatorischen Kontexten durchaus von Dauer sein, ja sie können zu suchtartigen wechselseitigen Abhängigkeiten führen, indem beide Partner des Geschehens den Anderen brauchen und benutzen, um die Leere in sich selbst nicht zu spüren. Auf längere

Sicht ist dabei aber mit destruktiven Auswirkungen auf die Persönlichkeit der Beteiligten zu rechnen. So können etwa eine Depression oder ein Burnout ein Ausdruck davon sein, dass die betreffende Person von den eigenen Ressourcen abgeschnitten ist, dass sie den Zugang zu ihrer Kreativität und ihrem kritischen Urteilsvermögen verloren hat. Solche Beziehungskonstellationen können aber auch für den Fortbestand einer Firma oder einer Organisation fatale Folgen haben, wenn eine offene Auseinandersetzung mit sich verändernden Kontextbedingungen dadurch blockiert wird. Das Scheitern eines Betriebs oder einer Institution kann durch solche Beziehungsdynamiken zumindest mitverursacht sein.

Für einen Coach wird es allerdings manchmal außerordentlich schwierig sein, solche Beziehungsmuster zu durchbrechen, da sie in den Haltungen und Umgangsweisen der Beteiligten tief verankert sein können und da deren kritische Hinterfragung für manche tatsächlich eine Bedrohung ihres psychischen Systems darstellt (so spricht z. B. *Schreyögg,* 1996, von einer „Unberatbarkeit charismatischer Sozialmanager"). Hinzukommt, dass ein Berater von außen oft erst in zugespitzten Krisensituationen (z. B. zwischen den Beteiligten oder sogar im Hinblick auf den Fortbestand der Firma) herangezogen wird, wenn eigentlich schon alles zu spät ist.

Das Kollusionskonzept ist sinnvoll, um eine bestimmte Beziehungskonstellation verständlich zu machen, die sich in vielen Kontexten auffinden lässt. Aber es beleuchtet eine Beziehungsdynamik von Partnern, die sich grundsätzlich auf gleicher Ebene begegnen, zumal es für die Paartherapie formuliert worden ist. Für das Verständnis von Beziehungsdynamiken in hierarchisch strukturierten Organisationen ist jedoch außerdem der Aspekt der institutionalisierten Macht zu berücksichtigen. Wenn sich nun formelle (hierarchische) Macht mit einer narzisstischen Beziehungsdynamik vermischt, die ihrerseits von Machtstreben, Unterdrückung, Entwertung oder der Angst davor durchdrungen ist, dann können daraus narzisstische Verstrickungen werden, die für einen Coach, in einer Beratungssituation damit konfrontiert, schwer zu entwirren sind. Umso wichtiger ist es hier, ein diagnostisches Rüstzeug in der Hand zu haben, um unterscheiden zu können, was eine normale und sachlich notwendige Ausübung von Macht z. B. eines Managers in einer Organisation ist und was als narzisstisch motivierte Machtausübung zu beurteilen ist. Je größer letzterer Anteil ist, desto wahrscheinlicher wird jedenfalls eine missbräuchliche Machtausübung.

4.6 Zur Diagnostik von narzisstischen Dynamiken – das „ausgedehnte Selbst"

Das wichtigste Diagnose-Instrument ist die Person des Beraters selbst. Narzisstische Dynamiken vermitteln sich nicht zuletzt als Atmosphäre, die einem Berater oder Coach unversehens unter die Haut gehen kann: Wenn ich mich in einem Gespräch plötzlich ganz unfähig, klein, minderwertig und irgendwie gelähmt fühle, dann kann ich ziemlich sicher davon ausgehen, dass ich mit einer narzisstischen Dynamik in meinem Gegenüber in Berührung gekommen bin. Diese Erfahrung hat *Petermann* (1988) unter die Lupe genommen und dazu einen detaillierten Katalog von Kriterien erarbeitet, mit dessen Hilfe sie sich differenziert überprüfen lässt. Ich möchte den Beitrag von *Petermann* etwas ausführlicher zitieren, da er zu einem genaueren Wahrnehmen und Verstehen von narzisstischen Beziehungskonstellationen und auch von narzisstisch motiviertem Machtmissbrauch beitragen kann.

Petermann geht es darum, Narzissmus nicht nur als individuelles psychopathologisches Phänomen zu begreifen, wie er in der psychoanalytischen Literatur meistens beschrieben wird, sondern auch als *interaktives Phänomen*. So widmet er narzisstischen Beziehungsstrukturen eine besondere Aufmerksamkeit, also Dynamiken, an denen mehrere Personen beteiligt sind. In den bereits dargelegten Begriffen gesagt: Ein Top-Narzisst kann seinen Narzissmus nur dann erfolgreich ausleben, wenn er es mit dazu passenden Komplementär-Narzissten zu tun hat. Auch *Petermann* betont, dass solche narzisstischen Beziehungsdynamiken ganz alltäglich sind und „sich in (...) vielen verschiedenen menschlichen Kontexten wiederfinden" (S. 40). Trotzdem könne man in diesem Zusammenhang von „Beziehungspathologie" sprechen; diese werde aber deshalb so schwer wahrgenommen, weil sie „auch Teil unserer Kultur" sei (ebd.). Zum näheren Verständnis des Narzissmus verwendet der Autor den Begriff *„expanded self"* (das „ausgedehnte Selbst"):

> *„Das expanded self* stellt einen wesentlichen Aspekt der narzisstischen Persönlichkeit dar. Jemand, der ein *expanded self* herstellt, hat eine grundsätzlich vereinnahmende innere Haltung seiner Umwelt gegenüber. Dies bedeutet, dass der andere nicht jemand sein darf, der von diesem Selbst getrennte Impulse, Bedürfnisse sowie Weltsichten hat. (...) Die Handlungen der anderen werden wie magisch vom narzisstischen *expanded self* so erlebt, als seien sie eigentlich die Folge der Intentionen des betreffenden Narzissten. (...) *Expanded self* stellt eine spezielle, gespaltene Form von Verbundenheit her: Es ist die Erweiterung des Selbst auf die Art und Weise, dass die Welt – insbesondere andere Menschen – einerseits bewusst außerhalb vom Selbst erlebt werden, jedoch andererseits unbewusst als Teil des Selbst gesehen werden." (*Petermann* 1988: 31)

Das *expanded self* hat die Funktion, eine narzisstische Charakterstruktur zu stabilisieren:

> „Es schützt das Selbstwertgefühl des Betreffenden vor dem Erleben schwerer Einbrüche in einer inneren Welt, in der es tendenziell nur ‚Supermann oder Arsch' (Zitat eines Klienten) gibt. Das expanded self funktioniert also so: Wenn es mir gelingt, andere darin zu halten, gewinne ich Macht und werde in seinem subjektiven Erleben größer. Durch polarisierende Kontrastwirkung gelingt dies umso mehr, je kleiner der andere wird. Der andere wiederum wird im gleichen Maße kleiner, da seine Impulse ständig durch fremde Definitionen überlagert werden und er so sein Gefühl für sich selbst verliert. (...) Meistens weist die Dynamik dieser Beziehung also eine einseitige Richtung, ein Gefälle auf: Der eine befindet sich im expanded self des anderen und ist gewissermaßen Empfänger gegenüber dem Sender." (S. 32)

Petermann nennt eine Reihe von Kriterien, die ein *expanded self* erkennen lassen. Es sind Aspekte, die je für sich genommen „weder gesund noch neurotisch sind" und die erst in ihrer Häufung die Atmosphäre einer narzisstischen Beziehungsstruktur vermitteln (S. 33). Sie seien hier zitiert, da sie mir geeignet erscheinen, verborgene Beziehungsdynamiken erkennbar werden zu lassen:

„Woran kann ich bei mir selbst erkennen, dass ich mich im expanded self eines anderen befinde?

(1) Mein Selbstwert geht zurück; dieser Prozess wird häufig durch meine Rationalisierungen verdeckt. Auch, wenn ich nicht so sehr dazu neige, mich zu vergleichen, wird solch ein Zug dennoch in mir aktiviert, und ich erlebe den anderen als größer, besser, fähiger und – wenn dieser in der Helferposition ist – als großzügiger und wohlmeinender als mich selbst.

(2) Ich verliere meine Spontaneität. D. h. meine unmittelbaren Impulse, die ich in einer andersgearteten Beziehung leicht leben kann, spüre ich kaum noch.

(3) Das neurotische Potenzial in meinem Verhalten nimmt zu. Ich verhalte mich nicht meinem gesunden Potenzial entsprechend, werde meinen Möglichkeiten nicht gerecht und fühle, dass das, was ich tue, ich eigentlich nicht will. Mein Verhaltenspotenzial wird eingeschränkt, meine Reaktionsbildungen nehmen zu.

(4) Ich fühle mich mit meinem Bild von mir selbst und in mir selbst diffus unbehaglich und merke, wie ich anfange, einem fremden Bild von mir zu entsprechen. Ich beginne, die auf mich gerichteten Projektionen des anderen zu verkörpern.

(5) Ich werde in der aktuellen Situation unempfindlich und blind gegenüber unverschämten, anmaßenden oder verletzenden Äußerungen meines Gegenübers, sehe diese vielleicht sogar rationalisierend im Sinne der ‚offiziellen‘ Intention des anderen in einem positiven Licht – und merke dies allenfalls *hinterher*, sozusagen ‚in der Beziehungspause‘.

(6) Ich drücke meinen diffusen, gestauten Konflikt durch Agieren aus, so, wie es meinem eigenen neurotischen Potenzial entspricht. Unter ‚Agieren‘ sind hier auch somatische Phänomene gemeint. Sie können von allgemeinen Stresserscheinungen, Kopfschmerzen, Übelkeit bis hin zu schweren Erkrankungen reichen, wenn das Ausmaß der narzisstischen Beziehungsstruktur sowie die eigene Disposition entsprechend gravierend sind.

(7) Ich spüre, wie ich beeinflusst werde, jedoch mein Gegenüber nicht mit meinen wirklichen Impulsen beeinflussen kann. Es ist, als wäre mein Einfluss auf das Gegenüber bereits von diesem vorweggenommen, sofern überhaupt eine Zugänglichkeit besteht.

(8) Ich tendiere dahin, mich anders zu verhalten, als ich es gewohnt bin, und fühle mich in solchen Kontakten diffus angestrengt.

Woran erkenne ich beim anderen, dass dieser ein expanded self mit mir herstellt?

(1) Je nach dessen Niveau, ob grob oder indirekt subtil, gibt der andere ein Bild von sich, welches einem Idealselbst entspricht. Dieses Bild kann so geschlossen und rund sein, dass es geeignet ist, idealisierende Faszination auszulösen. Es fehlen die Bruchstellen. Ich kann dies jedoch erst erkennen, wenn ich meine eigenen Idealisierungstendenzen kennen gelernt und durchgearbeitet habe.

(2) Der andere wird unangenehm, wenn ich seine Definition von mir zurückweise oder versuche, mich selbst zu definieren. In seinen Äußerungen ist eine unausgesprochene Forderung nach Übereinstimmung enthalten. Unangenehm kann hier heißen: Von der subtilen Manipulation, unerbetenem Psychologisieren, impliziter Entwertung bis hin zur offenen, bedrohlichen Handlung (Anschreien, Verlassen, ‚zur Sau machen‘). In jedem Fall entsteht daraufhin eine schwer erklärbare und schwer auflösbare Spannung in der Beziehung.

(3) Der andere belohnt mich, wenn ich bereit bin, sein idealisiertes Selbstbild zurückzuspiegeln. Die Beziehung entspannt sich, es entsteht Harmonie.

(4) Der andere gibt Informationen über sich – sei es durch sein direktes Verhalten, seine Körpersprache oder durch indirekte Äußerungen –, die deutlich machen, wie sehr ihm an kontrollierender Macht sowie an seinem Bild von sich selbst liegt.

Woran erkenne ich bei mir, dass ich ein expanded self mit anderen herstelle?

(1) Meine Tendenz zu senden ist deutlich ausgeprägt; hingegen ist meine Bereitschaft und Fähigkeit zu empfangen gering entwickelt. Ich verspüre dann eine Art Unwilligkeit in mir, die entsteht, wenn andere mir gegenüber ‚auf Sendung‘ gehen. Diese Unwilligkeit kann sich verschieden äußern: einmal als scheinbares Empfangen, als ‚geduldiges‘ Zuhören, mit einer inneren Haltung von ‚ich lasse gewähren‘, oder ich begegne den Äußerungen des anderen so, dass ich sie sogleich im Sinne meiner Definition umdefiniere, sie gewissermaßen ‚richtig stellen‘ muss.

(2) Meine Intention ist es zu beeinflussen. Jedoch scheue ich jeden Einfluss von außen, der nicht bereits innerhalb meiner Definition vorgesehen ist. Ich tendiere dahin, die anderen mit mir selbst zu ‚überrollen‘.

(3) Mein Gefühl von mir selbst ist eines von Ausdehnung, Brillanz, Genialität, ‚richtig sein‘ – was auch bedeuten kann: ‚Ich fühle mich im Recht‘ – und hoher Energie. Meine Mitmenschen bescheinigen mir dann mangelnde Selbstkritik. Ich fühle mich so, weil ich mich zunehmend mit meinem idealen Image verwechsle.

(4) Dadurch verliere ich den Boden unter den Füßen. Es ist, als ob ich ‚abhebe‘. Wenn ich jedoch völlig mit meinem Idealselbst verschmolzen bin, kann ich dies nicht mehr wahrnehmen. Dem Verlust des ‚Bodens unter den Füßen‘ entspricht der Kontaktverlust zu meinem wirklichen Selbst sowie zu den wirklichen anderen.

(5) Ich vermeide, von anderen überrascht und berührt zu werden. Wenn es dennoch geschieht, entwerte ich den anderen durch Rationalisieren und Umdefinieren (‚dies macht der/die ja nur, weil ...‘). Auch da, wo ich andere schlecht behandelt und Schuld auf mich geladen habe oder etwa im Unrecht bin, vermeide ich kunstfertig, mich zu schämen oder mich schuldig zu fühlen.

(6) Ich fühle mich *nach* solchen Begegnungen, besonders, wenn ich nicht so stabil und bruchlos mit meinem Idealselbst verschmolzen bin, häufig innerlich hohl, erschöpft und einsam. Ich habe dann das Gefühl, dass mir etwas fehlt.“ (*Petermann* 1988: 32f.)

Mit diesem Katalog werden die manipulativen Machtstrategien und damit auch Formen des Machtmissbrauchs in narzisstisch geprägten Beziehungsstrukturen erkennbar. Es wird deutlich, worin eine subtile Machtausübung bestehen kann, die über die institutionell definierten Machtstrukturen hinausgeht und die nicht rational nachvollziehbar ist. Es sei noch einmal betont, dass trotz dieser als „Beziehungspathologie“ beschriebenen Dynamiken die glanzvollen, kreativen Anteile darin nicht unbedingt ihren Wert verlieren: Weder die besonderen Begabungen einer charismatischen Persönlichkeit noch deren Werke sollten mit der Feststellung eines narzisstischen Hintergrunds diskreditiert werden. Vielleicht müssen sie sogar besonders geschützt werden, denn in einer Krisensituation oder nach dem Ausscheiden eines charismatischen Leiters oder nur nach der Auflösung einer narzisstischen Kollusionsdynamik (wenn z. B. unterstellte Mitarbeiter sich nicht mehr kritiklos dem Willen des Chefs unterwerfen) besteht die Gefahr, dass nach dem Prinzip des „Alles-oder-Nichts“ die aufgebauten Werte in „narzisstischer Wut“ wieder zerstört werden („nach mir die Sintflut“).

4.7 Zusammenfassende Hinweise für die Coaching-Praxis

Führungskräfte mit starken narzisstischen Anteilen kommen meistens erst sehr spät – wenn überhaupt – in zugespitzten Krisensituationen oder nach einem schweren Einbruch in ihrer Karriere auf die Idee, eine Beratung in Anspruch zu nehmen. Hinter groß tönenden Aussagen wie z. B.: „So etwas habe ich doch nicht nötig, Coaching ist für die Schwachen!" verbirgt sich in der Regel eine große Angst vor einer Entwertung.

Wenn man davon ausgeht, dass narzisstisch gestörte Persönlichkeiten ein fragiles Selbstwertgefühl haben, ist im Hinblick auf Konfrontationen ein besonders *behutsames Vorgehen* erforderlich: Kritik und eine Aufforderung zu veränderten Perspektiven ist überhaupt nur möglich und erfolgversprechend, wenn zuvor eine stabile Basis von wertschätzender Bestätigung der *Person* entstanden ist (was etwas anderes ist als eine Bestätigung ihres *Verhaltens*). Allein um eine solche Basis herzustellen, braucht man *Zeit*. Besonders in Krisensituationen ist zunächst vor allem *Entlastung* erforderlich, bevor überhaupt die innere Bereitschaft zur Veränderung von Wahrnehmungs-, Beurteilungs- und Handlungsmustern entstehen kann. Vielleicht ist manchmal die Entlastungsfunktion die einzig mögliche, um den inneren Antreiber zu Spitzenleistungen ein wenig zu besänftigen, ohne dass sich sogleich ein massives Versagensgefühl ausbreitet. Bei sehr ausgeprägter narzisstischer Pathologie oder in einer schwereren persönlichen Krise kann es sinnvoll oder notwendig sein, dass der Coach einen Psychotherapeuten hinzuzieht bzw. an seinen Klienten eine entsprechende Empfehlung ausspricht.

Um eine narzisstische Beziehungsstruktur aufweichen zu können, ist es erforderlich, dass der Coach seine eigenen narzisstischen Anteile bzw. seine diesbezügliche Ansprechbarkeit möglichst gut kennt. Auf diese Weise kann er sich wappnen gegenüber möglichen Entwertungen oder im Gegenteil gegenüber Lobhudeleien seitens seines Gegenübers. Genauer gesagt, er muss unterscheiden können, was ein aufmerksames kritisches oder anerkennendes Feedback ist und was nur Projektionen sind, in denen das „expanded self" des Anderen zum Ausdruck kommt und die einen zu narzisstischen Verstrickungen einladen. Hilfreich dafür ist sicher eine kontinuierliche Reflexion der eigenen Arbeit im Austausch mit Kollegen oder in einer Supervision.

Generell liegt die Überwindung von narzisstischer Kompensationsbedürftigkeit *einerseits* in dem innersten Abschied von grandiosen Selbstbildern bzw. von verdeckten Allmachts- oder Unfehlbarkeitsphantasien. Zu akzeptieren, dass nicht alle Ziele erreichbar sind, dass man Fehler machen kann und die eigenen Möglichkeiten begrenzt sind, kann eine tiefgehende Trauerarbeit erfordern. Dabei geht es auch darum, seine Endlichkeit und die Überholbarkeit seines Denkens und Handelns zu akzeptieren. Und dies setzt *andererseits* voraus, dass man sich seines Selbst hinreichend sicher ist – und dazu gehört eben auch, eine wahrhaftige, realitätsbezogene Anerkennung und Wertschätzung, wenn sie einem zuteil wird, annehmen und genießen zu können.

Literatur

Heinl, H., Petzold, H. (1980). Gestalttherapeutische Fokaldiagnose und Fokalintervention in der Behandlung von Störungen aus der Arbeitswelt. *Integrative Therapie* 6 (1), 20-57.

Johnson, S.M. (1988). *Der narzisstische Persönlichkeitsstil.* Köln: Edition Humanistische Psychologie.

Kets de Vries, M. (2002). *Das Geheimnis erfolgreicher Manager. Führen mit Charisma und emotionaler Intelligenz.* München: Financial Times Prentice Hall.

Kohut, H. (1976). *Narzissmus. Eine Theorie der psychoanalytischen Behandlung narzisstischer Persönlichkeitsstörungen.* Frankfurt/M.: Suhrkamp (Orig. 1971).

Kohut, H. (1981). *Die Heilung des Selbst.* Frankfurt/M.: Suhrkamp (Orig. 1977).

Kohut, H., Wolf, E.S. (1980). Die Störungen des Selbst und ihre Behandlung. In: U.H. Peters (Hrsg.), *Die Psychologie des 20. Jahrhunderts,* Bd. 10 (S. 667-682). Zürich: Kindler.

Mentzos, S. (1995). *Depression und Manie. Psychodynamik und Therapie affektiver Störungen.* Göttingen: Vandenhoeck & Ruprecht.

Neuberger, O. (2002). *Führen und führen lassen. Ansätze, Ergebnisse und Kritik der Führungsforschung* (6. Aufl.). Stuttgart: Lucius & Lucius.

Petermann, F. (1988). Zur Dynamik narzisstischer Beziehungsstruktur. *Gestalttherapie* 2 (1), 31-41.

Schmidt-Lellek, C.J. (1995). Narzisstischer Machtmissbrauch. In: C.J. Schmidt-Lellek, B. Heimannsberg (Hrsg.), *Macht und Machtmissbrauch in der Psychotherapie* (S. 171-194). Köln: Edition Humanistische Psychologie.

Schmidt-Lellek, C.J. (2007). Coaching und Psychotherapie – Differenz und Konvergenz. Beratung zwischen arbeits- und persönlichkeitsbezogenen Fragestellungen. In: A. Schreyögg, C.J. Schmidt-Lellek (Hrsg.), Konzepte des Coaching (S. 137-146). Wiesbaden: VS Verlag.

Schreyögg, A. (1996). Zur Unberatbarkeit charismatischer Sozialmanager. *OSC* 3 (2), 149-166.

Schreyögg, A. (2003). *Coaching. Eine Einführung für Praxis und Ausbildung* (6., überarb. und erw. Aufl.). Frankfurt/M.: Campus.

Schreyögg, G., Sydow, J. (Hrsg.) (2001). *Emotionen und Management.* Wiesbaden: Gabler.

Steyrer, J. (1995). *Charisma in Organisationen. Sozial-kognitive und psychodynamisch-interaktive Aspekte von Führung.* Frankfurt/M.: Campus.

Weber, M. (1922). Die drei reinen Typen der legitimen Herrschaft. In: Ders.: *Schriften 1894-1922,* Hrsg. v. Dirk Kaesler (S. 717-733). Stuttgart: Kröner, 2002.

Willi, J. (1975). *Die Zweierbeziehung. Spannungsursachen, Störungsmuster, Klärungsprozesse, Lösungsmodelle.* Reinbek: Rowohlt.

5. Kapitel

Die Bedeutung von Familienkonstellationen im Coaching

Astrid Schreyögg

Zusammenfassung: Im vorliegenden Beitrag wird die Familienkonstellationstheorie von Walter Toman in wesentlichen Punkten dargestellt und in ihrer Verwendbarkeit fürs Coaching beleuchtet. Als psychoanalytisch orientiertes Sozialisationskonzept kann sie zur Analyse biographischer Daten dienen. Im Gegensatz zu traditionellen Ansätzen der Psychoanalyse akzentuiert Toman Geschwisterbeziehungen, die bei ihm vor allem im Sinne von Rang- und Geschlechterrelationen beleuchtet werden.

„Unser Herbert", berichtet Frau Hübner, Mutter von drei Söhnen, „war immer schon Spielführer. Der hat seine kleinen Brüder überall mit hingeschleppt, hat im Hof den Ton angegeben, was gespielt werden soll, und später im Tischtennisclub wurde er sogar von seinen zum Teil sehr viel älteren Vereinskameraden zum Mannschaftsführer gewählt. Kein Wunder, dass heute im Beruf so viele auf ihn hören. Er wurde gleich nach dem Studium die rechte Hand seines Chefs und wenige Jahre später dessen Teilhaber. Der Jüngste aber, unser Günther", meint Frau Hübner sorgenvoll, „ist im Moment eigentlich nicht gut dran. Der hat sich gerade mit seinem Boss verkracht. Günther hatte immer so viele Ideen, mit denen er nicht landen konnte. Deswegen hat ihn die Wut gepackt, sodass er einfach kündigte. Dabei ist er aber nicht etwa verzagt. Er meint, dass er dann eben seine Ideen in einer anderen Firma unterbringen wird."

Hinter dieser Aussage, die zunächst nach „einfachem mütterlichem Gerede" klingt, verbirgt sich eine kompakte Sozialisationstheorie. Sie besagt, dass die Position, die jemand in der Geschwisterkonstellation seiner Herkunftsfamilie einnahm, für seine spätere Rolle im Beruf eine Prädiktorfunktion hat. Diesen Zusammenhang möchte ich nun anhand des Konzeptes der „Familienkonstellationen" von *Walter Toman* (2002) darstellen und zum Coaching in Beziehung setzen. In einem ersten Schritt beleuchte ich die Bedeutung der Familie als Sozialisationsagentur für das spätere Leben. Sodann stelle ich die Theorie der Familienkonstellationen in ihren Grundzügen dar und thematisiere anschließend die Verwendbarkeit des Ansatzes fürs Coaching anhand einiger Beispiele.

5.1 Die Familie als Sozialisationsagentur

Heute wird kaum jemand bestreiten wollen, dass menschliche Entwicklung aus einer komplexen Interaktion zwischen genetisch bedingten Anlagen und Umwelteinflüssen resultiert. Gene legen nie genau fest, wie wir uns im weiteren Leben verhalten. Wir werden aber mit einer Vielzahl von Entwicklungsmöglichkeiten geboren, die anschließend von der Umwelt, in der wir leben, ausgeformt werden. Vor allem die Muster menschlichen Sozialverhaltens sind weder angeboren noch ein für allemal fixiert. Durch Umwelteinflüsse können sie vielmehr laufend verändert werden. Und dieser durch die Umwelt beeinflusste Veränderungsprozess wird von Psychologen wie Soziologen laufend beforscht und als „Sozialisation" bezeichnet.

Sozialisation erstreckt sich über das gesamte Leben. Im Verständnis moderner Autoren reicht sie bis ins Greisenalter hinein (*Geulen* 2001). Es lässt sich aber zeigen, dass es im Verlauf des Lebens besondere sensible Phasen gibt. Dabei handelt es sich um Entwicklungsstadien, die für die weitere Sozialisation und damit für das gesamte spätere Leben eines Menschen von besonderer Bedeutung sind. Das gilt vor allem für die frühe Kindheit. So konnten *Bowlby* (1951) und *Spitz* (1976) sogar empirisch belegen, dass Kinder, deren kognitive Reife etwa um den achten Lebensmonat herum gerade das Erkennen der zentralen Bezugspersonen zulässt, in eine schwere Depression verfallen, wenn diese Personen dauerhaft aus ihrem Leben verschwinden. In diesem Stadium beginnt sich nämlich das Kind an seine primäre Bezugspersonen emotional zu binden und über diese Bindung erste Bereitschaften zur Übernahme von Normen und Standards zu entwickeln. Wenn das Kind in genau dieser Epoche traumatisiert ist, bleibt die gesellschaftliche Integration fraglich, oder sie ist zumindest erschwert.

Nun wird zwar von allen Autoren, die mit Sozialisationsphänomenen befasst sind, von *Cooley* über *Piaget* bis *Mead*, die Bedeutung kindlicher Entwicklungsstadien betont (vgl. *Geulen* 2001). Die Psychoanalyse von *Sigmund Freud* und seinen Nachfolgern lieferte aber entscheidende Argumentationsfiguren, warum das früh Erfahrene so besonders durchschlagende Wirkungen hat. Hier wird postuliert, dass die Persönlichkeit des Menschen erst in sozialen Prozessen entsteht. Der hilflose und fern jeder Sozialität auf die Welt gekommene Säugling wird von seinen Bezugspersonen zunächst nur über die Befriedigung versus Nicht-Befriedigung seiner Bedürfnisse gesteuert. Mit fortschreitender Reifung erfährt aber das Kind seine Bezugspersonen als einmalige Menschen und bindet sich, wie *Spitz* (1976) und *Bowlby* (1951) zeigen konnten, je nach ihrem emotionalen Befriedigungswert mehr oder weniger intensiv an sie.

Dieses Phänomen wurde von *Anna Freud* (1936) als „Soziabilisierung" beschrieben. Das bedeutet, ab diesem Stadium, mit acht bis zwölf Monaten, ist das Kind bereit, sich von seinen Betreuern sozial prägen zu lassen. Ab jetzt entwickelt es im Sinne einer „mütterlichen Identifikation" (ebd.) erste Bereitschaften zur Übernahme von Normen und Standards. Im Zuge weiterer Reifungsprozesse, wenn das Kind mit vier bis fünf Jahren Geschlechtsunterschiede wahrzunehmen lernt, beginnt es, sich am gleichgeschlechtlichen Elternteil zu orientieren und diesen in besonderer Weise als Modell zu nutzen. Dabei handelt es sich um den von *Sigmund Freud* (1905) als „Identifikation in der ödipalen Phase" beschriebenen Vorgang. Die ab diesem Stadium übernommenen Normen und Standards beinhalten auch geschlechtsspezifische Komponenten. So konnte etwa *Nancy Chodorow* (1978, zit. nach *Geulen* 2001) zeigen, dass schon kleine Mädchen für die Übernahme einer „bemutternden" Rolle sozialisiert werden. Durch die größere Nähe zur Mutter erhalten sie eben ein anderes „Rollentraining" als die Jungen. Die Psychoanalyse nimmt also an, dass die ersten Beziehungen das Modell für weitere Sozialisationsprozesse und bis zu einem gewissen Grad auch die Vorlage für alle späteren Sozialbeziehungen bilden.

Diese frühen Beziehungspartner sind es dann auch, an denen der Mensch sein Handeln auszurichten lernt und in deren Augen er sich als spezifisches Individuum erstmalig spiegelt. So wird in der Psychoanalyse prinzipiell angenommen, dass Erfahrungen aus frühen Kontexten nachhaltiger auf das weitere menschliche Leben wirken als spätere. In der klassischen Psychoanalyse nach *Freud* (1905), der menschliche Entwicklung stark an das infantile Triebschicksal eines Menschen gekoppelt sah, handelt es sich um die ersten fünf bis sechs Lebensjahre. Bei späteren psychoanalytischen Autoren, besonders bei *Eric Erikson (*1964, 1966), werden weitere sensible Phasen angenommen. So sei dann wieder die Pubertät von besonderer Bedeutung für die Identitätsentwicklung eines Menschen, also ein Stadium von zwölf bis fünfzehn Jahren.

Im Allgemeinen stellt die Familie den ersten sozialen Kontext dar, mit dem ein Kind konfrontiert ist. Und die Familienmitglieder sind die ersten Interaktionspartner, an denen das Kind sein Handeln ausrichtet und in deren Augen es sich zu sehen lernt. *Freud* und die Mehrzahl seiner Anhänger thematisierten zunächst nur die Interaktion zwischen Kindern und ihren Eltern als maßgeblich für das weitere soziale Leben. Erst *Adler* (1933) berichtete anhand seiner therapeutischen Praxis über die Bedeutung von Geschwisterbeziehungen. Es handelte sich dabei allerdings um „klinisch-psychologische Gelegenheitsbeobachtungen des Ältesten, des Zweitältesten, des Jüngsten und des Bruders vieler Schwestern" (*Toman* 1965: 234). Seit den 20er Jahren befasste sich dann eine ganze Reihe amerikanischer Autoren in empirischen Arbeiten mit Altersrangpositionen in Geschwisterreihen und ihren psychologischen Auswirkungen, wie sich etwa Erstgeborene in ihrem Verhalten von nachfolgenden Geschwistern unterscheiden. In manchen dieser Untersuchungen wurden auch die Effekte von Verlusten thematisiert, wie sich etwa der Tod des Vaters oder der Mutter auf die weitere Entwicklung eines Menschen auswirkt (*Toman* 1965: 235f.). Alle diese Untersuchungen, so aufschlussreich sie im Einzelnen sein mochten, wiesen aber gewisse Schwächen auf:

-   Sie legten weder eine Systematik der Geschwisterbeziehungen zugrunde,
-   noch eine Systematik der innerfamiliären Verluste.
-   Die Verschränkung zwischen den Generationen im Hinblick auf Geschwisterbeziehungen und im Hinblick auf Verluste findet sich kaum.
-   Ihre Prognosen zielten im Wesentlichen auf Kinder und Jungendliche, in Ausnahmefällen auf Menschen mit Psychopathologien; Effekte bei „normalen" erwachsenen Menschen wurden jedoch selten erfasst.

5.2 Grundzüge der Theorie der Familienkonstellationen

Alle diese Schwächen versuchte der Wiener Psychoanalytiker und Professor für Psychologie *Walter Toman* in seinem zunächst in den USA erschienenen Werk „Family Constellations" (1961) zu umgehen. Dabei scheint es sich um eine relativ zeitlose diagnostische Grundlage für menschliche Interaktions- und Systemphänomene zu handeln, denn im Jahr 2002 erlebte das Werk im deutschsprachigen Raum seine siebente überarbeitete Auflage als Taschenbuch unter dem Titel „Familienkonstellationen".

Der Autor eröffnet die Debatte mit Feststellungen, dass jeder Mensch in eine mehr oder weniger intakte Familie hineingeboren wurde, dass in 9 von 10 Fällen die Familie bis zur Adolenzens der Kinder zusammen bleibt, dass in 5 % aller Fälle die Kinder eine Trennung durch Scheidung oder Tod erleben, dass dies in 8 von 10 Fällen der Vater ist usw. Bereits an dieser Stelle wird deutlich, dass der Autor im Gegensatz zum üblichen, rein hermeneutischen Vorgehen seiner Psychoanalytikerkollegen seine Aussagen möglichst umfassend durch statistisches Material abzusichern sucht. Die Wurzeln dieses Vorgehens liegen in seiner „doppelten wissenschaftlichen Herkunft": Als Psychoanalytiker versuchte er eine Versöhnung mit dem naturwissenschaftlich orientierten Erbe des Wiener Psychologen *Rohracher* (1965), dessen Schüler er ursprünglich war. Dementsprechend basiert seine Theorie auf umfassenden empirischen Untersuchungen. Seit 1951 bis in die 80er Jahre hinein untersuchten er und seine Mitarbeiter mehrere tausend Familien. Obwohl der Autor immer wieder einschränkend bemerkt, dass andere Bedingungen wie etwa das Wohnumfeld oder die Peergroup stark modifizierende Wirkungen auf die Familienkonstellation haben, außerdem die statistisch gefundenen Ergebnisse für den Einzelfall nur begrenzte Aussagekraft beanspruchen könnten, bestand das Ziel aller Forschungen darin, aus der jeweiligen Familienkonstellation eine *prognostische Landkarte* für das spätere private und berufliche Leben eines Menschen zu gewinnen. *Toman* selbst machte davon ausführlich Gebrauch, indem er sein Konzept Fallbesprechungen und Supervisionen in Kliniken wie Beratungsstellen zugrunde legte. Seine Theorie lässt sich in drei Bereiche untergliedern, die sich (1) mit Geschwisterkonstellationen, (2) mit Personenverlusten und (3) mit verschiedenen Beziehungstypen befassen.

5.2.1 Geschwisterkonstellationen

Geschwisterkonstellationen differenziert *Toman* nach zwei Gesichtspunkten: nach der Rangreihe und nach dem Geschlecht. Da sich von „Geschwistern" erst ab zwei Kindern in einer Familie sprechen lässt, entstehen auf diese Weise nach den Regeln der Kombinatorik acht grundlegende Konstellationen. Das sind vier weibliche und vier männliche Typen:

> s(s) – die ältere Schwester einer jüngeren Schwester
> (s)s – die jüngere Schwester einer älteren Schwester
> s(b) – die ältere Schwester eines jüngeren Bruders
> (b)s – die jüngere Schwester eines älteren Bruders
> b(b) – der ältere Bruder eines jüngeren Bruders
> (b)b – der jüngere Bruder eines älteren Bruders
> b(s) – der ältere Bruder einer jüngeren Schwester
> (s)b – der jüngere Bruder einer älteren Schwester

Ich habe sie hier gleich mit der von *Toman* vorgeschlagenen Schreibweise präsentiert. Danach steht die Person, von der gerade gesprochen wird, außerhalb der Klammer und ihre Geschwister sind innerhalb der Klammer aufgeführt. Demnach ist beispielsweise der älteste Bruder von zwei Schwestern und einem noch jüngeren Bruder folgendermaßen darzustellen: b(ssb).

Zu den Grundtypen eruierte *Toman* regelrechte Portraits. Er versteht diese Typen ähnlich *Horst-Eberhardt Richter* (1969) als Rollen. Die Eltern, Geschwister und andere Familienmitglieder projizieren unbewusst auf die Ältesten bzw. die Jüngsten ganz bestimmte Persönlichkeitsmerkmale als Älteste oder Jüngste, denen diese dann in ihrem Verhalten Rechnung tragen. Auf diese Weise bilden die betreffenden Kinder von früh an eine Identität als Älteste oder Jüngste heraus. Durch die tagtäglichen Interaktionen in der Familie üben sie dann bestimmte Handlungsmuster ein, die sie zumindest im Ansatz auch später zu realisieren suchen. Ohne hier auf besondere Details eingehen zu wollen (dazu sei auf den Originaltext verwiesen), lassen sich aber für unseren Zusammenhang, nämlich für berufliche Kontexte, zwei basale Hypothesen formulieren:

(1) Älteste Geschwister, so genannte Senioren oder Seniorinnen, neigen auch später zur Dominanz, jüngere dagegen haben eher gelernt, sich unterzuordnen. So sind älteste Geschwister später eher bereit und in der Lage, Führungspositionen zu übernehmen als jüngere.

(2) Geschwister, die nur unter Geschlechtsgenossinnen oder -genossen aufgewachsen sind, neigen dazu, auch später Geschlechtsgenossen im Beruf zu präferieren. Das heißt z.B., dass ein älterer Bruder von jüngeren Schwestern mit der Führung von Frauen leichter zurechtkommen wird als ein älterer Bruder von Brüdern. Dieser wird allerdings wahrscheinlich in Männermilieus erfolgreicher führen können als der Bruder von Schwestern.

Neben den oben beschriebenen Grundtypen gibt es selbstverständlich auch mittlere Geschwister, Einzelkinder und Zwillinge. Über *mittlere Geschwister* lässt sich sagen, dass sie je nach dem Altersabstand zu den anderen Geschwistern häufig eher Grundkonstellationen zuzuordnen sind. So wird sich etwa die mittlere Schwester von einem älteren Bruder und einer jüngeren Schwester (b)s(s) eher als jüngere Schwester eines Bruders ausprägen, wenn der Altersabstand zum älteren Bruder nur zwei Jahre, der Abstand zur jüngeren Schwester dagegen 10 Jahre ist. Sie war dann bis zur Geburt der Schwester immerhin 10 Jahre ihres Lebens die jüngere Schwester eines Bruders. Schwieriger stellen sich gleichgeschlechtliche Konstellationen mit einem nur geringen Abstand dar wie etwa die folgende: (s)s(s). Wenn diese mittlere von zwei Schwestern zur älteren und zur jüngeren jeweils nur einen Abstand von zwei Jahren hat, wird sie in ihrer Kindheit möglicherweise Mühe haben, ihre Identität zwischen der Ältesten und der Jüngsten zu wahren und zu präzisieren. Vielleicht ist sie dann auch später immer wieder auf der Hut, übergangen zu werden. Im besseren Fall ist sie besonders gut in der Lage, sich im Sinne von Dominanz versus Unterordnung in soziale Systeme zu integrieren. Gerade bei Prognosen für mittlere Geschwister ist es wichtig, die familiäre Gesamtkonstellation zu rekonstruieren.

Bei *Einzelkindern* geht *Toman* davon aus, dass sie meistens von klein auf daran gewöhnt sind, im Mittelpunkt zu stehen und auf irgendeine Weise bedeutend zu sein. Außerdem neigen sie tendenziell dazu, die Geschwisterkonstellation des gleichgeschlechtlichen Elternteils zu übernehmen. So würde ein weibliches Einzelkind E mit einer Mutter, die die älteste Schwester einer Schwester war s(s), auch eher wie eine ältere Schwester von Schwestern in Erscheinung treten. Wenn allerdings auch die Mutter schon Einzelkind war, würde *Toman* annehmen, dass bei dieser Frau Merkmale des Einzelkindes besonders stark ausgeprägt sind.

Bei *Zwillingen* ist zu unterscheiden, ob es sich um ein- oder zweieiige handelt. Eineiige Zwillinge sind nicht nur zur gleichen Zeit geboren, sie haben jeweils auch den gleichen Entwicklungsstand. Deshalb sind sie meistens extrem stark aufeinander bezogen und haben es auch in späteren Jahren schwer, sich voneinander abzulösen. Bei zweieiigen Zwillingen sind die Beziehungen nicht ganz so dicht, besonders wenn es sich um einen Jungen und ein Mädchen handelt. Die Kinder neigen dann in der Regel dazu, sich mit dem gleichgeschlechtlichen Elternteil zu identifizieren und damit auch Persönlichkeitsmerkmale von dessen Geschwisterkonstellation zu übernehmen.

5.2.2 Personenverluste

Nach *Toman* spielen Personenverluste bei der Analyse von Familienkonstellationen eine besondere Rolle. Als solche werden Verluste durch Tod, Scheidung oder andere Formen der Trennung verstanden. Der Verlustträger erlebt nämlich durch den Verlust einer emotional besetzten Person auch in der Beziehung zu anderen Personen seines Umfeldes eine gewisse Verunsicherung. Zunächst unterscheidet *Toman* hier, ob es sich um einen dauerhaften oder einen vorübergehenden Verlust handelt. Die psychische Bedeutsamkeit von Verlusten versucht der Autor nach einer Reihe von Kriterien zu bestimmen (*Toman* 2002: 48). Sie werden entsprechend seinen Befunden umso schwerwiegender erlebt,

(a) je kürzer sie zurückliegen,
(b) je früher sie im Leben einer Person eingetreten sind,
(c) je älter die verlorene Person ist (im Verhältnis zum ältesten Familienmitglied),
(d) je länger die Person mit der verlorenen Person zusammen gelebt hat,
(e) je kleiner die Familie ist,
(f) je mehr das Gleichgewicht der Geschlechter in der Familie dadurch beeinträchtigt wird,
(g) je länger die verbliebenen Familienmitglieder brauchen, um einen Ersatz für die verlorene Person zu beschaffen,
(h) je größer die Zahl der Verluste und je schwerer die Verluste sind, die bereits vorher eingetreten sind.

Bis auf (g) gelten alle Kriterien für dauerhafte wie auch für vorübergehende Verluste. Kriterium (c) bedeutet, dass der Verlust eines Elternteils erheblich schwerer wiegt als der eines Geschwisters. Und dieser wiederum wiegt bei einem älteren schwerer als bei einem jüngeren. Das bedeutet insgesamt, je länger ein Mensch mit einem anderen zusammengelebt hat, als desto schmerzlicher wird dessen Verlust erlebt. Sehr bedeutsam ist für unseren Zusammenhang auch der Punkt (f): Wenn beispielsweise in einer Familie mit drei Töchtern, die jeweils im Abstand von zwei Jahren geboren wurden, der Vater kurz nach der Geburt der dritten Tochter ums Leben kommt und die Mutter keine neue Partnerbeziehung eingeht, bleibt das ein reiner Frauenhaushalt. Das bedingt für die Sozialisation der Töchter ein Defizit, dass sie nämlich zumindest im engen Familienverbund kein männliches Familienmitglied und natürlich auch keine heterosexuelle Beziehung aus nächster Nähe erleben konnten. Bei ihren späteren Interaktionen können sie dann jedenfalls nicht auf tief vertraute Muster gegenüber Männern zurückgreifen, was diesen gegenüber erhöhte Ängstlichkeit oder erhöhte Distanzlosigkeit erzeugen kann.

Wie *Toman* (2002: 45) anmerkt, ist es ohnedies in 8 von 10 Fällen der Vater, der durch Tod, noch häufiger allerdings durch Scheidung, die Familie verlässt. Im Todesfall wird der Vater meistens positiv überhöht, sodass er für seine Kinder gar nicht selten als positives Modell imaginativ überdauert. Im Vorfeld einer Scheidung und auch im weiteren familiären Verlauf wird aber der Vater häufig äußerst negativ attribuiert, sodass kritizistische Zerrbilder von ihm gebildet werden. Im Sinne der Familienkonstellations-Theorie hat dieses Faktum für die spätere Berufstätigkeit der „verlassenen Kinder" eine ganz erhebliche Bedeutung: Autoritäten ziehen, selbst wenn sie weiblichen Geschlechts sind, in den meisten Fällen Vaterübertragungen auf sich. Wenn die Vaterbeziehung der unterstellten Mitarbeiter ausgeglichen und befriedigend war, bringen sie auch ihrem Vorgesetzten gegenüber eher eine vertrauensvolle Haltung entgegen. Dieser wird dann mit größerer Wahrscheinlichkeit gleichfalls positiv reagieren. Wenn die Vaterbeziehung dagegen eine Enttäuschung war, wird auch diese Erwartung als negative Übertragung an den Vorgesetzten herangetragen. Solche Beziehungen gestalten sich – meistens allerdings verdeckt – als Misstrauensbeziehungen. Umgekehrt bildet eine gelungene Vaterbeziehung häufig die Basis für gelingende Führungspositionen. Und eine enttäuschende Vaterbeziehung ist vielfach die Basis dafür, dass die Übernahme einer Führungsposition misslingt bzw. sich schwierig gestaltet.

5.2.3 Beziehungen

Beziehungsphänomene differenziert *Toman* ähnlich *Watzlawik et al.* (1969: 68f.) in „Komplementär-" und „Identifikationsbeziehungen".

(1) Komplementärbeziehungen
Im Sinne des so genannten „Duplikationstheorem" kann *Toman* (2002: 81) durch vielfältiges Datenmaterial belegen, dass neu angebahnte Beziehungen umso erfolgreicher und dauerhafter sind, je ähnlicher sie früheren und frühesten sozialen Erfahrungen der Betreffenden sind. Das bedeutet vor allem für Partnerbeziehungen, dass sie umso haltbarer sind, je mehr die jeweiligen Partner ihre frühere Geschwisterkonstellation in der neuen Beziehung wieder finden. So erweisen sich Partnerbeziehungen eines älteren Bruders von einer jüngeren Schwester b(s) mit einer jüngeren Schwester eines älteren Bruders (b)s als ausgesprochen haltbar, weil jeder der beiden sich schon in der Familie an das Zusammenleben mit einer Person des anderen Geschlechts gewöhnen konnte. Sie haben also nach *Toman* (2002: 87ff.) keinen „Geschlechtskonflikt". Außerdem übt der ältere Bruder auch später wie selbstverständlich Dominanz aus, was für die jüngere Schwester als Juniorin durchaus akzeptabel ist. So haben sie also auch keinen „Rangkonflikt".

Die prognostisch ungünstigste Partnerbeziehung wäre demgegenüber eine, wo die Frau als älteste Schwester einer Schwester s(s) sich mit dem älteren Bruder eines Bruders b(b) liiert. Beide sind durch ihre Kindheit nicht gewöhnt, mit Personen des anderen Geschlechts in einem Familieverband zu leben. Sie können sich also nicht spontan in den anderen einfühlen oder seine heimlichen Wünsche erfassen. So haben sie nach *Toman* einen „Geschlechtskonflikt". Außerdem ist jeder von beiden von früh an gewöhnt zu dominieren, weshalb sie um die Dominanz in der Beziehung rangeln. Sie haben nach *Toman* also auch einen „Rangkonflikt". Es sei allerdings bemerkt, dass Paare, die dauerhaft in solchen Konstellationen leben, meistens eine Vielzahl gemeinsamer Interessen entwickelt haben, die sie dann jenseits ihrer Geschwisterkonstellation zusammenhalten.

Was ich hier gerade für Partnerbeziehungen angesprochen habe, gilt bis zu einem gewissen Grad auch für berufliche Beziehungen. So wird sich der jüngere Bruder einer Schwester (s)b wahrscheinlich eher von einer älteren Schwester eines Bruders s(b) führen lassen als von der älteren Schwester einer Schwester s(s). Die ältere Schwester des Bruders s(b) hat nämlich aller Voraussicht nach mehr Verständnis für die spezifischen Extravaganzen eines männlichen Juniors als die ältere Schwester einer Schwester s(s). Diese ist eher gewöhnt, „kleine Prinzessinnen zu hüten als kleine Prinzen."

(2) Identifikationsbeziehungen

Den anderen Beziehungstyp nennt *Toman* „Identifikationsbeziehungen". Hier geht es nicht um Ergänzung, sondern um Ähnlichkeit. Dabei handelt es sich um narzisstische Wahlen: Jeder liebt sich im anderen selbst. Diesen Typ finden wir bevorzugt bei gleichgeschlechtlichen Personen. So lässt sich beobachten, dass ältere Brüder von Brüdern b(b) als Vertrauensperson häufig auch wieder ältere Brüder von Brüdern b(b) aufsuchen. Oder jüngere Schwestern von Schwestern (s)s präferieren als Freundinnen vielfach auch wieder jüngere Schwestern von Schwestern (s)s. *Toman* zeigt außerdem, dass sich die Beziehungen zwischen Vater/Sohn sowie Mutter/Tochter ebenfalls nach dem Ausmaß der Identifikation positiv versus negativ gestalten. So wird ein Vater, der als jüngerer Bruder einer Schwester (s)b aufgewachsen ist, einen Sohn, der ebenfalls als jüngerer Bruder einer Schwester (s)b aufwächst, leichter akzeptieren als ein Vater, der ein älterer Bruder von mehreren Brüdern ist b(bb). Sein Sohn wird ihm möglicherweise als „verzärtelter Bubi" fremd bleiben.

Auch bei Arbeitsbeziehungen begegnen uns positive Identifikationsbeziehungen. So können Kooperationen zwischen zwei älteren Brüdern von Brüdern b(b) + b(b) in Pionier-, also Aufbaustadien von Organisationen außerordentlich fruchtbar sein. Jeder findet im anderen die an sich selbst realisierte Dominanz und bejaht sie im anderen. Ähnliches lässt sich auch immer wieder bei älteren Schwestern von Schwestern beobachten s(s) + s(s). In der etwas „kernigen" Dominanz respektiert sich jede der beiden in der anderen.

5.3 Die Verwendbarkeit der Familienkonstellationstheorie fürs Coaching

Im Coaching nutze ich den Ansatz von *Toman* vorrangig für zwei Anlässe: (1) für die Rekonstruktion und Bearbeitung von Konflikten und (2) für Prognosen bzw. für Anregungen bei der Karriereberatung.

5.3.1 Die Anwendung beim Konfliktcoaching

Viele Konflikte, die als „Führungsprobleme" beschrieben werden, lassen sich bei genauerer Rekonstruktion auf Komplikationen aus der familiären Sozialisation zurückführen.

(1) Heute sind besonders häufig Führungsprobleme zu beobachten, die aus *Unverträglichkeiten mit Eltern* resultieren. Bei der Generation der heute 40- bis 60-Jährigen besteht ohnedies eine historisch bedingte Ambivalenz gegenüber der Übernahme von Vorgesetztenpositionen. Diese Ambivalenz verschärft sich um ein Vielfaches, wenn der eigene Vater überwiegend als fordernde und vielleicht sogar als strafende Instanz mit sadistischen Neigungen erlebt wurde. Das geschieht gar nicht selten, wenn Väter als jüngere Brüder von Brüdern (b)b mit ihren ältesten Söhnen, falls diese ältere Brüder von Brüdern sind b(b), laufend rivalisieren. Dem Sohn wird dann im Sinne einer Geschwisterübertragung das heimgezahlt, was dem realen älteren Bruder gegenüber nie angetan werden konnte, weil der Bruder im Gegensatz zum sehr viel jüngeren Sohn vielleicht dauerhaft überlegen blieb; und nun wird am Sohn die alte Frustration ausagiert. Bei Führungskräften mit solchen Vaterbeziehungen besteht meistens die Idee, sie müssten in deutlichem Kontrast zum Vater ihren unterstellten Mitarbeitern prinzipiell als Freund oder Kumpel begegnen. Sie verbinden damit die Hoffnung, dass diese dann dauerhaft ihre Aufgaben optimal erfüllen. Wenn, was allzu häufig geschieht, diese Strategie nicht aufgeht, sind solche Vorgesetzten vollkommen hilflos. Dann ist es sinnvoll, ihnen den beschriebenen Zusammenhang erlebbar zu machen und anhand konkreter Situationen einzuüben, wie sie langsam die Rolle eines formal fordernden, aber menschlich durchaus konstruktiven Vorgesetzten realisieren können. Dies sollte in den ersten Arbeitssequenzen in kontrastierender Abgrenzung zum biologischen Vater geschehen. Im weiteren Verlauf erlebt der Coaching-Klient nach mehreren Rollentauschen meistens schon selbst, dass er in den Augen seiner Mitarbeiter durch Akzentuierung seiner formalen Rolle als Vorgesetzter eher an respektvoller Akzeptanz gewinnt.

(2) Viele andere Führungsprobleme ranken sich um *Geschwisterbeziehungen.* Die wahrscheinlich häufigsten Konflikte zwischen Vorgesetzten und unterstellten Mitarbeitern konstellieren sich als symmetrische Probleme, d.h. als Rivalitätskonflikte. Das geschieht häufig, wenn beide in ihren Familien Senioren waren und nun jeder die Vorrangstellung im Beruf beansprucht. Dann ist es nach einer Rekonstruktion im Coaching sinnvoll, unter Berücksichtigung der formalen Konstellation Möglichkeiten von Komplementarität zu ermitteln. Dabei kann es sinnvoll sein, dass der oder die Vorgesetzte ihre formale Vorrangstellung in der Weise nutzt, dass sie die

Dominanzansprüche des Mitarbeiters kanalisiert. Dann sollte sie die Stärken ihres Mitarbeiters genauer erkunden und ihm in speziellen Bereichen ein Spezialistentum als „Dominanzbühne" zugestehen. Problematisch können aber auch ursprünglich komplementäre Beziehungen werden. So geschieht es gar nicht selten, dass ein älterer Vorgesetzter, der als jüngerer Bruder in einer längeren Geschwisterreihe (sbsb)b aufgewachsen ist, einen neuen Mitarbeiter anheuert, der älterer Bruder in einer Geschwisterreihe b(sbs) ist. Zunächst versteht er sich mit diesem im Sinne von Komplementarität vielleicht ganz wunderbar. Nach einiger Zeit jedoch, wenn sich die Komplementarität unbemerkt vertieft, erlebt der Vorgesetzte ein zunehmendes Unbehagen. In der Rekonstruktion im Coaching stellt sich dann vielleicht heraus, dass er in der Interaktion mit dem Mitarbeiter unbemerkt in eine Juniorenrolle regrediert ist, die mit seiner formalen Position und seinem Selbstverständnis in dieser heftig kollidiert. Dann besteht auch wieder der erste Schritt im Coaching darin, die aktuelle gefühlsmäßige Konstellation aufzudecken, und der zweite Schritt, alternative Muster einzuüben. In diesem Fall wird es sinnvoll sein, den Klienten in seinen formalen Rollenmustern zu stärken, ohne den Mitarbeiter unnötig zu frustrieren. Hier ist es besonders sinnvoll, anhand imaginierter Interaktionssequenzen mit dem Mitarbeiter neue Sprach- und Handlungsmuster zu erproben, sodass der Vorgesetzte langsam wieder formal adäquatere Beziehungsformen einsteuert.

(3) Manche Komplikationen im Führungsgeschehen resultieren aus frühen *Verlusten*. So stellte sich bei einer weiblichen Führungskraft aus der Personalabteilung einer Firma heraus, dass sie zwar laufend plante, vermehrt Aufgaben an ihre Mitarbeiter zu delegieren, dann aber doch jeweils viel zu viel selbst erledigte. Bei einer eingehenden Rekonstruktion, die auch biographische Anteile enthielt, stellte sich heraus, dass sie im Alter von sieben Jahren einen drei-jährigen Bruder durch einen Unfall verloren hatte. Zwar war sie bei dem Unglück nicht direkt anwesend, in ihren Träumen quälte sie aber häufig die Frage, ob sie nicht doch etwas versäumt hatte, ob sie den Bruder, den sie oft vom Kindergarten abgeholt hatte, nicht auch dieses Mal hätte begleiten müssen. Dieses Thema war auch bestimmend für ihre Schwäche beim Delegieren. Sie hatte immer wieder die Phantasie, dass die Dinge nur durch ihre unmittelbare Beteiligung „richtig sicher" erledigt würden.

5.3.2 Die Anwendung bei der Karriereberatung

In der Karriereberatung ergeben Analysen mit Hilfe der Familienkonstellationstheorie häufig Anregungen und Ermutigungen, in welche Richtung sich der oder die Betreffende orientieren könnte.

(1) Etliche dieser Fragestellungen haben mit dem *Rang in der Geschwisterreihe* zu tun. So fragte ein sehr erfahrener Journalist, der einen Stellenwechsel vorbereitete, welche von zwei Stellen er am besten übernehmen solle. Bei der einen Position handelte es sich um die überdurchschnittlich gut dotierte Stelle als Geschäftsführer von einem renommierten Verband. In diesem bestanden allerdings gerade heftige Flügelkämpfe, und es war zu erwarten, dass er sich in Zukunft ausgesprochen wendig verhalten müsste, ohne anzuecken oder einseitig Partei zu ergreifen. Die andere Position wäre die sehr viel schlechter bezahlte Leitung in einem Journalistenbüro

mit einigen freundlichen Mitarbeitern, aber fachlich etwas einseitigen Anforderungen. Im ersten Fall, den er eigentlich präferierte, würde er aber eine extreme Wendigkeit zwischen Über- und Unterordnung benötigen, im zweiten wäre er in einer unbestrittenen, aber etwas „langweiligen" Leitungsposition, wie er meinte. Im Verlauf einer umfassenden Rekonstruktion seiner bisherigen Arbeitsgeschichte kamen auch seine Stellung in der Familie und damit seine Geschwisterreihe zur Sprache. In einem Pfarrhaushalt aufgewachsen, war er als mittlerer Bruder von zwei älteren Geschwistern, einer Schwester und einem Bruder, und drei jüngeren Geschwistern, einem Bruder und zwei Schwestern, jeweils in der Rolle eines Vermittlers zwischen den älteren und den jüngeren Geschwistern. Seine Position stellte sich folgendermaßen dar: (sb)b(sbs). Während er von seiner „Vermittlungsarbeit" in der Familie erzählte, fiel ihm plötzlich ein, dass in dem Verband ein Generationenkonflikt bestand zwischen einigen Vorständen und den meisten Mitgliedern. „Irgendwie ist mir diese Art von Konflikten vertraut," meinte er zufrieden. „Als Geschäftsführer stehe ich auch zwischen Vorstand und den Mitgliedern." Nach einigen weiteren Überlegungen entschied er sich, die Stelle in dem Verband anzunehmen. „An solchem Gerangel habe ich Spaß", meinte er, „und dass ich dabei noch gutes Geld verdienen werde, finde ich umso besser."

(2) Viele andere Fragestellungen in der Karriereberatung ranken sich um *Geschlechterverhältnisse*. Häufig geht es nämlich in der Karriereberatung oder -planung um Fragen, wie aussichtsreich Führungsarbeit für einen Mann in Frauenmilieus und für eine Frau in den Milieus von Männern ist. Als grobe Orientierung lässt sich hier sagen, dass männliche Führungskräfte, die ältere oder jüngere Schwestern hatten, in Frauenmilieus (wie etwa dem Krankenpflegebereich oder der Sozialpädagogik) von ihren Mitarbeitern aller Voraussicht nach leichter akzeptiert werden, als wenn sie nur Brüder hatten. Ein Mann, der in seiner Sozialisation erlebt hat, wie Frauen Konflikte austragen oder welche Vorgänge besondere Gefühle von Kränkung bei ihnen hervorrufen, wird solchen Phänomenen in seinem Führungshandeln intuitiv Rechnung tragen. Vergleichbares gilt für Frauen, die unter Männern aufgewachsen sind. Die ältere Schwester von Brüdern s(bb) wird aller Voraussicht nach eine Führungsposition in männlichen Milieus mit einer gewissen Selbstverständlichkeit bekleiden. Und eine jüngere Schwester von Brüdern (bb)s wird in Männermilieus möglicherweise besonders beliebt und erfolgreich sein, weil sie männlichen Belangen ganz geschmeidig Rechnung zu tragen weiß. So gelang es einer jungen, bislang ausgesprochen erfolgreichen Betriebswirtin, die sich aber durch den Konkurs ihrer Firma ein neues Betätigungsfeld suchen musste, sehr schnell, zu einer überaus geschätzten Mitarbeiterin in einer typischen Männerdomäne zu werden. Durch einen „Zufall" lernte sie einen älteren Herrn kennen, der eine Unternehmensberatung für technische Firmen leitete. Nachdem er sie bei der Abwicklung eines „schwierigen" Kunden als ausgesprochen erfolgreich erlebt hatte, entschied er: „Immer wenn ein Beratungskunde sperrig ist, muss unsere junge Frau ran." Auf diese Weise erhielt sie eine Vielzahl von Beratungsaufträgen, die sie auch erwartungsgemäß erfolgreich abwickelte und an denen sie besser denn je verdiente.

5.4 Als Fazit eine Gebrauchsanweisung für den Ansatz

Gerade weil sich häufig ausgesprochen einleuchtende Beispiele finden, in denen die Familienkonstellationstheorie „funktioniert", sei zur Vorsicht geraten. *Toman* selbst gibt zu bedenken, dass seine Befunde auf statistischen Erhebungen beruhen, die an einer Vielzahl von Personen erfolgt sind. Für den je individuellen Anwendungsfall haben sie deshalb nur begrenzte Gültigkeit. Wie er allerdings in seinen „Fallbesprechungen" selbst immer wieder vorgeführt hat, dient sein Ansatz primär als Folie für die Hypothesenbildung. So kann der Coach im Verlauf von Beratungsgesprächen, wenn er den Eindruck hat, dass bei seinem Klienten aktuell biographische Phänomene eine Rolle spielen, durchaus auch nach der Geschwisterkonstellation fragen. Dabei handelt es sich immerhin um faktische Daten, die auf Seiten des Klienten keiner besonderen Entblößung bedürfen. Wenn diese „Fährte" weder dem Klienten noch dem Coach ausreichend evident erscheint, wird sie eben wieder verlassen. In diesem Sinn hat sich der Ansatz in einen Pool von vielfältigen Theorien einzufügen, die der Coach im Sinne eines integrativen Coachingkonzepts (*Schreyögg* 2003; vgl. Kap. 1 in diesem Buch) im Bedarfsfall bemüht.

Literatur

Adler, A. (1920). *Praxis und Theorie der Individualpsychologie.* München; Neuauflage Frankfurt/M.: Fischer Taschenbuch, 1974.
Bowlby, J. (1951). *Maternal Care and Mental Health.* London: World Health Organization.
Erikson, E. (1964). *Einsicht und Verantwortung.* Stuttgart: Klett-Cotta.
Erikson, E. (1966). *Identität und Lebenszyklus.* Frankfurt/M.: Suhrkamp.
Freud, A. (1936). *Das Ich und die Abwehrmechanismen.* Wien: Int. Psychoanal. Verlag.
Freud, S. (1905). *Drei Abhandlungen zur Sexualtheorie.* GW 5 (S. 27ff.). Frankfurt/M.: S. Fischer.
Geulen, D. (2001). Sozialisation. In: H. Joas (Hrsg.), *Lehrbuch der Soziologie.* Frankfurt/M.: Campus.
Kugemann, W.F., Preiser, S., Schneewind, K.A. (1985). *Psychologie und komplexe Lebenswirklichkeit.* Festschrift zum 65. Geburtstag von Walter Toman. Göttingen u.a.: Hogrefe.
Richter, H.-E. (1969). *Eltern, Kind, Neurose.* Reinbek: Rowohlt.
Rohracher, H. (1965). *Einführung in die Psychologie* (9. Aufl.). Wien, Innsbruck: Urban & Schwarzenberg.
Schreyögg, A. (2003). *Coaching* (6. erw. Aufl.). Frankfurt/M.: Campus.
Spitz, R. (1976). *Vom Dialog. Studien über den Ursprung der menschlichen Kommunikation und ihre Rolle in der Persönlichkeitsbildung.* Stuttgart: Klett-Cotta.
Toman, W. (1961). *Family Constellations.* New York: Springer; dt.: Familienkonstellationen. München: Beck, 1965.
Toman, W. (2002). *Familienkonstellationen* (7. durchges. Aufl.). München: Beck.
Watzlawik, P., Beavin, J.H., Jackson, D.D. (1969). *Menschliche Kommunikation.* Bern u.a.: Hans Huber.

6. Kapitel

Struktur, Beziehung und Leistung in gruppalen Settings

Wolfgang Rechtien

Zusammenfassung: Die Arbeit in und mit Gruppen ist immer auch Arbeit mit den Beziehungen zwischen den Gruppenmitgliedern, auch dann, wenn ihre Beeinflussung nicht unmittelbares Arbeitsziel ist. Aus den einzelnen Interaktionen innerhalb der Gruppe bilden sich überdauernde Muster, die für die Realisierung von Gruppenzielen wichtige Ressourcen, aber auch erhebliche Widerstände bereitstellen können. Die Kenntnis der Gesetzmäßigkeiten von Kommunikations- und Rollenstrukturen sowie der Entwicklung der Beziehungsstrukturen über die Zeit gehört daher zu den wesentlichen Kompetenzen für eine gezielte und effektive Arbeit mit Gruppen und Teams.

Obwohl die amerikanische Soziologie bereits seit dem Ende des 19. Jahrhunderts die Bedeutung der Primärgruppe für die soziale Persönlichkeitsentwicklung begriff, stand die erste Zeit der sozialpsychologischen Erforschung von Gruppenprozessen und Gruppenbeziehungen unter dem Einfluss des behavioristischen Paradigmas von *Floyd Allport*. In dessen Sicht stellten andere Personen lediglich eine eigene Kategorie von Reizen dar, die sich im Prinzip nicht von anderen (nicht-sozialen) Reizen unterscheiden. Gruppensituationen werden so auf die körperliche Anwesenheit anderer reduziert. Außerdem bezweifelte *Allport*, dass Gruppen Eigenschaften besitzen können, die sich von den individuellen Eigenschaften der Mitglieder unterscheiden. Gruppen sind für ihn Abstraktionen, nur Individuen sind wirklich. Einzelpersonen verhalten sich in Gruppen genauso, wie sie es auch allein tun würden, „only more so" (*Allport* 1924: 296).

Ein erster Hinweis aus der *psychologischen* Forschung darauf, dass die zwischenmenschlichen Beziehungen in einer Gruppe von weitreichenderer Bedeutung sind, als nach diesem Paradigma zu erwarten wäre, kam erst am Ende des 20er Jahre des 20. Jahrhunderts, und bezeichnenderweise nicht aus der Sozialpsychologie, sondern aus Untersuchungen, die eher der Arbeitswissenschaft zuzurechnen sind. Die entsprechenden Studien, die auf den Einfluss von Gruppenzusammengehörigkeit und Gruppennormen aufmerksam machten, wurden als die Hawthorne Studies weltbekannt (*Roethlisberger & Dickson* 1947). Der Arbeit von *Kurt Lewin*, der 1945 am Massachusetts Institute for Technology das Forschungszentrum für Gruppendynamik gründete (*Lewin* 1978), ist es schließlich zu verdanken, dass der in der Soziologie selbstverständliche Begriff der Gruppe als eines überindividuellen, realen und ganzheitlichen Systems auch für Psychologen salonfähig wurde (vgl. dazu *Rechtien* 2007).

Obwohl unsere soziale Verflochtenheit und die prototypische Situation, in der sie sich besonders unmittelbar zeigt, die soziale Gruppe, inzwischen selbstverständlicher Gegenstand der Sozialpsychologie ist, fließen ihre Erkenntnisse nicht immer auch in die praktische Arbeit mit gruppalen Setttings ein. Einige dieser Erkenntnisse sollen daher Gegenstand dieses Beitrags sein. Beginnen müssen wir dabei mit dem Begriff, der uns in diesem Kontext so selbstverständlich erscheint, dass wir seine Bedeutung nur selten hinterfragen, nämlich dem der Gruppe.

6.1 Gruppe und Team: Begriffsklärung

Der alltagstheoretische Gebrauch des Begriffes „Gruppe" umfasst eine Vielzahl recht verschiedener Phänomene, deren Gemeinsamkeit lediglich darin besteht, dass es sich jeweils um mehrere Menschen handelt, die in irgendeiner Weise als zusammengehörig oder ähnlich betrachtet werden. So sprechen wir von der „Rand*gruppe* der arbeitslosen Jugendlichen", von einer „*Gruppe* neugieriger Gaffer" am Ort eines Unfalls, von der „Orts*gruppe* der Gefangenenhilfsorganisation Amnesty International" usw. Welcher Art diese Zusammengehörigkeit ist, kann höchst unterschiedlich sein, und dieser Unterschied liegt in der Art und Qualität der *Beziehungen* der beteiligten Menschen. Während es sich bei der Gesamtheit der arbeitslosen Jugendlichen um eine soziale Kategorie handelt, deren Angehörige keinen realen Kontakt untereinander haben (was nicht ausschließt, dass Angehörige dieser Kategorie zusammenkommen und eine Gruppe bilden, z. B. zur Vertretung ihrer Interessen), besteht die Gemeinsamkeit einer *situativen Gruppierung* in der gleichzeitigen Anwesenheit in einer bestimmten Situation und einem an diese Situation gebundenen gemeinsamen Interesse, z. B. der Betrachtung der Geschehnisse am Unfallort. Der Unterschied ist bedeutsam: Unmittelbare soziale Beeinflussung, ob absichtlich oder nichtintentional, ist im ersten Fall nicht möglich, im zweiten Fall nicht nur möglich, sondern praktisch unvermeidlich (vgl. dazu *Watzlawick et al.* 2000).

Anders als die situationsgebundenen Beziehungen in einer sozialen Gruppierung sind die Beziehungen in einer sozialen Gruppe *situationsüberdauernd*. Unter einer Gruppe im sozialpsychologischen Sinne wird im Allgemeinen eine Anzahl von miteinander in Beziehung stehenden Menschen verstanden, die durch die folgenden Merkmale charakterisiert ist (vgl. dazu *Rechtien* 1997: 114-116):

* *relative Kleinheit* (3 bis ca. 25 Personen);[1]
* *unmittelbarer* Kontakt zwischen den Gruppenmitgliedern, im Gegensatz zu vermitteltem Kontakt etwa durch Briefe, Telephon oder andere Medien;[2]

---

1 Eine Dyade, also eine Gesamtheit von 2 Personen, wird gelegentlich ebenfalls als (Zweier)-Gruppe bezeichnet, unterliegt aber hinsichtlich der Beziehungskonstellationen, die in ihr möglich sind, besonderen Bedingungen. So gibt es z. B. nicht die Möglichkeit der Bildung von Untergruppen, Koalitionen oder wechselnden Paarbeziehungen, die in Gruppen ab 3 Personen möglich sind. Auch Gruppendruck auf ein oder mehrere Mitglieder kann es nicht geben. Dyaden werden daher aus gutem Grund meist von Gruppen unterschieden.

- gemeinsame *Ziele* und *Werte* der Gruppenmitglieder;
- *Rollen, Funktionen und Positionen*, die aufeinander bezogen sind und die die Prozesse in der Gruppe und bis zu einem gewissen Grad auch das Verhalten der Gruppenmitglieder steuern;
- *relatives Überdauern*. So etwas wie ein Mindestzeitraum kann dabei allerdings nicht angegeben werden; die für Gruppen typischen Phänomene treten jedoch bei längerem Bestehen deutlicher zutage.

Die Tatsache, dass sich soziale Kategorien, situative Gruppierungen und soziale Gruppen durch die Beziehungsstruktur zwischen ihren Mitgliedern voneinander abheben, macht deutlich, dass ihre begriffliche Unterscheidung mehr ist als Wortklauberei. Phänomene wie Zugehörigkeit, Kooperation, Konkurrenz, Konformität usw. sind an eine ausgeprägte Beziehungsstruktur, also an das Vorhandensein einer sozialen Gruppe gebunden.

Insbesondere in der Management-Literatur findet sich in neuerer Zeit der Begriff des „Teams". Seine Bedeutung gewinnt er unter anderem daraus, dass in Organisationen häufig auch dann von Gruppen gesprochen wird, wenn die oben genannten Kriterien für eine Gruppe gar nicht erfüllt sind, etwa wenn Stellen formal gemeinsam einem Vorgesetzten zugeordnet sind und deren Inhaber jeweils in Zweierbeziehung zu diesem „Gruppenleiter" stehen,. untereinander aber keine direkten Interaktionsbeziehungen haben. Diesen „Gruppen"[3] werden dann „Teams" mit realen Beziehungen gegenübergestellt (vgl. z. B. *Antoni* 1990). Allerdings wird der Begriff (übrigens auch in der Literatur zu Supervision und Coaching) nicht einheitlich verwendet, sodass auch dafür eine Festlegung erforderlich ist. Eine pragmatische Regelung können wir dadurch erreichen, dass wir den Kriterien für eine Gruppe eine weitere hinzufügen und festlegen, dass es sich bei einem Team um eine Gruppe handelt, deren Mitglieder in einer funktionalen Arbeitsbeziehung stehen, wobei die zu lösende Aufgabe in der Regel von außen vorgegeben ist.

6.2 Formelle und informelle Beziehungsstrukturen

Seit der Ablösung des „only-more-so"-Paradigmas von *Allport* ist klar, dass wir das Geschehen in Gruppen und insbesondere auch das Verhalten von Gruppenmitgliedern nur verstehen können, wenn wir eben den Eigenarten, Fähigkeiten, Vorlieben, Zielen usw. der Individuen auch das System der Normen und Werte sowie die gruppalen Beziehungsstrukturen, also die Rollen- und Kommunikationsbeziehungen verstehen. Diese Beziehungsstrukturen und ihre zeitliche Entwicklung, ihr Einfluss auf das, was eine Gruppe leisten kann, und darauf, wie sich die Gruppenmitglieder

---

2 Es mag sein, dass die Entwicklung im Bereich interaktiver Medien die Bedeutung des unmittelbaren Kontakts als Kriterium für eine soziale Gruppe in Zukunft relativiert. Möglicherweise stellt sich auch heraus, dass sich neben der sozialen Gruppe im hier verstandenen Sinne die „virtuelle Gruppe" als eigenständiges Phänomen etabliert.
3 Als Bezeichnung für eine solche Konstellation ist mir gelegentlich „Task Force" begegnet, allerdings umfasst dieser Begriff auch reale Teams.

in ihrer Gruppe oder ihrem Team fühlen und was das für die Leitung einer Gruppe bedeutet kann, sollen daher im Folgenden betrachtet werden.

6.2.1 Die Kommunikationsstruktur

Bei der Betrachtung gruppaler Kommunikationsprozesse sind es meistens die Inhalte, die beachtet werden, und weniger die Formen. Dabei sagen gerade die Letzteren viel über eine Gruppe aus und bestimmen viel von dem, was in einer Gruppe abläuft. Inhalte und Themen können in einer Kleingruppe rasch wechseln, die Formen der Kommunikation bleiben jedoch oft über lange Zeit die gleichen, sodass sich eine dauerhafte und für die Gruppe typische Kommunikationsstruktur entwickelt. Solche Kommunikationsstrukturen betreffen die folgenden Fragen:

- Wer hat Kontakt mit wem, mit wem nicht, mit wem häufig, mit wem nur selten?
- In welcher Form verlaufen die Kontakte?
- Welche Inhalte werden nur bestimmten Personen zugänglich gemacht?
- Wie sieht die Beziehung zwischen den Gruppenmitgliedern zu einem bestimmten Zeitpunkt aus (z. B. Macht und Einfluss, Sympathie)?
- Wie und wodurch ändern sich diese Beziehungen im Laufe der Zeit?

Dabei können zwei Aspekte, ein horizontaler und ein vertikaler Aspekt, unterschieden werden. Der *horizontalen Aspekt* betrifft die Aufteilung verschiedener Gruppenfunktionen zwischen den Mitgliedern, z. B. den der Arbeitsteilung, die Aufteilung in solche Funktionen, die die Gruppenarbeit fördern, und solche, die der Unterhaltung der Gruppe dienen, in die Funktion der Gruppenmutter usw. Der *vertikale Aspekt* betrifft Führung, Macht, Einfluss, Hierarchie, Abhängigkeit usw. in einer Gruppe.

Untersucht wurde der Einfluss verschiedener, mehr oder weniger zentralisierter Kommunikationsstrukturen auf Gruppenleistung und auf die Zufriedenheit der Gruppenmitglieder vorwiegend in experimentellen Situationen (z. B. *Bavelas* 1950; *Leavitt* 1951), in denen Kommunikationswege künstlich eingeschränkt waren, sodass ein Gruppenmitglied nur zu bestimmten anderen Gruppenmitgliedern unmittelbaren Kontakt aufnehmen konnte, zu anderen dagegen nicht.[4]

Die Zentralität bzw. Dezentralität einer Kommunikationsstruktur bestimmt, wie die Verfügung über Kommunikationsmöglichkeiten zwischen den Gruppenmitgliedern verteilt ist. Sie hängt eng mit dem Entstehen (informeller) hierarchischer Strukturen zusammen: Je zentraler die Position eines Mitglieds ist, d. h. über mehr mögliche Kommunikationsbeziehungen verfügt, desto wahrscheinlicher wird es auch eine führende Position einnehmen (*Howells & Becker* 1962): Diskussionsleiter sitzen daher stets am Kopfende eines rechteckigen Tisches, und der „runde Tisch" ist ein Symbol für eine Gesprächsrunde ohne formelle Unterschiede.

---

4 Auf den ersten Blick muten solche experimentellen Anordnungen recht wirklichkeitsfern an. Andererseits gibt es in unserem Alltag durchaus viele Kommunikationsbarrieren, die unsere kommunikativen Beziehungen in analoger Weise einschränken. So geben die Resultate doch bedenkenswerte Hinweise auf die Bedeutung kommunikativer Beziehungen, und sie stimmen durchaus mit Erfahrungen aus nichtexperimentellen Situationen überein.

Mit dem vertikalen Aspekt der Kommunikationsstruktur hängt ein Phänomen zusammen, das zunächst überraschen mag. Eine hohe hierarchische Position erhöht die Chance, Informationen erfolgreich einzubringen, hingegen haben Informationen seitens statusniedriger Personen weniger Chancen, wahrgenommen zu werden. Das führt dazu, dass statushohe Mitglieder einer Organisation oder eines Teams häufig weniger Informationen bekommen – oder wahrnehmen – als statusniedrige. Das wiederum kann erhebliche Auswirkungen auf die Qualität des Informationsstandes und damit der Entscheidungen ranghoher Personen haben!

Die Frage, unter welchen Bedingungen Leistung und Zufriedenheit in kleinen, kooperativ arbeitenden Gruppen (in der alltäglichen Arbeitswelt wären dies beispielsweise Teams innerhalb eines Betriebs oder informelle Gruppen, die sich ein bestimmtes Ziel gesetzt haben) höher sind, lässt sich nun nicht zugunsten einer bestimmten Kommunikationsstruktur entscheiden. Vielmehr hängt dies von der Art der zu erbringenden Leistung und dem Stand des Arbeitsprozesses ab. Im günstigsten Fall ist eine Gruppe bzw. ein Team in der Lage, je nach Situation zwischen zentraler Struktur mit Führungspositionen und dezentraler Struktur zu wechseln. In einer Phase der Klärung von Aufgabe und Lösungsweg findet man dann eher eine dezentrale, danach eher eine zentrale Struktur (ausführlich *Rechtien* 1997: 125-134).

6.2.2 Rollen und Rollenstruktur

Für die gruppendynamische Betrachtung von Rollenbeziehungen bewährt sich eine soziologisch orientierte Perspektive. Innerhalb einer Gruppe kann es bestimmte Positionen geben, die ihren Inhaber[5] von anderen Gruppenmitgliedern unterscheiden. Die Analyse der Kommunikationsstruktur zeigt z. B. zentrale und weniger zentrale Positionen auf. Eine Position stellt demnach eine Funktionsstelle in einem sozialen Kontext, etwa in der Gesellschaft, in einer Organisation oder eben auch in einer Gruppe dar. Mit ihr sind bestimmte Verhaltenserwartungen[6] verbunden. So wird etwa von der Person mit der zentralen Position in einer Kommunikationsstruktur erwartet, dass sie Informationen aufnimmt und an die entsprechenden Empfänger weiterleitet; außerdem wird von ihr häufig Führungsverhalten erwartet. Diese Erwartungen werden mit dem Begriff „Rolle" bezeichnet. Rollen sind also Verhaltenserwartungen, die sich an die Inhaber bestimmter Positionen in einer sozialen Gruppe, einer Institution oder einer Gesellschaft richten. Beispiele für solche Rollen sind Ehemann, Vereinsvorsitzende, Schüler, Lehrerin, Mutter, Schwester, Sohn, Innen-

---

5 Eine Bemerkung zur Verwendung der Geschlechtsbezeichnungen: Ich unterscheide im Folgenden zwischen dem grammatischen und dem biologischen Geschlecht. Die ausschließliche Verwendung der „männlichen" Form sagt nichts über die Geschlechtszugehörigkeit von Personen aus. Sollte ich tatsächlich das biologische und nicht das grammatische Geschlecht meinen, werde ich von Leiterinnen oder männlichen Leitern usw. sprechen.

6 Auch gesellschaftliche und gruppale Normen sind soziale Verhaltenserwartungen. Im Unterschied zu Rollen gelten sie aber für alle (oder fast alle) Mitglieder einer Gesellschaft oder Gruppe, sind also nicht an Positionen gebunden. Weiter besitzen sie kein komplementäres Gegenstück. Sie beeinflussen das Geschehen (in Gruppen), sind jedoch nicht Teil der Beziehungsstruktur.

minister, Schwager, Fahrkartenkontrolleur usw. Sie können an Berufe geknüpft sein, müssen es aber nicht. Dadurch, dass ein Mensch zur gleichen Zeit mehrere Positionen einnehmen kann und meistens auch zugleich verschiedenen sozialen Gruppierungen angehört, hat er stets auch verschiedene Rollen inne. So kann eine Frau zugleich Vereinsvorsitzende, Ehefrau, Mutter, Schwester und noch weiteres sein, und jede dieser Rollen bringt bestimmte Verhaltenserwartungen mit sich.

Eine wichtige Implikation dieser Begriffsbestimmung ist, dass zu jeder Rolle innerhalb einer Gruppe, Gesellschaft oder Organisation ein Gegenstück gehört, die sogenannte *Komplementärrolle*. Einen Führer gibt es nicht ohne Geführte, einen Ehemann nicht ohne Ehefrau, einen Gruppenleiter nicht ohne Gruppenmitglieder. Dabei ist es möglich und eher die Regel als die Ausnahme, dass zu einer Rolle mehrere Komplementärrollen mit unterschiedlichen, eventuell sogar gegensätzlichen Verhaltenserwartungen gehören. So hat der von einer Organisation für seine Mitglieder engagierte und bezahlte Supervisor oder Coach regelmäßig verschiedene Komplementärrollen mit unterschiedlichen Erwartungen seitens seiner Supervisanden bzw. Coachees und Auftraggeber. Konflikte, die daraus entstehen, dass zu einer Rolle mehrere Komplementärrollen gehören, werden als *Intrarollenkonflikte* bezeichnet. *Interrollenkonflikte* hingegen entstehen aus der Tatsache, dass ein Mensch verschiedene, nicht immer vereinbare Rollen innehat. So sind in unserer Gesellschaft die Berufsrolle und die Mutterrolle häufig konfliktträchtig.

Anhand dieser Überlegungen sollte zweierlei deutlich werden: (1) Für das Verstehen des Geschehens in einer Gruppe und des Verhaltens der Gruppenmitglieder ist die Kenntnis der Rollen und Rollenbeziehungen unerlässlich. (2) Zum Verständnis des Verhaltens eines Rolleninhabers, etwa des Teamleiters, eines Gruppenclowns oder eines zu ständiger Kritik neigenden Mitglieds, ist auch eine Betrachtung der zugehörigen Komplementärrollen notwendig.

Rollenverhalten wird selbstverständlich nicht ausschließlich durch die gegenseitigen Erwartungen bestimmt, sondern auch durch die Vorstellung der Rollenträger selbst darüber, wie eine bestimmte Rolle auszufüllen ist – ihr Rollenselbstbild, wie die Erwartungen der komplementären Rollen aussehen und wie sie zu gewichten sind usw. Sowohl Intra- als auch Interrollenkonflikte können häufig dadurch gelöst werden, dass wir auf der Basis des Rollenselbstbildes gegebenenfalls Prioritäten setzen und dass dies von den Trägern der Komplementärrollen akzeptiert wird. Sind wir allerdings nicht in der Lage, solche Prioritäten zu setzen, oder finden wir die notwendige Toleranz bei unseren Rollenpartnern nicht, kann dies zu ernsthaften sozialen oder persönlichen Problemen führen.

Wenn wir von Rollen sprechen, so denken wir im Allgemeinen an solche Erwartungskonstellationen, die an bestimmte gesellschaftliche oder institutionale Positionen gebunden sind und auf deren Ausgestaltung die Positionsinhaber nur wenig Einfluss haben: Was von einem Lehrer erwartet wird, ist weitgehend unabhängig davon, wer diese Position ausfüllt. Die Rollenerwartungen entstehen weitgehend ohne Zutun des Rollenträgers. Auch in einer Kleingruppe kann es solche „fremdbestimmten" Rollen geben – die Rolle des Supervisors ist ein Beispiel dafür.

Nun zeigen die obigen Beispiele des Gruppenclowns und des Kritikers, dass es auch soziale Erwartungen gibt, die nicht durch vorbestimmte Positionen gegeben sind, sondern durch das individuelle Verhalten der jeweiligen Person entstehen. Dadurch, dass A immer wieder die gleichen Verhaltensweisen zeigt, also immer wieder etwa Problemlösungsvorschläge macht oder kritische Fragen stellt oder auch immer wieder Unlust bei gemeinsamen Aktivitäten ausdrückt, entstehen bestimmte Erwartungen an sein zukünftiges Verhalten. Diese Erwartungen werden also durch das individuelle Verhalten hervorgerufen; sie können sich jedoch verfestigen, und „quasi" den Status einer Rolle bekommen, obwohl sie keine echten Rollen im oben definierten Sinne darstellen, denn sie sind ja nicht an soziale Positionen gebunden. Bündel dieser Art von Verhaltenserwartungen bezeichnet man als *Quasi-Rollen*. Eine einmal entstandene Quasi-Rolle kann ebenso beständig sein wie eine echte Rolle: Ist man einmal der Gruppenclown, ist es manchmal schwer, wieder von dieser Quasi-Rolle freizukommen. Und selbstverständlich gehört ebenso wie zur Rolle auch zu jeder Quasi-Rolle ihr Gegenstück, die (Quasi-)Komplementärrolle. Es reicht also nicht hin, einen dominanten Vielredner auf seine Motive und persönlichen Eigenschaften hin zu betrachten; die Frage ist auch, auf welche Weise und warum ermöglichen (oder provozieren) die Rollenpartner seine Monologe.

Neben der oben dargestellten, an soziale Positionen gebundenen Rollenstruktur gibt es also auch eine *Quasi-Rollenstruktur*. In Kleingruppen hat diese eine besonders herausragende Bedeutung; sie findet sich aber auch in Großgruppen und Institutionen. Die Unterscheidung zwischen Rollen und Quasi-Rollen ist nicht nur von theoretischem Interesse, sondern auch von praktischer Bedeutung für das Verständnis der Vorgänge in Gruppen und für die Erklärung und den Umgang mit Problemsituationen. Eine Reihe von Schwierigkeiten besonders in Arbeitsgruppen und Teams mit einer ausgeprägten und differenzierten *offiziellen* Rollenstruktur rührt nämlich daher, dass diese im Gegensatz zu der *inoffiziellen* Quasi-Rollenstrukur steht. So kann etwa die offizielle Führungsrolle der Person X zugeschrieben sein, in der Quasi-Rollenstruktur kommt die Führungsfunktion jedoch der Person Y zu – wohl jeder kennt solche Situationen, wo die wirkliche Führung einer Gruppe von einer „grauen Eminenz" wahrgenommen wird.

Dem Verhältnis von offiziellen und inoffiziellen Rollenbeziehungen sollte im Coaching, in der Supervision, Team- und Organisationsberatung besondere Aufmerksamkeit geschenkt werden. Inoffizielle Strukturen können einerseits Mängel einer offiziellen Struktur kompensieren, andererseits kündigen sich institutionelle oder gruppale Krisen oft durch eine erhebliche Diskrepanz zwischen diesen Strukturen an.

Ein Beispiel zur Rollenanalyse: Ein Team, dessen Aufgabenbereich sich erheblich ausgeweitet und dessen Mitgliederzahl sich daher erhöht hatte, wehrte sich lange Zeit gegen eine straffere und zentrale Leitung der Teamsitzungen, obwohl das gewohnte informelle (und dem Anschein nach nichthierarchische) Verfahren zunehmend dysfunktional geworden war und bei den einzelnen Teammitgliedern zu Unzufriedenheit geführt hatte. In der Teamberatung wurde die Teamkultur zum Thema gemacht. Dabei zeigte sich, dass der Grundsatz, Diskussionen und Entscheidungsprozesse dezentral zu vollziehen, mit einem demokratischen Gleichheitsprinzip begründet wurde, in Wirklichkeit aber die latente Frage nach Macht und Einfluss verdeckte. Über die folgende (schwierige und langwierige) Auseinandersetzung mit dieser

Frage kam das Team schließlich zu einer funktionaleren Form der Kooperation mit wechselnden Strukturen und rotierenden Leitungsfunktionen.

In der nächsten Zeit folgte der Betrachtung der Teamkultur eine Analyse der Quasi-Rollenstruktur. Dabei stellte sich zunächst heraus, dass es in der scheinbar dezentralen Struktur zwei Teammitglieder gab, die einen starken Einfluss besaßen und um diese verdeckte Führungsposition miteinander konkurrierten. Für den Berater war nun die Frage, aus welchem Grund diese Konkurrenz nicht zur offenen Thematisierung der Führungsfrage, sondern zur Fixierung der „Dezentralitätsideologie" und damit zur Änderungsresistenz beitrug. Ein Schritt zur Klärung dieser Frage brachte die Betrachtung der Komplementärrollen. Der Unklarheit über die Führungsrollen entsprach die Unklarheit in den komplementären Rollen der „Geführten". Der (zum Teil nicht bewusste) Wunsch der Teammitglieder, eine Thematisierung der eigenen Position in der (informellen) Hierarchie zu vermeiden, führte nicht nur zur Stabilisierung der antihierarchischen Einstellung, sondern auch dazu, dass keiner der beiden Konkurrierenden hinreichend Unterstützung erhielt, um für sich eine eindeutige informelle Führungsrolle zu etablieren.

Das Verhalten von Menschen innerhalb einer Gruppe ist nicht allein durch ihre individuellen Neigungen, Gewohnheiten usw. bestimmt, sondern auch durch das Gesamt der Gruppenbeziehungen. Es wäre daher verfehlt und der Veränderung der Situation nicht dienlich, würde man dem Inhaber einer negativen Quasi-Rolle mit Schuldzuweisung begegnen. Es ist angemessener und zutreffender, negative Rollen als mögliches Symptom dafür zu nehmen, dass mit dem Gesamt der Gruppe etwas nicht in Ordnung ist.

6.3 Beziehungen in der Zeit: Gruppenentwicklung

Es bedarf wohl keiner besonderen Betonung, dass Gruppen nicht einfach und plötzlich in einer bestimmten Form, d. h. mit Strukturen, Rollen und Quasi-Rollen auftauchen, in dieser Form eine Zeit lang bestehen und irgendwann genauso plötzlich wieder verschwinden. Gruppen bilden sich, verändern sich im Laufe der mehr oder weniger langen Zeit ihrer Existenz und lösen sich wieder auf. Obwohl dieser Entstehungs- und Entwicklungsprozess selbstverständlich für jede Gruppe ein besonderer ist, stellt sich die Frage, ob sich bei aller Verschiedenheit der Gruppenentwicklung nicht doch gewisse Gemeinsamkeiten finden lassen, die alle Gruppen in mehr oder weniger deutlich ausgeprägter Form aufweisen. Lassen sich für die Entwicklung von Gruppen allgemeingültige Modelle aufstellen, mit deren Hilfe die Beziehungen zwischen den Gruppenmitgliedern verschiedener Gruppen zu verschiedenen Zeitpunkten beschrieben werden können und die so eine Orientierung beim Verstehen und Erklären von Gruppenereignissen bieten können?

In der Tat sind mehrere Phasenmodelle[7] entwickelt worden, die die Entwicklung von Gruppen und die zu verschiedenen Zeitpunkten in dieser Entwicklung zu erwar-

---

7 Phasenmodelle besitzen eine erhebliche Anziehungskraft, stoßen jedoch auf berechtigte Vorbehalte seitens der wissenschaftlichen Psychologie. Dennoch haben sie bei kritischer Nutzung heuristischen Wert für die Betrachtung von Gruppenentwicklungsprozessen.

tenden Gruppenprozesse beschreiben. Die Unterschiede zwischen solchen Modellen rühren daher, dass sie durch die Beobachtung verschiedener Gruppen (Therapiegruppen, Problemlösegruppen, informelle bzw. formelle Gruppen) gewonnen wurden, und daher, dass jeweils das Interesse auf ganz bestimmte Aspekte des Gruppengeschehens gerichtet ist. So stehen sie auch nicht notwendigerweise in Widerspruch zueinander, sondern betonen bestimmte Sichtweisen, und die Frage, welches denn nun das richtige sei, ist müßig (vgl. z. B. *Lacoursiere* 1980). Das bekannteste dieser Modelle ist wohl das von *Tuckmann* (1965). Es wurde für die Analyse von Trainings- und Therapiegruppen entwickelt und umfasst folgende Phasen:

(1) *Forming*: Gruppenbildung, Ausprobieren von Verhaltensweisen, Orientierung an anderen Personen, in formellen Gruppen Abhängigkeit von dem/der Leiter(in).
(2) *Storming*: Auseinandersetzung mit anderen Gruppenmitgliedern; Kampf um Macht und Einfluss, Widerstand gegen Gruppenziele; in formellen Gruppen Rebellion gegen Leiter(in).
(3) *Norming*: Normbildung, Entwicklung von Gruppenzusammenhalt, Akzeptieren der anderen Gruppenmitglieder; Kooperation.
(4) *Performing*: flexible Rollenverteilung; in Problemlösegruppen effektive Arbeit.

Für die gruppendynamisch orientierte Betrachtung der Entwicklung von Beziehungsstrukturen hat sich ein eher soziologisch orientiertes Modell bewährt (*Rechtien* 1997: 140-143; 2003: 110-112). Darin werden fünf Beziehungsformen unterschieden, die in der zeitlichen Entwicklung einer Gruppe auftreten: *Fremdheit, Orientierung, Vertrautheit, Konformität* und *Auflösung*.

(1) Fremdheit
In dieser Phase wird der Grundstein für die späteren Beziehungen zwischen den Gruppenmitgliedern gelegt. Sie ist gekennzeichnet durch die Suche nach möglichen Konkurrenten und Verbündeten, nach Sympathien und Antipathien usw., auf der sozialemotionalen Ebene durch Ängstlichkeit und Zurückhaltung oder als Kompensation durch besonders forsches Auftreten. Die Beziehung zu einem (formellen) Gruppenleiter oder einer anderen äußeren Autoritätsperson, die als Ersatz dient, ist meist durch Abhängigkeit gekennzeichnet.

Dabei lassen sich zwei Erscheinungsformen unterscheiden: Zunächst ist die Gruppe stark auf den Leiter fixiert und sieht sich in völliger *Abhängigkeit* von diesem. Füllt er diese Rolle nicht aus, d. h. verhält er sich nicht diesen Erwartungen entsprechend, versucht die Gruppe, einen Ersatz zu finden. Es bilden sich informelle Führungsstrukturen und Abhängigkeiten, d. h. der Leiter kann diese Fixierung durch Verweigerung nicht abbauen, sondern lediglich auf andere Personen umlenken.

Schließlich stellt die Gruppe fest, dass der Leiter die in ihn gesetzten Erwartungen als jemand, der für alle Belange der Gruppe zuständig ist, nicht erfüllen kann. Aus dieser enttäuschten Abhängigkeitserwartung kann Aggression entstehen, die sich z. B. in Aufsässigkeit und Rebellion äußert. Die Gruppe richtet sich eher *gegen* den Leiter, ist aber in ihrer Aggression weiter auf ihn fixiert und insofern nicht unabhängig, sondern gegenabhängig.[8]

(2) Orientierung

Die Mitglieder beginnen, überdauernde Beziehungen zueinander zu entwickeln, und zwar nicht nur positive, sondern auch negative. Um bestimmte Positionen in der Gruppe kommt es zu mehr oder weniger offenen Machtkämpfen, das vorherrschende Motiv ist die Selbstbehauptung.

Für die Planung von Interventionen ist bedeutsam, dass eine Gruppe in dieser Situation meist nur wenig bereit ist, über sich selbst und die Gruppenprozesse nachzudenken, sodass Versuche der Konfliktlösung in dieser Richtung wenig erfolgversprechend sind. Außerdem ist die Beziehung zur Gruppenleitung häufig eher ablehnend bis feindselig.

Für die Bildung einer gut ausgeprägten Beziehungsstruktur ist diese Entwicklungsphase von erheblicher Bedeutung, sodass der Versuch, sie abzukürzen, auch aus dieser Sicht nicht sinnvoll erscheint. Allerdings besteht zu dieser Zeit eine erhöhte Gefahr, dass Mitglieder die Gruppe verlassen. Der Widerstand gegen das Verlassen der Gruppe ist bei formellen Gruppen natürlich größer als bei informellen Gruppen, aber auch hier kommt es vor, dass jemand z. B. sein Team verlässt, nicht weil er leistungsmäßig nicht mithalten kann, sondern weil er sich gegenüber den anderen nicht behaupten kann.

(3) Vertrautheit

Beim Entstehenden überdauernder Beziehungsstrukturen kommt es zunächst zur Bildung von Paaren oder Untergruppen, womit die Hoffnung verbunden ist, auf diese Weise die Gruppensituation besser bewältigen zu können. Häufig werden die Erwartungen, die zunächst auf die Gruppenleitung gerichtet waren, auf einzelne Paare bzw. Untergruppen von Mitgliedern übertragen. Für unerfüllte Erwartungen werden dann diese verantwortlich gemacht.

Im Laufe der weiteren Entwicklung kommt es dann aber zur Herausbildung einer deutlichen Gruppenstruktur (mit Gruppennormen, Quasi-Rollenstruktur, Kommunikationsstrukturen) und einer ausgeprägten Gruppenidentität, einem „Wir-Gefühl". Eine deutliche und sichere Struktur vermittelt den Gruppenangehörigen Sicherheit, sodass auch eine Selbstreflexion einschließlich der positiven und negativen Beziehungen zu anderen Gruppenmitgliedern möglich ist.

Die Beziehung zur Gruppenleitung ist deutlich weniger wichtig geworden. Für Problemlösungen kann sich die Gruppenleitung jetzt als Experte bzw. Expertin darstellen, dessen Anregungen und Vorschläge von der Gruppe akzeptiert werden, wenn sie qualifiziert erscheinen.

---

8 Diese „Gegenabhängigkeit" darf keinesfalls mit der gegenseitigen Abhängigkeit von Leiter und Gruppe verwechselt werden! Es handelt sich um eine Form der Abhängigkeit der Gruppe vom Leiter, die sich in Widerstand, in Gegenreaktionen äußert.

(4) Konformität

Mit dem Stärkerwerden der Gruppenidentität wächst auch der Wunsch nach Gemeinsamkeit. Der (direkte oder indirekte) Druck auf die Gruppenmitglieder, sich nicht abzusondern, gemeinsame Ziele und Wertvorstellungen zu entwickeln, die Gruppennormen einzuhalten usw., wächst. Mitglieder, denen gruppenkonformes Verhalten schwerfällt oder die einfach auch eigene Werte und Ziele verfolgen, können zu Außenseitern werden oder gar ausgestoßen werden. In ihren Außenbeziehungen findet sich oft eine Tendenz zur Überbewertung der eigenen und zur Abwertung anderer Gruppen. Überdies kann sich Konformität in negativer Weise auf die Qualität von Entscheidungsprozessen auswirken.

Ursprung und Bedeutung der Bezeichnung „Konformismus" entstammen der englischen Religionsgeschichte: Ein Nonkonformist ist jemand, der sich der englischen Staatskirche nicht unterworfen hat. Konform zu sein, ist bis auf den heutigen Tag mit einem negativen Beigeschmack versehen, was jedoch eine einseitige und irreführende Sichtweise ist. Konform sind wir im Hinblick auf bestimmte Regeln, Werte, Ziele und Erwartungen (Normen, Rollen). Weder eine überdauernde soziale Gruppe noch eine Gesellschaft ist ohne die Übernahme solcher Rollen, Normen und Werte denkbar, sodass Konformität durchaus ihre positive Seite hat.

Problematisch wird es allerdings, wenn in einer Gruppe (oder Gesellschaft) der Druck zur Anpassung so groß wird, dass abweichende Meinungen und Einstellungen nicht erlaubt sind oder gar nicht mehr entstehen können. Beispiele für diese negative Seite von Konformitätsprozessen sind die Erhöhung der Risikobereitschaft bei Gruppenentscheidungen (*risky shift*; vgl. z. B. *Witte* 1989; *Stoner* 1961) und das Phänomen des „group think". Dieser Begriff bezeichnet eine Form problematischer Konformitätsprozesse in Gruppen mit einem hohen Wir-Gefühl, die eine von allen getragene Entscheidung treffen müssen. *Irving Janis* (1972) untersuchte die Gruppensituation um Kennedy, McNamara u.a. bei der Entscheidung für die Invasion in der kubanischen Schweinebucht 1961, die kläglich scheiterte. Dieser unsinnige Entscheidung war das Ergebnis des Konformitätszwanges einer geheim tagenden und nach außen hin isolierten Gruppe: „Aufgrund der Umstände, unter denen die Diskussionen stattfanden, hat niemand den ganzen Unsinn abgeblasen" (Verteidigungsminister Robert McNamara, dazu auch *Lück* 1993: 113).

(5) Auflösung

In jeder Gruppe kommt der Zeitpunkt der Auflösung: In Lerngruppen werden die letzten Prüfungen gemacht, informelle Gruppen lösen sich auf, weil viele Mitglieder sich anders orientieren, den Wohnort wechseln usw., in Gruppen älterer Menschen z. B. in einem Heim scheiden Mitglieder durch Krankheit oder Tod aus, Ziele und Aufgaben einer Gruppe fallen weg oder ändern sich.

Ausprägungsgrad und Dauer solcher Phasen ist sicher von Gruppe zu Gruppe verschieden. Manche Gruppen durchleben nur sehr kurze und wenig deutlich ausgeprägte Fremdheits- oder Orientierungsphasen, manche entwickeln nur wenig Wir-Gefühl oder kommen über die Orientierungsphase nicht hinaus und lösen sich rasch wieder auf. Auch die Reihenfolge dieser Phasen ist keineswegs so gradlinig, wie die

Darstellung vermuten lässt: es ist durchaus möglich und wohl auch eher die Regel als die Ausnahme, dass gelegentlich eine „Rückkehr" zu einer früheren Phase stattfindet. Zum Beispiel kann dadurch, dass eine Mehrzahl neuer Mitglieder aufgenommen wird, eine Gruppe von der bereits erreichten Vertrautheit in die Phase der Orientierung zurückkehren. Auch ein tiefgreifender Wandel in den Zielen der Gruppe, z. B. durch veränderte Aufgabenstellungen, kann zu einem Strukturwandel und zu „früheren" Beziehungsmustern führen – wir haben dies bei der Betrachtung des Zusammenhangs zwischen Kommunikation, Aufgabenstruktur und Leistung bereits gesehen (für den Zusammenhang zwischen dem Stand der Gruppenentwicklung und Erkenntnissen der Kleingruppenforschung vgl. *Rechtien* 2006: 657).

6.4 Gruppenbeziehung und Leistung

Über die Leistungsfähigkeit aufgabenorientierter Gruppen gibt es zwei verbreitete Annahmen, die den Einfluss des Gruppenklimas und die so genannten Synergie-Effekte betreffen. Die Sozialisationserfahrungen in Familie und Freundeskreis führen zu einer besonderen Betonung des sozial-emotionalen Aspekts gruppaler Situationen. Im Berufsleben werden aufgabenorientierte Gruppen jedoch in der Regel aus Personen ohne diesen Beziehungshintergrund gebildet, weil diesen besondere Kenntnisse oder Fähigkeiten zur Lösung der Aufgabe zugeschrieben werden. Die Beurteilung der Gruppenprozesse wird jedoch auch hier weitgehend durch sozial-emotionale Erwartungen bestimmt.

Nun haben Problemlöseprozesse überwiegend mit Nachdenken, Lernen, Konzeptentwicklung und Entscheidungsfindung zu tun, und dies befriedigt nicht unbedingt die sozial-emotionalen Bedürfnisse von Gruppenmitgliedern, und sie werden auch nicht unbedingt optimiert, wenn sich die Gruppenmitglieder wohlfühlen. Wird ein erheblicher Teil des zur Verfügung stehenden Leistungspotenzials auf die Gestaltung des Gruppenklimas und seine Aufrechterhaltung verwendet, steht dieser nicht für die Aufgabenlösung zur Verfügung, was zu einer Leistungsminderung führen kann. Auch die Koordination der Einzelbeiträge kann insbesondere bei großen Problemlösegruppen zu Prozessverlusten führen.

In komplexen Problemlösesituationen verspricht man sich häufig von Teamarbeit so genannte Synergie-Effekte, die durch den Informationsaustausch zwischen den Teilnehmern zu kreativen und innovativen Lösungen führen. Allerdings ist gerade dieser Informationsaustausch ein zentraler Engpass, denn (1) in einem Team werden häufig nur diejenigen Informationen verarbeitet, die bereits zu Beginn der Arbeit zur Verfügung standen; (2) Informationen mit geringem Bekanntheitsgrad werden oft ausgeklammert, da sie die etablierte Gruppenatmosphäre gefährden könnten; (3) Gruppen neigen dazu, nur relative kurze Zeit auf die Problemanalyse und die Suche nach bedeutsamen Kriterien für eine gute Propblemlösung zu verwenden (vgl. *Scherm* 1998); (4) darüber hinaus sind die o.g. phasentypischen Beziehungsformen (z. B. Konformitätsprozesse) und Strukturen (z. B. offizielle und inoffizielle Rollenstrukturen) von erheblichem Einfluss auf die Leistungsfähigkeit eines Teams.

6.5 Fazit

Die Arbeit in und mit Gruppen ist immer auch die Arbeit mit den Beziehungen zwischen den Mitgliedern dieser Gruppen. Im Falle gruppendynamischer Veranstaltungen ist dies offensichtlich; Beziehungsanalyse und Beziehungsentwicklung gehört zu den vorrangigen Zielen oder ist gar das einzige Ziel. Aber auch dann, wenn die Arbeit andere primäre Intentionen verfolgt, etwa die Supervision eines therapeutischen Prozesses oder die Analyse und Verbesserung berufsbezogener Kompetenzen: wenn sie in einer Gruppe stattfindet, spielen die Beziehungen zwischen den Gruppenmitgliedern eine wichtige Rolle. Für die Erreichung von Gruppenzielen können sie bedeutende Ressourcen, aber auch erhebliche Widerstände bereitstellen. Kooperation, Konkurrenz, Führung, Gruppenidentität sind Beziehungsphänomene, die sich auf die Leistungsbereitschaft und Leistungsfähigkeit einer Gruppe oder eines Teams auswirken. Die Bedeutung von Gruppenatmosphäre und Synergie-Effekten für erfolgreiche Teamarbeit wird häufig überschätzt. Für erfolgreiche Teamarbeit ist eine Balance zwischen sozial-emotionalen und lösungsorientierten Gruppenprozessen notwendig. Für die Architektur eines Teams sind Kooperationsfähigkeit und -bereitschaft sowie aufgabenbezogenes Vorwissen der Gruppenmitglieder erste Kriterien.

Eine gezielte Berücksichtigung der sozialen Beziehungen setzt nicht nur die Kenntnisse der persönlichen Merkmale und Kompetenzen der Gruppenmitglieder, sondern auch der Kommunikations- und Rollenbeziehungen voraus. Dass es von Bedeutung ist, wer mit wem über was verhandelt, welche Informationen für alle oder nur für wenige zugänglich sind, welche offiziellen Kanäle erlaubt (oder als „Dienstweg" gefordert) sind, ist offensichtlich.

Ebenso offensichtlich ist es, dass die in Rollen und Quasi-Rollen verfestigten gegenseitigen Erwartungen der Gruppenmitglieder den Verlauf der Gruppenaktivitäten entscheidend mitbestimmen. Wie die Affäre um die Invasion in der Schweinebucht (oder in ähnlicher Weise der Watergate-Skandal; *Raven* 1974) zeigt, ist eine bloß „naturwüchsige Betrachtung" von Gruppenbeziehungen und ihrer Entwicklung risikoreich.

Literatur

Allport, F.H. (1924). *Social psychology*. Boston: Mifflin.
Antoni, C.H. (1990). *Qualitätszirkel als Modell partizipativer Gruppenarbeit*. Bern: Huber.
Bavelas, A. (1950). Communication patterns in task-oriented groups. *Journal of the Acoustical Society of America*, 22, 725-730.
Howells, L.T.; Becker, S.W. (1962). Seating arrangement and leadership emergency. *Journal of Abn. Soc.Psychol.*, 64, 148-150.
Janis, I.L. (1972). *Victims of groupthink*. Boston: Mifflin.
Lacoursiere, R. B. (1980). *The life cycle of groups*. New York: Human Sciences.
Leavitt, H.J. (1951). Some effects of certain communication patterns on group performance. *Journal of Abnormal and Social Psychology*, 46, 38-50.
Lewin, K. (1978). Das Forschungszentrum für Gruppendynamik am Institut für Technologie von Massachusetts. *Gruppendynamik*, 9, 379-390.

Lück, H.E. (1993). *Psychologie sozialer Prozesse. Eine Einführung in das Selbststudium der Sozialpsychologie* (3 Aufl.). Opladen: Leske + Budrich.

Raven, B.H. (1974). The Nixon group. *Journal of Social Issues*, 30, 297-320.

Rechtien, W. (1997). *Sozialpsychologie. Ein einführendes Lehrbuch.* München, Wien: Profil Verlag.

Rechtien, W. (2003). Gruppendynamik. In: A.E. Auhagen, H.-W. Bierhoff (Hrsg.), *Angewandte Sozialpsychologie* (S. 103-122). Weinheim u.a.: Beltz.

Rechtien, W. (2006). Angewandte Gruppendynamik. In: H.-W. Bierhoff, D. Frey (Hrsg.), *Handbuch der Sozialpsychologie und Kommunikationspsychologie* (S. 655-662). Göttingen: Hogrefe.

Rechtien, W. (2007). *Angewandte Gruppendynamik* (4., vollst. überarb. Aufl.). Weinheim: Beltz.

Roethlisberger, F.J.; Dickson, W.J. (1947). *Management and the worker.* Cambridge/Mass.: Harvard University Press.

Scherm, M. (1998). Synergie in Gruppen – mehr als eine Metapher? In: E. Ardelt-Gattinger, H. Lechner, W. Schlögl (Hrsg.), *Gruppendynamik. Anspruch und Wirklichkeit der Arbeit in Gruppen* (S. 62-70). Göttingen: Hogrefe. Verlag für Angewandte Psychologie.

Stoner, J.A.F. (1961). *A comparison of individual and group decisions involving risks.* Cambridge: Mass.Institut of technology.

Tuckmann, B.W. (1965). Development sequence in small groups. *Psychological Bulletin*, 63, 384-389.

Watzlawick, P., Beavin, J.H., Jackson, D.D. (2000). *Menschliche Kommunikation. Formen, Störungen, Paradoxien* (10. Aufl.). Bern: Huber.

Witte, E.H. (1989). *Sozialpsychologie. Ein Lehrbuch.* München: Psychologie Verlags Union.

7. Kapitel

Zur Problematik der Übertragung systemtheoretischer Beschreibungen auf Organisationsberatungskonzepte

Bettina Warzecha

Zusammenfassung: Systemtheoretisches Denken im Sinne von Niklas Luhmann wird heute als Grundlage für Theorien der Organisation und damit auch der Organisationsberatung zu nutzen versucht. Die damit mehr oder weniger offen formulierten Anweisungen für organisationale Entscheidungen stehen jedoch in Widerspruch zu Luhmanns Intentionen. Sie beruhen überwiegend auf einem Nicht- bzw. Missverständnis grundlegender erkenntnistheoretischer Zusammenhänge. Am Beispiel der geläufigsten Verheißungen suchender Beratungskonzepte, sich systemisch zu verankern, wird deutlich, dass ein Herunterbrechen der Aussagen Luhmanns auf die Ebene von Handlungsanweisungen nicht nur den Preis des Verlustes althergebrachter abendländischer Logik erfordert, sondern auch die Aufgabe von systemtheoretischen Grundannahmen beinhaltet.

Klassische Konzepte der Organisation und damit von deren Beratung werden bereits seit etlichen Jahrzehnten in Frage gestellt. Insbesondere die Arbeiten von *Cohen, March & Ohlsen* (1972) brachen auch in den Wirtschaftswissenschaften mit dem alten Wissenschaftsglauben, allein durch Ursache-Wirkungs-Ketten die Wirklichkeit beschreiben zu können und damit gleichzeitig umsetzbare Handlungsanweisungen zu erhalten. Dennoch, trotz aller berechtigten Kritik am Herkömmlichen und vereinzelter Versuche von Managern und ihren Beratern, aus diesem mittels Esoterik oder anderen eigentümlichen Theorien und Praktiken auszubrechen, konnte sich kein neues theoretisches Konzept dauerhaft als Gegenmodell etablieren. Dies änderte sich erst mit dem Aufkommen neuer Theorierichtungen, insbesondere konstruktivistischer Ansätze, die in Deutschland durch die Arbeiten des Soziologen *Niklas Luhmann* einen besonderen Stellenwert erhielten.

Seine Gedanken wurden nicht nur als Möglichkeit einer besseren Bewältigung organisationaler Komplexität aufgenommen, sondern auch als Chance, grundsätzlich „anders" zu denken und zu entscheiden. Ihren Erfolg verdanken sie aber vor allem dem scheinbar implizit gegebenen Versprechen, ohne ausufernde Thematisierung von Norm- und Wertfragen, von Verteilungs- und Machtkämpfen komplexe Probleme von Organisationen lösen zu können. *Luhmann* selbst sah die Übertragung seiner beschreibenden Perspektive auf Anwendungsfälle, wie z. B. die Lösung organisationaler Probleme, äußerst kritisch: „Ein durchgehender Zug ist sicher mein Versuch, Distanz zu halten gegenüber solchen Phänomenen, bei denen andere sich aufregen oder wo gewöhnlich normatives oder emotionales Engagement gefragt ist.

Mein Hauptziel als Wissenschaftler ist die Verbesserung der soziologischen Beschreibung der Gesellschaft und nicht die Verbesserung der Gesellschaft" (*Luhmann* 1992). Dennoch wurden Aussagen seiner Variante der Systemtheorie als Grundlage für Problemlösungsprozesse von Organisationen von verschiedenen Autoren aufgegriffen und durchziehen heute einen großen Teil der Beratungskonzepte.

Im Folgenden soll deshalb schwerpunktmäßig *Luhmanns* Ansatz thematisiert werden und deutlich gemacht werden, dass die aus diesem von seinen Nachfolgern geschlossenen Aussagen vor allem auf einem grundlegenden erkenntnistheoretischen Missverständnis des Luhmannschen Werkes beruhen.

7.1 Eine philosophische Leitfragestellung als Grundproblem

Unter welcher Leitprämisse kann man nun die mannigfaltigen Anstrengungen *Luhmanns*, eine in sich schlüssige Systemtheorie zu entwickeln, verstehen und einordnen? Es ging ihm um nichts weniger als um eine bessere Lösung eines grundlegenden philosophischen Problems. *Luhmann* suchte eine neue theoretische Verbindung des im menschlichen Denken gleichzeitig Vorhandenen und dennoch sich gegenseitig Ausschließenden, welches vor allem in der Philosophie in der Formulierung von Gegensatzpaaren zum Ausdruck kommt, wie z. B. Determinismus und Freiheit, Offenheit und Geschlossenheit, Subjekt und Objekt, sein und nicht sein. Da diese Fragestellung in der Regel wenig thematisiert wird und ihr in den gängigen philosophischen Antworten meist als unhinterfragter Hintergrund Gültigkeit zugeschrieben wird, soll sie im Folgenden kurz erörtert werden.

Menschlichem Denken erscheint alles Sein, als hätte jede Wirkung ihre Ursache und jede Ursache ihre Wirkung. Gleichzeitig erscheint menschlichem Denken alles Sein, als gäbe es Möglichkeiten und Freiheit. Beides schließlich, das Kausalschema und die Möglichkeit, dass etwas dennoch anders sein könnte, liefert die Grundlage für menschliche Denkkonstrukte wie Macht, Sinn, Schuld, Verantwortung usw. Aber beides kann nicht gleichzeitig sein. Ein kausalistisch determinierter Weltenverlauf und Freiheit schließen sich gegenseitig aus.

Nach dem Glauben an einen streng kausalen Determinismus müsste alles Sein vorherbestimmt sein, alles mit allem in einem Netzwerk von gigantischen Ausmaßen seit Anbeginn der Welt logisch miteinander verbunden sein. Wenn jedes Ding eine Ursache hat und jede Ursache eine Wirkung, wenn sich also alles Sein nach Naturgesetzen entwickelt, dann gibt es keinen Raum für „etwas anderes". Dann befinden wir uns als Teil eines sich *entwickelnden* Ganzen in einem Geschehen, welches wir zwar mitzubestimmen glauben, aber niemals wirklich tun. Unser Handeln wäre Resultat der davor liegenden Ursachen und nicht Folge freier Entscheidungen. *Möglichkeiten* wären lediglich Illusionen. Alles Sein, eben auch das Sein von Menschen wäre ein vor unendlich langer Zeit festgelegtes Ablaufschema. Es gäbe kein Entrinnen. Es gäbe keinen Raum für Freiheit.

Und anders herum: nach dem Glauben an Freiheit, Zufall und Möglichkeiten müsste alles Sein letztlich *Chaos* sein. Dabei wären die Dinge nicht nur selbst *frei* in ihrer Entwicklung. Sie wären gleichzeitig *Folge* früherer Unbestimmtheit oder Freiheit. Der Begriff „Folge" könnte nur noch auf die Zeit bezogen werden. Folgen im Sinne von *Ergebnissen* oder *Resultaten* verweisen selbst wiederum auf Kausalität, die in diesem Rahmen aber nur noch als Fiktion erscheinen könnte.

Die ernstzunehmenden Antworten auf diese philosophische Grundfragestellung beinhalteten immer eines: Sie wussten um ihre Unzulänglichkeit. Sie wussten also, dass ihre Antworten in sich widersprüchlich sein mussten, oder wie *Luhmann* es ausdrückt, dass sie „Paradoxiemanagement" betrieben.

Die Antwort, welche in der Neuzeit in westlichen Gesellschaften am populärsten war, wird in der Regel mit dem Philosophen *Descartes* in Verbindung gebracht. Er versuchte, Regeln strengen Kausalierens in die Philosophie einzuführen. Der Mensch in seiner Körperlichkeit sollte ebenfalls den Naturgesetzen unterworfen sein. Das Dilemma des daraus folgenden Determinismus löste Descartes durch einen klugen Schachzug: Das menschliche Denken sollte nicht in seiner Körperlichkeit verankert sein. Dem menschlichen Denken und diesem allein schrieb er Freiheit zu.

Die Begrifflichkeiten, in denen das Paradox beschrieben wurde, wechselten (vgl. z. B. *Pothast* 1978: 8ff.), aber der Aussagekern, also Freiheit des menschlichen Denkens und absoluter, strenger Determinismus der Natur, hat bis heute (trotz der paradigmatischen Umbrüche, welche die Ausarbeitung der Quantenmechanik in der Physik mit sich brachte) Gültigkeit. Die sich hieraus ergebenden theoretischen Probleme waren vor allem Gegenstand der Philosophie.

7.2 Luhmanns Suche nach neuen Orten der Paradoxieverschmelzung

Im Bewusstsein, dass eine logische, also in sich geschlossene, widerspruchsfreie Lösung nicht möglich ist, bemühte sich *Niklas Luhmann*, einen „weniger schmerzhaften Ort" (*Luhmann* 1990b: 121) der Widersprüche des Paradox zu finden. In Anlehnung an die Systemtheorie von *Parsons* legte er diesen Ort in „Systeme". Systeme verfügen über beides: über Offenheit und Geschlossenheit, über *Autopoiesis* (wie *Luhmann* es in Anlehnung an *Maturana* nennt) als eine Funktionsweise und über *Kontingenz* als die andere. Das Miteinander dieser sich gegenseitig ausschließenden Funktionsweisen beschreibt Luhmann in durchaus kausalierender Weise, welche zwar notwendigerweise ab und an durch interne Widersprüchlichkeit zu zerspringen droht (vgl. *Miller* 1987; *Wagner & Zipprian* 1992), welche sich aber in ihren verschachtelten Gedankenwelten nicht nur über lange Jahre selbst erhalten hat, sondern darüber hinaus erheblichen Einfluss auf allgemeine Wissenschaftstheorie, auf ihre eigene und auf Nachbardisziplinen hatte. Es ist m. E. *Luhmanns* Verdienst, eine wissenschaftstheoretische Betrachtungsweise in den Vordergrund zu rücken, die an Plausibilität herkömmlicher Wissenschaftstheorie nicht nachsteht. Dabei muss jedoch darauf hingewiesen werden, dass in dieser sog. herkömmlichen Betrachtungsweise etliche der Luhmannschen Gedanken bereits angelegt bzw. vorausgenommen waren. Insbesondere *Kant* und *Hegel* werden als Vordenker auch der Systemtheorie immer wieder benannt. Beispielhaft sei eine der Luhmannschen Paradoxielösung gleichkommende Erkenntnis *Hegels* zitiert, die dieser immerhin so hoch schätzte, dass er sie als Geschenk der Philosophie zur „Versöhnung mit der

Wirklichkeit" beschreibt: die Einsicht, „in dem, was substantiell ist, ebenso die subjektive Freiheit zu erhalten sowie mit der subjektiven Freiheit nicht in einem Besonderen und Zufälligen, sondern in dem, was an und für sich ist, zu stehen" (*Hegel* 1986: 27).

Luhmanns Ausgangsüberlegung ist, dass der Weltenlauf nicht unumgänglich festgelegt ist, sondern dass es Möglichkeiten gibt. Und zwar für alles Sein, welches sich als System darstellen lässt. Alles, was als *Ursache* in Erscheinung tritt, wird als nur Mögliches behandelt, als etwas, das auch *anders* oder gar nicht sein könnte. Damit drehte *Luhmann* das alte Wissenschaftsparadigma um, nach dem Möglichkeiten nur solange als solche behandelt wurden, bis sie sich in vollzogenen Handlungen quasi in eine einzige (kausal angelegte) auflösten. „Sie (die alte, ontologisch konzipierte Ideenlehre; Anm. d. Verf.) nahm in die Idee nur die Konstanten, nicht auch die Variablen auf" (*Luhmann* 1970: 15). Die in die menschliche Freiheit gelegte Offenheit des Seins fand sich in ihren Gegenständen nicht wieder, sie war lediglich *Instrument* der Erkenntnis. In Anlehnung an die funktionalistischen Interpretationen *Malinowskis* benennt *Luhmann* die Offenheit von Systemen als Raum ihrer „funktionalen Äquivalente". Funktionale Äquivalente sind nicht nur vorläufige Hilfskonstruktionen, die der Erkenntnis letztlich invarianter Beziehungen zwischen Konstanten dienen, sondern gleichzeitig Ausgangs- und Endpunkt jeder Erkenntnis.

Wenn z. B. in der Organisationsberatung versucht wird, diese Luhmannschen Gedanken auf Problemlösungsprozesse anzuwenden, dann führt der Weg nicht über die Identifizierung von Ursachen zu alternativen Lösungsvorschlägen, sondern umgekehrt: die Suche nach unterschiedlichen Lösungsvorschlägen, welche je nach Tauglichkeit ausgesucht werden, ist der Ansatzpunkt des Verfahrens. Verbindungen zwischen Begriffen, die plausibel erscheinen, manchmal so plausibel, dass sie als *Gesetz* Gültigkeit erfahren, sind nach den Überlegungen dieses früheren *Luhmann* grundsätzlich für Veränderungen offen. Die Beliebigkeit in dem gedanklichen Herstellen von Verbindungen ist menschlichem Denken immer eingebaut. Menschen können zwar glauben, letzte Wahrheiten entdeckt zu haben, aber es gibt außer weiterer praktischer Bewährung keine Instanz, die diese bestätigt. Oder anders: Menschen und mit ihnen die Wissenschaften haben keinen Zugang zur Wahrheit.

Und nicht nur das, Menschen können ihre Erkenntnisse untereinander nicht deckungsgleich austauschen, sondern immer nur unvollkommen übermitteln. Jedes Individuum sieht die Welt „anders". Auch noch so präzise Definitionen ändern nichts daran, dass jedes Wort, aus denen sie bestehen, für unterschiedliche Individuen mit unterschiedlichen Wahrnehmungs- und Verarbeitungsprozessen gekoppelt ist. Es gibt keinen Ort der Übereinstimmung, – nicht einmal innerhalb eines einzigen Menschen. Jede neue Erfahrung, jeder neue Gedanke hat Einfluss, eben Änderungseinfluss auf das schon Vorhandene. Alles fließt. Es gibt nichts zum Festhalten – das wäre die logische Konsequenz aus diesen Überlegungen. Auch *Luhmann* stand vor dem Problem der ins Unendliche weisenden Möglichkeiten und versuchte, sie zu bändigen. Was ihm – wie ihm bewusst war – nicht gelingen konnte, ebenso wie es herkömmlicher Wissenschaftstheorie nicht gelingen konnte, eine kausal strukturierte Welt zu konstatieren und in ihr widerspruchsfrei einen frei handelnden Menschen zu verankern.

Und so ist auch die Lösung des Paradoxieproblems in der Systemtheorie einfach (paradox). Sie stellt Geschlossenheit fest. Nicht alles soll möglich sein, sondern nur Begrenztes. Und wer zieht diese Grenze in der Systemtheorie? *Luhmanns* Ordnungskonstruktion nennt sich nun recht beeindruckend „Autopoiesis" oder „Selbstreferenz", manchmal auch nur „Geschlossenheit", und sie hofft, während sie sich in der Organisationsberatung z. B. „Selbstplanung", „Selbstorganisation" oder „Steuerung" nennt, nicht sofort als nur neue Variante der alter Kausalitätskonzepte erkannt zu werden. Sein verheißungsvolles Antrittsprinzip „Jedes System hat Möglichkeiten" musste damit der beschaulichen *Beobachtung* kaum zu beeinflussender Systeme weichen.

Eine Paradoxie*lösung* ist in der Systemtheorie ebenso wie in der herkömmlichen Betrachtungsweise nicht möglich. Ihre theoretische Beschreibung macht sich hier wie dort ein wenig lächerlich, indem sie das, was sie in ihrem Ausgangspunkt verabsolutieren musste, in ihrem weiteren Verlauf wieder außer Kraft setzt. Dem Prozess der Gewinnung menschlicher Erkenntnisse ist diese Lächerlichkeit aber eingebaut. Sie ist für niemanden zu umgehen und muss deshalb ernst genommen werden.

7.3 Übertragungen systemtheoretischer Beschreibungen auf die Praxis der Organisationsberatung

Eine nähere Beschäftigung mit den Grundlagen des „neuen" systemischen Denkens soll der Einschätzung dienen, ob aus diesen abgeleitete Konzepte organisatorischer Beratung in der Lage sind, sich selbst kritisch zu reflektieren. Denn nur im Wissen um die Begrenztheit der neuen Sichtweisen können deren Möglichkeiten ausgeschöpft werden. Im Folgenden werden einige Verheißungen von vor allem auf *Luhmanns* Aussagen basierender systemischer Beratung kritisch betrachtet.

7.3.1 Die Verheißung, systemisch auf neue Art und damit gleichzeitig besser zu sehen

Systemische Organisationsberatung, welche sich auf die älteren Arbeiten *Luhmanns* bezieht, versucht, Lösungen weniger durch Kreisen um Ursachenzusammenhänge zu finden, sondern durch die Suche nach *neuen Möglichkeiten*, nach funktionalen Äquivalenten. Damit kann das ständige Kausalieren menschlichen Denkens jedoch nicht außer Kraft gesetzt werden: Möglichkeiten, die sich nicht in völliger Utopie verlieren (und somit keine sind), kurz Möglichkeiten, die praktikabel erscheinen, bergen immer ein komplexes kausalierendes Wissen in sich. *Luhmann* selbst versuchte, dieser Problematik durch sein späteres Autopoiesiskonzept Rechnung zu tragen. Dieses neue als erkenntnistheoretische „Wende" aufgenommene Konzept schien nun die Geschlossenheit von Systemen zu verabsolutieren. In Organisationsberatungskonzepten, welche sich an dem neuen Autopoiesisparadigma orientieren, scheinen gesteuerte Lösungen von organisationalen Problemen höchst unwahrscheinlich. So meint z. B. *Willke*: „Diese Grundregeln der Dynamik komplexer Systeme könnten begreiflich machen, warum die Intervention in Systeme organisierter

Komplexität so schwierig, riskant, unüberschaubar und vielleicht sogar unmöglich ist" (*Willke* 1994: 11). Die Parallele zu *Max Webers* Beschreibung von Organisationen als „stahlharte Gehäuse" ist nicht zu übersehen. Aber anders als dieser sieht die neue systemische Behandlung eines Problems ihr Bestreben vor allem in der *Berücksichtigung der Eigengesetzlichkeiten* organisationaler Prozesse.

Die damit verbundene Verabsolutierung des Geschlossenheitscharakters von (organisationalen) Systemen widerspricht nicht nur *Luhmanns* älterer Prioritierung der Offenheit, sondern auch der empirischen Erfahrung konventioneller Weltbetrachtung, wonach Organisationen sehr wohl eine vollständige Änderung durch äußere Interventionen (Entzug von Finanzmitteln, gesetzgeberische Auflagen etc.) erfahren.

Wenn eingeschworene Systemtheoretiker dieser Weltbetrachtung durch eigene Interpretationsmuster und insbesondere durch recht „offene" Definitionen systemischer Geschlossenheit zu entfliehen versuchen, wähnen sie sich dabei in der Sicherheit der Unterstützung ihres Vordenkers, der organisierte Sozialsysteme immerhin beschreibt als „Systeme, die aus Entscheidungen bestehen und die Entscheidungen, aus denen sie bestehen, durch die Entscheidungen, aus denen sie bestehen, selbst anfertigen" (*Luhmann* 1988). Diese Definition erscheint als nahtlose Anknüpfung an den althergebrachten Wissenschaftsglauben, nach dem jeder Wirkung eine Ursache – nun im System verortet – zu Grunde liegt.

Dennoch, so sehr die neue Systemdefinition in direktem Widerspruch zu *Luhmanns* Aufbrucherkenntnis der Offenheit zu stehen scheint, hat auch der spätere *Luhmann* versucht, sein liebstes Kind nicht wie viele seiner Anhänger mit dem Bade (hier also mit formaler Logik) auszuschütten. Der Paradoxieproblematik der Erkenntnis Rechnung tragend, gilt ihm Kontingenz trotz aller damit verbundenen Widersprüchlichkeiten als Wirkungsweise von Systemen und Differenz – anstelle von Einheit – als Leitprinzip seines theoretischen Werkes.

Die heute oft formulierte Aufforderung, im Sinne *Luhmanns* systemischer und damit besser zu denken, scheitert nicht, wie zunächst vermutet, an der Komplexität seiner systemtheoretischen Modelle. Die Nichtfassbarkeit von Systemen drückt sich weniger darin aus, dass Menschen nicht Bestandteil derselben sind oder dass sich Systeme je nach beobachtbaren rückbezüglichen Entscheidungen im Sein der Welt verlieren. Das Scheitern der Möglichkeit eines neuen Denkens liegt in der Formulierung des Systembegriffs insofern begründet, als dieser das in herkömmlichen Sichtweisen enthaltene Paradox ebenfalls nicht *lösen*, sondern nur neu beschreiben kann. Auch systemischem Denken als Versuch einer Orientierung an systemtheoretischer Terminologie bleibt das Dilemma der Verhaftung des menschlichen Verstandes an sich selbst ebenso erhalten wie einem cartesianisch begründeten Philosophieren. Die Frage, wie sich Offenheit in Geschlossenheit (*Wagner & Zipprian* 1992: 401) bzw. eine Differenzerfahrung in Strukturiertheit (*Miller* 1987: 199) verwandelt, kann *Luhmann* – ebenso wie seine in der Denktradition Descartes' verhafteten Kritiker – nicht ohne Widersprüchlichkeiten beantworten. Systemische Beschreibungen können zwar zu neuen Perspektiven verhelfen, aber sie werden an der für uns selbst vielleicht nur paradox, also letztlich widersprüchlich erfahrbaren Weise unseres Denkens nichts ändern.

7.3.2 Die Verheißung, systemisch mehr sehen und bewirken zu können als vorher oder als andere

Systemtheorie jeder Art scheint die Erkenntnis, dass alles mit allem in Verbindung steht, populärer gemacht zu haben. So wird oft in der Hoffnung auf „Mehr-Sehen" vorgeschlagen, doch das „große Ganze", eben das System, mehr ins Auge zu fassen, statt sich auf die penible Suche nach Einzelheiten zu machen. Liefert Systemtheorie jedoch ein Instrumentarium, mit Hilfe dessen gleichzeitig mehr Verbindungen, eben mehr Erkenntnis verarbeitbar ist?

Luhmanns Vorschlag, Möglichkeiten statt Ursachen zu suchen, weist wie oben beschrieben ebenso wie die auf dem „alten Paradigma" beruhende Vorgehensweise, nach dem die Ursachensuche in den Vordergrund gestellt wird, nicht auf eine neue Qualität des Denkens oder eine Ausweitung des Blickfeldes hin. Vergrößert wird der Raum möglicher Erkenntnis auch nicht durch die Benutzung von Leitfragestellungen, welche der Selbstplanung von Systemen mehr Rechnung tragen sollen, wie z. B. „Was sind die rückbezüglichen Prozesse, welche eine Organisation ‚funktionieren' lassen?" (anstelle der Frage nachzugehen, weshalb etwas nicht funktioniert) oder durch den Versuch, anstelle auf altherkömmliche *lineare* Interventionen, denen in autopoietischen Systemen keine Einflussmöglichkeit mehr zugeschrieben wird, auf *nicht-lineare*, „paradoxe" Interventionen zu setzen (*Willke* 1994: 189). Diese Verfahren können lediglich dazu verhelfen, die Perspektive zu wechseln, oder systemtheoretisch ausgedrückt, ein Problem mit Hilfe eben anderer „Unterscheidungen" und „Bezeichnungen" zu betrachten. Aber damit ist kein „Mehr" ins Blickfeld zu bekommen, sondern lediglich „Anderes".

Auch nicht-lineare Interventionen unterscheiden sich nur scheinbar hinsichtlich ihres Paradoxiegehaltes von linearen Interventionen. Die Begrenztheit, die Unsinnigkeit (man könnte auch sagen „Offenheit") so genannter linearer Interventionen *erscheint* lediglich weniger deutlich neben ihrer in Zweckmäßigkeit, allgemeinen Übereinkünften und ständiger Wiederholung fest verankerten *Plausibilität*. Auch jeder linearen Intervention wohnt damit das Paradox bereits inne. Es muss nicht erst auf eine Art und Weise eingeführt werden, welche auch allen Hinterbänklern dazu verhilft, es als solches zu sehen. Der Erfolg nicht-linearer, also wenig plausibel erscheinender Interventionen macht sich, ob systemisch oder nicht-systemisch betrachtet, umso mehr vom Zufall abhängig, je weniger kausalierendes Wissen berücksichtigt wurde.

Oft wird in systemischer Beratung die Hoffnung auf ein „Mehr-sehen" auf den Einsatz eines von außen, der Systemumwelt zugehörigen „beobachtenden" Organisationsberaters gesetzt. Dabei wird unterstellt, dass vor allem der Abstand, den dieser zur Organisation hat, ihn entsprechend qualifiziert. Das Organisationssystem selbst kann, wie *Luhmann* es ausdrückt, nur sehen, was es sieht. Der Berater kann aber sehen, was es nicht sieht. Das klingt sehr viel versprechend, löst sich jedoch auch in Wohlgefallen auf, wenn weitere systemtheoretische Denkkonstrukte einbezogen werden: der so genannte „blinde Fleck" und die Definition, dass Systeme aus Entscheidungen bestehen.

Der „blinde Fleck" weist auf die Beschränkungen in der Sicht des Beraters hin. Er sieht zwar *anderes* als das System, aber weder *anders* noch *mehr*. Somit unterscheidet sich ein Berater auch nicht von den Mitgliedern einer Organisation, welche nach *Luhmann* ja ebenfalls nicht Bestandteil derselben sind, sondern lediglich als Träger organisationsbezogener Entscheidungen Systemrelevanz haben und darüber hinaus ebenso wie ein externer Berater der Organisationsumwelt zuzurechnen sind.

Ein Berater mag sich als „Beobachter" um Abstand zu einem organisationalen System bemühen, aber sollen seine Mitteilungen (seine „Entscheidungen") von seinen Verhandlungspartnern nicht nur als „Rauschen" erfahren werden, sondern anschlussfähig sein (z. B. indem ein Beratungsvertrag geschlossen wird), so muss er sich in diesen Entscheidungen *im* System dieser Partner befinden. Ein unter Beteiligung von Berater und (i. d. Regel einigen) Organisationsmitgliedern entstandenes Entscheidungssystem unterliegt aber wiederum den oben beschriebenen Beschränkungen: Es sieht, was es sieht, und nicht, was es nicht sieht. Es sieht nicht ein wie auch immer konstruiertes „mehr".

7.3.3 Die Verheißung, im Prinzip nichts ändern zu müssen, niemanden aufzuregen und mittels der Betätigung kleiner Schaltstellen große Probleme zu lösen

Wenn systemische Organisationsberatung in der Aussage mündet, dass Planung gar nicht möglich ist, weil sich letztlich alles selbst plant und bestenfalls „Steuerungsprozesse" begleitet werden können, wird damit, wie oben beschrieben, die systemtheoretische Variante der Kausalität in Form von „Autopoiesis" oder „Selbstreferenz" verabsolutiert und ihre „andere Seite", nämlich die Erscheinung von Möglichkeiten, verdunkelt. Planungsmöglichkeiten sind in dieser Konstruktion nur noch als kleine Eingriffsmöglichkeiten denkbar, die als Öffnungen bestimmte Schaltstellen des Systems markieren. Dieser in sich selbst sehr offen widersprüchlichen Argumentation liegt zum einen das nun schon so oft beschriebene Paradox zu Grunde, aber auch die sehr praktische Vermutung, dass Entscheider in Organisationen voraussichtlich nicht bereit wären, Berater nur dafür zu bezahlen, dass sie mit ihnen gemeinsam ihre Probleme ausschließlich „beobachten". Grundsätzlich soll es in diesem Denkansatz zwar keine Alternativen geben, aber ein ganz klein wenig – eben zur Zufriedenstellung von Auftraggebern und zur Erklärung und Ermöglichung von *Veränderung* - benötigt man sie schon. So werden sie in systemisch orientierten Beratungskonzepten als attraktive „kleine Schaltstellen" eingeführt, als Knotenpunkte, die nur noch gesucht und erkannt werden müssen.

Aber auch diese Minimalisierung schützt nicht vor dem theoretischen Dilemma. Denn entweder es gibt sie, die Möglichkeit der Veränderung, ob groß oder klein, ob als radikale Umwälzung oder als kaum bemerkte Reform, - oder es gibt sie nicht. Der „Flügelschlag eines Schmetterlings", welcher auch in der sog. Chaostheorie als Sinnbild dieser kleinen Schaltstellen gilt (vgl. *Küppers* 1996: 167f.), verändert einen festgelegten Planablauf (innerhalb des durch Regeln festgelegten Laufs der Welt) nur dann, wenn er sich den Naturgesetzen entziehen kann, wenn er gleichsam „göttlicher Funke" ist. Bei Betätigung eines unscheinbaren Schalters wird niemand sicher sein können, ob damit eine *problemlose Lösung* oder ein Untergang produzierendes Chaos ausgelöst wird.

Auch wenn mit systemischer Beratung weder mehr, noch besser, geschweige denn auf neue Art gesehen werden kann und auch wenn eine systemische Betrachtung und Behandlung organisationaler Probleme nicht zwangsläufig den Schmerz, den Veränderungen neben ihren positiven Folgen meist mit sich bringen, verhindern wird, kann sie etwas sehr Wesentliches eröffnen: neue Perspektiven und neue Sichtweisen, eben den besonderen Anschub, der aus eingefahrenen Situationen heraushelfen kann.

7.4 Die Erneuerung der alten Schule durch „Controlling"?

Der Überlegung, systemische Beratung hätte sich bereits selbst überholt und eine zeitgemäße Bearbeitung organisationaler Probleme sollte heute auf der Grundlage differenzierter Controllingverfahren erfolgen, soll der Vollständigkeit halber auch die nicht erfüllbare Verheißung dieser terminologisch modernisierten Variante von vor allem althergebrachten betriebswirtschaftlichen Verfahren gegenübergestellt werden.

Die Verheißung, eine akribisch genaue Betrachtung eines Problems werde unstrittige Erkenntnisse und mit diesen zusammen eine Lösungsmöglichkeit ans Licht treten lassen

Diese Philosophie setzt die Gedanken voraus, dass die Welt nicht nur kausal gebaut, sondern in dieser Form auch von Menschen *erkannt* werden könne. Letztlich nur Mögliches erhält den Status einer *Ursache*. Eine solche Betrachtung der Welt konserviert insofern althergebrachte Denkweisen immer wieder neu, als sie *andere*, neue Möglichkeiten von vornherein (mangels kausalierender Tiefenschärfe) ausschließen muss. Reibungslose, also weitgehend fehlerfrei erscheinende Controllingverfahren laufen damit Gefahr, nicht nur nützliche Lösungen, sondern auch vorhandene Probleme immer wieder neu zu produzieren. Die Problematik des Sachverhalts, dass „die Probleme von heute auf den Lösungen von gestern beruhen" (vgl. z. B. Senge 1990: 57ff.), wurde in der Organisationsberatung insbesondere durch systemische Denkmodelle bewusster gemacht.

In der Praxis erscheinen neben den aus dem „Funktionieren" der Controllingverfahren resultierenden Problemen jedoch vor allem diejenigen Probleme, die sich aus ihrem Nichtfunktionieren ergeben. Ein Controller kann immer nur einen winzig kleinen Teil der zu beobachtenden Sachverhalte in brauchbaren Variablen mittels Zahlen darstellen. Aber diese offensichtlich vorhandene *Brauchbarkeit* ist auch im Falle *härtester Fakten* in Gefahr, sich als falsch zu erweisen. Sie ist letztlich nur Mögliches.

Wenn zusätzlich Variablen, die sich auf unsichere, insbesondere auf *menschliche* Faktoren beziehen, hinzukommen, laufen alle Rechenspiele vollends Gefahr, ihrer Grundlage entzogen zu werden. Skepsis ist angebracht, wenn z. B. Dienstleis-

tungen als „Produkte" und Mitarbeiter als Einheiten vorab bestimmter Leistungs-
erbringung definiert werden. Begriffliche Wandlungen dieser Art sind lediglich
Artikulation der Hoffnung, dass eine aus der Mathematik und industrieller Fertigung
entliehene Ausdrucksweise in wunderbarer Weise die Segnungen der Fassbarkeit,
Genauigkeit und Berechenbarkeit auf menschliches Verhalten überträgt.

Aber auch wenn Controlling-Verfahren weder einen Blick auf die Wahrheit ge-
statten und dazu neigen, Probleme in sich wiederholenden selbstbestätigenden Prozessen zu konservieren, können sie dennoch etwas sehr Wesentliches zur Lösung
beitragen: nämlich nützliche und bewährte Sichtweisen - eben den Halt, der notwendig ist, um Neues zu wagen.

7.5 Fazit

Verliert sich nun alles in einem allgemeinen Sein oder Nichtsein? in der gleichzeitigen Feststellung von Beliebigkeit und Festgelegt-Sein? Oder liegt die Wahrheit in
der Mitte? Ein Paradox hat keine Mitte. Es ist gerade durch Nichtlösbarkeit gekennzeichnet. Menschlicher Erkenntnis, sei sie cartesianisch, systemtheoretisch, religiös
oder auch gar nicht fundiert, ist diese Begrenzung eingebaut. Unabhängig davon,
welches (wissenschaftstheoretische) Denkmodell gewählt wird, auf welche Art und
Weise das „an und für sich sein" mit dem nur Möglichen, das Bestimmte mit dem
Unbestimmten zu verbinden gesucht wird oder der Versuch unternommen wird,
bewusst keine Verbindung zu versuchen und nur einer der beiden Seiten Gültigkeit
zukommen zu lassen, sollte an der prinzipiellen Unlösbarkeit inne gehalten werden.

Anstelle des Versuchs, weitere theoretische Möglichkeiten zu suchen, in „das
Auge der Gorgonen" (*Luhmann* 1990b: 119f.) zu schauen, könnte der Frage, weshalb diesem Blick in Philosophie, Mythologie und Religion so schreckliche Folgen
unterstellt werden (vgl. *Luhmann* 1990b), nachgegangen werden. Erscheint nicht
letztlich auch *Luhmann* als jemand, welcher der „Versuchung, vom Baum der Erkenntnis zu essen" nicht widerstehen kann und sich deshalb in theoretischen Welten
selbst gefangen hält?

Nicht die Erkenntnis, sondern die *Erfahrung* einer Lösung ist vielleicht fernöst-
lichen Zen-Meistern und einigen – religiös und spirituell begnadeten – abendländi-
schen Philosophen gelungen. Falls wir also daran glauben wollen, dass während
unseres irdischen Lebens eine Auflösung des Paradox, eine Verschmelzung der
Gegensätze, die der *Wahrheit* nahe kommt, *erfahren* werden kann, dann hätte vielleicht die Orientierung an den Lebens*werten* solcherart *Erleuchteter* Erfolg. Die
„freie Entscheidung", Materiellem zu entsagen, in Einfachheit und Gegenwart zu
leben oder (sinngemäß mit *Kant*) den „Naturgesetzen zu gehorchen", wäre danach
Voraussetzung und Folge wahrer Vernunft, des Blickes auf das Unvereinbare.

Aber auch wenn in der Regel nicht Erleuchtung, die Erfahrung einer (göttlichen)
Wahrheit das Ziel menschlichen Denkens und Handelns in Organisationen ist, sondern „nur" das Wissen um handhabbare Problemlösungen, um eines kommt auch
eine systemisch ausgerichtete Formulierung von Problemen und Zielen nicht herum:
um die Unruhestifter im menschlichen Sein, um die mehr oder weniger bewusste

Thematisierung von *Werten*. *Luhmanns* Systemtheorie kann deren handlungs- und entscheidungsleitende Funktion, wie oben erörtert, nicht durch ein „neues" oder „erweitertes" Denken ersetzen. Seine eingangs zitierte Einschränkung der Übertragung seiner Beschreibungen auf die Lösung von Problemen und die damit verbundene Thematisierung von Wertfragen hat ihre Berechtigung bestätigt.

Literatur

Cohen, M.D., March, J.G., Olsen, J.P. (1972). A garbagecan-model of organizational choice. *Administrative Science Quarterly,* 17, 1-25.

Hegel, G.W.F. (1986). *Werke in 20 Bänden,* Bd.7. Frankfurt/M.: Suhrkamp.

Hondrich, T. (1995). *Wie frei sind wir? Das Determinismus-Problem.* Stuttgart: Reclam.

Küppers, G. (Hrsg.) (1996). *Chaos und Ordnung. Formen der Selbstorganisation in Natur und Gesellschaft.* Stuttgart: Reclam.

Luhmann, N. (1968). *Zweckbegriff und Systemrationalität.* Frankfurt/M.: Suhrkamp.

Luhmann, N. (1970). *Soziologische Aufklärung 1, Aufsätze zur Theorie sozialer Systeme.* Opladen: Westdeutscher Verlag.

Luhmann, N. (1981). *Soziologische Aufklärung 3, Soziales System, Gesellschaft, Organisation.* Opladen: Westdeutscher Verlag.

Luhmann, N. (1984). *Soziale Systeme. Grundriss einer allgemeinen Theorie.* Frankfurt/M.: Suhrkamp.

Luhmann, N. (1988). Organisation. In: W. Küpper, G. Ortmann (Hrsg.), *Mikropolitik. Rationalität, Macht und Spiele in Organisationen* (S. 165-186). Opladen: Westdeutscher Verlag.

Luhmann, N. (1990a). *Die Wissenschaft der Gesellschaft.* Frankfurt/M.: Suhrkamp.

Luhmann, N. (1990b). Sthenographie. In: Graduiertenkolleg Siegen (Hrsg.), *Materialität der Zeichen: Niklas Luhmann, Humberto Maturana, Mikio Namiki, Volker Redder und Francisco Varela: Beobachter. Konvergenz der Erkenntnistheorien?* (S. 119-136). München: Wilhelm Fink.

Luhmann, N. (1992). Die Selbstbeobachtung des Systems. Ein Gespräch mit dem Soziologen Niklas Luhmann. Von Ingeborg Breuer. *Frankfurter Rundschau* vom 5.12.1992.

Miller, M. (1987). Selbstreferenz und Differenzerfahrung. Einige Überlegungen zu Luhmanns Theorie sozialer Systeme. In: H. Haferkamp, M. Schmid (Hrsg.), Sinn, Kommunikation und soziale Differenzierung. Beiträge zu Luhmanns Theorie sozialer Systeme (S. 199ff.). Frankfurt/M.: Suhrkamp.

Pothast, U. (Hrsg.) (1978). *Seminar: Freies Handeln und Determinismus.* Frankfurt/M.: Suhrkamp.

Senge, P.M. (1990). *The fifth Discipline.* New York: Doubleday.

Wagner, G., Zipprian, H. (1992). Identität oder Differenz? Bemerkungen zu einer Aporie in Niklas Luhmanns Theorie selbstreferentieller Systeme. *Zeitschrift für Soziologie,* 21, 394-405.

Willke, H. (1994). *Systemtheorie II: Interventionstheorie.* München: Wilhelm Fink.

Wimmer, R. (Hrsg.) (1992). *Organisationsberatung. Neue Wege und Konzepte.* Wiesbaden: Gabler.

Teil III

Spezifische Verfahren als Basis –
von der Individualförderung zur Förderung von Systemen

8. Kapitel

Klienten im Flow
Coaching als kreativitätsfördernder Prozess

Lilo Endriss

Zusammenfassung: Die Autorin geht von einem Strukturexzerpt der Kreativität aus, wie es *Joachim Sikora* entwickelt hat. Sie verknüpft dies mit dem Coachingprozess, um die Gemeinsamkeiten aufzuzeigen und zu verdeutlichen. Mit Anleihen aus der Kreativitätsforschung werden die Blockierungen der Kreativität, wie sie bei Klienten zu finden sind, untersucht. Im Sinne einer Richtschnur werden dann praxiserprobte kreativitätsfördernde Prinzipien für Rahmen und Inhalte dieses kreativen Prozesses vorgestellt, an denen sich der Coach ausrichten kann und die ihm Sicherheit in der Anwendung geben. Den Abschluss bildet eine Auflistung von Fehler, die der Coach in jedem Falle vermeiden soll.

8.1 Theoretischer Hintergrund

(1) Der Coach als „Katalysator"
Coaching beinhaltet die Veränderung der Deutungs- und Handlungsmuster des Klienten im Sinne von neuen und konstruktiven Problemlösungen. Demnach gehört es zu den Aufgaben des Coachs, bewusst kreative Einfälle des Klienten zu fördern. Von einem phänomenologischen Ansatz her gesehen, heißt dies konkret, dass der Coach vorwiegend als so genannter „geistiger Geburtshelfer" tätig ist; d. h. er sorgt sowohl im Hinblick auf den Rahmen als auch auf den Inhalt her dafür, dass der Klient seine bisherigen, für ihn unbefriedigenden Deutungs- und Handlungsmodelle verändert, um für seine Zielerreichung besser angepasste „Ausführungsprogramme" durch reale Handlungen auszuprobieren. Damit fördert und hemmt der Coach Prozesse beim Klienten, ohne sich direkt am Endprodukt zu beteiligen.

(2) Oberziele im Coaching
Wenn nach *Mihaly Csikszentmihalyi* psychische Energie – oder Aufmerksamkeit – für realistische Ziele verwendet wird und die eigenen Fähigkeiten und Fertigkeiten den Handlungsmöglichkeiten entsprechen, dann entsteht der von ihm so benannte Zustand des „flow": „Die Verfolgung eines Zieles bringt Ordnung ins Bewusstsein, weil man die Aufmerksamkeit auf die gegebene Aufgabe richten und zeitweise alles andere vergessen muss. Diese Phasen des Ringens um die Bewältigung einer Herausforderung werden allgemein als die erfreulichsten Momente des Lebens betrachtet" (*Csikszentmihalyi* 1992: 19). Die Oberziele für den Coaching-Klienten heißen, im Sinne seiner inhaltlichen Ziele Erkenntnisse zu gewinnen und beim Umsetzen

von neuen Handlungsmustern in die Praxis Unterstützung zu erhalten. Die Oberziele für den Coach lauten, den Balanceakt zwischen Direktivität und Nondirektivität dem Klienten gegenüber zu wagen und die Transparenz des Coachingprozesses im Auge zu behalten. Die Transparenz wird durch das strategische Vorgehen des Coachs auf der Meta-Ebene gewährleistet. So „switcht" der Coach ständig zwischen verschiedenen Bewusstseins-Ebenen hin und her, mal ist er aufmerksamer empathischer Zuhörer, mal strukturiert er, mal klärt er, „wo wir gerade stehen", mal gibt er ein Feedback, mal schlägt er eine neue Methode vor, mal regt er einen Perspektivwechsel an, um den Klienten „aus der Reserve zu locken", mal diagnostiziert er das Verhalten des Klienten für sich im Stillen, um ihm anschließend eine Rückmeldung zu geben oder eine Todo-Liste bis zur nächste Sitzung vorzuschlagen.

(3) Systematik im Coaching-Prozess
Damit die Rolle und das Vorgehen des Coachs nicht einer gewissen Beliebigkeit ausgesetzt ist, wurden diverse Versuche gemacht, das Experiment Coaching durch inhaltliche Ablauforganisationen zu strukturieren und zu vereinheitlichen, wie z. B. durch **C**ometogether, **O**rientation, **A**nalysis, **C**hange, **H**arbour. Coaching-Institute bemühen sich erfolgreich, allgemein verbindliche Standards aufzustellen, die sich z. B. auf Kontrakte, Erstdiagnostik und Coachingprozessplanung beziehen. Durch die Einführung von Paradigmen (wie z. B. individuelle, interaktive und systemische Ebenen) wurde u.a. erreicht, die zu lösenden Probleme durch verschiedene Brillen zu betrachten und sie durch wissenschaftliche Theorien, u.a. aus der Psychologie, der Soziologie und der Kybernetik, zu untermauern. Dies soll vor allem dem Schutz des Klienten dienen und ihn vor Scharlatanerie bewahren. Gleichzeitig kommt diese professionelle Herangehensweise auch dem Coach zu Gute, da er jetzt besser weiß, wie und warum seine Interventionen funktionieren.

(4) Vor- und Nachteile von Strukturierungs-Hilfen
Jede neue menschliche Begegnung kann theoretisch beim Coach den „horror vacui" auslösen, da sie eine vorerst völlig offene Situation darstellt. Ein Coach soll sich grundsätzlich erst einmal auf alles gefasst machen, was Menschen in ihrer beruflichen Arbeitswelt oder im Privaten zu berichten haben und was sie gerne mit ihm bearbeiten möchten. Der Coach hält keine passende Lösung dafür parat, da er bewusst keine Expertenberatung anbietet, sondern als Prozessbegleiter auftritt. So ist es durchaus möglich, dass er zu Beginn des Kontakts völlig im Nebel tappt und dies aushalten muss. Je mehr der Coach nun als Gegengift für diese unklare Situation das eigene sicherheitsstiftende Navigationsinstrument der systematischen Strukturierungen im Hinterkopf hat, desto mehr kann einerseits seine gegenwärtige Aufmerksamkeit dem Klienten gegenüber gestört werden. Wenn er sich andererseits jedoch in der gegenwärtigen Aufmerksamkeit dem Klienten gegenüber verliert, dann entsteht die Gefahr, dass er sich ausschließlich in der Rolle des Zuhörers sieht und die Gesprächsführung aus der Hand gibt, sodass das Gespräch nur „dahinplätschert". Meta-Ebene, strategisches Vorgehen, bewusster Methodeneinsatz und Transparenz fallen dann unter den Tisch. Diese gehören jedoch zu den unverzichtbaren Oberzielen des professionellen Coachs.

(5) Heuristisches Vorgehen

Im Sinne dieser Oberziele empfehle ich daher als ergänzende Strukturierungshilfe für den Coach den Einsatz so genannter heuristischer Verfahren, wie sie in der Kreativitätsförderung üblich sind: Heuristiken sind keine Rezepte, die „Heilung" versprechen. Es sind Vorgehensweisen, die den Lösungsweg durch unterschiedliche Arbeitstechniken zu verkürzen helfen. Sie vermindern die Anzahl von „Fehltreffern", die sonst bei beliebigen „trial-and-error-Verfahren" auftreten. Sie bauen auf der Selbstverantwortung des Klienten auf und unterstützen nachhaltig das Arbeitsbündnis zwischen den Coachingpartnern. Sie verlangen vom Coach neben logisch-analytischen Fertigkeiten einen hohen Grad an Wertschätzung, Flexibilität, Geduld, Einfühlungsvermögen und Experimentierfreudigkeit. Im Gegenzug unterstützen sie ihn in seinem Bedürfnis nach Struktur und Ergebnisorientierung.

8.2 Strukturexzerpt der Kreativität

8.2.1 Die kreative Person

Ich beginne mit dem Klienten als kreative Person, die mit einem Anliegen in eine Sitzung kommt, um dort gemeinsam mit dem Coach an Lösungen zu arbeiten. Die vier Themenkreise: Einstellungen, Motivation, Fähigkeiten und Persönlichkeitsmerkmale, sollen im Folgenden kurz diskutiert werden.

(1) Einstellungen

Allgemein wird von Einstellungen gesagt, dass sie durch die individuelle Sozialisation geprägt, also erlernt sind, dass sie veränderbar, emotional getönt und dem Betreffenden nur teilweise bewusst sind. Sie bestimmen die Reaktionen eines Menschen gegenüber anderen Menschen, aber auch gegenüber Gegenständen und Ideen. So gesehen haben Einstellungen eine Filterfunktion. Insbesondere in der Vorurteilsforschung, aber auch in der sozialpsychologischen „Theorie der Kognitiven Dissonanz" nach *Lionel Festinger* (1957) werden Begründungen dieser Filterfunktion geliefert: Sie dienen dem Menschen dazu, Informationen über seine Umwelt so zu verarbeiten, dass sie ein für ihn stimmiges Weltbild ergeben, in dem er sich sicher fühlen kann und das seine Identität bzw. sein Selbstbild unterstützt. Folgende Einstellungen wirken sich u.a. negativ auf die Kreativität des Klienten aus und sollten insbesondere vom Coach diagnostiziert werden:

(1) Einstellungen, die zu Mustern oder Stereotypien erstarrt sind,
(2) Einstellungen, die zeitweilige Verunsicherungen und Hinterfragen verhindern,
(3) Einstellungen, die eine starre Aufteilung in „wichtig" und „unwichtig" festschreiben,
(4) Einstellungen, die konformes Verhalten als dauerhafte Lösung propagieren,
(5) Einstellungen, die zur Rechtfertigung von eigenen Verhaltensweisen dienen.

Das Coaching und die darin verwendeten Kreativitätstechniken sollen den Klienten dazu ermutigen, diese auf seine Kreativität destruktiv wirkenden Einstellungen vorübergehend außer Kraft zu setzen und jenseits dieser Einstellungen neue Wahrnehmungen, Erfahrungen und Einsichten zu gewinnen.

(2) Motivation, kreativ zu sein
Warum denkt und handelt ein Individuum kreativ? Zahlreiche Theorien versuchen, diesem Phänomen auf die Spur zu kommen. *Erika Landau* teilt die Theorien in drei Theoriekonzepte ein:

(1) *Reduktionistische Theorien:* Diese führen die Beweggründe, kreativ zu sein, auf die unakzeptierten, unerfüllten Impulse der Vergangenheit zurück. Kreativsein dient demnach der Spannungsreduktion, der Vermeidung unangenehmer Zustände oder der Suche nach mehr Stimulation.
(2) *Existenzialistische Theorien:* Hier wird die Motivation zur Kreativität aus der Tendenz des Individuums erklärt, sich zu aktualisieren, z. B. im Sinne von *Carl Rogers'* Selbst-Verwirklichung (*self-actualization*) oder im Sinne von erfolgreicher Zielerreichung.
(3) *Kommunikationstheorien:* Diese Theorieansätze nehmen ebenfalls den Zielaspekt der Motivation zum Ausgangspunkt. Bedürfnisse nach Qualität und Neuigkeit bestimmen hier die Beweggründe, wobei sachbezogene (z. B. Vollkommenheitsstreben), personenbezogene (z. B. eigenes Entwicklungsstreben) und sozialbezogene (z. B. Wettbewerbsstreben) Gütemaßstäbe angelegt werden können

(3) Fertigkeiten, Praxiskönnen
Ausgehend von *Guilfords* (1973) Modell zur Systematisierung der Struktur des Intellekts hat sich der Begriff „divergentes Denkens" seit langem als Synonym für kreatives Denken durchgesetzt. Im Gegensatz zum „konvergenten Denken", das nur in eine Richtung zielt und die herkömmliche (richtige) Antwort sucht, schreitet man beim divergenten Denken in verschiedene Richtungen fort und entwickelt eine Vielzahl von Antworten, die alle richtig und angemessen sein können. Dabei wird zwischen mehreren dafür hilfreichen menschlichen Fertigkeiten unterschieden:

- *Flüssigkeit* (Gesamtzahl der Ideen, die in einem Zeitraum produziert werden): Der Coach kann diese Fertigkeit beim Klienten dadurch unterstützen, indem er offene Frage stellt und die Antworten des Klienten – wie im Brainstorming – erst einmal nicht bewertet oder bewerten lässt.
- *Flexibilität* (Anzahl deutlich voneinander zu unterscheidenden Kategorien von Assoziationen): Auch hier kann der Coach durch Fragen wie „Was fällt Ihnen noch dazu ein? Vielleicht aus einer ganz anderen Sichtweise heraus!" oder durch den Einsatz kreativer Medien (Zeichnen, Malen, Handpuppen) dafür sorgen, dass der Klient sich von naheliegenden Assoziationen entfernt
- *Originalität* (Seltenheit oder Einzigartigkeit von Assoziationen): Beim Coaching geht es u.a. darum, dass der Klient innerhalb seines Bezugsrahmens zu neuen und ungewöhnlichen Ideen und Einfällen kommt. Diese Idee kann für den Coach oder „den Rest der Welt" zwar bereits bekannt sein – aber für die Persönlichkeitsentwicklung des Klienten zählt der Maßstab des Klienten.

- *Neudefinitionsfertigkeit* (In einen neuen Sinnzusammenhang stellen): Kreative können sich rasch über Blockierungen der Kreativität hinwegsetzen, indem sie Aufgabenstellungen variieren, Freiräume besetzen, sich über stillschweigend gemachte Prämissen hinwegsetzen und fröhlich umdefinieren. Hier kann der Coach u.a. durch sanft provozierende Fragen zum Querdenken anregen.
- *Problemsensitivität* (Empfindsamkeit, Offenheit für Probleme): Kreative Menschen entdecken problembehaftete Zusammenhänge – auch dort, wo vorerst kein Bedarf zu sein scheint – und schälen dann passende Lösungen dafür heraus. Ihre Antennen befähigen sie dazu, Nuancen wahrzunehmen, Lücken zu entdecken und daraus entstehende Konsequenzen sich auszumalen. Der Coach unterstützt deswegen seine Klienten dahingehend, strategisch zu denken, mögliche zukünftige Probleme zu antizipieren und rechtzeitig gegenzusteuern.
- *Elaboration* (präzise Ausarbeitung): Kreative Menschen besitzen die Fertigkeit zur sorgfältigen Ausarbeitung von Details einer Sache, aber auch zur genauen Planung, um eine Idee in die Tat umzusetzen. Der Coach sollte daher in der Lage sein, zusammen mit dem Klienten Todo-Listen aufzustellen oder auch detaillierte Ablauforganisationen zu entwickeln

(4) Persönlichkeitsmerkmale

Hier seien in aller Kürze wesentliche Persönlichkeitsmerkmale kreativer Personen genannt, wie sie von *Joachim Sikora* (1976) zusammengestellt wurden:

- Autonomie im Denken und Handeln (Nonkonformismus),
- Offenheit gegenüber neuen Erfahrungen (Erhaltung des Neugierverhaltens),
- Introversion und innere Kontrolle der Denk- und Repräsentationsprozesse (intrinsische Motivation),
- Expression innerer Prozesse (Emotionen, Imaginationen, Denken),
- Widerstand gegen Hemmungsvorgänge beim Lernen,
- Aktives Verarbeiten von Konflikten,
- Ambiguitätstoleranz (Fähigkeit, in problematischen und unübersichtlichen Situation zu existieren und trotzdem unermüdlich an deren Bewältigung zu arbeiten).

8.2.2 Der kreative Prozess

Das hier präsentierte fünfphasige Heuristik-Modell wurde von der „Creative Education Foundation", Buffalo, entwickelt und eignet sich speziell zur Lösung unstrukturierter Probleme (*Sikora* 1976: 30):

(1) Problem-Wahrnehmung,
(2) Problem-Formulierung,
(3) Ideen-Findung,
(4) Ideen-Bewertung,
(5) Ideen-Realisierung.

Dabei zeigt sich, wie wichtig es ist, zu Beginn des Coaching-Prozesses eine gemeinsame Wahrnehmung in der Kommunikation herzustellen (z. B. durch ein Organigramm oder den Einsatz von Szenario-Figuren), um den Kontext besser zu verstehen und dann zu erfragen, was der Klient bearbeiten möchte. Erst dann kann an der Problem-Formulierung gearbeitet werden. Von Albert Einstein soll die folgende Äußerung stammen: „Die brauchbare Formulierung eines Problems ist in den meisten Fällen wesentlicher als die Lösung. (...) Neue Fragen bilden die Basis, um alte Probleme aus einer neuen Perspektive zu betrachten; sie fördern die Imagination und markieren die Fortschritte in der Wissenschaft" (*Sikora* 1976: 32). Die Ideenfindung gibt dann Raum, erste Lösungsvorschläge zu entwickeln, die vorerst unbewertet bleiben, um nicht voreilig die erste beste Lösung zu präferieren, sondern Raum für weitere Einfälle zu lassen. Erst dann entscheidet der Klient in der 4. Phase (Ideen-Bewertung), was er umsetzen will. In der Regel finden die ersten vier Phasen des kreativen Prozesses während der Coaching-Sitzung statt, die Umsetzung bzw. die Ideen-Realisation erfolgt später, kann aber im Sinne von Elaboration planungstechnisch in der Sitzung selbst vorbereitet werden.

8.2.3 Die kreative Umwelt

Hier wird zwischen der dinglichen bzw. physischen und der durch Menschen gebildeten bzw. sozialen Umwelt unterschieden.

(1) Physische Umwelt
Eine im hohen Maße strukturierte, geordnete und geregelte Umwelt wird eine kreative Person nicht daran hindern, trotzdem ungewöhnliche Einfälle zu entwickeln. Dagegen kann ein besonderes Angebot von Farben, Formen, Materialien und Medien dazu beitragen, die Inspiration zu fördern und schöpferische Verknüpfungen anzuregen. Für den Coach heißt dies, dass er immer einen gewissen Vorrat von kreativen Medien bereithalten sollte, um diese in der Sitzung einzusetzen.

(2) Soziale Umwelt
In Anlehnung an *Joachim Sikora* (1976) sollten die Anforderungen an eine kreativitätsfördernde soziale Umwelt folgendermaßen lauten: (1) Gruppen sollten das Individuum stimulieren und dessen Einfälle anhören. (2) Organisationen sollten zu Innovationen bereit sein und dies ggf. in ihrer Unternehmensphilosophie festschreiben. (3) Kultur und Gesellschaft sollten den Non-Konformisten tolerieren und ihn nicht mit dem „rebellischen Kind-Ich" gleichsetzen.

(1) *Gruppe*: Für eine Kreativ-Gruppe gelten besondere Spielregeln, wenn sie leistungsorientiert arbeiten will. Dabei spielt das jeweilige Anspruchsniveau eine große Rolle. Ergebnisse aus der Gruppendynamik und der Kommunikationspsychologie (z. B. der themenzentrierten Interaktion; *Ruth Cohn* 1986) tragen dazu bei, ein kreativitätsförderndes Klima herzustellen. Falls der Coach ein Gruppencoaching anbietet, dann muss er diese Spielregeln vorher allgemeinverbindlich vorstellen und ggf. exemplarisch ausprobieren lassen, bevor er die konkrete Aufgabenstellung mit der Gruppe zusammen bearbeitet.

(2) Organisation: Der Stellenwert von Kreativität in Organisationen ist abhängig von den Organisationszielen. Viele Organisationen sind gekennzeichnet durch Innovationsresistenz; je nach Branche, Unternehmenskultur und Anweisungen von oben variiert die Bereitschaft, sich als kreative „Lernende Organisation" zu definieren und kreatives Handeln zu unterstützen. Daher sollte der Coach seinen Klienten auch vor dessen Organisations-Hintergrund verstehen und dessen Freiräume in der jeweiligen Organisation einschätzen können.

(3) *Kultur und Gesellschaft*: Wenn kreativ, nicht konform denkende Individuen als gesellschaftliche Außenseiter betrachtet werden, dann besteht die Gefahr, dass deren Innovationskraft sich innerhalb der Kultur auf belanglosem Terrain bewegt oder dass diese Individuen fortgehen in die innere oder die äußere Emigration. Eine Kultur, die Neues verabscheut, zwingt den Kreativen auf andere Wege. Der Coach darf den Grad der jeweiligen kulturellen Kreativitätsfeindlichkeit nicht unterschätzen.

8.2.4 Das kreative Produkt

Die hier vorgestellte Abstufung orientiert sich an der Verbindung von Neuheit und Kreativität und stellt jeweils ansteigende Grade von Um- und Neustrukturierungen dar. Indem das Ergebnis des jeweiligen kreativen Prozesses nach außen gezeigt wird, stellt es einen kommunikativen Akt dar.

(1) *Die expressive Kreativität*: Diese Urform der Kreativität, wie sie z. B. in frühen Kinderzeichnungen zu finden ist, wird durch Spontaneität und Gestaltungsfreiheit ohne besondere Fähigkeiten charakterisiert. Der Coach kann diese primäre Stufe dadurch unterstützen, dass er selbst als Modell mit zeichnerischen Skribbles oder Stegreif-Improvisationen arbeitet und den Klienten dazu anregt, sich ebenfalls auf dieser Ebene auszudrücken.

(2) *Die produktive Kreativität*: Dieser Grad beinhaltet Fähigkeiten und Fertigkeiten, mit deren Hilfe Empfindungen und Phantasien gestaltet werden. Die Arbeit mit kreativen Medien wie Farben, Formen, Szenarien während des Coachings gehört hierher: Entweder werden die Produkte in der Sitzung hergestellt, oder sie dienen als Vorbereitung für eine spätere Sitzung. Der Coach muss wissen, dass die kreativen Produkte ein Teil des Klienten sind, und daher besonders einfühlsam bei der Interpretation der Arbeiten vorgehen.

(3) *Die erfinderische Kreativität*: Für diesen Grad ist charakteristisch, dass zwar noch keine völlig neuen Ideen gefunden, wohl aber neue Beziehungen zwischen Bekanntem entdeckt werden. Wenn der Klient in der Lage ist, alte Dinge neu zu sehen, dann hat er seine ursprünglichen Deutungsmuster bereits verlassen und kann in der Folge auch neue Handlungsspielräume ausprobieren.

(4) *Die erneuernde (innovative) Kreativität*: Die Voraussetzung dieser Kreativitäts-Stufe ist ein tiefgreifendes Verständnis des jeweiligen Problems, wobei auch die fundamentalen Grundsätze der Thematik erfasst werden. Die Produkte dieser Kreativität werden nun nicht mehr an der Erfahrungswelt des Individuums gemessen, sondern an den viel weiter gefassten Bereichen der jeweiligen Kultur.

Dieser Grad der Kreativität wird eher selten im Coaching erreicht. Die folgende und höchste Stufe der Kreativität sei der Vollständigkeit auch erwähnt, hat jedoch zur konkreten Coaching-Sitzung keinen weiteren Bezug.

(5) *Die emergente Kreativität*: Emergenz ist ein philosophischer Begriff und meint das Auftauchen höherer Qualitäten aus niederen Seinsstufen durch Differenzierung und neue Zusammensetzung. Hierzu gehören neue Denkschulen, wie sie sich z. B. in der Kopernikanischen Wende zeigten: Die Sonne als Mittelpunkt unseres Planetensystems anzusehen, verdrängte nicht nur die Wahrnehmung, dass die Erde der Mittelpunkt sei, um den sich die Sonne drehe, sondern auch viele davon abgeleitete Normen und Werte, die zuvor geherrscht hatten.

8.3 Anleihen aus der Kreativitätsforschung – Blockierungen der Kreativität

Der Coach sollte die drei wesentlichen Bereiche von Blockierungen der Kreativität kennen und sein Augenmerk während des Coachingprozesses darauf richten, den Klienten behutsam dabei zu unterstützen, diese Blockierungen abzubauen. Dabei handelt es sich um kognitive, emotionale und kulturelle Blockierungen.

8.3.1 Kognitive Blockierungen

Diese Art der Blockierungen bezieht sich auf Schwierigkeiten mit intellektuellen Fertigkeiten, die das Finden neuer Lösungen behindern (oder überhaupt das Finden von irgendeiner, auch herkömmlichen Lösung).

(1) *Wahrnehmungsmäßige (perzeptuelle) Blockierungen*: Die perzeptuellen Täuschungen werden zu Blockierungen durch das Bild, welches sich der Betrachter von einer Szene macht, indem er es zu einer Gestalt zusammensetzt, die für ihn stimmig ist. So kann das Phänomen der „Übertragung", d. h. des Verwechselns einer heutigen Person mit einer frühkindlichen Konfliktperson z. B. auf Grund von gewissen Ähnlichkeiten in deren Verhalten, dazu führen, dass der Klient ungelöste Probleme aus der Vergangenheit auf diese heutige Person projiziert. Der Coach kann ihm dabei helfen, diese Wahrnehmungsverzerrung aufzulösen, indem er ihn fragt, an welche Person er erinnert wird. So wird der Weg frei, dieser aktuellen Person vorurteilsfreier zu begegnen.

(2) *Funktionale Gebundenheit*: Vorerfahrungen prägen in der Regel die Wahrnehmung der Funktionen von Gegenständen oder der Rollen von Menschen: „Das war schon immer so!" wirkt als Ideenkiller. So ließ sich im Rahmen eines Coachings im NPO-Bereich, das u.a. das Problem eines fehlenden konkreten Arbeitsplatzes für eine Jahres-Praktikantin thematisierte, eine zufriedenstellende Lösung finden: Die ehemalige leerstehende Portiersloge, die der Reinigungskraft als Abstellraum diente, wurde kurzerhand zum Mini-Büro umfunktioniert.

(3) *Lösungsweg-Fixierung*: Hat man erst einmal einen Lösungsweg für ein Problem gefunden, dann wird häufig mechanisch, starr und unreflektiert an dieser „ersten

besten Lösung" festgehalten, ohne nach Verbesserungen Ausschau zu halten. Daher muss der Coach häufig nachhaken, um herauszufinden, was bisher alles an Lösungswegen versucht wurde und was dagegen spricht, noch nach anderen Ergebnissen zu suchen. In diesem Zusammenhang darf ich auf die „Ja, aber"- Sätze von Klienten hinweisen, die sich damit selbst in ihrem Assoziationsfluss einschränken. Aufgabe des Coach ist dann, auf der Meta-Ebene diesen destruktiven Sprachstil dem Klienten gegenüber zu thematisieren.

(4) *„Wenn-dann"-Sätze*: Eine weitere kognitive Blockierung stellen naive Ursache-Wirkung-Theorien dar: Da der Coach durch entsprechende Fragen wie „Welche möglichen Konsequenzen hätte das Verhalten von Herrn Müller?" oder „Welche Ursache hat Ihrer Meinung nach das von Ihnen geschilderte Ereignis?" erfährt, inwiefern der Klient „festgefahren" ist, kann er ihm auch helfen, ggf. neue Zusammenhänge zu entdecken.

(5) *Dominante Theorien*: Die „Macht der dominanten Theorien" führt dazu, dass eine beherrschende Idee ein Vehikel darstellt statt eines Vorteils. Fast zwei Jahrzehnte lang wurde z. B. propagiert, dass verärgerte Menschen ihre Wut nicht herunterschlucken, sondern sie „rauslassen sollten". Sie wurden therapeutisch angeleitet, ihr Gefühl noch zu verstärken, sich regelrecht hineinzusteigern in diesen unangenehmen Zustand und dann auch noch mit (flexiblen) Gegenständen um sich zu schlagen oder auf Kissen einzudreschen. Andere Problemlösungswege, die weniger dramatisch waren, wie z. B. das Erlernen einer Entspannungsmethode, wurden nicht akzeptiert. Mittlerweile hat man die Nachteile der Methode des Ausagierens erkannt und verwendet sie nicht mehr als Allheilmittel. Der Coach kann durch das Infragestellen von dominanten Theorien darauf aufmerksam machen, dass auch diese veränderbar sind.

8.3.2 Emotionale Blockierungen

Nicht nur kognitive Blockierungen können die Kreativität des Klienten einschränken, sondern auch die emotionalen Blockierungen:

(1) *Die Furcht davor, Fehler zu machen*: Die Furcht davor, Fehler zu machen, hängt eng damit zusammen, dass in einer leistungsorientierten Gesellschaft das Selbstwertgefühl stark an den Erfolg gebunden ist. Die „leistungsorientierte Selbstwertbindung" führt dazu, Fehler als persönliches Versagen zu interpretieren. Im Gegensatz dazu stellt für kreative Menschen mit einer selbstverpflichtenden Zielbindung das Fehlermachen eine fast normale Erfahrung dar, die es in Zukunft bei der jeweils zu bearbeitenden Problemlösung zu verhindern gilt. Herabwürdigende Rückschlüsse auf das Selbstbild finden kaum statt. Aufgabe des Coachs ist es nun, dem Klienten zu vermitteln, dass ggf. auch ein zweiter oder dritter, wohlmöglich auch ein zehnter Anlauf erst zum gewünschten Erfolg führen kann.

(2) *Das Bedürfnis, möglichst rasch eine Lösung zu finden*: Zeitdruck kollidiert häufig mit der Fähigkeit, frei Assoziationen zu bilden. Manche Ideen wollen reifen und brauchen ihre Zeit. Auch die Persönlichkeitsentwicklung lässt sich nicht

nach der Stopp-Uhr takten. Daher kann der Coach z. B. den Klienten fragen, wieviel Zeit er zum Abarbeiten seiner Todo-Liste benötigt, und erfragen, welche Pufferzeiten und Pausen er mit eingeplant hat. Oder er rät bei Klärungsgesprächen bezüglich Entscheidungsfindungen, „erst einmal eine Nacht darüber (über den Ergebnissen) zu schlafen". In einigen Fällen bietet es sich auch an, es dem Klienten zu überlassen, wann er sich wieder beim Coach melden möchte, um seine Ergebnisse (z. B. einen Businessplan im Falle eines Existenzgründungscoachings) zu präsentieren.

(3) *Übertriebenes Streben nach Sicherheit*: Wer sich auf kreative Prozesse einlässt, der weiß in der Regel nicht vorher, was bei der Ideenfindung herauskommt. Das Ziel ist (vorerst) klar, aber der Weg dorthin führt häufig durch unbekanntes Land. Verbindliche Vorhersagen können nicht gemacht werden. Deswegen ist es so außerordentlich wichtig, dass Coach und Klient ein vertrauensvolles Arbeitsbündnis eingehen, dass „die Chemie stimmt", damit im experimentellen Stadium des Coachings für den Klienten eine Sicherheitsbasis vorhanden ist.

(4) *Mangelndes Vertrauen in die eigenen schöpferischen Fähigkeiten*: Da den wenigsten Menschen durch Elternhaus, Schule, Ausbildungsstätte oder Universität vermittelt wurde, dass sie unersetzlich, einzigartig, unvergleichbar und voller schöpferischer Eigenarten sind, haben Trainer und Coaches immer wieder damit zu tun, dass Klienten kein schöpferisches Selbstvertrauen haben. Der Coach muss vermitteln können, dass er davon ausgeht, dass Kreativität nicht die Begabung einiger weniger ist, sondern dass in jedem Menschen entsprechende Fähigkeiten und Fertigkeiten vorhanden sind.

8.3.3 Kulturelle Blockierungen

Hiermit sind Blockierungen durch Werte und Normen der Gesellschaft gemeint, in der das jeweilige Individuum lebt bzw. in der es seine komplexe Sozialisation erhalten hat. Dazu gehören:

(1) *Konformitätsdruck*: Die Verhaltensweisen des Einzelnen hängen sehr stark von den Erwartungen der anderen ab, wie u.a. *Asch* (1956) in seinen Untersuchungen zum konformen Verhalten in Gruppen erforscht hat. Eigene Meinungen, Vorschläge und Vorstellungen entgegen dem Gruppendruck oder der „Philosophie des Hauses" oder dem Zeitgeist durchzusetzen, erfordert ein besonders hohes Selbstvertrauen. Ungewöhnliche und ggf. unpopuläre Ideen und Maßnahmen werden rasch vom inneren Zensor verworfen, bevor sie überhaupt ausgesprochen werden. Aufgabe des Coachs ist, den Klienten auch zu ermutigen, dem inneren Zensor vorübergehend den Mund zu verbieten, um neue Lösungswege zu erwägen.

(2) *Arbeits-Spiel-Dichotomie*: Arbeit und Spiel finden sich in unserer Gesellschaft vorwiegend in zwei streng voneinander getrennten Sphären: Beim Arbeiten zu spielen ist u.a. wegen der angeblich mangelnden Ernsthaftigkeit, der „Nutzlosigkeit" und „Unwichtigkeit" genauso verpönt wie ein Spiel, das womöglich „in Arbeit ausartet", weil es höchste Konzentration, Geschick und Können erfor-

dert. Selbst die Lippenbekenntnisse der Angehörigen so genannter Kreativ-Berufe täuschen mich nicht darüber hinweg, dass ein Zehnstundentag in der Agentur am Rechner plus Afterworkparty eher etwas mit „schaumgebremster Kreativität" zu tun hat als mit Berufung. Dem Coach muss bewusst sein, dass insbesondere Führungskräfte große Probleme haben, diese Dichotomie von Arbeit und Spiel aufzubrechen und sich u.a. im Coaching mit spielerischen Kreativ-Techniken auszudrücken (vgl. Kap. 12 in diesem Buch).

(3) *Erfolgsorientierung*: Die übertriebene Erfolgsorientierung verhindert, Risiken einzugehen und zu experimentieren. Wer vor einer Übung oder einem Spiel fragt „Und wozu soll das gut sein?", der nimmt sich jede Chance, etwas Neues zu erfahren. Der Coach sollte daher eine Art „systematische Desensibilisierung" in Bezug auf die Vorbehalte des Klienten, sich auf Experimente wie die Arbeit mit kreativen Handlungs- und Sachmedien einzulassen, betreiben. Damit unterstützt er den Mut des Klienten, sich auch ohne klar erkennbare Erfolgsaussicht auf etwas Neues einzulassen.

8.4 Handlungsrichtlinien für den Rahmen der Sitzung

(1) *Der Mensch als schöpferisches Wesen*: Normen und Werte des Coachs fließen immer mehr oder weniger unbewusst in den Kontakt mit dem Klienten hinein. Der Coach sollte für sich selbst klären, inwiefern er z. B. aus einer Familientradition stammt, in der Glaubenssätze und Haltungen wie „Brotlose Kunst", „Künstler sind arme Schlucker" oder „Phantasie ist ungesund" etc. üblich waren und inwiefern er sich aus solchen Traditionen gelöst hat. Ist Kreativität für ihn das Privileg einiger weniger Menschen oder eine Fähigkeit, die in jedem mehr oder weniger gefördert ruht? Dazu kommt das Hinterfragen seiner schulischen Sozialisation, die dem Begriff der Kreativität meistens nur in „Nebenfächern" wie „Kunsterziehung" und „Musik" offiziell Raum lässt. Der Coach soll sich dahingehend prüfen, in welchen Bereichen er selbst schöpferisch tätig ist.

(2) *Die Klientenwelt als Bezugsgröße für Neuheit*: Eine neue Idee, ein neues Produkt kann für die betreffende Person, hier den Klienten, tatsächlich eine Innovation darstellen. Vielleicht ist sie für andere etwas Vertrautes, nichts Originelles, wohl aber für den Klienten, der hier zum ersten Mal eine neue Gedankenverbindung, einen neuen Zusammenhang für sich erkannt hat. Die Freude an dieser neuen Entdeckung darf der Coach nicht dadurch bremsen, dass er unbewusst signalisiert, dass er etwas anderes erwartet hätte. Eine Depotenzierung ist auf alle Fälle zu vermeiden.

(3) *Manipulationsfreiheit*: Der Coach muss sich mit der individuellen Originalität des Klienten befassen, denn sonst trägt er eine Art „schwarze Pädagogik" in den Coaching-Prozess hinein, nach dem Motto: „Den Klienten werde ich schon dazu kriegen, dass er dies oder das, so wie ich es will, tut!" Mit solchen Erwartungen kämen durch den Coach unangemessene Machtstrukturen mit in den Coachingprozess, die der Coaching-Ethik widersprächen. Aufgabe des Coachs ist es, das Gespräch zu steuern und den Klienten dahingehend zu beeinflussen, dass

er sich mit dem jeweiligen Thema auseinandersetzt, nicht aber, ihn im Sinne seiner eigenen Ziele als Coach (z. B. möglichst viele Sitzungen herauszuschinden) zu manipulieren.

(4) *Konkurrenzverhalten*: Der Coach muss sich auch über sein eigenes Konkurrenzverhalten im Klaren sein, denn es kann passieren, dass er es mit brillanten Klienten mit vielen Ideen und originellen Einfällen zu tun hat, die eine Herausforderung für seine schnelle Auffassungsgabe darstellen. Auch in diesem Fall muss sich der Coach selbst darüber klären, inwiefern er Originalität erträgt und in der Rolle des Unterstützers bleiben kann.

(5) *Kreative Erwartungshaltung*: Nach empirischen Untersuchungen hängt die Kreativität von Schülern signifikant mit den Erwartungen ihrer Lehrer zusammen. Wenn Lehrer vermitteln, dass sie ungewöhnliche Ideen geradezu erwarten, fördern sie den Mut von Schülern, neue Ideen zu entwickeln und zu äußern. Jeder Mensch, der die Kreativität eines anderen Menschen unterstützen will, muss diese Erwartung kommunizieren, indem er darüber redet, dass er kreative Lösungen erwartet und diese wertschätzt.

(6) *Schaffung einer angstfreien Atmosphäre*: Nachdem sich der Coach von Wunschvorstellungen vom idealen Klienten verabschiedet hat, sollte er sein eigenes Verhalten daraufhin prüfen, inwiefern er in der Lage ist, eine konstruktive Arbeitsatmosphäre zu schaffen. Er sollte sich darum bemühen, dem Klienten gegenüber nicht beeindrucken zu wollen. Schon der Erstkontakt birgt viele Möglichkeiten, status- und damit machtorientiert aufzutreten. Dieser Versuchung können viele nicht widerstehen, da sie sich als Berater in der superioren Situation wähnen. Helfer und Täter zugleich, schaffen sie ein unterschwelliges Angstklima und verwechseln dies mit einem professionellen und entspannten Auftreten. Wenn der Coach allerdings Interesse am anderen Menschen und sachbezogene Neugier zeigt, dann besteht über den Erstkontakt hinaus die Möglichkeit, ein kreatives Arbeitsbündnis zu beginnen.

(7) *Gesprächsführung – Vermeidung von Killerphrasen*: Abgesehen von den vielfältigen, häufig „offenen" Fragetechniken, über die der professionelle Coach verfügt, gibt es viele weitere sprachliche Möglichkeiten, das Coaching zu gestalten: Feedback geben, wie etwas auf ihn wirkt, Vorschläge machen, Zusammenfassungen formulieren, Blitzlicht anregen, Interpretationen erbitten, auf Widersprüche aufmerksam machen, eigene Einschätzungen abgeben, konfrontieren etc. Ein geschulter Coach achtet darauf, dass er auf die Reaktionen des Klienten wertschätzend reagiert und Formulierungen wie „Das ist nichts Neues", „Das ist aber keine gute Idee!", „Na, fällt Ihnen dazu nichts ein?" oder „Sie drehen sich im Kreise, das hatten wir alles schon einige Male besprochen!" aus seinem Sprachschatz streicht. Das „Kritische Eltern-Ich" tritt sonst durch die Hintertür in die Coachingsitzung hinein, ruft unbewusste Assoziationen zu früheren irrationalen Autoritätspersonen auf die Bühne und wirkt kreativitätsbremsend.

(8) *Körpersprache – Vermeidung von Killerpantomimen*: Dem in der Literatur verwendeten Begriff „Killerphrasen" habe ich einen weiteren Begriff hinzugefügt, nämlich „Killerpantomimen". Diese wirken oft viel nachhaltiger, da sie unbewusst aufgenommen werden. Kreativgruppen, die die üblichen Spielregeln fürs

Brainstorming kennen, kranken häufig daran, dass die Körpersprache außer Acht gelassen wird: So signalisiert ein Projektleiter häufig per Körperausdruck, dass er an den Vorschlägen der Mitarbeiter keinen Gefallen findet, und stoppt damit den weiteren freien Gedankenfluss. Auch ein Coach kann durch seine körpersprachlichen Signale z. B. Missbilligung, Desinteresse oder Überlegenheit ausdrücken. Deswegen sollte er das eigene Verhalten bezüglich Körperdistanz-Verhalten, Position im Raum, Gesamthaltung, Mimik, Augenkontakt, Gestik, Stimmlage und Geschwindigkeit prüfen, ob dies konstruktiv ist. Dazu gehören auch Details wie die Sitzposition zueinander, die Variationsmöglichkeiten der Einrichtung und des Equipments, die Farbgestaltung und Beleuchtung im Besprechungsraum sowie die Verköstigung (Getränke und Snacks/Obst bei längeren Sitzungen), aber auch die Farben der eigenen Kleidung, um im weitesten Sinne körpersprachlich eine entspannte Atmosphäre zu schaffen.

(9) *Vorankündigungen und Transparenz*: Vorankündigungen verhindern, den Klienten zu überrollen, sodass er die Möglichkeit hat, Fragen zum Rahmen zu stellen. „Ich möchte jetzt gerne eine kleine Übung mit Ihnen machen. Ist Ihnen das recht?" Auch das anfängliche Erfragen eines möglichen Sitzungsablaufs durch den Coach „Wie wollen wir vorgehen?" eignet sich gut, um den Klienten in die Vogelperspektive mitzunehmen. Das Wechseln auf die Metaebene und zurück auf die inhaltliche Ebene gehört zum „Schaffen von Ordnung im Bewusstsein" dazu und unterstützt die konzentrierte gemeinsame Arbeit.

(10) *Anwärmen*: Sowohl zu Beginn der Sitzung als auch beim Einsatz von kreativen Handlungsmedien (z. B. Inneres Team oder Rollenspiel) oder kreativen Materialmedien (z. B. Visualisierungshilfen) muss der Coach seinen Klienten daraufhin abchecken, inwiefern er sich einlassen kann auf die Vorschläge des Coachs. Insbesondere besitzen kreative Materialmedien „natürliche Ladungen" (*Petzold*), die die Regressionsbereitschaft des Klienten in unterschiedlicher Weise ansprechen. In der Regel hat der Klient jedoch zu Beginn einer Sitzung ein hohes Mitteilungsbedürfnis, er muss sich erst einmal „ausquatschen können". Der Coach wird mit seiner Praxiserfahrung ein besonderes Fingerspitzengefühl dafür entwickeln, mit wem er welches Medium verwenden kann. Dabei hat der Klient allerdings immer die Freiheit, zu sagen: „Nein, das will ich jetzt nicht!"

(11) *Humor und Pointierungen*: Übertreibungen und lustige Ideen können häufig festgefahrenen Situationen die Spitze wegnehmen und aus der Distanz auch die komischen Seiten des alltäglichen (W)irrsinns aufzeigen. Der Coach sollte in der Lage sein, den Humor seines Klienten zu verstehen und ihn ggf. zu humorvollen Ansichten „verführen". Dies kann durch seine Sprachwahl geschehen wie „Sie sind ja offensichtlich von einer Mischung aus Nervensägen, Charmeuren und Drückebergern umgeben" oder z. B. durch Nachfragen wie „Wie hat Herr X es hingekriegt, Sie wieder total auf die Palme zu bringen, sodass Sie jetzt noch darauf hocken – in luftiger Höhe?"

(12) *Modellhaftes Verhalten des Coach als „Querdenker"*: Abschließend soll noch erwähnt werden, dass der Coach selbst als kreatives Personalmedium fungiert. Sein modellhaftes Verhalten transportiert Verhaltensweisen, die dem Klienten Mut machen, eingefahrene Gedanken- und Handlungswege zu verlassen.

8.5 Handlungsrichtlinien für den Inhalt der Sitzung

8.5.1 Heuristische Grundprinzipien im Bereich „Ideenfindung"

(1) *Die verzögerte Bewertung*: Dieses 1. Prinzip wird in der Praxis als Trennung zwischen „Grün- und Rotlichtphase" der kreativen Ideenfindung deutlich, wie sie z. B. im professionellen Brainstorming üblich ist. Als Unterstützung kann dabei sogar mit der entsprechenden Visualisierung gearbeitet werden. Im Coachingprozess achtet der Coach darauf, dass er zu Beginn des Einsatzes der jeweiligen Technik zuerst die Einfälle und Problemlösungsideen des Klienten sammelt und sie dann vertiefen und erweitern lässt. Sowohl negative als auch positive Bewertungen sollten vorerst vermieden werden, um den Gedankenfluss möglichst frei sprudeln zu lassen. Erst nach dem Versiegen der Ideen findet in der „Rotlichtphase" eine Auswertung statt, wobei der Klient, seine Sichtweisen und Interpretationen im Mittelpunkt stehen.

(2) *Die Verfremdung*: Das 2. Prinzip steht dafür, ein Problem aus der bisher üblichen Betrachtungsweise herauszulösen, um vorerst scheinbar unergiebige Assoziationen und Ableitungen zu verfolgen. Auf den Coachingprozess bezogen ist hier ist das Geschick des Coachs als „Kreativitätstrainer" gefragt, den Klienten darin zu unterstützen, aus seinem bisherigen Interpretationsrahmen herauszutreten und neue Standpunkte einzunehmen.

8.5.2 Einsatz von Kreativitätstechniken

Zur Unterstützung der Ideenfindung können Kreativitätstechniken eingesetzt werden. Psychologisch-strukturell sind dabei drei Gruppen zu unterscheiden:

(1) *Phantasie- und Denktraining*: Diese Techniken stärken die persönlichen Voraussetzungen der Kreativität des Individuums. Geübt wird offenes, spontanes, flexibles Verhalten. Ziel ist es, eingefahrene Denkweisen verlassen zu können, wobei Experimentierfreude, Bereitschaft zur interdisziplinären Kommunikation und das Spiel mit Gedanken, Informationen und Objekten die Ausgangsbasis bilden. Hierzu gehören Spiele und Übungen zur Sensibilisierung der Wahrnehmung sowie die Arbeit mit musischem Material (Farbe, Form, Klang, Bewegung etc.), „Morgenseitenschreiben" nach *Julia Cameron*, der „Künstlertreff" mit dem inneren Künstlerkind sowie sämtliche Improvisationen (wie z. B. ein Organigramm aus Smarties oder Gummibärchen).

(2) *Intuitiv-phantasieanregende Methoden*: Sie stellen die kreativen Techniken im engeren Sinne dar, da sie auf spontanem Verhalten und dem spielerischen (divergenten) Denken aufbauen. Allem zugrunde liegt die von *Freud* entwickelte Technik der „freien Assoziation". Diese Basistechnik aktiviert nicht nur unbewusste und verdrängte Erlebnisse, sondern produziert auch neuartige Ideen. Das Bewusstsein weiß normalerweise nichts von diesen Einfällen, weil sie häufig konfliktreich und ungewöhnlich sind. Ungeachtet ihrer Zugehörigkeit, Logik, Nützlichkeit, Umsetzbarkeit, Realitätsnähe und moralischer Wertung werden in-

tuitiv Lösungen gefunden. Die Erkenntnis erfolgt ohne vorangegangene logische Analyse. Hierzu gehören Assoziationstechniken wie das Brainstorming, Mapping-Techniken wie das Mindmapping, Systematische Variationen wie das Sechs-Farben-Denken nach *Edward de Bono* (1989), Analogie-Techniken wie Klassische Synektik oder Postkarten-Check.

(3) *Logisch-analytische Methoden* (auch „Systematisch-analytische Techniken" genannt): Hier wird das Problem in weitgehend selbstständige Teilprobleme gesplittet, wobei die Teilprobleme vorwiegend mit herkömmlichen Lösungswegen bearbeitet werden, die aus der Erfahrung und dem Wissen des Problemlösenden stammen. Dieser Vorgang schließt jedoch originelle parallele Lösungen nicht aus. Die Gesamtlösung entsteht durch die Kombination aller gefundenen Teillösungen. Hierzu gehören Matrixen wie der Morphologische Kasten, die Adenauer-Liste, Osborns Checkliste, Attribute Listing oder die Funktionsanalyse. Der Coach kann diese Techniken dazu nutzen, einen Themenbereich systematisch zu vertiefen und ihn mit dem Klienten zielgerichtet durchzuarbeiten.

8.5.3 Ergebnisbewertung

Jedes kreative Produkt stellt eine „Verlängerung der Persönlichkeit seines Schöpfers dar", daher soll der Coach so behutsam wie möglich mit den Ergebnissen des Klienten umgehen. In der gemeinsamen Besprechung der Ergebnisse der Sitzung muss der Coach allerdings darauf achten, dass er die von Klienten entwickelten Lösungen sowie die eigenen Vorschläge immer wieder in Bezug zu dessen Zielen bzw. Fragestellungen setzt. Sowohl dem Coach als auch dem Klienten müssen die Beurteilungskriterien, an denen die Lösungen gemessen werden, bewusst sein. Dies kann dazu führen, dass der Coach seinen Klienten auch auf Widersprüche aufmerksam machen muss, falls die Lösungsideen des Klienten in keinem angemessenen Verhältnis zu dessen Zielen stehen oder plötzlich einen neuen Themenbereich tangieren, der bisher noch nicht behandelt wurde.

8.6 Was der kreative Coach vermeiden soll

(1) *„Therapeutische Sprache"*: Hierzu gehören nicht nur die in psychotherapeutischen Kreisen üblichen Formulierungen wie „Fühlen Sie da mal ganz tief hinein", sondern auch der häufig karikierte salbungsvolle Tonfall des „Wissenden" und das „therapeutische Grunzen" als Zeichen des aufmerksamen Zuhörens.

(2) *Unterstellungen und Zuschreibungen:* Darunter werden unmittelbare „Du-Botschaften" verstanden wie „Das haben Sie doch ganz offensichtlich aus Neid und Eifersucht getan!" oder „Eine Frau in Ihrer Position kann es sich nicht leisten, so unsicher zu sein!" Der Klient wird damit in seiner Persönlichkeit „festgeschrieben" im Sinne von „So sind Sie!" statt eines professionellen Feedback.

(3) *Leistungsorientierte Beurteilungen der kreativen Produkte des Klienten*: Der Coach sollte kreative Produkte nicht danach beurteilen, ob sie gelungen oder sogar künstlerisch von Bedeutung sind. Möglich sind z. B. Hinweise auf Feh-

lendes, Fragen nach Anordnungen und Rhythmik, nach der Farbwahl, der Struktur, nach Bewertungen des Klienten und Fragen nach Prioritäten.

(4) *Feedback ohne Ankündigung*: Eindrücke, Gefühle und freie Assoziationen des Coachs, die sich auf den Klienten als Gegenüber, sein aktuelles oder geschildertes Verhalten und seine kreativen Produkte beziehen, sollten möglichst nicht „unkontrolliert" während des Gesprächs einfließen, da sie als „Killerphrasen" wirken können. Unterstützend hingegen ist, wenn der Coach z. B. formuliert: „Wenn Sie mich jetzt fragen, wie das auf mich wirkt, fällt mir Folgendes auf!"

(5) *Spontaner Abbruch von Lösungsansätzen*: Ungeschickt sind Versuche, den Klienten zu drängeln, damit er „auf den Punkt kommt", oder Äußerungen „Das bringt jetzt nichts aus meiner Sicht!" Der Coach muss in der Lage sein, einerseits geduldig zu sein und andererseits Ideen im Sinne von Hilfe zur Selbsthilfe zu entwickeln, wie der Klient sein Anliegen und die begonnenen Lösungsansätze dann außerhalb der Sitzung weiter verfolgen kann.

(6) *Andeutungen und kryptische Äußerungen*: Der Coach soll sich so klar wie möglich ausdrücken und „Anspielungen" bezogen auf die Person des Klienten vermeiden, da diese stark verunsichern können.

(7) *Fehlende Danksagung*: Einer Coachingsitzung liegt ein Arbeitsbündnis zugrunde, das u.a. auf der Selbstverantwortung des Klienten beruht, Konzentration sowie höchstmögliche Offenheit erfordert. Die Rolle des Klienten einzunehmen, ist für viele Menschen neu, ungewöhnlich und immer wieder eine Herausforderung. Daher sollte sich der Coach beim Klienten nach jeder Sitzung für diese Bereitschaft bedanken.

Literatur

Asch, S. (1956). Studies of independence and conformity: a minority of one against an unanimous majority. *Psychol. Monogr.*, 70, Nr. 9.

De Bono, E. (1989). *Das Sechsfarben-Denken*. Düsseldorf: Econ.

Brunstein, J.C. (1995). *Motivation nach Misserfolg*. Göttingen: Hogrefe.

Cameron, J. (1992). *Der Weg des Künstlers*. München: Droemer.

Cohn, R.C. (1984). *Von der Psychoanalyse zur themenzentrierten Interaktion* (6. Aufl.). Stuttgart: Klett-Cotta.

Csikszentmihalyi, M. (1992). *Flow. Das Geheimnis des Glücks*. Stuttgart: Klett-Cotta.

Festinger, L. (1957). *A theory of cognitive dissonance*. Evanston, Ill.: Row, Peterson.

Guilford, J.P. (1973). Theories of intelligence. In: B.B. Wolman (ed.), *Handbook of General Psychology*. Englewood Cliffs, N.J.: Prentice-Hall.

Hoffmann, H. (1986). *Kreativitätstechniken für Manager*. Landsberg: moderne industrie.

Landau, E. (1969). *Psychologie der Kreativität*. München, Basel: Ernst Reinhardt.

Petzold, H. (1973). *Kreativität & Konflikte. Psychologische Gruppenarbeit mit Erwachsenen*. Paderborn: Junfermann.

Rauen, C. (Hrsg.) (2004). *Coaching-Tools*. Bonn: managerSeminare.

Schreyögg, A. (2003). *Coaching. Eine Einführung für Praxis und Ausbildung* (6. Aufl.). Frankfurt/M.: Campus.

Schreyögg, A. (2005). *Arbeit mit kreativen Medien in der Supervision (Lehrbrief)*. Berlin.

Sikora, J. (1976). *Handbuch der Kreativ-Methoden*. Heidelberg: Quelle & Meyer.

9. Kapitel

Die Methode des imaginativen Rollenspiels im Konflikt-Coaching

Jasmin Messerschmidt

Zusammenfassung: Dieses Fallbeispiel schildert den Verlauf einen Einzel-Coachings mit einem Mitarbeiter, der sich aufgrund eines Konflikts mit seinem Vorgesetzten in einer beruflichen Krise befindet. Im Rahmen des Coachings werden Strategien erarbeit, mit diesem Konflikt wirksamer umzugehen. Als Methode werden imaginative Rollenspiele eingesetzt, mit dem Ziel, die Problemdefinition des Klienten zu präzisieren, bestehende Deutungsmuster zu verändern und neue Lösungsmöglichkeiten zu entwickeln. Im Rahmen einer gezielten Vorbereitung auf ein wichtiges Mitarbeitergespräch erweitert er zudem systematisch sein Handlungsrepertoire.

Die Methodik des imaginativen Rollenspiels gehört zu den sprachüberschreitenden erlebnis- und handlungsorientierten Verfahren der Gestalttherapie und des Psychodrama (vgl. *Schreyögg* 1995: 249, 255). Im Coaching werden imaginative Rollenspiele u.a. zur Analyse komplexer Interaktionsprozesse in konfliktären Beziehungen eingesetzt. Dabei ermöglichen sie zum einen eine präzise und differenzierte Rekonstruktion der Situation, mit einer daraus resultierenden eindeutigen Problemformulierung; zum anderen können passendere Deutungs- und Handlungsmuster für den Umgang mit dem Konfliktpartner erworben werden (vgl. *Schreyögg* 1995: 252ff.). Voraussetzung für den Einsatz imaginativer Rollenspiele ist die Bereitschaft des Klienten, sich auf diese Methodik einzulassen, und ein ausgeprägtes Vertrauensverhältnis zwischen Coach und Klient. Die folgende Fallbeschreibung zeigt Möglichkeiten für den Einsatz von imaginativen Rollenspielen im Rahmen eines Konflikt-Einzel-Coachings auf und verdeutlicht, wie durch diese Form erlebnis- und handlungsorientierter Methodiken Coaching-Gespräche in erheblichem Maße ergänzt und bereichert werden können (vgl. *Schreyögg* 1995: 248).

Erste Coaching-Sitzung: Klärung der Ausgangslage

Herr Schwarz, Mitarbeiter eines Technologieunternehmens, ruft mich an und bittet dringend um Unterstützung. Im Zuge einer Umstrukturierung habe er einen neuen Vorgesetzten bekommen, mit dem er sich überhaupt nicht verstehe. Die Situation werde zunehmend unerträglich, und er suche dringend nach Möglichkeiten, diese verfahrene Situation zu verändern.

(1) Rekonstruktion der Situation

Zur Präzisierung seines Anliegens beginnen wir in der ersten Sitzung mit der Rekonstruktion seiner aktuellen beruflichen Situation. Aufgrund seiner sehr aufgebrachten emotionalen Verfassung stellt er seine berufliche Situation nicht durchgängig nachvollziehbar dar. Daher rege ich Herrn Schwarz an, eine Panoramaarbeit zur Geschichte seiner Abteilung anzufertigen.

Panoramaarbeit: Auf einem Zeitstrahl, beginnend mit seinem Einstieg in das Unternehmen bis zum jetzigen Zeitpunkt, stellt er die wichtigsten Strukturveränderungen seiner jetzigen Abteilung chronologisch dar und zeichnet auch die für ihn persönlich wichtigen Begebenheiten ein. Neben der übersichtlichen Darstellung vermittelt Herr Schwarz über diese Arbeit auch, wie er die Ereignisse subjektiv wahrgenommen und erlebt hat (vgl. *Schreyögg* 1995: 291). Die wichtigsten Ergebnisse der Panoramaarbeit vermitteln folgendes Bild: Herr Schwarz ist vor drei Jahren in das Unternehmen eingetreten und hat seitdem seinen Arbeitsplatz innerhalb der Organisation nicht gewechselt. Während dieses Zeitraums wurde die Abteilung mehrfach umstrukturiert bzw. anderen Unternehmens-Bereichen zugeordnet. Bei der letzten Reorganisation vor fünf Monaten wurde seine Abteilung in drei Abteilungen gegliedert, „eine Haupt- und zwei Nebenabteilungen".[1] Herr Schwarz wurde einer der beiden Nebenabteilungen zugeordnet. Herr Klein, ein Kollege von Herrn Schwarz, der erst drei Monate vor der Restrukturierung neu eingestellt worden war, wurde zu seinem Vorgesetzten befördert. Herr Schwarz meint dazu: „Der hat sich in den wenigen Wochen der Zugehörigkeit zu dieser Firma nicht besonders hervorgetan. Wir waren alle sehr überrascht, dass ausgerechnet er den Abteilungsleiterposten bekommen hat." Schwarz selbst habe keine Ambitionen gehabt, Vorgesetzter zu werden.

Visualisierung mit „Inszenario": Mittels der Visualisierungsmethode „Inszenario" stellt Herr Schwarz anschließend die Beziehungsstruktur der an der aktuellen Situation beteiligten Personen dar: In der Abteilung von Herrn Schwarz arbeiten insgesamt acht Kollegen, von denen sich die sechs dienstälteren Kollegen untereinander sehr gut verstehen; dazu gehört auch mein Klient. Mit den beiden neu eingestellten Mitarbeiterinnen haben sie nur sehr wenig zu tun. Herr Klein, sein Vorgesetzter, hat zu seinen dienstälteren Mitarbeitern eine eher schlechte Beziehung, versteht sich allerdings mit den beiden neu eingestellten Kolleginnen, nach Aussage meines Klienten, recht gut.

(2) Die Beziehung zwischen Herrn Schwarz und Herrn Klein

Die Beziehung zu seinem Vorgesetzten beschreibt Herr Schwarz als „sehr schwierig". „Als wir noch Kollegen waren, ging es. Wir waren keine Freunde, aber wir kamen miteinander aus. Als er zum Chef befördert wurde, hat er sich vom ersten Tag an anders verhalten. Er ist autoritär, sucht nach Fehlern und macht uns das Leben schwer – vor allem mir. Ständig beobachtet er mich und wartet nur darauf, dass ich was falsch mache. Ich bin deswegen ganz nervös, und dadurch schleichen sich natürlich auch Fehler ein. Das sehen die übrigen dienstälteren Kollegen genauso."

---

1 Die Originalzitate von Herrn Schwarz sind durch Anführungszeichen gekennzeichnet.

Vor drei Monaten habe es eine „ernsthafte Auseinandersetzung" zwischen ihm und seinem Vorgesetzten gegeben. „Anlass war, dass mein Vorgesetzter einen banalen Fehler von mir dazu benutzt hat, mir mein Haupt-Ressort wegzunehmen. Über eine kurze E-Mail informierte er mich darüber, dass ich mich zukünftig um zwei andere Ressorts kümmern solle. Mein Ressort würde eine neue Kollegin übernehmen." Wutentbrannt sei Herr Schwarz daraufhin, ohne anzuklopfen, in das Zimmer seines Vorgesetzten eingetreten und habe diesen zur Rede gestellt. Herr Klein habe ihm ausweichend geantwortet und „fadenscheinige Argumente" angeführt, warum er sich zu dieser Maßnahme entschieden habe. Daraufhin sei meinem Klienten „der Kragen geplatzt", und er habe sich vor ihm „aufgebaut und angeschrieen", dass er sich das nicht gefallen ließe. Sein Vorgesetzter sei erstaunlich ruhig geblieben und habe ihn lediglich nachdrücklich gebeten, sein Zimmer sofort zu verlassen, was er auch getan habe.

Am nächsten Tag sei er von Frau Frank, der Vorgesetzten von Herrn Klein, zu einem Gespräch gemeinsam mit Herrn Klein gebeten worden. Deutlich habe man Herrn Schwarz zu verstehen gegeben, dass er sich zukünftig angemessen zu verhalten habe. Eine Aktennotiz werde nicht erfolgen, allerdings solle er sich bei seinem Vorgesetzten entschuldigen. Dies habe er auch getan, und Frau Frank habe am Ende des Gesprächs bemerkt, dass „der Konflikt damit wohl geklärt" sei.

In den darauf folgenden Tagen sei ihm zunehmend bewusst geworden, dass sein Verhalten nicht angemessen gewesen war, und er habe sich einige Tage nach dem Vorfall erneut bei seinem Vorgesetzten entschuldigt. Herr Klein habe ihm auf die Schultern geklopft und gesagt, dass alles in Ordnung sei. Aber das glaube er ihm nicht: „Der wartet doch nur darauf, dass ich einen Fehler mache, damit er eine Abmahnung veranlassen kann, das spüre ich." Eine Bestätigung für seine Vermutung sieht Herr Schwarz auch in einem weiteren Gespräch mit Frau Frank, das vor drei Wochen stattfand. Sie habe ihn gefragt, „wie es denn so laufe mit ihm und Herrn Klein". Auf seine Antwort „ganz gut" habe sie sich überrascht gezeigt und geäußert: „So, da habe ich aber anderes gehört." Daraus habe mein Klient geschlossen, dass sich sein Vorgesetzter erneut über ihn beschwert habe. „Langsam mache ich mir Sorgen um meinen Arbeitsplatz. Ich wäre nicht der Erste, der gehen muss."

(3) Zieldefinition
Wir präzisieren die Ziele, die Herr Schwarz durch das Coaching erreichen möchte. Seine eindeutige Antwort lautet: „Mein Vorgesetzter muss sich ändern." Dieses Ziel liegt offensichtlich nicht im Einflussbereich von Herrn Schwarz.[2] Eine Grundbedingung für erfolgreiches Coaching ist, dass die Ziele im Einflussbereich des Klienten liegen (vgl. *Raddatz* 2000: 134). Daher frage ich ihn: „Wie groß ist Ihrer Meinung nach die Wahrscheinlichkeit, dass sich Ihr Vorgesetzter verändert, nur weil Sie das möchten?" Herr Schwarz denkt nach: „Ich denke, die Wahrscheinlichkeit geht gegen Null" (vgl. *Raddatz* 2000: 296). Über zirkuläre Fragen realisiert er, dass er durch das

---

2 Diese Antwort von Herrn Schwarz ist kein Einzelfall. Die meisten Klienten kommen mit dem Ziel zum Coaching, dass sich ein anderer ändern soll, wodurch dann das Problem gelöst wäre (vgl. *Raddatz* 2000: 134).

Coaching nicht erreichen kann, dass sich sein Vorgesetzter ändert, sondern dass wir im Rahmen des Coachings nach Möglichkeiten suchen, wie er mit der gegebenen Situation angemessener und damit für sich erfolgreicher umgehen kann. Darüber könnte unter Umständen auch eine Verhaltensänderung seines Vorgesetzten initiiert werden (vgl. *Raddatz* 2000: 135). Die Option, den Konflikt gemeinsam mit seinem Vorgesetzten und der Unterstützung eines außenstehenden Mediators zu lösen, verwirft Herr Schwarz.

Er definiert ein Alternativziel, da nicht gewiss ist, ob sich seine Beziehung zu seinem Vorgesetzten tatsächlich zum Positiven verändern wird: Sollte sich seine berufliche Situation nicht innerhalb der nächsten acht Wochen spürbar verbessern, wird sich Herr Schwarz im Rahmen eines Karriere-Coachings auf die Suche nach weiteren beruflichen Optionen begeben und sich entweder nach einem neuen Arbeitgeber oder nach einer neuen Position innerhalb seines jetzigen Unternehmens umschauen. Wir beenden die erste Coaching-Sitzung nach 90 Minuten und vereinbaren einen zeitnahen Termin für ein weiteres Treffen.

Zweite Coaching-Sitzung

Herr Schwarz kommt recht gut gelaunt zum Coaching, obwohl seit dem letzten Coaching keine wesentliche Veränderung stattgefunden hat. Ziel der zweiten Sitzung ist, geeignete Strategien für den Umgang mit dem Konflikt zwischen ihm und seinem Vorgesetzten zu erarbeiten.

(1) Konfliktanalyse
Wir beginnen zunächst mit der Analyse des Konflikts. Die vorliegenden Informationen weisen auf einen Konflikt auf interaktiver Ebene hin (vgl. *Schreyögg* 2002: 61). Die Analyse des sozialen Konfliktrahmens zeigt, dass sich der Konflikt allmählich zu einem Meso-Konflikt ausweitet (vgl. *Schreyögg* 2002: 75). Beide Konfliktparteien suchen sich Koalitionspartner: Herr Schwarz in seinem Kollegenkreis und Herr Klein bei Frau Frank und den beiden neuen Kolleginnen – so jedenfalls die Vermutung von Herrn Schwarz. In Anlehnung an *Glasl* (1994, zit. n. *Schreyögg* 2002: 79) handelt es sich um einen Konflikt auf der dritten Eskalationsstufe,[3] der bereits einmal eskaliert ist und sich mittlerweile zum kalten Konflikt entwickelt hat.[4] In der Abteilung von Herrn Schwarz gibt es scheinbar keine Konfliktkultur: „Jeder in der Abteilung spürt diesen Konflikt, aber es ist bei uns nicht üblich, offen über Konflikte zu sprechen."

(2) (Verengte) Problemdefinition
Wir wenden uns den inhaltlichen Streitthemen zu. Ich bitte Herrn Schwarz, einen typischen Konflikt zwischen ihm und seinem Vorgesetzten zu schildern. Er beschreibt eine Situation aus der vergangenen Woche, in der Herr Klein ihn wegen

---

3 Dritte Stufe: Taten statt Worte. Übergang von verbalen Auseinandersetzungen auf die Handlungsebene (*Schreyögg* 2002: 86).
4 Kalte Konflikte bleiben latent bestehen und können jederzeit wieder ausbrechen.

fehlerhafter Leistung kritisiert habe. Herr Schwarz habe einen Arbeitsauftrag von Herrn Klein erhalten, für den sein Vorgesetzter ihn noch mit weiteren notwendigen Informationen versorgen wollte. Dies habe er jedoch versäumt. Herr Schwarz habe ebenfalls „nicht eingesehen", sich die fehlenden Informationen zu besorgen, sondern habe abgewartet. Am Tag der geplanten Fertigstellung sei Herr Klein erschienen und habe ihn „angemeckert und ihn dann dazu gezwungen, den Bericht bis zum späten Abend fertig zu stellen." Dies habe er dann auch „widerwillig" getan und sich am nächsten Tag bei seinen Kollegen über das „unverschämte Verhalten" seines Vorgesetzten beschwert.

Nach seiner Problemformulierung befragt, antwortet Herr Schwarz: „Herr Klein muss mich einfach mit den notwendigen Informationen versorgen, dann kann ich meine Arbeit auch termingerecht abliefern." Ich frage ihn: „Und was tun Sie, um den Zustand aufrechtzuerhalten?" Er antwortet: „Nichts, ich reagiere doch nur." Die Ursache des Konflikts sieht Herr Schwarz demnach eindeutig und ausschließlich bei seinem Vorgesetzten.

Diese Sichtweise spiegelt die Situation meines Erachtens jedoch nur zum Teil zutreffend wider, denn jeder Konflikt ist durch einen Regelkreis von immer wiederkehrenden Verhaltensweisen oder Interaktionsmustern gekennzeichnet. Aus der Aktion und vermeintlichen Reaktion beider Konfliktparteien entsteht ein Regelkreis aus Angriff und Gegenangriff[5] (vgl. *König & Vollmer* 2002: 111). Wir erarbeiten einen typischen Regelkreis, so wie er sich für Herrn Schwarz darstellt: Herr Klein weiß nicht, was er will, gibt einen diffusen Auftrag an Herrn Schwarz und wartet darauf, dass dieser Fehler macht (Aktion Person A). Herr Schwarz merkt das, gerät unter Druck und zeigt schlechte Leistungen (Reaktion Person B). Daraufhin kritisiert ihn sein Vorgesetzter massiv (Reaktion Person A), woraufhin Herr Schwarz beleidigt ist, weggeht und sich bei seinen Kollegen beschwert und den Kontakt zu seinem Vorgesetzten vermeidet (Reaktion Person B).

Präzisierung der Problemdefinition durch den Einsatz imaginativer Rollenspiele: Meine Hypothese ist, dass Herrn Schwarz seinen Anteil an der konfliktären Interaktion nicht realisiert. Damit wir im Coaching überhaupt adäquate Strategien für den Umgang mit dem Konflikt erarbeiten können, ist es notwendig, dass Herr Schwarz auch seinen Anteil am Konfliktgeschehen erkennt. Um seine verengte Problemformulierung („mein Vorgesetzter ist allein am Konflikt schuld") zu erweitern, setze ich die Methode der imaginativen Rollenspiele ein, bei der Herr Schwarz ein Konfliktgespräch zwischen ihm und seinem Vorgesetzten detailliert in einem Rollenspiel darstellen wird. Ziel der Arbeit mit dem Rollenspiel ist es, die Situation einmal von einer anderen Seite aus zu betrachten und die Rolle des Gesprächspartners einzunehmen (vgl. *Raddatz* 2000: 230). Dabei verlässt der Rollenspieler automatisch seine eingeschliffenen Sprachformen und erkennt Besonderheiten, die er bislang nicht wahrgenommen hat. Dies ermöglicht ihm, seine gewohnten Deutungsmuster zu verlassen und zu einer sehr viel treffenderen Problemformulierung zu gelangen als bisher (vgl. *Schreyögg* 1995: 253).

---

5 Regelkreise sind bei kalten Konflikten nicht so offensichtlich erkennbar wie bei heißen Konflikten (vgl. *König & Vollmer* 2002: 111).

Ich führe Herrn Schwarz vorsichtig an diese für ihn ungewohnte Methode heran und frage ihn, ob er sich vorstellen könnte, die vorhin beschriebene Situation einmal in allen Einzelheiten zu spielen, indem er abwechselnd sich selbst und dann seinen Vorgesetzten spielt. Dabei deute ich auf zwei leere Stühle und sage: „Aus meiner Erfahrung können sich daraus interessante und neue Erkenntnisse ergeben." Danach erkläre ich das genaue Vorgehen, um zu verhindern, dass er mit Unverständnis oder Ablehnung reagiert (vgl. *Rauen* 2000: 245). „Zunächst setzen Sie sich auf einen der beiden Stühle und spielen sich selbst. Dabei stellen Sie sich vor, dass Ihr Vorgesetzter auf dem anderen leeren Stuhl sitzt, und unterhalten sich mit ihm. Nach ein paar Sätzen als Herr Schwarz setzen Sie sich auf den anderen Stuhl und spielen Ihren Vorgesetzten, der dann zu Herrn Schwarz auf dem leeren Stuhl spricht. Wichtig ist, dass Sie sich so gut wie möglich mit der Person, die Sie gerade spielen, identifizieren (*Schreyögg* 1995: 259). Lassen Sie sich also die Zeit, die Sie brauchen, um sich in die Personen einzufinden."

Nach kurzem Nachdenken lässt sich Herr Schwarz bereitwillig auf meinen Vorschlag ein und imaginiert seinen Vorgesetzten. In einem mehrfachen Rollenwechsel stellt er die vorab geschilderte Konfliktsituation ausführlich dar. Im Anschluss an das Rollenspiel stelle ich ihm mehrere Fragen zur Reflexion: „Welche Punkte waren für Sie besonders interessant? Was ist Ihnen aufgefallen? Was war neu für Sie? Wie wirkt das Verhalten von Herrn Schwarz auf Herrn Klein? Was nehmen Sie aus dem Rollenspiel mit? Was hat Ihrem Rollenspielpartner gut getan und tut möglicherweise auch Herrn Klein gut?" (vgl. *Raddatz* 2000: 231).

Herr Schwarz gerät ins Nachdenken. Die Problemformulierung, die er zuvor verbal eindeutig beschrieben hat („mein Vorgesetzter ist allein am Konflikt schuld"), ist für ihn nach dem Rollenspiel nicht mehr stimmig. Im Rollentausch hat er ein Verständnis dafür entwickelt, wie sein Vorgesetzter sein Verhalten wahrnimmt, und erkennt damit auch seine eigenen Anteile an dieser Konfliktsituation: „Ich zeige Herrn Klein sehr deutlich, dass ich ihn als Vorgesetzten nicht akzeptiere und als Mensch nicht besonders mag. Auf Kritik reagiere ich gereizt und ironisch. Wobei er ja mit seiner Kritik aus seiner Sicht vielleicht nicht ganz Unrecht hat. Ich hätte aus seiner Sicht nachfragen und nicht darauf warten sollen, bis er mir die nötigen Informationen liefert." Insgesamt zeigt sich in der Reflexion sehr deutlich, dass Herr Schwarz über das Rollenspiel eine viel treffendere Problemformulierung entwickelt hat als bisher (vgl. *Schreyögg* 1995: 253).

Veränderung von Deutungsmustern durch den Einsatz imaginativer Rollenspiele: Auch die Deutung des Verhaltens seines Vorgesetzten hat sich über das Rollenspiel verändert.[6] Herr Schwarz unterstellt seinem Vorgesetzten nun nicht mehr, dass er ihn „bei Fehlern ertappen will", sondern er nimmt wahr, dass sein Vorgesetzter in seiner neuen Position als junge Führungskraft selbst unter großem Druck steht, sich als Führungskraft zu beweisen. Er gesteht ihm zu, dass er „aufgrund seiner Unerfahrenheit auch Fehler macht." Auch das strenge Verhalten von Herrn Klein deutet er

---

6 Erlebnis- und handlungsorientierte Methoden können Deutungsmuster von Klienten verändern, indem sie eine Selbstkonfrontation mit der Sinnhaftigkeit der eigenen Sichtweisen erleben (*Schreyögg* 1995: 253).

nach dem Rollenspiel „als einen unbeholfenen Versuch, Autorität auszustrahlen, damit wir ihn als Vorgesetzten anerkennen." Aus Sicht seines Vorgesetzten erlebt er sich selbst als unterschwellig aggressiv.

Neue Zieldefinition und neue Lösungsmöglichkeiten durch präzisierte Problem-formulierung und veränderte Deutungsmuster: Wir beginnen mit der Erarbeitung von Möglichkeiten, wie Herr Schwarz nach dieser neuen Erkenntnislage am sinn-vollsten mit diesem Konflikt umgehen kann. Nach seiner neuen Zieldefinition ver-sucht er den Konflikt zu lösen, indem er die Beziehung zu Herrn Klein wertschät-zender und positiver gestaltet. Anhand der konkreten Rollenspiel-Situation generiert Herr Schwarz Verhaltensoptionen, mit denen er dieses Ziel erreichen kann. Zukünf-tig wird er auf sein Kommunikationsverhalten achten sowie freundlicher und re-spektvoller auftreten. In Bezug auf seine Arbeitsleistung nimmt er sich vor, keinen Anlass für Kritik zu geben und bei Unklarheiten aktiv nachzufragen. Seine bisherige Strategie im Umgang mit diesem Konflikt „Rückzug und Austausch mit Kollegen" hat sich durch seine Rollenspielerfahrung erkennbar erweitert.

Häufig reichen Erkenntnisse aus Rollenspielen schon aus, um Verhaltensände-rungen zu initiieren. Meist jedoch empfiehlt es sich, das neue Verhalten durch Rol-lenspiel zu trainieren (vgl. *Schreyögg* 1995: 254). Daher schlage ich Herrn Schwarz vor, die erarbeiteten Verhaltensweisen in einem weiteren Rollenspiel auszuprobie-ren. Herr Schwarz stellt die Konflikt-Situation ein weiteres Mal dar. Das Gespräch zwischen den „beiden" Gesprächspartnern verläuft positiv. Es gelingt ihm, seinem Vorgesetzten Wertschätzung und Akzeptanz entgegenzubringen und freundlich aufzutreten.

Wir beenden die Sitzung mit der Hausaufgabe für Herrn Schwarz, die erarbeite-ten Verhaltensweisen im Umgang mit seinem Vorgesetzten umzusetzen und deren Wirksamkeit in der Realität zu überprüfen. Wir vereinbaren einen weiteren Termin in vier Wochen.

Telefonat

Drei Tage später ruft mich Herr Schwarz an. Herr Klein habe ihn unvermittelt zu einem Gespräch geladen, das bereits in zwei Tagen stattfinden werde. Die für ihn zuständige Personalentwicklerin werde ebenfalls anwesend sein. Herr Schwarz zeigt sich sehr verwirrt und aufgewühlt. Er kann sich nicht vorstellen, welches Ziel sein Vorgesetzter mit diesem Gespräch verfolgt. Seiner Meinung nach sei nichts Wesent-liches vorgefallen, er habe bewusst darauf geachtet, seinem Vorgesetzten keinen Anlass für Kritik zu geben. Herr Klein habe kein Wort über den Anlass des Ge-sprächs verloren, und er selbst habe aber – entgegen der Vereinbarung im Coaching – auch nicht aktiv nachgefragt. Nun befürchte er eine Abmahnung oder sogar eine Kündigung. Aus aktuellem Anlass vereinbaren wir kurzfristig einen Termin für den nächsten Tag. Herr Schwarz will sich „unbedingt auf dieses Mitarbeitergespräch vorbereiten." Ich rege an, dass er seinen Vorgesetzten, wenn möglich, auf den Grund des Gesprächs anspricht.

Dritte Coaching-Sitzung

Herr Schwarz kommt zum dritten Termin. Er wirkt durcheinander und unsicher. Leider war es ihm nicht möglich gewesen, den Grund für das geplante Gespräch herausfinden. Zunächst sammeln wir die verschiedensten denkbaren Anlässe für dieses Mitarbeitergespräch. Vorstellbar sind für Herrn Schwarz: sofortige Kündigung, Abmahnung, Kritikgespräch, Konfliktklärungsgespräch. Auch positive Gesprächsverläufe sind für ihn möglich, wenn auch unwahrscheinlich.

Gezielte Erweiterung von Handlungsmustern durch imaginative Rollenspiele: Herr Schwarz ist sich sehr unsicher, ob sein eigenes Handlungsrepertoire für einen positiven Gesprächsverlauf ausreicht. Er traut sich nicht zu, in den verschiedenen Situationen angemessen zu agieren. Sein Ziel für die dritte Coaching-Sitzung formuliert er dahingehend, dass er sich auf das kommende Mitarbeitergespräch systematisch vorbereiten möchte, um souverän und selbstsicher aufzutreten. Außerdem möchte er sicher sein, „nicht aggressiv zu werden, um seinen Arbeitsplatz nicht noch mehr zu gefährden." Ich schlage Herrn Schwarz vor, als Vorbereitung auf das Gespräch erneut die Methode der imaginativen Rollenspiele einzusetzen. Neben der Funktion der adäquaten Problemformulierung und Umstrukturierung von Deutungsmustern ermöglichen imaginative Rollenspiele eine gezielte Erweiterung von Handlungsmustern (vgl. *Schreyögg* 1995: 254). So eignen sich Rollenspiele auch dazu, Klienten auf ein schwieriges oder herausforderndes Gespräch vorzubereiten, bei dem sie nicht wissen, wie sie es gestalten sollen (vgl. *Raddatz* 2000: 230).

Ich fragte ihn, auf welche Situationen er sich speziell vorbereiten möchte. Die größte Befürchtung von ihm ist eine sofortige Kündigung. Deshalb möchte er diese Situation – auch wenn er sie nicht für die Wahrscheinlichste hält – unbedingt als Erste darstellen. Im imaginativen Rollenspiel spielt er zunächst seinen Vorgesetzten, der die Kündigung ausspricht, und wechselt dann auf den leeren Stuhl in die Rolle von Herrn Schwarz. Im Rollenspiel ist seine Reaktion auf die Kündigung kontrolliert und angemessen. Erneut wechselt er in die Position seines Vorgesetzten. Ich unterbreche dieses Rollenspiel und frage nach seinen Eindrücken. Herr Schwarz ist mit seiner Reaktion zufrieden. Es ist für ihn wichtig, im Rollenspiel erfahren zu haben, dass er in dieser Situation ruhig und beherrscht bleiben kann. Er kann sich sehr gut vorstellen, dass er in dem realen Gespräch auf eine etwaige Kündigung ähnlich gefasst reagieren wird.

Die nächste Situation, die er spielen möchte, ist eine Abmahnung wegen schlechter Leistung. Herr Schwarz eröffnet das Gespräch in der Rolle des Herrn Klein, der ihn wegen nicht termingerechter Fertigstellung und schlechter Arbeitsqualität kritisiert. Herr Schwarz wechselt den Stuhl und antwortet als Herr Schwarz. Auffällig ist, dass er überhaupt nicht auf die Kritik seines Vorgesetzten eingeht, sondern sofort deren Beziehung sowie das Streitgespräch thematisiert und sich deswegen zu rechtfertigen beginnt. Er wechselt erneut in die Rolle des Vorgesetzten. Ich unterbreche ihn und führe ihn in die Metaebene: „Wie empfindet Herr Klein die Antwort von Herrn Schwarz?" „Der ärgert sich über Herrn Schwarz." „Woran könnte das liegen?" „Vielleicht daran, dass Herr Schwarz gar nicht auf dessen Aussagen eingeht, sondern direkt den Streit anspricht." In einem kurzen Abriss erkläre ich

Herrn Schwarz die Bedeutung der beiden Gesprächsebenen (Sach- und Beziehungs-ebene) und rege an, dass er sich auf der Ebene bewegen und antworten soll, die Herr Klein vorgibt. In diesem Fall solle er auf der Sachebene bleiben und sich in seiner Antwort ausschließlich auf seine Leistung beziehen. Dadurch wird gewährleistet, dass sie nicht aneinander vorbeireden, dass Herr Klein die Gesprächsführung behält und der Konflikt nicht unnötig thematisiert wird und zu negativen Emotionen führt. Herr Schwarz erscheint diese Vorgehensweise plausibel.

Er wiederholt die Gesprächssequenz und setzt das Besprochene um. Ich unter-breche erneut und frage nach seinem Eindruck als sein Vorgesetzter. Herr Schwarz äußert sich positiv und realisiert die Unterschiede zum ersten Rollenspiel. Im weite-ren Verlauf des Rollenspiels unterbreche ich ihn mehrfach an relevanten und kriti-schen Stellen. Dadurch erhält er die Möglichkeit, die Wirkung seines Kommunikati-onsverhaltens unmittelbar zu reflektieren. Herr Schwarz spielt noch zwei weitere Situationen. Zum Abschluss des Coachings ist er sehr zuversichtlich, dass er durch die gezielte Vorbereitung in nahezu allen kritischen Situationen ruhig, beherrscht und souverän auftreten wird. Wir vereinbaren, dass er mich über den Ablauf des Gesprächs informiert.

Telefonat

Telefonisch teilt Herr Schwarz mir zwei Tage später mit, dass das Gespräch insge-samt zu seiner Zufriedenheit verlaufen sei. Inhaltlich sei es in diesem Mitarbeiterge-spräch tatsächlich um seine Leistungsqualität gegangen. Er habe die Punkte aus der letzten Coaching-Sitzung umgesetzt, die Gesprächsführung seinem Vorgesetzten überlassen und freundlich und entspannt reagieren können. Selbst auf kritische Fra-gen sei er konstruktiv eingegangen. So habe ihn sein Vorgesetzter gefragt, wie er künftig sicherstellen könne, qualitativ bessere Leistungen zu zeigen. Herr Schwarz habe daraufhin mehrere geeignete Vorschläge gemacht, die zu gemeinsamen und klaren Vereinbarungen geführt hätten. Eine Abmahnung habe er nicht bekommen. „Aus dem Tratsch mit den Kollegen werde ich mich zukünftig auch mehr heraushal-ten, um mich nicht unnötig erregen zu lassen."

Wir vereinbaren ein viertes Treffen in ca. vier Wochen, um uns über die Ent-wicklung auszutauschen und gegebenenfalls weitere Verhaltensweisen zu modifizie-ren. Herr Schwarz zeigt sich am Telefon sehr zuversichtlich, dass sich das Verhält-nis zu seinem Vorgesetzten in nächster Zeit deutlich verbessern wird.

Abschluss

Nach drei Wochen informiert mich Herr Schwarz telefonisch darüber, dass sich sein Verhältnis zu seinem Vorgesetzten spürbar entspannt habe. Er sehe keine Notwen-digkeit für ein weiteres Coaching, werde sich aber bei erneut auftretenden Spannun-gen wieder mit mir in Verbindung setzen.

Literatur

König, E., Vollmer, G. (2002). *Systemisches Coaching. Handbuch für Führungskräfte, Berater und Trainer.* Weinheim: Beltz.

Kreggenfeld, U. (2002). *Direkt im Dialog. Professionelle Gesprächsführung im Unternehmen.* Bonn: managerSeminare.

Raddatz, S. (2000). *Beratung ohne Ratschlag. Systemisches Coaching für Führungskräfte und BeraterInnen.* Wien: Verlag Systemisches Management.

Rauen, C. (2000). Der Ablauf eines Coachding-Prozesses. In: C. Rauen (Hrsg.), *Handbuch Coaching* (2. Aufl. 2002, S. 233-249). Göttingen: Hogrefe.

Schreyögg, A. (1995). *Coaching. Eine Einführung für Praxis und Ausbildung* (6. erw. Aufl. 2003). Frankfurt/M.: Campus.

Schreyögg, A. (2002). *Konflikt-Coaching. Anleitung für den Coach.* Frankfurt/M.: Campus.

10. Kapitel

Die psychodramatische Organisationsskulptur als Weiterentwicklung des Organigramms

Inés Cremer-v. Brachel

Zusammenfassung: Die psychodramatische Organisationsskulptur ist eine Weiterentwicklung des Organigramms. Sie bietet die Möglichkeit, in sehr anschaulicher und lebendiger Weise psychologische Aspekte differenziert zu analysieren. Anhand von vier Fallbeispielen werden (1) formelle und informelle Aspekte einer Rolle, (2) äußere Rollenanforderungen, (3) personale Rollenanforderungen und (4) soziale und soziometrische Kriterien in der psychodramatischen Arbeit mit der Organisationsskulptur dargestellt.

Sind Sie schon einmal zum Karneval in Köln gewesen? Tausende Clowns sind dort neben vielen anderen Jecken zu sehen. Der Clown ist eine sehr beliebte karnevalistische Verkleidung. Sie können sich ein Kostüm im Laden kaufen, sich die Nase rot anmalen, eine Pappnase aufsetzen oder das ganze Gesicht schminken, als Lappenclown gehen, als Harlekin oder nur als Clown. Es hängt eben davon ab, wie Sie in das Kostüm schlüpfen, wie Sie sich als Clown fühlen, wie Sie sich zeigen wollen. Was hat der Karneval mit Organisationen zu tun? Die Frage ist folgende: *Wie* werden Organisationen belebt? *Wie* werden sie von den verantwortlich Leitenden geführt? *Warum* entstehen Diskrepanzen zwischen Sturkuren und der Zusammenarbeit zwischen Vorgesetzten und Mitarbeiter/innen und zwischen diesen untereinander?

Die *Organisationsskulptur* ist ein Instrument, mit dem in der Supervision, im Coaching und in der Organisationsentwicklung gearbeitet werden kann. Die Organisationsskulptur ist eine psychodramatische Weiterentwicklung des Organigramms. Ein Organigramm bildet die formale Struktur einer Organisation ab: die beruflichen Rollen, ihre Funktionen, horizontale und vertikale Ebenen und die Beziehung der Subsysteme untereinander. Ein Organigramm wird in der Regel in der Supervision und Organisationsentwicklung am Flipchart aufgezeichnet. Sie können ebenso mit Powerpoint visuell dargestellt werden. Häufig wurden in Organisationen bereits Organigramme erstellt.

Die beruflichen Rollen werden von ihren Rollenträgern, also den Mitarbeiter/innen einer Organisation, individuell gestaltet. Das zur Verfügung stehende Rollenrepertoire beeinflusst somit in hohem Maße die Arbeit und die Beziehung der Mitarbeiter untereinander und zwischen Vorgesetzten und Angestellten. In diesem Kontext wird die Rolle definiert als berufliche Rolle innerhalb einer Organisation. Sie ist öffentlich und offiziell definiert. D. h. die berufliche Rolle ist *erstens* allen in der Organisation bekannt (öffentlich) und vertraglich geregelt bzw. (offiziell) festgelegt. Sie ist *zweitens* verbunden mit einem bestimmten Status innerhalb der Organisation, der Hierarchie (hoher/niedriger Status). Und *drittens* erfüllt die berufliche Rolle eine bestimmte Funktion (Aufgabenverteilung).

Damit auch soziale und psychologische Aspekte analysiert werden können, bedarf es einer differenzierteren Analyse. Dies ist auch für Konfliktlösungen oder zur Unterstützung von Leitungs- und Führungskräften notwendig. Die Organisationsskulptur bietet hier die Möglichkeit, über die schematische Skizze der Organisationsstruktur hinaus folgende Aspekte zu erfassen:

- formelle und informelle Aspekte einer Rolle,
- äußere Rollenanforderungen und gegebene Widersprüche,
- personale Rollenanforderungen und gegebene Widersprüche,
- soziale und soziometrische Kriterien in einer Organisation (oben/unten; nah/fern; innen/außen; heiß/kalt; zugewandt/abgewandt).

Die Organisationsskulptur kann eingesetzt werden, um die Reflexivität der Leiter/innen und Mitarbeiter/innen zu erhöhen. Sie dient weiter dazu, Konflikte in der Organisation zu analysieren. Sie ermöglicht einen Perspektivenwechsel, um auf menschliche Ressourcen zu schauen und diese zu nutzen. Anforderungen von außen (strukturell, sozial) oder von innen (personal), die an eine berufliche Rolle gestellt werden, werden durch die Organisationsskulptur sichtbar. Personale Kompetenzen vor allem von Führungskräften können trainiert werden, und strukturelle Verbesserungen können initiiert werden. Die psychodramatische Rollentheorie bildet in diesem Zusammenhang den theoretischen Hintergrund (vgl. *Moreno* 1989; *Petzold & Mathias* 1982).

Anhand einiger Beispiele[1] aus meiner Praxis werde ich die Arbeit mit der Organisationsskulptur und mit Führungsprofilen vorstellen.

Fallbeispiel 1: Formelle und informelle Aspekte einer Rolle

Eine Jugendhilfeeinrichtung ist vor zwei Jahren umstrukturiert worden, indem eine weitere Leitungsebene eingerichtet worden ist. Dieser Prozess wurde durch einen externen Organisationsberater begleitet. Durch neue Projekte und Zusammenlegungen einiger Bereiche wurde zwischen Bereichs- und Projektleitern unterschieden. Im Organigramm sieht diese neue Struktur bis auf einige Rollenkollisionen noch recht klar und der Arbeit dienlich aus. In der Supervision eines Projektteams ist der Ärger über dysfunktionale Arbeitsvorgänge dennoch massiv. Die Mitarbeiter bringen die in ihrem Erleben vorherrschenden Rollen auf die Bühne. Dies geschieht mittels symbolischer Gegenstände unterschiedlicher Requisiten. Es entsteht ein zweites Bild der Organisation. Auf der Bühne – Organisationsskulptur – ist der Bereichsleiter gleichzeitig mit einer Projektleiterin verheiratet. Auf der Bühne werden diese beiden durch zwei Handpuppen dargestellt, die eng nebeneinander sitzen. Zwei Projektleiter werden durch Waffensymbole in einer hierarchischen Beziehung zueinander

---

1 Alle Fallbeispiele sind so verändert, dass eine Identifizierung nicht möglich ist.

sichtbar. Einer von beiden ist durch die Umstrukturierung „degradiert" worden. Als ehemaliger Vorgesetzter ist er nun seinen früheren Mitarbeitern gleichgestellt.

In diesem Beispiel wird deutlich, dass durch die Umstrukturierung zwar neue Positionen besetzt wurden, die privaten Rollen jedoch die Umsetzung erschweren und teilweise auch verhindern (soziale Rollen). Das Verstehen dieser Dynamik auf der einen Seite und der Diskrepanz zwischen offiziellem Status und Realität auf der anderen Seite ermöglichte den Mitarbeitern des Projektteams, sich emotional zu distanzieren. Gleichzeitig konnten die Supervisanden im soziodramatischen Spiel experimentieren. Dazu wurde die Organisationsskulptur als Bühnenbild genutzt, um verschiedene Umgehensweisen der Supervisanden auszuprobieren. Sie schlüpften dazu in ganz unterschiedliche Rollen, ihnen vertraute Seiten ihrer Persönlichkeit, so z.B. als „Humorvolle", als „Anpackende", als „Kämpfende". Diese sog. psychodramatischen Rollen wurden kreativ auf der Bühne eingesetzt, um das Handlungspotenzial der Supervisanden zu erweitern. Durch den niedrigen Status der Mitarbeiter konnten diese die Umsetzung der neuen Struktur kaum beeinflussen. Das Wissen um die informellen Aspekte durch den Blick auf die Organisation, die sie auf der Bühne dargestellt hatten, half den Supervisanden, sich dennoch gegenüber den für sie nicht lösbaren Widersprüchen und Rollenkollisionen abzugrenzen.

Der Fokus dieser Supervisionssitzung wurde auf die Diskrepanz zwischen der formalen Struktur und den wahrgenommenen Rollen gelegt. Diese Analyse gibt dem Erlebten einen Namen, ein Bild. Fixierungen können dadurch aufgehoben werden, z.B. in diesem Fall das Gefühl der „hilflosen Kinder". Die Gestaltung der Organisationsskulptur auf der Bühne bietet gleichzeitig die Möglichkeit, Gefühle spielerisch auszudrücken. In dieser Supervisionssitzung konnten vor allem Aggressionen zugelassen werden. Auffallend war die lebendige Art und Weise, wie die Supervisanden die erlebte Organisation mit ihrem informellen Wissen aufbauten. Dieser Schritt führte sie aus der latent aggressiven Ohnmacht heraus. Gleichzeitig wurde durch den „Spaß" an der Bühnenarbeit erkennbar, wie sehr die sozialen Verflechtungen der Leitungsebene für die Mitarbeiter/innen der gesamten Jugendhilfeeinrichtung auch zur „Unterhaltung" beitragen.

Als Konsequenz ergibt sich eine weniger von Affekten gesteuerte Konzentration auf die Arbeit, d. h. auch eine Abgrenzung vom „Tratsch und Klatsch" innerhalb der Organisation. Wichtiger ist es, auf die formale Struktur hinzuweisen und an diesen Stellen, d. h. für die Mitarbeiter/innen an ihren unmittelbaren Vorgesetzten gewandt, Verantwortlichkeiten so einzufordern, dass sie auch wahrgenommen werden können.

Fallbeispiel 2: Äußere Rollenanforderungen

Der Leiter einer Beratungsstelle ist von einem seiner vier Mitarbeiter gefragt worden, für ein Gruppenberatungsprojekt finanzielle Mittel zur Verfügung zu stellen. Der größte Teil wird über Drittmittel finanziert. Für die Beratungsstelle wäre dies eine gute weitere Öffentlichkeitsarbeit auf der einen Seite, gleichzeitig eine zusätzliche finanzielle Belastung bei sehr knapp kalkuliertem Budget auf der anderen Seite. Der Leiter ist sehr ambivalent, obwohl die Aufgabenverteilung innerhalb der Einrichtung optimal geregelt ist. Er befürchtet Neid unter den Mitarbeitern. Ebenso will er auf jeden Fall vermeiden, dass einer das Gefühl hat, dass ein anderer vom Leiter übervorteilt werde. Er fühlt sich zunehmend hilflos. Auf der psychodramatischen Bühne baut er die Beratungsstelle auf. Für jeden Mitarbeiter und jede Mitarbeiterin nimmt er einen Stuhl und stellt diesen so, dass dadurch Zugewandtheit und Abgewandtheit erkennbar werden. Gefühle von Neid zweier Mitarbeiter/innen werden durch entsprechende Requisiten symbolisiert. Einen Mitarbeiter symbolisiert er durch einen umgekippten Stuhl mit einer Wolldecke überdeckt. Bei diesem Mitarbeiter hat der Leiter den Eindruck, dass er sich als Außenseiter fühlt, von den anderen „weggeschubst" und eher wie ein hilfloses Opfer wirkt. Der Leiter selbst gibt sich in der Mitte einen Platz auf sehr engem Raum. Von allen Mitarbeiter/innen umkreist, hat er keinen Überblick mehr. Er fühlt sich aufgefordert, alle gut zu versorgen, gerecht zu sein, alle im gleichen Maße im Blick zu haben und nur ja niemanden zu benachteiligen. „Ich kümmere mich ja um euch, ich tue mein Bestes, ich will, dass es euch allen gut geht", sagt der Leiter auf der Bühne zu seinen Mitarbeiter/innen. Die Supervisorin geht in der fiktiven Rolle als ein Familienvater auf die Bühne und spricht ihn an: „Ja, ja die lieben Kinderchen. Da müht man sich ab, und einer ist dann doch noch unzufrieden. Geht Ihnen das nicht manchmal auch ganz schön auf die Nerven?" Leiter (wird wütend): „ Ich hab´s so satt. Ich renke mir die Beine aus, verwöhne euch von vorne bis hinten, und ihr zieht ´ne Flappe. Scheiße!" (stampft mit dem Fuß auf und stößt gegen einen Stuhl). Die eigentliche Frage, ob dieses Gruppenangebot gut in die Beratungsstelle passt, ob personelle, zeitliche und finanzielle Ressourcen dafür da sind und ob dieses Projekt in die langfristige Konzeption der Beratungsstelle passt, verliert dieser völlig aus dem Blick.

Die Supervisorin lässt den Supervisanden das Bühnenbild von außen betrachten. Sie geht selbst im Rollentausch in seine Rolle und spielt diese ein wenig übertreibend nach. Im Spiegel sieht sich der Leiter als Vater in seiner Familie, die er versorgt, sich darum bemüht, dass es allen gut geht. Die Supervisorin geht aus der Rolle raus und betrachtet mit ihm gemeinsam das Bild. Auf die Frage der Supervisorin, was er denn brauche, um eine gute Entscheidung für die Beratungsstelle insgesamt zu treffen, sagt er: „Platz. Als erstes Platz. Und jetzt rede ich. Ich kann dem Mitarbeiter ja vorschlagen, dass wir die finanziellen Mittel bereitstellen und das ganze Projekt in einer abgespeckten Form durchführen. Den anderen Mitarbeitern erkläre ich, dass die Beratungsstelle dadurch langfristig neue Mittel erwirtschaftet und alle davon profitieren. Auch von dem Renommé dieser Sache." Er geht wieder in seine Rolle auf die Bühne, nimmt einen anderen Platz ein, setzt sich einen Leiterhut auf. Er ist klar, entschieden, emotional ausgeglichen. Die Reaktion der Mitarbeiter/innen ist von hoher Akzeptanz geprägt.

In dieser Bühnenarbeit erkennt der Supervisand, wie sehr seine private Rolle als Vater in den Vordergrund gerückt ist und seine berufliche Rolle als Leiter verdrängt hat. Die Zugänge zu seinen sonst eher vielfältigen und konstruktiven Entscheidungsmöglichkeiten sind ihm versperrt. Die äußeren Anforderungen der Mitarbeiter/innen an seine Leitungsrolle aktivieren seine fürsorgliche väterliche Rolle. Dies ist in vielen Situationen eine seiner großen Stärken. In dieser Situation ist allerdings eine konzeptionelle Entscheidung zu treffen, ist seine Führungsrolle gefragt.

144

Die Identifizierung äußerer Rollenanforderungen durch die Skulpturarbeit hilft, neue Lösungen für die dadurch entstandenen Konflikte zu finden. Weitere Unterstützung und Stärkung der Abgrenzungsfähigkeiten sind hier hilfreich.

Fallbeispiel 3: Personale Rollenanforderungen

Ein Schulleiter erzählt in einer Supervisionsgruppe (alles Schulleiter/innen) von seinem Ärger über seinen Hausmeister. Eine ohnmächtige Wut ist spürbar. Die Supervisorin lässt den Schulleiter die Situation und vor allem die Beziehung zwischen ihm und dem Hausmeister auf der Bühne aufbauen. Der Hausmeister wird auf einen Hocker als Thron gestellt. Er steht aufrecht, schaut auf den Schulleiter hinab mit einem Stab in der Hand als Symbol dafür, dass er das Sagen hat. Der Schulleiter steht hilflos und wütend gebückt nach oben schauend vor dem Hausmeister und ermahnt ihn mit kippender Stimme, dass er doch bitte die Mülleimer auf dem Schulhof leeren möge. Der Hausmeister lächelt über ihn und sagt, dass er das eben noch gemacht habe. Der Schulleiter weiß sich keinen Rat und meint, das sage dieser immer. Aus der Spiegelperspektive sieht der Schulleiter, dass der eigentliche Leiter wohl der Hausmeister sei. Er grinst und sagt, dass das ja wohl „schräg sei". Die Supervisorin greift den Humor auf und überlegt mit dem Schulleiter, auf welch spielerische Weise der „König Hausmeister" entthront werden könne. Immerhin müsse er sich doch um wichtigere Dinge kümmern, als die Mülleimerentleerung zu kontrollieren. Er lacht und meint, er träume schon vom „König", und das würde ihn am meisten ärgern. Die Idee ist, sich selbst zu inthronisieren, und zwar viel schöner und pompöser. Er holt „sein Volk", das Lehrerkollegium, auf die Bühne und stellt diese als Rückenstärkung hinter sich auf. Sodann sucht er sich ein Hilfs-Ich aus der Supervisionsgruppe aus, das die Stadt spielt, da diese als Arbeitgeber für die Hausmeister an städtischen Schulen zuständig ist. Die Stadt steht seitlich zu ihm. Er selbst hat sich ein schönes Gewand aus der Requisitentruhe umgehängt und einen dicken goldenen Reif umgelegt. Die übrigen Mitglieder der Supervisionsgruppe spielen die Schüler, die mit viel Spaß auf dem Schulhof herumtoben. Der Schulleiter sagt in bestimmendem und ruhigem Ton zum Hausmeister, dass er ihn bei Missachtung seiner Arbeitspflichten nur noch einmal ermahnt und dann sofort eine Mitteilung an die Stadt macht.

In der Supervision wird deutlich, wie sich der Schulleiter vom Hausmeister die Regie hat aus der Hand nehmen lassen. Gleichzeitig bringt das Schulsystem Schwierigkeiten in der Führung mit sich. Die Lehrer sind von der Regierung angestellt, die Hausmeister von der Stadt, es gibt die Schulpflicht usw. Hier ging es zwar auch um formale und informelle Machtverteilung, jedoch wurde der Fokus darauf gelegt, die gegebenen Strukturen zu nutzen, die entsprechenden Zuständigkeiten nicht als Dauerübel zu beklagen, sondern sich das bestehende Regelwerk zu Eigen zu machen. Die Überlastung einer Rolle konnte so wieder relativiert werden. Die entstandenen Selbstzweifel über die eigene Handlungsunfähigkeit wurden nur soweit reflektierend auf die eigene Person des Schulleiters hin bearbeitet, wie es aus psychologischer Sicht genau auf diese Ebene des Konflikts zwischen Person und Rolle gehörte. Reflektiert werden sollte das komplexe Ineinandergreifen der Rollen-, Autoritäts- und Kommunikationsstruktur. Der Konflikt konnte auf der Strukturebene durch das psychodramatische Spiel sowohl als Rollen-, Macht- und Autoritätskonflikt identifiziert und gelöst werden. Die Wahrnehmung der strukturimmanenten Problematik ermöglichte eine Entlastung und zugleich eine größere Abgrenzung. Gleichzeitig konnte der Schulleiter aus der Perspektive des Hausmeisters dessen Wunsch nach mehr Größe und Bedeutung, also den narzisstischen Anteil der informellen Rolle als „König" verstehen und emotional nachempfinden. Gleichzeitig war es seine Aufgabe, auf die formale Rolle des Hausmeisters hin zu handeln, damit die hausmeisterlichen Arbeiten auch getan werden.

Personale Anforderungen an eine berufliche Rolle, vor allem an Leitungsrollen, müssen reflektiert werden, damit die eigenen Stärken und Schwächen erkannt werden. Auf diese Weise lässt sich das eigene Leitungsprofil so gestalten, dass jemand sowohl den beruflichen Erfordernissen entsprechen als auch seine persönlichen Möglichkeiten optimal und effektiv nutzen kann. Häufig geht es gerade in der Beratung von Führungskräften um Fragen der Machtausübung und um deren emotionale Bewertung. Ein weiteres wichtiges Thema sind Delegations- und Abgrenzungsfragen.

Fallbeispiel 4: Soziale und soziometrische Kriterien

Der Geschäftsführer eines jungen mittelständischen Unternehmens, Herr F. M., thematisiert in einer Supervisionssitzung die Gründung eines neuen Tochterunternehmens. Das Unternehmen wird von einer Dreierspitze geleitet, in diesem Falle von drei Brüdern F. M., S. M. und P. M. Die drei Geschäftsführer haben sich die Aufgaben im Unternehmen schwerpunktmäßig und entsprechend ihren jeweiligen Kompetenzen aufgeteilt. Der dafür zuständige Herr P. M. wird dadurch in der nächsten Zeit häufig im außereuropäischen Ausland sein. Einige seiner Aufgaben werden in einem zeitlich vereinbarten Rahmen von Herrn F. M. übernommen. Dieser erzählt die Situation auffallend einfühlsam und nur die Vorteile für seinen Bruder P. M. herausstellend. Die Supervisorin lässt Herrn F. M. in groben Skizzen das expandierende Unternehmen mit der neuen Tochtergesellschaft an den Flipchart zeichnen. Die übernommenen Aufgaben werden mit Magneten kenntlich gemacht und wandern zu Herrn F. M. Dann lässt ihn die Supervisorin eine Organisationsskulptur auf der Bühne erstellen. Er gibt seinem Bruder P. M. einen weit entfernten Platz auf der Bühne, gemütlich eingerichtet mit exotischen Requisiten. Seinen anderen Bruder, Herrn S. M. platziert er in einem anderen Drittel der Bühne auf einen Chefsessel mit vielen Mitarbeitern, die er durch systematisch geordnete Kissen symbolisiert. Sich selbst setzt er einen Zylinder auf, zieht eine schwarze Jacke über und bewegt sich lässig, herrschaftlich, sich seines Einflusses bewusst über die Bühne/durch das Unternehmen. Eine triumphale Freude ist auf seinem Gesicht zu erkennen, sein Satz aus diesem Gefühl heraus ist: „Ich hab´s geschafft." Die Supervisorin verstärkt dieses Gefühl, und er breitet die Arme aus wie ein Kapitän über das weite Meer und sagt tief durchatmend, fast befreit: „Jetzt kann ich das tun, was ich will."

In der Reflexion wird deutlich, wie sehr sich trotz optimaler Aufgabenaufteilung die Führungsstile der drei Geschäftsführer unterscheiden. Herr F. M. ist ein freundlich bestimmter, eher kommunikativ Konflikte lösender Mensch. Sein Bruder S. M. ist rational, klar, zuverlässig und kann seine Mitarbeiter in sachlicher und verstehender Weise sehr gut fördern. Er kann delegieren und die Eigenverantwortlichkeit seiner Mitarbeiter nutzen. Herr P. M. ist ein sehr stark fordernder Mensch. Wenn es Konflikte gibt, reagiert er mit Unverständnis und häufig verletzenden Anweisungen. Das hat in der Vergangenheit dazu geführt, dass die Mitarbeiter, für die Herr P. M. zuständig ist, sich auf der informellen Ebene an Herrn F.M. gewandt haben. Dieser ging dann taktisch und pragmatisch vor. Gleichzeitig ärgerte ihn die Angst auslösende Führungsart seines Bruders, Herrn P. M., ohne diesen damit zu konfrontieren. Er meint, dieser brauche nun mal so viel Machtgefühl.

Die Supervisorin weist Herrn F. M. darauf hin, dass im Organigramm keine Machtunterschiede zu erkennen seien. Dann übernimmt die Supervisorin seine Rolle auf der Bühne und lässt ihn diese im Spiegel beobachten. Ihm wird deutlich, wie lustvoll und gelassen F. M. das Unternehmen führt, dass er mit einem gewissen Charme seine Macht sehr wohl zu erkennen gibt und dass er dadurch gegenüber seinem Bruder, Herrn P. M., gutes Potenzial zur Konfrontation hat. Im Rollentausch (Herr F.M. ist jetzt wieder auf der Bühne) genießt er nun bewusst seine Macht und geht zu seinem Bruder, Herrn P. M., und sagt ihm: „Ich werde deine Aufgaben übernehmen, solange du im Ausland bist. Ich werde es auf meine Weise tun. Wir sind da sehr unterschiedlich." – Herr P. M. will schon widersprechen und ihn zurechtweisen. – „Nein. Hör´ mir einen Moment zu. Du bist derjenige, der unsere Firma am besten im Ausland ans Laufen kriegt. Auf mich kannst du dich verlassen, dass ich meinen Teil erledige. Darüber hinaus lass uns unsere unterschiedlichen Möglichkeiten nutzen. Du bist der Macker nach außen, ich bin der Manager nach innen. Und unser Bruder ist der klarste und nüchternste von uns dreien. Wir sind doch ein tolles Team. Und Team-Sein, da kannst du noch was von mir lernen. Ist doch auch schön, oder nicht, so einen Bruder zu haben."

Herr F. M. ist mit sich zufrieden, kann nun zu seinem Gewinn stehen, zu seinen Brüdern als Geschäftsführungsspitze im Unternehmen, ohne die taktischen Schleichwege, die er bislang gegangen ist. Er fühlt sich ebenbürtiger, kann offener Kritik und Anerkennung gegenüber seinem Bruder P. M. äußern. Durch die Reflexion der unterschiedlichen Rollenanforderungen und die Reflexion auf die vielfältigen Potenziale der Geschäftsführer hin tritt Herr F. M. selbstbewusster auf. Mit seinen kommunikativen Kompetenzen kann er sich sowohl von seinem Bruder abgrenzen als auch auf ihn zugehen. Diese Kompetenzen als Führungskompetenzen zu definieren, verhindert, die alten Familienrollen zu aktivieren. Die gestaltwerdende psychodramatische Rolle des Mächtigen setzt die latente Lust an der Macht frei, die zwar formal vorhanden, aber wenig positiv besetzt ist, und wird damit steuerbar. Konflikte können so vermieden werden.

In der darauf folgenden Supervisionssitzung berichtet Herr F.M. von der letzten Geschäftsführungssitzung. Sie konnten konstruktiv und zeitökonomisch die zu verteilenden Aufgaben besprechen und ein sehr offenes Gespräch über ihre Dreierspitze führen. Dies geschah, so Herr F. M., in sehr anerkennender und die Unterschiede zulassenden Weise. Das erste Mal habe Herr P. M. ihm gesagt, wie sehr er ihn um seine kommunikative Art beneide. Er könne so nicht mit den Mitarbeitern umgehen. Da würde er immer sehr ungehalten und dann sehr streng. Ein bisschen Gelassenheit könne er gut gebrauchen.

Herr F. M. sagt, er müsse wohl auch noch ein bisschen lernen, sich deutlicher abzugrenzen oder auch mal ein „Machtwort" zu sprechen, obwohl er das nur sehr ungern tue. In dieser Sitzung schlägt ihm die Supervisorin vor, doch einmal verschiedene Führungsstile auf der Bühne auszuprobieren. Dann könne er ja sehen, was er noch verbessern könne.

Daniel Golemans Führungsprofile (vgl. *Goleman u.a.* 2002) können kreativ in der Supervision und im Coaching eingesetzt werden. Durch die psychodramatische Arbeit wird das Rollenrepertoire erweitert und reflektiert. Ebenso bietet sich diese Arbeit in der Fortbildung an.

Literatur

Goleman, D., Boyatzis, R., McKee, A. (2002). *Emotionale Führung*. München: Econ Ullstein List Verlag.

Moreno, J.L. (1989). *Psychodrama und Soziometrie*. Köln: Edition Humanistische Psychologie.

Petzold, H., Mathias, U. (1982). *Rollenentwicklung und Identität. Von den Anfängen der Rollentheorie zum sozialpsychiatrischen Rollenkonzept Morenos*. Paderborn: Junfermann.

11. Kapitel

Crea-Space – eine Methode zur Entwicklung des kreativen Potenzials in Teams und größeren Gruppen

Mohammed El Hachimi, Arist v. Schlippe

Zusammenfassung: Mit dem „Crea-Space" wird eine Interventionsform vorgestellt, die an den Modellen von Open Space und Zukunftswerkstatt orientiert ist. Sie eignet sich für mittlere bis große Gruppen als ein Instrument zur Erzeugung von Kreativität in der Erarbeitung von Zukunftsvisionen. Der Prozess besteht aus fünf Schritten. Die ersten vier dienen der Entfaltung des kreativen Potenzials der Gruppe, der letzte besteht in einem Commitment auf die vorher festgelegten Umsetzungen der kreativen Ideen.

11.1 Problemstellung

„Nichts ist beständiger als der Wechsel." – Es ist wohl ein Phänomen unserer Zeit, dass viele Organisationen in unserer Gesellschaft unter enormem Veränderungs- und Innovationsdruck stehen, unabhängig davon, ob es sich um wirtschaftliche Unternehmen handelt, um öffentliche Verwaltungen oder um politische oder karitative Institutionen. Die Anforderungen, die dabei gestellt werden, beziehen sich nicht nur auf die *interne* Unternehmensentwicklung, vielmehr sehen sich viele Einrichtungen immer wieder vor die Notwendigkeit gestellt, zunehmend mehr auch über die Grenzen der einzelnen Organisation hinaus aktiv zu werden, Ideen zu vernetzen, um globalere Probleme bzw. vernetzte Anliegen verschiedener Auftraggeber zu lösen. Dafür werden bestimmte Qualitäten gebraucht, und auf den jeweiligen Einzelfall bezogen sind spezifische Fragen zu beantworten, wie etwa:

- Wie schafft man Freiräume im Denken und in der Zusammenarbeit?
- Wie erzeugt man ein Optimum an Kreativität? Wie werden Potenziale und das Können der Mitarbeiter/innen weitest möglich genutzt?
- Wie wird es möglich, dass Vernetzung zum einen auf der Seite der Problemanalyse und im kreativen Prozess stattfindet, sich aber gleichzeitig auch in den Lösungsansätzen wiederfindet?
- Wie kann dafür gesorgt werden, dass es nicht nur um das Lösen von Problemen geht, sondern auch um Innovation?

Beispiel: In einer von einem der Autoren beratenen kleinen Firma analysierten die acht Mitarbeiter ihre Situation so: „Unsere besondere Herausforderung ist heute, in der Produktion neuer Produkte vorn zu stehen. Die Qualität der Ware ist heute nicht mehr so sehr das Problem, denn die wird von vielen erreicht, und die Preise sind überall niedrig. Der Druck liegt darin, immer wieder etwas Neues auf den Markt zu bringen." Die Mitarbeiter waren hochmotiviert und suchten nach Rahmenbedingungen dafür, diesen Anforderungen entgegen zu kommen: „Wir wollen etwas Neues erfinden, doch wenn wir nur in unseren Büros herumhocken, haben wir keine Idee, wie wir auf etwas Neues kommen sollen."

Es geht also darum, Strukturen zu entwickeln, in denen kreative Prozesse möglich werden. Es ist eine wesentliche Erkenntnis des sog. „systemischen Denkens", dass ein großer Teil von Prozessen in sozialen Systemen nicht über „instruktive Interaktion" zu kontrollieren ist. Kein Mitarbeiter wird „auf Befehl" kreativ. Vielmehr geht es darum, die Randbedingungen dafür herzustellen, dass Selbstorganisationsprozesse geschehen können (*El Hachimi & Stephan* 2000). Aus unserer Sicht ist eine Bedingungen dafür, dass viele OE-Prozesse fehlschlagen, die nicht erfolgte Differenzierung zwischen Prozessen, die instruierbar und fremdbestimmbar sind, und Prozessen, die nicht instruierbar sind: „Soziale Kompetenzen und Selbstorganisationskompetenzen können nach unseren kulturellen Vorstellungen kaum anders als durch selbstbestimmtes Lernen und kooperative Zusammenarbeit erworben werden" (*Greif & Kurtz* 1996b: 24f.).

11.2 Lösungsansätze

Zwei Modelle zur strukturellen Umsetzung der Anforderung, Rahmenbedingungen zu bieten, die im Prozess der Unternehmenstransformation explizit auf Selbstorganisationsprozesse abzielen, sollen an dieser Stelle kurz erwähnt werden: die Methode des *Open Space* (OS) und die Idee der *Zukunftswerkstatt* (ZW).

Die *Open Space*-Methode (*Owen* 1993) ist weniger eine Methode als vielmehr eine Philosophie, um das Know-How einer großen Zahl von Menschen zusammenzuführen. Als Rahmen bietet OS den Teilnehmer/innen die Erfahrung von Zusammengehörigkeit, ein einfacher Rahmen mit klaren Strukturen bietet eine Plattform, auf der die „Stimmen der Einzelnen" gehört werden können: meist im Rahmen eines großen Workshops oder einer Konferenz über mehrere Tage werden auf der Basis weniger Regeln Gruppenprozesse angeregt. Die Vorplanung beschränkt sich auf die Auswahl eines wesentlichen Rahmenthemas, die Klärung logistischer Fragen und die Einladung der Mitarbeiter. Die Regeln für die Großkonferenz sind knapp: „Jeder ist hier die richtige Person; was immer hier passiert, es ist das einzige, was passieren konnte; wenn es beginnt, ist die richtige Zeit; wenn es vorbei ist, ist es vorbei." Für die in den Untergruppen stattfindenden Workshops gelten ebenfalls knappe, prägnante Regeln: „Show up; be present; tell the truth; let it go!" (zit. nach *Ebeling* 1993: 332; dort findet sich auch eine kurze gute Zusammenfassung). Durch ein großes Gesamtmeeting jeweils morgens und abends wird die Verbindung zur Großgruppe gehalten.

Erfahrungsberichte zeigen, dass diese einfache Struktur Raum für sehr lebendige und kreative Prozesse gibt: „Ich habe selten auf einer Konferenz so viel gearbeitet und so entspannt, ausdauernd und phantasievoll gefeiert" (ebd., 334). Die Gefahr ist aus unserer Sicht, dass die Verbindlichkeit im Hintergrund steht. Ergebnisorientierung steht nicht im Vordergrund, und die Großflächigkeit des Vorgehens kann möglicherweise zu viele Themen entstehen lassen. Auch können einzelne Gruppen durchaus noch ihre Partikularinteressen durchsetzen und durch ein geschicktes Manipulieren der Gruppendynamik den Prozess und das Ergebnis beeinflussen.

Wesentlich straffer organisiert ist die *Zukunftswerkstatt* (*Jungk & Müllert* 1989; *Kuhnt & Müllert* 1996), eine von *Robert Jungk* inspirierte Arbeitsform. Auch hier geht es darum, quer durch Hierarchien und Abteilungen die Fähigkeiten und Ideen verschiedener Menschen zusammenzuführen und eine große Gruppe auf eine gemeinsame Zukunftsplanung hin auszurichten. Wie in der OS wird die Zukunftswerkstatt auch in einem mehrere Tage dauernden Großworkshop durchgeführt, in dem Vertreter unterschiedlicher Interessengruppen zusammengeführt werden und miteinander mittel- und langfristige Visionen entwickeln. Die Gruppe durchläuft dabei strukturiert drei Phasen:

(1) In der *Kritikphase* geht es darum, schnell und ohne langes „Drum-herum-Reden" einen aktuellen Missstand zu beschreiben. Die Regeln lauten hier: Aussagen werden in Stichworten gemacht (konkret, kurz und kritisch – „kkk"), sie werden nicht diskutiert, die einzige Steuerung ergibt sich aus dem Sachbezug.
(2) Die *Utopie- und Phantasiephase* dient der Produktion von Ideen. Es sind nur positive Äußerungen erlaubt, keine „Killerphrasen", wie z. B. „Das geht nicht!" Vielmehr sind alle Restriktionen aufgehoben. Explizit wird dazu aufgefordert, auch ins Utopische vorzustoßen, d. h. auch das zunächst Unmögliche zu denken.
(3) In der *Verwirklichungsphase*, werden die Ideen auf ihre Umsetzbarkeit geprüft. Die Regel ist dabei, mindestens ein konkretes Projekt zu entwickeln (Projektplan auf Flipchart-Papier), dabei kurz-, mittel-, langfristige Schritte zu bestimmen (Strategieplanung), die Finanzierung zu klären, „Gegner und Verbündete" zu benennen sowie Verantwortlichkeiten festzulegen.

Der Vorteil dieses Vorgehens ist die Ergebnisorientierung, doch diese erfordert in einem viel höheren Maße eine Steuerung als im OS. Die Vorbereitung ist langwierig und intensiv, die Sondierungsarbeiten sind aufwändig und teuer. Es ist in jedem Fall erforderlich, dass ein/e Berater/in von außen kommt. Es muss ein Steuerungsteam gebildet werden, das entscheidet, wer eingeladen wird, dazu kommen kleine begleitende Teams. Der Prozess wird von Protokollanten begleitet, die nur die Ergebnisse festhalten, diese anschließend aufbereiten, herumschicken sollen.

11.3 Crea-Space als ergänzendes Werkzeug

Das im Folgenden vorgestellte Werkzeug des „Crea-Space" versucht, Elemente von OS und ZW aufzugreifen. Gleichzeitig ist es zum einen weniger aufwändig, zum anderen kann es aus der Institution selbst heraus entwickelt und geleitet werden, es sind also nicht in jedem Fall externe Berater erforderlich (auch wenn eine Anleitung durch diese ebenfalls möglich ist). Es ist ein Modell, das sich auch für eine mittlere Gruppengröße eignet, also für Teams oder Abteilungen, für die ein OS-Prozess oder eine ZW zu aufwändig wäre. Crea-Space eignet sich für Gruppengrößen ab etwa 15

Personen, der Leiter kann durchaus selbst mitmachen. Eine Obergrenze für die jeweils aktive Gruppe sollte bei etwa 30 Personen liegen, sonst wird das Instrument evtl. schwerfällig, doch kann es problemlos über die Bildung von Untergruppen mit jeweils klar definierten Positionen eingesetzt werden (z. B. in verschiedenen Abteilungen parallel).

Crea-Space empfiehlt sich somit als ergänzendes Werkzeug, mit dem auch größere Zukunftswerkstatt-Projekte vorbereitet werden können. Schließlich sei noch einmal darauf verwiesen, dass wir es mit Instrumenten zu tun haben, die in ganz unterschiedlichen Kontexten einsetzbar sein sollten. So ist es auch denkbar, in psychosozialen Arbeitsbereichen etwa eine Familie-Helfer-Konferenz (*v. Schlippe & Schweitzer* 1996) mit Hilfe von Crea-Space zu gestalten, und auch für multikulturelle Fragestellungen bietet es sich an (*v.Schlippe, El Hachimi & Jürgens* 2003).

11.3.1 Philosophie und Ziele von Crea-Space

Die Philosophie, die dem Modell des Crea-Space zugrunde liegt, ähnelt der von OS und ZW. Es geht darum, einen Raum für Dialog, für Lernen und Planungen und für die Mobilisierung von Kompetenzen, Synergien, Wissen, und Visionen bereitzustellen und auf diese Weise soziale Systeme zu unterstützen, eine neue Ebene der Kooperation und der gemeinsamen Verantwortung zu erreichen. Es geht dabei eher darum, auf die Zukunft zu fokussieren statt auf Probleme, von Gemeinsamkeit statt von Konflikten auszugehen. Erfolge sind gemeinsame Erfolge. Die wesentlichen Ziele sind:

- Eine Struktur bieten, um Zukunft gemeinsam zu gestalten,
- dabei das innovative und kreative Potenzial einer Gruppe zuzulassen und zu nutzen.
- Gleichzeitig soll dafür gesorgt werden, dass der Prozess nicht durch Partikularinteressen und problematische Gruppendynamiken gestört werden kann: es geht darum, Kreativität zuzulassen, ohne dass der Einzelne Kontrolle über seine Ideen hat.
- Sprunghafte Veränderungen/Weiterentwicklungen ermöglichen,
- optimale Ressourcen und Erfahrungen der Teilnehmer/innen nutzen,
- gemeinsame Ergebnisse konkret umsetzen,
- Informationen transparent erweitern,
- Projekte kreieren.
- Schließlich ist die Ökonomie ein wesentliches Ziel: kleine Gruppen sollen in relativ kurzer Zeit (ein bis anderthalb Tage) zu handhabbaren Ergebnissen gelangen,
- und die Veränderung soll „allen" gemeinsam gehören.

11.3.2 Das eigentliche Vorgehen

(1) Vorplanung

Die Vorplanung beschränkt sich auf die Formulierung wesentlicher Rahmenthemen. Als Faustregel schlagen wir vor, nicht mehr als fünf Themen auszuwählen, die als Herausforderung definiert werden. Diese könnten auch in einem vorhergehenden Brainstorming-Prozess zusammengetragen werden, z. B. in AGs oder Interessengruppen, und mit der Geschäftsleitung, dem Vorstand und mit Interessenvertretungen abgestimmt werden.

(2) Beginn des Crea-Space

Im eigentlichen Crea-Space-Workshop werden die fünf Themen auf der Flipchart präsentiert. Anschließend werden diese Themen im Raum verteilt, und zu jedem Platz werden Stühle gestellt; ein weiterer Platz wird eingerichtet, ohne dass dort ein Thema erkennbar ist (nur ein leeres Flipchart-Papier für „Das andere"). Für jede Gruppe wird ein Protokollant gewählt, der sich zu dem jeweiligen Thema setzt und dort während der gesamten Übung sitzen bleibt. Ob er/sie sich an der Diskussion beteiligen darf, sollte vorher abgesprochen werden. Bei viel Konfliktstoff in den Themen und in der Gruppe empfiehlt es sich, den/die Protokollant/in ausschließlich das Protokoll herstellen zu lassen. Die anderen Teilnehmer/innen verteilen sich auf die Gruppen; dabei empfiehlt sich ein Zufallsverfahren. Anstelle eines Losverfahrens empfehlen wir das „Postkartendrittel- oder -viertelverfahren": Ansichtskarten werden jeweils in drei Teile geschnitten. Die Teilnehmer/innen bekommen gleich beim Eintreten in den Raum jeweils 1/3 Postkartenstück (oder bei einer größeren Gruppe 1/4 oder 1/5). Die jeweils passenden Karteninhaber setzen sich zusammen. Durch dieses Vorgehen wird, anders als bei einem trockenen Losverfahren, eine Atmosphäre von Leichtigkeit erzeugt, und gleichzeitig wird verhindert, dass sich Interessenvertreter zusammenfinden.

Bevor die Arbeitsgruppen ihre Arbeit aufnehmen, wird das Procedere kurz erläutert. Der/die Leiter/in des Crea-Space sollte auf eine gute Einführung achten, klare Instruktionen geben (Folien, Sprache und Graphiken) und auch die Crea-Space-Regeln vermitteln (evtl. gut sichtbar aufgehängt):

- Zeit einhalten,
- keine Wiederholungen,
- alles ist wichtig,
- alle sind wichtig.

Es sollte allen Teilnehmer/innen deutlich werden, dass es darum geht, alle Ideen zu äußern und auch und besonders die ungewöhnlichen Einfälle zuzulassen. Die Gesprächskultur sollte von einer Haltung der „Neugier" geprägt sein, nicht von einer Haltung der Wertung. Nur in der Neugier auf den anderen und seine Ideen wird er oder sie soweit kommen, Ideen zu formulieren, bei denen er sonst vielleicht befürchten müsste, ausgelacht zu werden.

(3) Die kreativen Gesprächsrunden

Wenn sich zu jedem Thema (und zu „Das andere") eine Gruppe gefunden hat, beginnt sie, das jeweilige Thema zu diskutieren, und zwar unter der Frage, welche Herausforderung darin steckt, welche (ungewöhnlichen ...) Ideen sie dazu haben, dieser Herausforderung zu begegnen. Nach 10 Minuten werden alle Gruppen aufgefordert, zu dem nächsten Platz zu rotieren, nur die Protokollanten bleiben sitzen. Die Einhaltung der Zeit ist in dieser Phase ungeheuer wichtig; besonders wenn der/die Leiter/in selbst am Diskussionsprozess teilnimmt, sollte er/sie exakt darauf achten und sich nicht beirren lassen. In der nächsten Gruppe berichtet der Protokollant den Neuen in drei Minuten über den Stand der Diskussion. Er achtet anschließend darauf, dass in der nächsten Gesprächsrunde nichts wiederholt wird, es geht nur vorwärts, es sollen nur Ideen produziert oder weiterentwickelt werden. Nach drei plus zehn Minuten kommt der nächste Wechsel, wieder berichtet der Protokollant der neuen Gruppe nur das Ergebnis der vorherigen Gruppe; der Prozess, wie die Vorgruppe an die Ergebnisse gekommen ist, wird bewusst vernachlässigt, damit für die neue Untergruppe die Freiheit der Gedanken erhalten bleibt.

Gerade diese Empfehlung halten wir für besonders wichtig. Es mangelte in der Vergangenheit nicht an Vorschlägen, die Möglichkeiten zur Steigerung der Kreativität im Brainstormingprozess durch Varianten zu bereichern[1]. Die besondere Qualität des Crea-Space sehen wir jedoch in der Dynamik des kreativen Prozesses, der durch das Vorgehen gewährleistet ist: Zum einen werden die Teilnehmer/innen durch die kontinuierliche Frage danach, was nun „neu" sei, besonders angeregt, zum anderen ermöglicht die Freiheit von Verantwortung, die das rotierende System bietet, eine Atmosphäre von Dynamik, Spannung und Freude, mit der die Teilnehmer/innen sich gegenseitig „anstecken" können.

(4) Der Market-Place

Wenn alle Teilnehmer/innen in allen Untergruppen waren, wird der „Market-Place" gebildet. Dieser kann ein wenig „ausgeschmückt" werden, denn hier geht es um die Präsentation der Ergebnisse. Die Protokollanten kommen in der Mitte zu einem „Fishbowl" zusammen und berichten über die zu den Themen entstandenen Ideen. Sie fokussieren dabei immer wieder vor allem auf das, was neu ist. Im Fishbowl wird nichts diskutiert, sondern nur vorgetragen. Nach der Ergebnisdarstellung werden von der Gesamtgruppe Präferenzen gewählt. Der Themen-„Marktplatz" mündet so in eine Präferenzliste (z. B. durch eine Vergabe von Punkten, dabei sollte die Punktzahl begrenzt werden je nach die Themenanzahl). Diese Themen werden in neuen, nun festen Arbeitsgruppen weiter ausgearbeitet und jeweils zu einem konkreten Projekt formuliert. Die Gruppe befasst sich damit etwa eine Stunde lang. Folgende Fragen werden als Hilfestellung angeboten:

---

1 Die 635-Methode kommt der hier vorgestellten Idee relativ nahe. Hier zirkulieren in einer Sechsergruppe jeweils sechs Formblätter, die jeweils an den Nachbarn weitergereicht werden, wenn drei Lösungsideen für ein definiertes Problem eingetragen wurden – nach fünf Durchläufen werden die ausgefüllten Bögen (mit jeweils 18 Lösungsvorschlägen) gemeinsam ausgewertet (*Bambeck & Wolters* 1991).

- Welche Ziele als Herausforderungen gibt es?
- Welche Optionen sind denkbar?
- Welche Fragen sollten wir stellen und lösen (Ressourcen, Zeit, Raum, Finanzen, Personen und Kompetenzen)?

Die Gruppen bringen ihre fertigen Vorschläge auf Plakaten oder Kärtchen zur Präsentation, die Ergebnisse werden im Plenum vorgestellt und zu einem konkreten Projekt-Paket geschnürt. Dabei werden Fragen besprochen wie:

- Womit kann sofort begonnen werden?
- Wo brauchen wir noch neue Informationen und Kompetenzen?
- Wie sieht in dem Fall der Zeitrahmen aus?

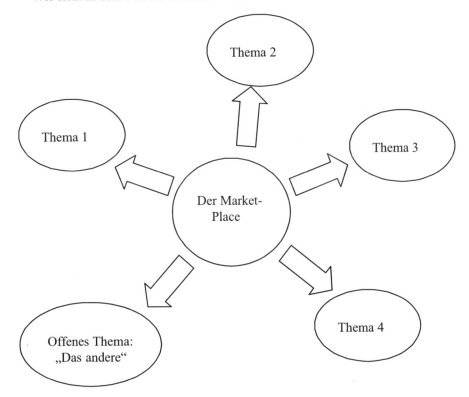

(5) Commitment
Im persönlichen Commitment legt sich jeder Einzelne auf die folgenden Fragen fest:

- Wer macht mit wem was?
- Was kann mein Team/Institut/Organisation tun?
- Was werde ich tun?
- Bis wann werde ich bzw. werden wir es tun?

Die Commitments werden schriftlich festgehalten und allen Beteiligten zugänglich gemacht.

11.4 Schluss

Der Crea-Space ist eine gut handhabbare Gruppenübung, die in Team- und Organisationsentwicklung einsetzbar ist, sich aber darüber hinaus in vielen anderen Bereichen anbietet. Sofern bei den Beteiligten ein wirkliches Interesse an Veränderung besteht und keine „hidden agendas" den Change-Management-Prozess verunmöglichen, ist es ein hilfreiches Werkzeug, auch unterhalb einer Größenordnung von OS oder ZW kreative Potenziale zu erschließen. Ziele und Probleme von sozialen Systemen brauchen für neue Lösungen Freiräume, in denen sich jeder Einzelne mit seinen Möglichkeiten einbringt und Anregungen und Ideen sich von ihrem Urheber lösen und in etwas Neues eingehen: in eine gemeinsame Vision einer veränderten Zukunft.

Literatur

Bambeck, I., Wolters, A. (1991). *Brain Power*. München: Langen Müller.
Ebeling, I. (1996). Organisationstransformation. Eine internationale Konferenz als Beispiel. In: S. Greif, H.-J. Kurtz (Hrsg.), a.a.O., 329-335.
El Hachimi, M., Stephan, L. (2000). *SpielArt: Konzepte systemischer Supervision und Organisationsberatung. Instrumente für Trainer und Berater*. Göttingen Vandenhoeck & Ruprecht.
Greif, S., Kurtz, H.-J. (Hrsg.) (1996). *Handbuch selbstorganisiertes Lernen*. Göttingen: Verlag für Angewandte Psychologie.
Greif, S., Kurtz, H.-J. (1996b). Selbstorganisation, Selbstbestimmung und Kultur. In: S. Greif, H.-J. Kurtz (Hrsg.), a.a.O., 19-32.
Owen, H. (1993). *Open Space Technology. A user's guide*. Potomac: Abbott.
Jungk, R., Müllert, N. (1989). *Zukunftswerkstätten*. München: Heyne.
Kuhnt, B., Müllert, N. (1996). *Moderationsfibel Zukunftswerkstätten*. Münster: Ökotopia.
Schlippe, A.v., Schweitzer, J. (1996). *Lehrbuch der systemischen Therapie und Beratung*. Göttingen: Vandenhoeck & Ruprecht.
Schlippe, A.v., El Hachimi, M. Jürgens, G. (2003). *Multikulturelle Systemische Praxis*. Heidelberg: Carl-Auer-Systeme

12. Kapitel

Vier Dimensionen des Tätigseins
Ein heuristisches Modell zur Work-Life-Balance

Christoph J. Schmidt-Lellek

Zusammenfassung: Der Autor greift ein Modell des Philosophen Martin Seel über die „vier Dimensionen des Tätigseins" auf und entwickelt daraus ein praxisorientiertes Konzept zur Work-Life-Balance. Diese Dimensionen sind: (1) Arbeit als zielgerichtetes Handeln, (2) Interaktion als Umgang mit einem menschlichen Gegenüber, (3) Spiel als zweckfreies, primär vollzugsorientiertes Handeln, (4) Betrachtung, Kontemplation als vollzugsorientierte Interaktion mit einem Gegenstand. Nach einleitenden Überlegungen zur postmodernen Arbeitswelt und zum Begriff Work-Life-Balance werden diese Dimensionen im Einzelnen dargestellt und in ihrer Bezogenheit aufeinander erläutert. Gelingendes Leben setzt voraus, dass alle Dimensionen verfügbar sind. Ein Fragenkatalog soll einem Coaching-Klienten dazu dienen, seine Lebenspraxis zu überprüfen und ggf. zu modifizieren.

Im Coaching gewinnt die Frage nach einer Work-Life-Balance eine immer größere Bedeutung, da offenbar in heutigen Arbeitswelten eben diese Balance zunehmend prekär wird. Insbesondere bei höher qualifizierten Berufstätigen und bei Führungskräften nimmt die berufliche Arbeit häufig einen so großen Raum ein, dass andere Lebensbereiche und nicht-berufliche Aktivitäten weitgehend vernachlässigt werden oder ganz verkümmern („Entgrenzung der Arbeit", *Horx* 2002). In diesem Beitrag will ich nach einleitenden Überlegungen zur postmodernen Arbeitswelt und zum Begriff „Work-Life-Balance" ein heuristisches Modell präsentieren, mit dem im Coaching das Thema einer Balance zwischen den verschiedenen Lebens- und Tätigkeitsbereichen konkretisiert und untersucht werden kann.

12.1 Postmoderne Arbeitswelt

In der Gestaltung seiner Arbeitszeit und in der Entwicklung seiner beruflichen Identität gewähren traditionelle berufliche Rollenmuster und Arbeitskonzepte einem Berufstätigen heute keine hinreichende Sicherheit mehr. Menschen sind in zunehmendem Maße genötigt, sich persönliche, individuelle Formen für die Gestaltung ihrer beruflichen Arbeit zu schaffen, die für sie passen. Dies bietet einerseits ein hohes Maß an individueller Freiheit; andererseits sehen sie sich aber auch dem Zwang ausgesetzt, aus den vielfältigen Möglichkeiten auszuwählen und sich immer wieder neu zu entscheiden.

Diese Entwicklungen unserer Arbeitswelten wird in der Fachliteratur unter dem Stichwort „Postmoderne" (z. B. *Welsch* 1991; *Zima* 2001) oder „zweite Moderne" (*Beck* 1986) verhandelt. Übergreifendes Thema ist dabei der Verlust oder der bewusste Abschied von allgemeinverbindlichen Wertorientierungen, wie sie in traditionalen Gesellschaften gegolten haben und die dem Einzelnen eine weitgehende Sicherheit für sein Denken und Handeln und seine Lebensgestaltung bieten konnten. Ein Symptom dieses Verlusts ist die schwindende Bindekraft von Kirchen, Gewerkschaften, Volksparteien, die sich u.a. in schwindenden Mitgliederzahlen ausdrückt. Auch viele gesellschaftliche Auseinandersetzungen kreisen um diese Veränderungen, wie z. B. religiöse oder politische fundamentalistische Bewegungen gegen den „Zerfall" von traditionellen Werten oder auch das Festhalten von Gewerkschaften an Flächentarifen gegen die Individualisierung von Arbeitsverträgen.

Insbesondere bei den Personen, an die sich das Beratungsformat Coaching richtet, nämlich Führungskräfte und Freiberufler, die ja in der Regel ohnehin nicht durch herkömmliche Tarifsysteme gebunden sind, wird der Verlust von traditionellen Formen, die berufliche Arbeit zu gestalten, spürbar und hat häufig beträchtliche Auswirkungen auf die eigene Gesundheit, auf das Privatleben in Beziehungen und Familien und auf die weiteren sozialen Vernetzungen. Generell scheint für diesen Personenkreis die Bedeutung von beruflicher Arbeit gegenüber anderen Lebensbereichen dermaßen vorzuherrschen, dass die Frage einer „Work-Life-Balance" zu einem zentralen Thema im Coaching geworden ist. Hier zeigt sich in besonderem Maße die Notwendigkeit, seine Arbeitsabläufe individuell zu gestalten; denn eine unkritische Anpassung an (von Firmen, Konzernen usw.) vorgegebene Arbeitserwartungen erscheint vielfach geradezu als eine Form von Selbstausbeutung, mit auf die Dauer selbstschädigenden Folgen:

Beispiel dafür sind heute etwa manche Rechtsanwälte, die in international agierenden Anwaltskanzleien tätig sind. Da ihr Karriereziel, das von der Firma vorgegeben ist, darin besteht, „Partner" und damit Anteilseigner der Firma zu werden, sind sie häufig Jahrelang nahezu ausschließlich für die Firma tätig, sodass für Familienleben und für andere Lebensinteressen so gut wie keine Zeit übrig bleibt – selbst einen Coachingtermin wahrzunehmen, erscheint dann fast unmöglich. Da der Inhalt der Arbeit aber in der Regel durchaus den eigenen Neigungen entspricht, wird eine Veränderung erst dann angestrebt, wenn die Person durch eine innere oder äußere Krise dazu gezwungen wird, wie z. B. Erschöpfung, Krankheit, Depression, die Androhung der Ehefrau, sich scheiden zu lassen, und dergleichen.

Coaching als berufsbezogene Beratung hat zwar in erster Linie die Arbeitswelt und ihre Bedingungen im Blick, sodass hier Effizienz und Effektivität, beruflicher Erfolg, Umgang mit Konflikten im Vordergrund stehen. Andererseits ist Coaching immer auch personenbezogen, d. h. die zu beratende Person soll als ganze in den Blick kommen und nicht nur in ihren jeweiligen beruflichen Funktionen. Denn beruflicher Erfolg wird von vielen Faktoren mitbedingt, die außerhalb der Arbeitswelt liegen. Ein glücklicher, ausgeglichener Mensch, der aus einem gelingenden Gleichgewicht seines Gesamtlebens heraus seine Arbeit tut (vgl. *Buer & Schmidt-Lellek* 2008), ist in vieler Hinsicht stärker belastbar, kreativer, effektiver in der Ausführung seiner beruflichen Aufgaben als ein Mensch, dem diese Balance fehlt oder nicht gelingt. Aus diesem Grunde ist das Thema einer „Work-Life-Balance" ein bedeutsamer Bestandteil einer berufsbezogenen Beratung wie Coaching. Und es ist erstrebenswert, dass Menschen im Hinblick auf ihre berufliche Karriere möglichst frühzeitig und nicht erst in Krisen sich mit diesen Fragen auseinandersetzen.

12.2 Zum Begriff „Work-Life-Balance"

Der Begriff ist insofern problematisch, als er einen Gegensatz zwischen Arbeit und Leben impliziert, zwischen denen eine Balance herzustellen sei. Damit kann nicht in den Blick kommen, dass Arbeit selbst Leben ist und dass ein Großteil der Lebenszeit in Arbeitsprozesse gebunden ist. Auch die Unterscheidung zwischen Arbeit und Freizeit wird der Lebenssituation nicht völlig gerecht. Denn auch in der von beruflicher Arbeit freien Zeit ist Arbeit zu leisten, sei es als Hausarbeit, Erziehungsarbeit, private Fortbildung usw., also Tätigkeiten, die keineswegs nur dem persönlichen Vergnügen oder der Erholung dienen. Andererseits geschehen auch in der beruflichen Arbeitszeit Dinge, die für die Persönlichkeit des Berufstätigen über die zu erbringende Arbeitsleistung mit den materiellen Belohnungen hinaus bedeutsam sind. Stichworte dazu sind:

- Arbeit als Selbstentwicklung und Selbstverwirklichung,
- Arbeit als Sinnstiftung,
- Arbeit als Stabilisierung des Selbstwertgefühls,
- Arbeit als Stabilisierung von gesellschaftlichen Rollen,
- die Arbeitswelt als Teil des sozialen Netzes,
- Arbeit als Strukturierung von Lebenszeit.

Es wäre jedenfalls ein Reduktionismus, wenn Arbeit nur als notwendiges Übel begriffen würde, um die ökonomischen Bedingungen seiner Existenz zu sichern. Allerdings scheinen viele Menschen ihre berufliche Arbeit vorrangig oder ausschließlich unter diesem Aspekt zu sehen, zumal in weniger qualifizierten Tätigkeitsfeldern. Aber auch dann wird in der Regel übersehen, dass die berufliche Arbeit z. B. das Selbstwertgefühl und die gesellschaftliche Anerkennung (mehr oder weniger) sicherstellt – was zuweilen erst im Falle von Arbeitslosigkeit ins Bewusstsein dringt. Aber auch Berichte über ein existenzielles Scheitern (Depression, Alkoholismus usw.) von Personen, die durch eine Erbschaft oder durch einen Lottogewinn zu plötzlichem Reichtum gelangt sind und dann meinen, auf Lohnarbeit verzichten zu können, zeigen die andere Seite der Bedeutung von beruflicher Arbeit.

Das Begriffspaar „Arbeit" und „Leben" ist also ungenau, zumal „Leben" ein übergeordneter Begriff ist, sodass die beiden Begriffe nicht auf der gleichen Stufe stehen: Arbeit ist ein Teil des Lebens und ein bedeutsamer Lebensinhalt. Mit dem Begriff „Work-Life-Balance" ist vielmehr die Frage zu stellen, welchen Stellenwert berufliche Arbeit *im Lebensganzen* hat, wie weit eine Balance zwischen den verschiedenen Lebensbereichen besteht und wie diese im Einzelfall aussehen kann. Die Frage der Balance lässt sich genauer unter folgenden Gesichtspunkten betrachten, wie es in der Fachliteratur üblicherweise getan wird (vgl. *Schreyögg* 2005):

- Balance zwischen Arbeit und Freizeit,
- Balance zwischen beruflicher Arbeit im öffentlichen Raum und Privatheit,
- Balance zwischen Arbeitsleben und Familienleben.

Wenn man den Schwerpunkt auf den Aspekt der *Balance* legt, sind im Rahmen des Coachings allerdings zahlreiche weitere Dimensionen von Belang, die im Einzelnen zu untersuchen sind:

- Balance zwischen Fremdbestimmung und Selbstbestimmung,
- Balance zwischen „Verkauf seiner Arbeitskraft" und Selbstverwirklichung,
- Balance zwischen dem Befolgen von fremden Interessen (des Arbeitgebers, der Organisation usw.) und dem Verfolgen eigener Interessen (inhaltlicher Art, Karriere usw.),
- Balance zwischen Geben und Nehmen,
- Balance zwischen Anspannung und Entspannung,
- Balance zwischen Leid und Lust,
- Balance zwischen existenzieller Sicherung und Bedrohung durch die Institution (vgl. *Schreyögg* 2004: 73f.),
- Balance zwischen aufgezwungenen Rollen und selbst gewählten Rollen,
- Balance zwischen Rollenidentifikation und Rollendistanz.

Man kann die genannten Gegensatzpaare als spannungsreiche „Polaritäten" begreifen (*Schmidt-Lellek* 2006: 278ff.), zwischen denen sich Leben und berufliche Arbeit bewegen und zwischen denen jeweils eine situationsangemessene Balance zu finden bzw. zu schaffen ist (vgl. *Lauterbach* 2005: 41ff.). Diese Balance erscheint jedoch in der Praxis vielfach bedroht, und sicher ist das Erleben einer fehlenden Balance ein häufiger Anlass, sich an einen Coach zu wenden.

Balance ist allerdings kein statischer Zustand, sondern ein andauernder Prozess: Sie muss immer wieder neu gefunden und an sich verändernde Situationen angepasst werden. So stellt eine neue Aufgabe eine „Herausforderung" an die Person dar, welche sie aus einem gewohnten Gleichgewicht bringen kann oder sogar soll. Diese anzunehmen, stellt die eine Seite des Geschehens dar, und ohne solche Herausforderungen gibt es keine Fortentwicklungen, sei es einer Person, sei es einer Organisation. Kurz, ein neu zu findendes Gleichgewicht ist das Ergebnis der Auseinandersetzung mit einem Ungleichgewicht. Ein ernsthafteres Problem, wie z. B. durch gesundheitliche, psychische oder soziale Folgen einer fehlenden Balance, entsteht dann, wenn dieser Prozess auf irgendeine Weise blockiert ist. Das Gleichgewicht lässt sich vielleicht erst dann bewusst wahrnehmen und thematisieren, wenn es nicht vorhanden ist oder wenn es nicht gelingt.

12.3 Vier Dimensionen des Tätigseins

Eine weitere Präzisierung für die Frage der Work-Life-Balance ergibt sich, wenn man mit dem Frankfurter Philosophen *Martin Seel* (1999: 139ff.) die „vier idealtypisch unterschiedenen Dimensionen gelingender menschlicher Praxis" betrachtet, von denen Arbeit nur eine darstellt:

(1) *Arbeit*: zielgerichtetes Handeln zum Erreichen äußerer Zwecke; die Behandlung eines Objekts durch ein Subjekt.

(2) *Interaktion*: Umgang mit einem menschlichen Gegenüber; die Begegnung unter Subjekten.

(3) *Spiel*: Arbeit ohne externen Zweck; ein primär vollzugsorientiertes Handeln, das seinen Zweck in sich selbst trägt.

(4) *Betrachtung, Kontemplation*: Interaktion ohne ein personales Gegenüber; auch dies ist primär oder ausschließlich vollzugsorientiertes Handeln.

Der Autor untersucht die allgemeinen Bedingungen gelingenden Lebens, welches wiederum eine Bedingung für Glück darstellt. *Seel* zufolge bedeutet gutes bzw. gelingendes Leben, eine Balance zwischen diesen vier Dimensionen zu finden oder immer wieder neu zu schaffen. Die Gewichtung der einzelnen Dimensionen kann in unterschiedlichen Kulturen und in individuellen Biographien sehr unterschiedlich sein; aber gelingendes Leben setzt voraus, dass diese vier Dimensionen zur Verfügung stehen und in irgendeiner Weise ihren Platz im Alltag eines Menschen haben.

Insofern Coaching über die arbeitsbezogenen Fragestellungen hinausgehend auch den Blick auf das Lebensganze eines Klienten werfen soll, scheint mir dies ein interessantes und praxisrelevantes Modell zu sein. Es eröffnet etwas andere Perspektiven als das Modell der „Fünf Säulen der Identität" (nach *Heinl & Petzold*), das *Schreyögg* (2005) für die Thematik der Work-Life-Balance im Coaching herangezogen hat; es handelt sich dabei um die Bereiche:

(1) Leiblichkeit,
(2) soziales Netz,
(3) Arbeit und Leistung,
(4) materielle Sicherheit,
(5) Werte.

Während dieses Modell die Aufmerksamkeit auf die Ressourcen lenkt, die einem Menschen insbesondere in Krisensituationen als Rückhalt zur Verfügung stehen, so richtet sich der Fokus mit dem Modell der „Vier Tätigkeitsdimensionen" auf die aktive Lebensgestaltung. Als Diagnoseinstrumente können jedoch beide Modelle dazu dienen, defizitäre, übersehene oder zu wenig entwickelte Bereiche des Lebens sich bewusst zu machen, mit dem Ziel, sie in der Lebenspraxis stärker zu aktivieren. Im Folgenden seien diese Dimensionen kurz erläutert, wie sie *Seel* (1999: 140ff.) beschrieben hat.

12.3.1 Arbeit

Arbeit ist zielgerichtetes Handeln, das sich um eine Veränderung der ihr vorgegebenen Wirklichkeit bemüht. Zum Sinn des Arbeitens gehört, die jeweilige Arbeit hinter sich zu bringen, es ist ein „gegenständliches Vollbringen" (S. 142). Dazu gehört weiterhin das Gewinnen eines Könnens, sodass einmal erworbene Fähigkeiten teilweise nicht mehr als Arbeit erlebt werden, wenn z. B. das Kind lernt, eine Schleife zu binden, oder der Sportler die richtigen Bewegungsabläufe trainiert. Auch wenn Arbeit als Mühe und Belastung erlebt wird, so ist sie doch ein konstitutiver Bestandteil gelingenden Lebens; denn „wir eignen uns die Welt im arbeitenden Umgang an" (S. 147).

Gelingende Arbeit bedeutet, dass „ein gewünschter Zweck auf Wegen erreicht wird, die der Arbeitende zum Erreichen dieses Zwecks auch gehen will" (ebd.). Notwendig ist also ein hinreichendes Maß an Autonomie, in welcher der Arbeitende „aus eigener Überlegung und aus eigenem Antrieb" (ebd.) seine Leistungen erbringen kann. So gesehen kann Zwangsarbeit zwar instrumentell erfolgreich sein, aber sie kann nicht als gelingende Arbeit gelten.

Im Hinblick auf die oben angedeuteten Entwicklungen in unserer Arbeitsgesellschaft spricht *Seel* von einer „meist zugleich individuellen und sozialen Pathologie des Arbeitens. Sie liegt darin, nichts anderes – nichts anderes von Wert – zu kennen als Arbeit. Damit aber hebt sich der Wert des Arbeitens für den Vollzug eines gelingenden Lebens auf. Denn einer ausschließlich auf instrumentelles Gelingen orientierten Lebenspraxis ist jede Situation eines ohne weiteres guten Daseins und Lebens verschlossen" (*Seel* 1999: 149). Darüber hinaus entsteht das Problem, dass mit dem Erreichen eines Arbeitsziels es kein sinnvolles Tun und Dasein mehr gibt: „Der Augenblick des instrumentellen Gelingens wird zum Augenblick des existenziellen Misslingens" (ebd.). Am extremsten kann sich dies darin zeigen, dass ein Berufstätiger kurz nach seiner Berentung ernsthaft erkrankt oder sogar stirbt.

Daraus folgt die Notwendigkeit, sich auch die anderen Lebens- und Tätigkeitsdimensionen zugänglich zu machen, damit die Arbeit im Lebensganzen gelingen kann; denn „zum Gelingen von Arbeit gehört mehr als das Gelingen von Arbeit" (S. 150).

12.3.2 Interaktion

Die zweite grundlegende Antwort auf die Wirklichkeiten der menschlichen Welt ist die Interaktion mit Anderen. Dabei geht es um den „Zugang zu einer Wirklichkeit, die nicht lediglich zu Zwecken der Aneignung da ist" (ebd.). Während wir uns in den Vollzügen der Arbeit an der Wirklichkeit eines Gegenstandes abarbeiten, lassen wir uns hier auf die Wirklichkeit eines Gegenübers ein. Dabei ist im Anschluss an *Habermas* (1981) eine weitere Unterscheidung zwischen strategischer und dialogischer Interaktion zu treffen: Wenn ein *strategisches* Einwirken auf Andere überwiegt, kann es sich um eine Form der Arbeit handelt, indem der Andere zum Objekt meines Vollbringens wird. Dialogische Interaktionen dagegen sind „Handlungen, in denen wir in Antwort auf die Antworten anderer handeln", und zwar um eines

„selbstzweckhaften Austauschs" willen (*Seel* 1999: 151). Bedingung dafür ist eine wechselseitige Offenheit für die Antworten des jeweils Anderen, indem der Andere nicht lediglich für eigene Zwecke instrumentalisiert wird. Dennoch können strategische und dialogische Interaktion zusammen bestehen, so wie auch Arbeit und Interaktion koexistieren können, wie z. B. im Schulunterricht, in professioneller Beratung, im Leiten einer Diskussion usw. Hier wäre im Einzelnen jedoch zu fragen, „welches Maß an strategischem Handeln mit dialogischem Verhalten verträglich ist" (S. 153), ohne dass also die Offenheit für den Anderen verloren geht – eine Frage, die insbesondere für professionelle Beratung (wie z. B. Coaching) eine hohe Relevanz hat.

Dialogische Interaktion hat eine zentrale Bedeutung für ein gelingendes Leben. Dem entsprechend wurde z. B. bei *Platon* und *Aristoteles* Freundschaft als ein zentrales Kriterium für gelingendes Leben angesehen, oder in neuerer Terminologie die Erfahrung von wechselseitiger Anerkennung als Bedingung für gelingende personale Identität. Eben diese Erfahrung scheint heute vielen Menschen mehr und mehr zu fehlen, indem für sie die Erfahrung einer wechselseitigen Instrumentalisierung dominiert. Darin kann aber keine wirkliche Offenheit für den Anderen entstehen. Wer andere Menschen vorrangig für eigene Zwecke instrumentalisiert, wirkt nicht nur auf diese verletzend, sondern beschädigt auch sich selbst, denn er verliert die „Möglichkeit, sich selbst anderen gegenüber als lebendiges Gegenüber zu erfahren" (S. 158). Außerdem ginge mit einer fehlenden Auseinandersetzung mit Fremdheit auch die Möglichkeit der eigenen Entwicklung verloren, da wir ja lebenslang angewiesen sind auf neue Erfahrungen, um nicht zu erstarren oder psychisch zu verarmen.

Andererseits ist auch eine gelingende dialogische Interaktion „seitens ihrer Teilnehmer auf Erfahrungen angewiesen, die nicht dem Kreis der Interagierenden und nicht allein Kontexten der Interaktion entstammen" (ebd.), da auch auf diese Weise eine Verarmung oder Verödung der Interaktionen drohen würde. Kurz: „Zu gelingender Interaktion gehört mehr als das Gelingen von Interaktionen" (ebd.).

12.3.3 Spiel

Im Unterschied zu den bisher dargestellten Dimensionen Arbeit und Interaktion, die als primär *zielorientiertes* Handeln zu verstehen sind, handelt es sich bei den Dimensionen Spiel und Kontemplation primär um *vollzugsorientiertes* Handeln. Das bedeutet, diese Tätigkeiten tragen ihren Zweck in sich selbst, der Zweck liegt nicht in äußeren Zielen, und das Handeln wird nicht durch äußere Ziele motiviert. Auf diese Weise kann darin die Gegenwärtigkeit des eigenen Lebens stärker erfahrbar werden. Dies kann zwar auch in den anderen Dimensionen geschehen: So spricht z. B. *Csikszentmihalyi* (1996) von dem „flow-Erlebnis" als einer besonderen Qualität von Arbeitsvollzügen, wenn jemand völlig in seinem Tun aufgeht (S. 175) – ebenso wie beim Schachspielen oder beim Tanzen. Dennoch ist der spielerische Zugang zur Wirklichkeit als eigene Dimension zu begreifen, die allerdings die anderen Dimensionen bereichern kann und soll.

Spiel ist Ausdruck der Freiheit des Menschen und gehört als weitere grundlegende Verhaltensweise zum Wesen des Menschen: „Der Mensch spielt nur, wo er in voller Bedeutung des Wortes Mensch ist, und er ist nur da ganz Mensch, wo er spielt" (*Schiller*, Briefe über ästhetische Erziehung). Spielerische Aktivitäten können ganz unterschiedliche Tätigkeitsformen umfassen: Kinder- und Erwachsenenspiele, Einzel-, Mannschafts- und Gesellschaftsspiele, Bewegungs- und Phantasiespiele, Kampf-, Glücks- und Liebesspiele, Tanzen, Wandern, Bergsteigen, Theater- und Musikspiel sowie die meisten Formen des Sports – und neuerdings auch die Computerspiele.

Wenn man Kindern beim Spielen zuschaut, so fällt einem die vollständige Hingabe an das Geschehen im Augenblick auf. Zugleich wird darin aber auch Welt erfahren und angeeignet (also wie oben als ein Aspekt von Arbeit beschrieben), wie z. B. in der spielerischen Beschäftigung mit Gegenständen oder in Rollenspielen usw., aber dies geschieht sozusagen nebenbei, als eine nicht bewusst intendierte Wirkung des Spiels. Der spielerische Zugang zur Wirklichkeit ist zwar als zweckfreies Tun zu begreifen, aber er ist andererseits – so die zentrale These von *Huizinga* (1956) – eine der Bedingungen der höheren Kulturentwicklung: Gerade das nicht an Ziele und Zwecke gebundene Handeln bietet den offenen Raum für freie Bewegungen der Phantasie und der Kreativität, aus der überraschende, ungeplante Entdeckungen gemacht werden können.

Spielerische Aktivitäten sind durch die Unberechenbarkeit des Geschehens und des Spielpartners geprägt; es ist eine offene, nicht planbare Situation mit einem Wechsel von Spannung und Lösung, die weder von Langeweile noch von Angst und Sorge um die Zukunft geprägt ist. Es entsteht aus dem Bedürfnis nach Bewegtsein, im wörtlichen oder im metaphorischen Sinne: „Wir bewegen uns oder wir sind emotional bewegt oder lassen uns emotional bewegen. Der Sinn des Spielens ist leibliche oder seelische Agitation. Dabei wird stets um Gegenwart gespielt" (*Seel* 1999: 160). Durch das Spielen kann zudem die „Offenheit für erfüllte Augenblicke erworben, geübt und praktiziert werden" (S. 163). So ist das Spielenkönnen ein konstitutives Element gelingenden Lebens; denn „das Geschenk des Augenblicks annehmen" zu können, ist nicht nur ein Kriterium des Spielenkönnens, sondern auch der „existenziellen Aufgeschlossenheit generell" (ebd.).

Die Gefährdungen des Spielens liegen zum einen in einer Instrumentalisierung durch externe Zwecke, sodass die Erfahrung des erfüllten Augenblicks behindert wird und die Gegenwärtigkeit des Spielens verloren geht. Dies kann z. B. durch eine Überbetonung pädagogischer Intentionen passieren, oder wenn Kunstwerke hauptsächlich politischen oder moralischen Botschaften dienen sollen („so fühlt man Absicht, und man ist verstimmt"; *Goethe,* Torquato Tasso II, 1). Zum anderen ist das Spielen dann bedroht, wenn es absolut gesetzt wird und wenn der erfüllte Augenblick auf Dauer gestellt werden soll („Verweile doch, du bist so schön", *Goethe,* Faust I, V. 1700). So kann eine Spielleidenschaft zur Spielsucht degenerieren, in welcher die Dynamiken des Spiels mit den sozialen Verbindlichkeiten nicht mehr kompatibel sind, in welcher also keine Balance zwischen den verschiedenen Tätigkeitsdimensionen mehr existiert. So lässt sich auch hier abschließend festhalten: „Zum gelingenden Spielen gehört mehr als nur gelingendes Spiel" (S. 165).

12.3.4 Betrachtung, Kontemplation

Betrachtung ist im Verständnis von *Seel* (1999: 165ff.) „ein selbstzweckhaftes denkendes und anschauendes Verweilen bei den Gegenständen dieser Betrachtung." Es handelt sich um eine Interaktion ohne ein personales Gegenüber, ohne eine dialogische Begegnung. Der Begriff „Betrachtung" entspricht dem griechischen *theoria* sowie dem lateinischen *contemplatio* oder *speculatio*. Bei *Aristoteles* ist „*theoria*" ein rein selbstzweckhaftes, vollzugsorientiertes Handeln, das jedem bewirkenden Vollbringen entgegensteht und keine Resultate anstrebt, – unabhängig davon, dass daraus durchaus wertvolle Erkenntnisse oder veränderte Haltungen folgen können.

Auch wenn der Begriff „Betrachtung" (ebenso wie die obigen griechischen und lateinischen Äquivalente) den visuellen Sinn betrifft, sind damit auch die anderen Sinne eingeschlossen, wie etwa das *Hören* von Musik, das *Tasten* eines Stoffes oder das *Schmecken* und *Riechen*, weiterhin auch nicht-sinnliche Reflexionen wie etwa zur Natur der Zahlen oder zu philosophischen Zusammenhängen usw. Kurz, es geht um „ein Anschauen oder Vernehmen oder Bedenken *von etwas*", um ein Verweilen in der Begegnung mit einem Gegenstand um dieser Begegnung willen (S. 166). In der Betrachtung treten wir in eine radikale Distanz zu den Belangen und Sorgen des Alltags. In diesem Abstand von allem pragmatischen Tun kann ein tiefes Sich-Versenken in einen Gegenstand geschehen, etwa beim Betrachten eines Bildes oder beim Hören einer Musik, in welchem ebenfalls (wie im Spiel) ein Erleben von erfüllter Gegenwart möglich ist.

Auch die Fähigkeit zum kontemplativen Verweilen ist ein konstitutives Element gelingenden Lebens, und sei es nur in kleinen Alltagssituationen, wenn wir aus dem Fenster schauen oder einem Gedanken nachhängen. Im kontemplativen Verweilen kann man „aus der Zeit des Strebens nach vorgefassten Zielen heraustreten," man kultiviert damit „eine Distanz gegenüber sich und der Welt, die einen mit sich selbst und der Welt freier umgehen lässt" (S. 169).

Eine *Gefährdung* dieser Lebensdimension ist dann gegeben, wenn sie als übergreifendes Lebensideal genommen wird. Denn damit würde sich der Wechsel von Nähe und Distanz zur Welt auflösen, und wie bei einem Spielsüchtigen könnte der Zugang zu den anderen Tätigkeitsdimensionen verloren gehen. Man muss also die Kontemplation jederzeit abbrechen können. „Sie bietet einen erfüllenden Abstand nur, solange dieser Abstand nicht zur Flucht vor der Beteiligung am vollbringenden und dialogischen Handeln gerät" (S. 170). So gilt also auch für diese Tätigkeitsdimension: „Zu gelingender Betrachtung gehört mehr als gelingende Betrachtung" (ebd.).

Ein Fazit: Mit dieser Darstellung der vier Tätigkeitsdimensionen wird deutlich, dass sie aufeinander bezogen sind und sein müssen, um eine gelingende Lebensbalance zu finden und zu erhalten. Diese Balance ist gefährdet, wenn einerseits eine oder mehrere Dimensionen fehlen oder unterentwickelt sind, und wenn andererseits eine einzelne Dimension allzu sehr dominiert oder absolut gesetzt wird (wie z. B. beim Spielsüchtigen oder beim „Workaholic"), sodass der Wechsel zu anderen Tätigkeitsdimensionen erschwert oder verunmöglicht wird.

12.4 Heuristische Fragen zu den „Dimensionen des Tätigseins"

Im Folgenden präsentiere ich eine Liste von Fragen, mit deren Hilfe man sich einen Überblick verschaffen kann, welchen Stellenwert die Tätigkeitsdimensionen im eigenen Lebensalltag einnehmen. Auf diese Weise lässt sich die Frage einer individuell stimmigen bzw. erstrebenswerten Balance zwischen diesen Dimensionen bzw. die Frage einer Work-Life-Balance präzisieren, und zwar im Hinblick auf das übergreifende Ziel eines gelingenden Lebens. Eine gelingende Balance soll jedoch nicht darin zu suchen sein, dass die vier Dimensionen völlig gleich gewichtet wären. Ihre Gewichtung kann sehr unterschiedlich ausfallen; sie wird sich an den persönlichen Lebensvorstellungen und Entscheidungen sowie an den jeweiligen situativen und altersmäßigen Kontextbedingungen orientieren. Aber alle Dimensionen sollten in irgendeiner Weise zugänglich sein und einen individuell passenden Raum im Lebensganzen einnehmen können.

Darüber hinaus ist zu bedenken, dass die Tätigkeitsdimensionen sich gegenseitig beeinflussen können und nicht völlig voneinander abzugrenzen sind. So sind in Arbeitsbeziehungen auch dialogische (im Unterschied zu strategischen) Interaktionen möglich, wie z. B. in einem vertrauensvollen Mitarbeitergespräch oder in einem offenen kollegialen Austausch über ein gemeinsames Arbeitsprojekt. Des Weiteren können während der Arbeit Augenblicke von „erfüllter Gegenwart" erlebt werden, die sonst den Dimensionen des nicht zweckgebundenen Spiels oder der Betrachtung zugeordnet werden: Ein ganz gegenwartsorientiertes Aufgehen in seinem Tun („flow-Erlebnis") kann dabei eine besondere Qualität eines Arbeitsprozesses und auch eines Arbeitsergebnisses bewirken. Oder der spielerische Umgang mit einem Gegenstand kann einen Forscher, Ingenieur oder Projektleiter in seiner Arbeit zu überraschenden Erkenntnissen und kreativen Schlussfolgerungen führen. So gesehen kann in jeder Situation eine Balance zwischen den verschiedenen Tätigkeitsdimensionen – und sei es nur momenthaft – aufscheinen.

Die folgenden Fragen sollen als Anregung dienen, vielleicht werden sich daraus weitere Fragen ergeben. Es lässt sich damit überprüfen, ob man seine gewohnte Gewichtung vielleicht verändern sollte, wenn man etwa feststellt, dass eine Tätigkeitsdimension überbewertet oder eine andere unterentwickelt ist oder ganz fehlt oder im Laufe des Lebens verloren gegangen ist. Das Modell der vier Tätigkeitsdimensionen stellt sozusagen eine Messlatte dar, an der man sich zur Gestaltung seiner Lebenspraxis orientieren kann. Es kann dazu dienen, einen inneren Abstand von den als selbstverständlich geltenden gewöhnlichen Betrachtungsweisen zu erlangen und aus diesem Abstand heraus zu anderen Wahrnehmungen und Bewertungen des Lebensalltags zu gelangen, – und vor allem den häufig einseitig auf die Arbeitwelt fokussierten Blick auf das Lebensganze hin auszuweiten.

(1) Arbeit:
- Wie weit passt meine berufliche Arbeit zu meinen Interessen, Neigungen und Fähigkeiten?
- Wie weit fühle ich mich mit meiner Berufsrolle identisch?
- Wie weit erlebe ich meine Arbeit als sinnvoll?

- Wie weit erlebe ich meine berufliche Arbeit als mühselig, langweilig, belastend, quälend, entfremdend, oder als lustvoll, interessant, befriedigend?
- Welche Anerkennung erhalte ich durch meine berufliche Arbeit (z. B. durch Kollegen, Vorgesetzte, Kunden, Geschäftspartner, Freunde)?
- Wie weit bin ich in meiner Arbeit selbstbestimmt?
- Wie weit erlebe ich meine berufliche Arbeit als erfolgreich (im Sinne eines Erreichens von inhaltlichen Zielen)?
- Wie erlebe ich andere Arbeitsbereiche (Hausarbeit, Erziehungsarbeit, Fortbildung)?
- Welche ehrenamtlichen Aktivitäten verfolge ich, und welchen Stellenwert haben sie in meinem Leben?
- Wie groß ist die Gefahr, dass meine berufliche Arbeit alle anderen Dimensionen dominiert, sodass diese kaum mehr gelebt werden können?
- Wie weit gelingt es mir, mich von der Arbeitswelt zu lösen und mich für die anderen Lebensdimensionen zu öffnen?
- Wie weit sind die anderen (z. B. spielerische oder dialogische) Tätigkeitsdimensionen auch in meinen Arbeitsvollzügen erfahrbar?

(2) Interaktion
- Welche Freunde habe ich, und welche Bedeutung haben sie für mich?
- Wie stabil und dauerhaft sind meine Beziehungen zu anderen (Familienangehörigen, Verwandten, Freunden, Berufskollegen)?
- Welche Aktivitäten unternehme ich, um mit anderen in Kontakt zu kommen?
- Wie weit kann ich mich anderen gegenüber öffnen und auf die Offenheit anderer antworten?
- Wie weit kann ich das Anderssein oder die Fremdheit anderer anerkennen?
- Wie weit erlebe ich Gespräche, Diskussionen, Auseinandersetzungen mit anderen genießen und als Bereicherung?
- Wie viel Zeit verbringe ich im Kontakt mit anderen Personen?
- Wie steht es mit der Möglichkeit des Alleinseins und des Rückzugs aus zwischenmenschlichen Kontakten?
- Wie weit sind die anderen Tätigkeitsdimensionen auch in meinen Interaktionen erfahrbar?

(3) Spiel
- Welche Freiräume gibt es in meinem Alltag für spielerische Aktivitäten?
- Welche Formen des Spielens haben für mich Vorrang (allein, Gesellschaftsspiele, Bewegungsspiele, Computerspiele, ritualisierte oder spontane Spiele usw.)?
- In welchen Formen habe ich in früheren Zeiten am ehesten einen „erfüllten Augenblick" erlebt, und wie ist es heute damit bestellt?
- Welche sportlichen Aktivitäten betreibe ich?
- Welche Bedeutung haben für mich künstlerische Aktivitäten, sei es aktiv oder rezeptiv (Theater, Kunst, Musik)?
- Wie gelingt es mir, mich aus spielerischen Aktivitäten herauszulösen und mich wieder anderen Tätigkeitsdimensionen zu widmen?
- Wie weit können spielerische Zugänge zur Wirklichkeit und erfüllte Augenblicke auch in den anderen Tätigkeitsdimensionen erfahren werden und auf sie einwirken?

(4) Betrachtung, Kontemplation

- Welche Freiräume gibt es in meinem Alltag für kontemplative Erfahrungen?
- Welche Formen der Betrachtung oder Versenkung sind mir zugänglich oder haben für mich Vorrang (Betrachtung der Natur, von Kunstwerken, Hören von Musik, religiöse Betrachtung, philosophische Gedanken usw.)?
- In welchen Formen habe ich in früheren Zeiten kontemplative Erfahrungen machen können, und wie ist es heute damit bestellt?
- Wie intensiv oder flüchtig sind meine kontemplativen Erfahrungen?
- Wie gelingt es mir, aus einer kontemplativen Versenkung zurückzufinden zu den vollbringenden und interaktiven Aufgaben des Alltags?
- Wie weit können kontemplative Zugänge auch in den anderen Tätigkeitsdimensionen erfahrbar werden und auf sie einwirken?

In der Regel ist es sinnvoll, die Antworten auf diese Fragen im Gespräch mit einem neutralen Gegenüber (wie z. B. einem Coach) zu reflektieren. Auf diese Weise können verborgene Muster in seiner Lebensgestaltung klarer erkennbar werden. Es kann deutlich werden, dass es einen Veränderungsbedarf darin im Hinblick auf eine bessere Work-Life-Balance gibt; oder man kann Bereiche seines Lebensalltags, die man wie selbstverständlich praktiziert, in ihrer Bedeutung aber bisher nicht besonders beachtet hat, anders bewerten und dadurch bewusster in sein Lebenskonzept integrieren. Ein gelingendes Leben ist dabei die übergreifende Zielorientierung.

Literatur

Beck, U. (1986). *Risikogesellschaft. Auf dem Weg in eine andere Moderne.* Frankfurt/M.: Suhrkamp.

Buer, F., Schmidt-Lellek, C. (2008). *Life-Coaching. Über Sinn, Glück und Verantwortung in der Arbeit.* Göttingen: Vandenhoeck & Ruprecht.

Csikszentmihalyi, M. (1996). *Das flow-Erlebnis. Jenseits von Angst und Langeweile: im Tun aufgehen* (6. Aufl.). Stuttgart: Klett-Cotta.

Habermas, J. (1981). *Theorie des kommunikativen Handelns.* Frankfurt/M.: Suhrkamp.

Horx, M. (2002). *Das Zukunftsmanifest.* München: Econ.

Huizinga, J. (1956). *Homo ludens. Vom Ursprung der Kultur im Spiel* (Orig. Arnheim 1939). Reinbek: Rowohlt Enzyklopädie.

Lauterbach, M. (2005). *Gesundheitscoaching. Strategien und Methoden für Fitness und Lebensbalance im Beruf.* Heidelberg: Carl-Auer.

Schmidt-Lellek, C.J. (2006). *Ressourcen der helfenden Beziehung. Modelle dialogischer Praxis und ihre Deformationen.* Bergisch Gladbach: EHP.

Schreyögg, A. (2004). *Supervision. Ein integratives Modell. Lehrbuch zu Theorie und Praxis* (4. überarb. u. erw. Aufl.). Wiesbaden: VS Verlag.

Schreyögg, A. (2005). Coaching und Work-Life-Balance. *OSC* 12 (4), 309-319.

Seel, M. (1999). *Versuch über die Form des Glücks. Studien zur Ethik.* Frankfurt/M.: Suhrkamp.

Welsch, W. (1991). *Unsere postmoderne Moderne* (3. durchges. Aufl.). Weinheim: VCH, Acta humaniora.

Zima, P.V. (2001). *Moderne / Postmoderne. Gesellschaft, Philosophie, Literatur* (2. überarb. Aufl.). Tübingen, Basel: A. Francke.

13. Kapitel

Coaching als Kunst oder: Was tut eigentlich ein Systemischer Coach jenseits der Anwendung von Tools?

Manuel Barthelmess

Zusammenfassung. Der Artikel basiert auf der Grundannahme, dass Systemisches Coaching, Systemische Organisationsberatung und Supervision mehr ist als die („richtige") Anwendung von gelernter Technik und Methodik. Dies führt zu einer „Metabetrachtung" von Coaching und Beratung als Kunst oder Kunstform, welche in bewusstem Gegensatz zur in den letzten Jahren inflationär auf den Markt kommender Fachliteratur steht, die fast ausschließlich auf Technik, Tools und Fallbeispiele fokussiert.

Unter dem Oberbegriff „Systemischer Coach" sind in diesem Artikel unterschiedliche Rollenausführungen gemeint, welche im Kern die professionelle Prozessbegleitung des Klienten- oder Kundensystems verbindet. Im Unterschied zur „Wissensberatung" oder „Expertenberatung" ist der Systemiker „Prozessberater" und gestaltet gemeinsam mit dem Klientensystem einen Prozess hin zu den vom Klienten vorgegebenen Zielen (vgl. *Barthelmess* 2003). Dies tut er auf der Grundlage des systemisch-konstruktivistischen Gedankenguts sowie auf der Basis seines „systemischen Handwerkskoffers", welcher ihm als Systemischer Coach Identität verleiht. So ist es nicht verwunderlich, dass zur Beschreibung dessen, was ein Systemischer Coach in seiner professionellen Rollenausführung macht, in der Fachliteratur gängigerweise auf folgenden „Dreiklang" fokussiert wird:

(1) Es werden die systemtheoretischen (und konstruktivistischen) Grundlagen der Beratungstätigkeit beschrieben (unterschiedliche Systemtheorien von *Luhmann* bis *Bateson*, von funktionalen bis zur handlungstheoretisch ausgerichteten Konzeptionen).

(2) Es werden die zur Anwendung kommenden Verfahren dargelegt (Systemische Techniken und Methoden wie Zirkuläres Fragen, Aufstellungsarbeit, „Verflüssigen" von Symptomen, die „Wunderfrage" etc.).

(3) Es werden Fallbeispiele aus Coaching, Supervision oder Organisationsberatung dokumentiert, in welchen der hypothesengestützte Einsatz von Systemischen Tools im konkreten Setting beschrieben wird.

Diese in der Fachliteratur vorherrschenden Beschreibungsformen systemischen Arbeitens sollen hier ergänzt werden durch einen Zugang, welcher zur Klärung des Gegenstands „Systemisches Coaching" auf die dargelegten drei gängigen Wege weitgehend verzichtet und einen anderen Weg einschlägt: Ausgangspunkt der folgenden Überlegungen ist die interessante, zum Nachdenken anregende und vielleicht auch provokante Grundannahme, dass Systemisches Coaching oder allgemein Systemische Beratung eine *Kunst* ist. Damit wird das professionelle Handeln eines Systemischen Beraters zu einer künstlerischen Tätigkeit, welche nicht allein durch die Beschreibung von theoretischen Grundannahmen („innere Landkarten des Künstlers über die Welt") oder Tools („kunsthandwerkliche Fähigkeiten") zu fassen ist. Aber wie lässt sich unter dieser „Kunst-Prämisse" des Beratungshandelns professionelles systemisches Agieren jenseits von Technik und Methodik beschreiben?

Im Folgenden werden drei „Brillen" vorgeschlagen, durch welche man gleichsam jeweils unterschiedliche künstlerische Facetten des beraterischen Tuns erkennen kann: (1) Durch die „hypno-systemische Brille" erkennen wir den Coach als „Fokussierer von Aufmerksamkeit", (2) durch die „narrativ-systemische Brille" lässt sich der „Kreateur von Geschichten" ausmachen, und (3) durch die „konstruktivistisch-systemische Brille" wird der „Gestalter von Kontexten" erkennbar.

Abbildung 1: Drei „Brillen" zur Betrachtung der „Kunstform Systemisches Coaching"

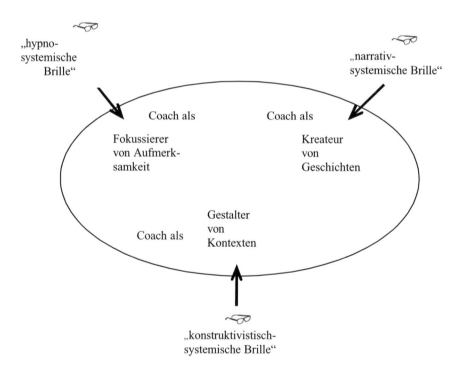

13.1 Der Coach als Fokussierer von Aufmerksamkeit

Durch unsere erste „Brille" betrachten wir den Systemischen Coach als Fokussierer der Klientenaufmerksamkeit. Während wir miteinander kommunizieren, fokussieren wir unsere Aufmerksamkeit auf die Kommunikation und damit auf deren Inhalte und die dazugehörige Beziehung. Wir können uns unser Bewusstsein als psychisches System vorstellen, welches permanent Bewusstsein erschafft. Dabei schließt ein „Bewusstseinsfunken" an den nächsten an. Dieses Bewusstsein kann unterschiedlichen Ebenen zugeordnet werden, sodass wir etwa die Wahrnehmung, das Denken, das Fühlen sowie die Motivation des Individuums und sein Verhalten unterscheiden können (vgl. *Barthelmess* 2005).

Hierbei ist interessant, dass sich Bewusstseinsmuster bilden. Diese entstehen, indem sich im Zuge des Denkens an eine bestimmte Sache parallel entsprechende Gefühle, Wahrnehmungen, Körperhaltungen etc. einstellen, sodass der Klient, der sich beispielsweise wieder an das bereits lange zurückliegende Ausscheiden eines ihm nahestehenden Kollegen oder Vorgesetzten aus der Firma denkt, auch in diesem Bewusstseinsmuster fühlt, wahrnimmt, seine Körperhaltung ausrichtet usw. So wird in diesem Moment zum Beispiel „der Trauernde" aktiviert – mit all seinen Facetten. Durch eine andere Bewusstseinsausrichtung ist es nun möglich, mehr oder weniger im nächsten Moment „den sich Freuenden" oder einen anderen inneren Anteil zu aktivieren, wenn die Aufmerksamkeit des Bewusstseins in diese Richtung geht. Dieses Phänomen kann man gut bei kleineren Kindern beobachten, die auf der einen Seite aus Leibeskräften weinen und Schmerz ausdrücken können, wenn sie gestürzt sind. Die nahende Mutter, die das Kind auf den Arm nimmt und tröstet, wird nach kurzer Zeit die Aufmerksamkeit ablenken (das Plüschtier wird aktiviert und „spricht" mit dem Kleinen): Der Schmerz ist „vergessen" und die Freude am Spiel wiederhergestellt. Diese Bewusstseinsausrichtungen mit ihren Entsprechungen auch im emotionalen und körperlichen Bereich können wir Hypnose nennen. Diese wird durch Kommunikation erreicht, wie wir am Beispiel der Mutter mit dem Plüschtier erkennen können. Sie stellt ein Kommunikationsangebot an ihr Kind in den Raum, wobei mit diesem Kommunikationsangebot eine bestimmte Aufmerksamkeitsfokussierung verbunden ist.

Ähnliches passiert im Austausch zwischen Coach und Klient: Durch seine Fragen bietet der Professionelle Kommunikationsangebote mit einer bestimmten Aufmerksamkeitsfokussierung an, wobei der Klient seinerseits natürlich auch durch die Schilderung seiner Not, seines Anliegens und seiner Wirklichkeitssicht den Coach hypnotisiert. Insofern findet in jeder Kommunikation (und in der Kommunikation zwischen Coach und Klient zumal) „hypnotische Kommunikation" (*Schmidt* 2004) statt.

Abbildung 2: Die Veränderung und Erweiterung von Klientenaufmerksamkeit

Erweiterter Fokus durch Coaching **Fokus der Klienten-aufmerksamkeit** **Erweiterter Fokus durch Coaching**

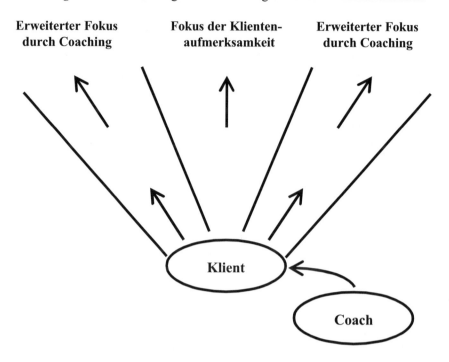

Der Coach klopft gleichsam dem Klienten von hinten auf die Schulter und lädt dazu ein, seine bisherige Fixierung der Aufmerksamkeit zu verlassen und immer wieder den Fokus zu verändern und zu erweitern.

Unser Erleben der Welt ist an die skizzierten Muster der Aufmerksamkeitsfokussierung bzw. Bewusstseinsfokussierung gebunden. Wir leben in der Welt, die wir gerade wahrnehmen, auf die wir im Moment unsere Aufmerksamkeit lenken. So befinden wir uns gewissermaßen in einer anderen Welt, wenn wir nicht mehr an den geschätzten und verlorenen Vorgesetzten, sondern an unseren letzten großen beruflichen Erfolg oder an ein schönes und freudiges Ereignis in der Familie oder Partnerschaft denken. Wir wechseln permanent unsere Aufmerksamkeitsmuster, ohne dies bewusst zu steuern. Insofern gehen wir immer wieder in neue Trancen hinein, wechseln sie und werden so zu einer multiplen Persönlichkeit. Denn mit jedem Bewusstseinszustand (mit jeder Trance) ist gleichsam ein anderer Persönlichkeitsanteil des Individuums aktiv (beispielsweise „der Ängstliche" versus „der Mutige"). Es wird deutlich, dass die Grundlage unserer Beschreibungen ein erweiterter Trance-Begriff darstellt, wie er in der modernen Hypnotherapie verwendet wird: Trance als Aufmerksamkeitsfokussierung, die durch sprachliche Intervention erzielt wird.

Wir können davon ausgehen, dass Klienten, die Coaching oder Beratung in Anspruch nehmen, ihre Aufmerksamkeit überwiegend auf Problemlagen und Symptome fokussieren. Das erste Zusammentreffen findet also zunächst unter einem problemfokussierten Bewusstseinsmuster des Klientensystems („Problem führt zu professioneller Hilfe führt zur Lösung") statt, auf welches der Systemische Berater einzugehen hat. Der Betreffende befindet sich also in einer „Problemtrance": Seine Aufmerksamkeit und sein Erleben ist auf ein Problem (oder mehrere) ausgerichtet. Je mehr er seine Aufmerksamkeit darauf fokussiert, desto detaillierter wird er das Problem auch wahrnehmen und empfinden können, was leicht zu einer Steigerung des Problembewusstseins führen kann. Betrachtet man das Problem als notwendiges „Ticket" und damit als Zugangsberechtigung für eine gewünschte Hilfestellung, kann es für den Klienten unter dem Aspekt, Beratung in Anspruch nehmen zu wollen, geradezu „sinnvoll" sein, die Aufmerksamkeit auf Probleme zu fokussieren.

Beginnt sich das Gespräch zwischen Ratsuchendem und Systemischem Prozessberater zu entfalten, so wird der Betreffende eine Vielzahl von Kommunikationsbeiträgen anbieten, welche mit seiner „Problemtrance" verbunden sind. Somit wird der Coach – wenn er nicht aufpasst und bewusst gegensteuert – in diese Problemtrance „hineingezogen". Dies kann so perfekt funktionieren, dass am Ende der Sitzung zwar völlige Übereinstimmung und das Gefühl von viel Verständnis vorhanden ist, andererseits sich beim Berater jedoch totale Ratlosigkeit breit macht. Der Klient hat ihn gleichsam perfekt von seiner Sichtweise und seinem Bewusstseinszustand „überzeugen können". Ähnliche Prozesse finden in sozialen Situationen eigentlich immer statt: „In Interaktion `hypnotisieren` (durch entsprechende Aufmerksamkeitsfokussierung) wir uns ständig (und oft ungewollt) gegenseitig in einer bewusst nicht wahrnehmbaren, aber höchst wirksamen Weise. Die dabei entstehenden Muster können nach einiger Zeit wie automatisiert ganz unwillkürlich abgerufen werden. Ich nenne das `systemische Regeltrance` (...). Dazu tragen nicht nur kognitive Prozesse, sondern auch die Art der Körperkoordination, der Atmung, des Muskeltonus und multiple andere unbewusste Prozesse bei, die bis zur Produktion fast identischer Erlebnisprozesse bei allen Beteiligten führen können. In therapeutischer Interaktion geschieht dies selbstverständlich auch" (*Schmidt* 2004: 187f.).

Der Coach als Aufmerksamkeitsfokussierer nutzt eben diese Chance zur Hypnose des Gegenübers, die in jeder Kommunikation liegt, professionell. Durch entsprechende Fragen bietet er ausgewählte Aufmerksamkeitsfokussierungen an, sodass der Klient im Gespräch die Möglichkeit erhält, neue oder andere Aufmerksamkeiten und Bewusstseinszustände einzunehmen und somit „ein anderer" zu werden. Dies erweitert den Horizont und ermöglicht mehr Wahlmöglichkeiten zwischen Perspektiven (und damit einhergehend auch zwischen unterschiedlichen Denkmustern, Gefühlen, Motivationslagen, Verhalten usw.).

Der Systemische Coach tut in diesem Sinne eigentlich nichts anderes, als über sprachliche und nonverbale Angebote die Aufmerksamkeitsprozesse des Klienten in neuer und verstörender Weise anzuregen.

13.2 Der Coach als Kreateur von Geschichten

Nun nehmen wir gleichsam die „hypno-systemische Brille" ab, welche uns den Systemischen Coach als Veränderer und Fokussierer der Klientenaufmerksamkeit vorgeführt hat. Im Rahmen unserer Betrachtung dessen, was die Profession eines

Systemischen Coachs oder Beraters jenseits von Technik und Methode ausmacht, wechseln wir die Perspektive: Durch unsere zweite „Brille" (die „narrativ-systemische") wird sichtbar, dass ein Systemischer Prozessberater gemeinsam mit dem Klientensystem erzählte Geschichten ergänzt, verändert oder neu kreiert.

Der Beratungsprozess ist in sehr starkem Maße von Sprache und damit von sprachlicher Interaktion geprägt. Es finden „Sprachspiele" statt, innerhalb derer (neue) Geschichten erzählt werden. Der Klient sucht den Berater auf und bietet ihm zunächst seine Geschichte an, indem er in der Exploration dazu gebeten wird. Insofern ist der Berater ein aufmerksamer Hörer von Geschichten. Die Expertise des Beratenden umfasst das Hören, aber vor allem auch die Unterstützung des Klienten beim Erfinden und Erzählen neuer Geschichten (vgl. *Kaimer* 1999). Diese beraterische Unterstützung vollzieht sich im Wesentlichen durch die Art und Weise des Fragenstellens. Fragen erfordern Antworten. Die Antworten des Klienten auf die Beraterfragen werden seine (bisher erzählte) Geschichte erweitern und damit verändern. Diese Sichtweise von Beratung entspricht einem narrativen und hermeneutischen Zugang (vgl. hierzu und im Folgenden *Anderson & Goolishian* 1992):

Menschliche Systeme können als sprachliche Systeme betrachtet werden, sodass jegliche Kommunikation zwischen Menschen als sprachliches Ereignis betrachtet werden kann.[1] Dabei entstehen alle für die einzelnen Menschen vorhandenen Bedeutungen im Prozess der sprachlichen Kommunikation mit anderen und mit sich selbst. Sprache hat also eine Doppelfunktion: Zum einen dient sie uns Menschen als Kommunikationsmittel, um gezielt und konkret in Kontakt treten und sich austauschen zu können. Zum anderen stellt sie ein Repräsentationssystem dar, welches jedem Individuum ermöglicht, seine Erfahrungen intern zu speichern und kognitiv zu organisieren, um sie dann auch sprachlich anderen Menschen mitteilen zu können.

Für beide Funktionen stellt die Sprache ein geniales und präzises Werkzeug dar. Beginnen wir mit der kommunikativen Funktion: Sprache ermöglicht Kommunikation gleichsam auf der Meta-Ebene. Was ist damit gemeint? *Maturana* (1996) spricht davon, dass Sprache Verhalten koordiniert, ja sogar „koordinierte Verhaltenskoordination" ermöglicht. Mit der evolutionären Entwicklung des Sprachsystems konnte der Mensch das gegenseitige Verhalten besser aufeinander abstimmen, als dies in der vorsprachlichen Zeit möglich gewesen war. Sprachliche Kommunikation ermöglicht eine Abstimmung nicht nur im Hier-und-Jetzt, sondern auch auf die Vergangenheit und Zukunft bezogen. Vor allem wird durch Sprache ermöglicht, detaillierter und auf einer höheren Ebene Koordination zwischen Menschen herzustellen. Durch diese Meta-Ebene der Kommunikation wird mit Sprache eine „eigene Welt" erschaffen. Der Mensch ist so stark von Sprache und damit von Geschichten umgeben, dass er es gar nicht merkt – wie der Fisch im Wasser das Wasser nicht wahrnimmt. Wir bewegen uns in Sprache, in sprachlichen Geschichten und in einem sprachlich-kommunikativen Raum. Diese sprachliche Welt wirkt zurück auf unsere

---

1 Aus dieser Sicht heraus steht auch die nonverbale Kommunikation mit Sprache in Verbindung, da jegliches (kommunikatives) Verhalten eines Menschen kognitiv und damit im Zusammenhang mit seinen internen sprachlichen Strukturen erzeugt wird und nichtsprachliche Erfahrung wiederum zurückwirkt auf interne sprachlich-kognitive Strukturen.

Gefühle, auf unsere Denkweisen und auf unser Tun. Insofern besteht eine enge Verknüpfung zwischen dem „In-Sprache-Sein" und dem Verhalten des Individuums.

Damit sind wir bereits bei der zweiten Funktion der Sprache: Sie dient dem Individuum als Repräsentationssystem. Die unmittelbare Erfahrung des Menschen, wie sie über seine Sinne und damit verbunden mit seinen körperlichen und emotionalen Empfindungen einhergeht, ist zunächst nichtsprachlich. Wenn die Psyche nun diese nichtsprachliche Erfahrungswelt ordnen und ihr Sinn geben will, ist die kognitive sprachliche Struktur des Gehirns eine wesentliche Hilfe. Sie stellt gleichsam ein sprachliches Abbildungssystem und ein Speichersystem für nichtsprachliche Ereignisse dar. Nun wird jedoch unsere Wahrnehmung der Welt bereits durch unsere (sprachlichen) Vorannahmen und Wirklichkeitskonstruktionen geprägt, sodass das sprachliche Repräsentationssystem auch weitere Erfahrungen steuert und prägt. Wir haben es also mit einer Wechselwirkung zwischen Sprache als Repräsentation von Erfahrung auf der einen Seite und Erfahrung als durch die sprachliche Repräsentation geprägte Sinneswahrnehmung des Menschen auf der anderen Seite zu tun.

Abbildung 3: Interdependenz von innerpsychischer sprachlicher Repräsentation und Erfahrung der Lebenswelt

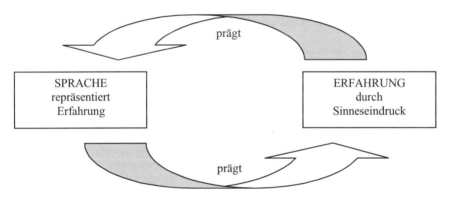

Was bedeutet dies für die Arbeit eines Systemischen Coachs? Coaching stellt ein sprachliches Ereignis dar, das sich im Umfeld um ein „Problem" etabliert. Dieses „Problem" zeigt sich insbesondere sprachlich: Die Klienten haben im Vorfeld der Beratung ein (sprachliches) System entstehen lassen oder wurden Teil davon. Innerhalb dieses Systems erhält die sprachliche Organisation ein „Problem" aufrecht. Insofern stellen „Probleme" Handlungen dar, die vom Klienten sprachlich so zum Ausdruck gebracht werden, dass sie seine Handlungsmöglichkeiten einschränken. Der Betreffende hat also eine spezifische Verknüpfung zwischen bestimmten Handlungen und seiner Sprache hergestellt, deren Ergebnis ist: Er „hat" ein „Problem" – er „sieht" ein „Problem" – er „konstruiert" ein „Problem" – oder aus hermeneutischer Sicht: er „spricht" über ein „Problem".

Damit wird auch die intern repräsentierte „problematische" Erfahrung der Welt offenbar, welche ja die weiteren Erfahrungsoptionen des Klienten „problemorientiert einfärbt". Ziel des Beratenden ist es, den Teufelskreis: „problematische Erfahrung" führt zu „problematischer sprachlicher Repräsentation" führt zu weiterer „problematischer Erfahrung" usw., zu durchbrechen (vgl. Abb. 3). Es soll verhindert werden, dass die sprachliche Repräsentation des Klienten, problemgefärbt wie sie nun einmal ist, dafür sorgt, dass die Lebenswelt vom Klienten weiterhin als problemgefärbt wahrgenommen wird. Hier bietet sich der Systemische Coach als „Sprachkünstler" an: Im Beratungssetting werden die internen sprachlichen Repräsentationen des Klienten durch das Aussprechen „nach außen gestülpt" und durch „Co-Kreation" (Klient und Berater gemeinsam) verändert.

Wenn sprachliche Strukturen geschaffen werden können (sprachliche Spiele gespielt werden können, Geschichten erzeugt werden können), welche dem „Problem" nicht mehr diese Aufmerksamkeit zu Teil werden lassen, kommt der Klient einer Lösung näher. Es geht also darum, die erzählerische Identität des Klienten durch gemeinsame sprachliche Kreationen von Berater und Betroffenen zu erweitern und zu verändern. Es geht um eine dialogische Kreation neuer Erzählungen im Coachingprozess. Dadurch wird es dem Klienten möglich, neue Möglichkeiten für kompetentes Handeln zu entwickeln. Es wird nicht vorwiegend auf verändertes Verhalten abgezielt, sondern zunächst auf die Schaffung eines erweiterten sprachlichen Raums. Innerhalb dieses Raums wird es für den Klienten möglich, die Geschichte über sich selbst und über seine ihm wichtigen Arbeitszusammenhänge neu bzw. erweitert zu erzählen, was wiederum durch die enge Verknüpfung zwischen Sprache, Psyche und Verhalten positive Auswirkungen auf sein Arbeitsleben und auf seine professionelle Rollenübernahme haben wird. Die Auflösung des Problems findet gleichsam in der Sprache statt und setzt sich dann auf anderen Ebenen fort.

Um gemeinsam mit dem oder den Klienten nützliche Geschichten kreieren zu können, wird der „Kreateur von Geschichten" zunächst einen Rahmen für (sprachliche) Begegnung herstellen und die Geschichten des/der Klienten ans Licht bringen (dies sind in der Regel Geschichten über Probleme oder Leid), um sie im Beratungssetting gleichsam in Szene setzen zu können. Durch seine sprachlichen Beiträge (überwiegend Fragen) wird der Coach nun auf dieser Basis alternative Geschichten fördern und gemeinsam mit den Kunden entwickeln. Die in der Beratung entwickelten Geschichten müssen sich dann gleichsam im Alltag des Klienten bewähren, weshalb der Systemische Berater auf die Wechselwirkung zwischen den „Geschichtenkreationssitzungen" und der Alltagswirklichkeit des Betreffenden achtet und offen für die Weiterentwicklung der Geschichten durch den Klienten in dessen Wirklichkeit ist.[2]

Es wird deutlich, dass sich das hermeneutisch-narrative Verständnis von Coaching gut versteht mit der Sichtweise der lösungsorientierten Beratung, innerhalb derer ja versucht wird, nicht mehr Aufmerksamkeit auf das „Problem" zu richten als nötig. Der lösungsorientierte Berater gestaltet den Prozess so, dass die Aufmerksamkeit auf Lösungen und Ausnahmen fokussiert wird, dass „Lösungsgeschichten"

---

2 *Kaimer* (2003) beschreibt fünf Phasen der Herausbildung von Erzählungen im Beratungssetting: (1) Einen Rahmen für die Begegnung herstellen, (2) die Geschichte ans Licht bringen, (3) alternative Geschichten fördern, (4) die neue Geschichte einbringen und ausbauen, (5) die neue Geschichte verankern.

und weniger „Problemgeschichten" erzählt werden. Ferner hängt das hier dargelegte Verständnis des Coachs als „Kreateur von Geschichten" auch mit der systemisch-konstruktivistischen Sichtweise von Beratungsprozessen eng zusammen (der Coach als „Kontextkünstler"), der wir uns im Folgenden zuwenden.

13.3 Der Coach als Gestalter von Kontexten

In unserer Beschreibung der Systemischen Beratung bzw. des Systemischen Coachings als Kunstform verändern wir erneut unseren Zugang. Die dritte „Brille" (die „konstruktivistisch-systemische") zeigt den Systemischen Coach als „Gestalter von Kontexten".

Aus systemischer Sicht stellt der Versuch, beraterisch beeinflussen, also intervenieren zu wollen, eine Paradoxie dar: Man wirkt auf Menschen ein, die sich eigentlich nur selbst verändern können. Die Systemtheorie spricht von „selbstorganisierten Systemen" und meint damit die Fähigkeit unserer Klienten, die eigenen psychischen Strukturen (im Falle von Menschen) bzw. die eigenen sozialen Strukturen (im Falle von Teams, Organisationen) selbst herzustellen und aufgrund dieser selbst hergesellten Strukturen wiederum die Umwelt wahr-zu-nehmen. Insofern weisen Individuen bzw. soziale Systeme wie Teams und Organisationen, die beraten werden wollen, eine besondere Eigenschaft auf: Sie sind beratungsresistent insofern, als sie sich nur selbst ändern können. Jede Veränderung eines Systems stellt Selbstveränderung dar. Andererseits sind selbstorganisierte Systeme auf den Kontakt und den Einfluss der Umwelt angewiesen, ja sie gehen auf Umweltimpulse und -veränderungen ein. Sie verarbeiten jedoch Umwelt gemäß ihren eigenen Strukturen. Für Beratungsklienten bedeutet dies, dass sie die Impulse des Beraters gemäß ihrer Weltsicht, ihrer Wirklichkeitskonstruktionen, ihrer Bedeutungszuschreibungen und Werte aufnehmen und verarbeiten.

Der Systemische Coach hat keine direkte Einflussmöglichkeit, weil er die inneren Strukturen des Ratsuchenden nicht verändern kann. Er kann jedoch durch das Schaffen möglichst wirksamer und hilfreicher äußerer Anregungsbedingungen dafür sorgen, dass der Betreffende die Möglichkeit erhält, sich weiterzuentwickeln. Beratung stellt eine Kunst der Kontextgestaltung dar, weil der Berater aus der Sicht des Klienten von außen (Kontext) versucht, die eigenen inneren Strukturen zu verändern, die der Betreffende nur selbst verändern kann. Die Möglichkeiten der Selbstveränderung des Klienten hängen dagegen mit den Umweltbedingungen und damit mit den Kommunikationsbeiträgen des Beraters zusammen. Der Berater ist also auf die Gestaltung des Kontextes verwiesen, weil er auf selbstorganisierte (Klienten-) Systeme keinen direkten Einfluss ausüben kann.

Die Umweltwahrnehmung eines (Klienten)Systems ist streng genommen immer Selbstwahrnehmung, da das Umfeld nur aufgrund der internen Strukturen wahrgenommen und verarbeitet werden kann. Informationen aufzunehmen und nutzbar zu machen, stellt also eine interne Leistung der Einheit dar. Damit basiert die Systemtheorie auf dem Informationsbegriff von *Bateson* (1995: 123): „Informationen bestehen aus Unterschieden, die einen Unterschied machen".

„Eine Information kommt immer dann zustande, wenn ein selektives Ereignis (externer oder interner Art) im System selektiv wirken, das heißt Systemzustände auswählen kann" (*Luhmann* 1994: 68). Diese Sichtweise von Information hat nichts mit dem „Nachrichtenmodell" zu tun, nach welchem man sich Information als von einem Sender zu einem Empfänger übertragbar vorstellt. Vielmehr betrachtet man den Klienten als eigenständiges hochkomplexes System und interessiert sich eben für diese komplizierte innere Struktur. Man interessiert sich dafür und nimmt diese interne Komplexität ernst, obwohl man sie von außen als Berater nicht betrachten kann. Man kann nur über „Äußeres" auf das „Innere" des Klienten schließen. Das „Äußere" ist hier vorwiegend die Sprache, aber auch andere Repräsentationen wie z. B. Körperhaltung und -ausdruck spielen natürlich eine Rolle. Ebenso können Bilder, Aufstellungen oder in der Sitzung kreierte Symbole oder Metaphern für die Coachingarbeit genutzt werden (an dieser Stelle wäre die Verbindung zur konkreten Technik und Methode gegeben, welcher ich jedoch im Rahmen dieses Artikels keine weitere Aufmerksamkeit schenke).

Der „Gestalter von Kontexten" betrachtet seine Klienten somit als autonome Wesen, die ihre eigene Art aufweisen, Umwelteinflüsse (und damit auch Beratungsinterventionen) intern zu repräsentieren und dementsprechend auf diese Repräsentationen zu reagieren. Gleichzeitig werden die Klienten als kontextabhängig betrachtet, und genau darin sieht der Coach seine Chance, wirksame Impulse für die Betreffenden im Beratungssetting geben zu können. Das selbstorganisierte Klientensystem wird mit anregungsreichen und die bisherigen Sicht- und Erlebensweisen der Klienten potenziell erweiternden Kontexten angeregt.

Der „Kontextgestalter" sieht seine Interventionen als „Versuchsballons". Er wird am Feedback des Klientensystems bemerken, ob und inwiefern die vorangegangene Intervention für den oder die Betreffenden Relevanz besitzt. Der Systemische Coach arbeitet hypothesengestützt, jedoch liegt für ihn „die Wahrheit auf dem Platz" – oder um es aus der „Fußballersprache" in die „systemische Sprache" zu überführen: Das Klientensystem in seiner Eigenlogik entscheidet, was Bedeutung hat und was nicht – daran hat sich der Coach immer wieder aufs Neue in seiner Gestaltung des Kontextes für das Klientensystem auszurichten.

13.4 Zusammenfassung: Systemisches Coaching als Kunstform

Ansatzpunkte für eine Beschreibung von Systemischem Coaching als Kunst jenseits der Anwendung von Tools zu bieten, ist Anliegen dieser Ausführungen. Die Hinwendung zu einer derartigen „Metabetrachtung" der Systemischen Arbeit bietet die Chance zu erkennen, dass professionelles systemisches Handeln mehr ist als die („richtige") Anwendung von gelernten Techniken und Methoden.

Coaching als Kunst bedeutet:

(1) *Das Gerichtet-Sein von Klientenaufmerksamkeiten verändern (und erweitern) zu können*: Aufmerksamkeit, die im Coachingprozess zunehmend aus einer „Pro-

blemtrance" herausgelöst und in Richtung einer „Lösungstrance" genutzt werden kann.

(2) *Geschichten verändern (und erweitern) zu können:* Geschichten, die für Klienten „wahr" sind, weil sie sie für „wahr" halten, indem sie in ihnen leben und durch sie und ihre Beschränktheit („Problemgeschichten") bzw. durch sie und ihre ermöglichende Offenheit („Lösungsgeschichten") Lebenswelt „wahrnehmen" und intern repräsentieren.

(3) *Durch anregungsreiche Kontexte Entwicklungen anzuregen (und zu fördern):* Kontexte, die dem Kundensystem als „Versuchsballons" im Rahmen der professionellen Prozessgestaltung zur Verfügung gestellt werden, ohne dass der Künstler vorher definitiv weiß, welche Impulse für das selbstorganisierte Klientensystem die passenden und anregungsreichen sein werden.

Literatur

Anderson, H., Goolishian, H. (1992). Der Klient ist Experte: Ein therapeutischer Ansatz des Nichtwissens. *Zeitschrift für systemische Therapie* 10 (3), 176-189.

Barthelmess, M. (2005). *Systemische Beratung. Eine Einführung für psychosoziale Berufe* (3. Aufl.). Weinheim: Juventa.

Barthelmess, M. (2003). Von der Hybris zur Expertise. Was ist eigentlich Beratungskompetenz? *Familiendynamik*, 28 (4), 454-466.

Bateson, G. (1995). *Geist und Natur. Eine notwendige Einheit* (4. Aufl.). Frankfurt/M.: Suhrkamp.

Kaimer, P. (1999). Lösungsfokussierte Therapie. *Psychotherapie Forum,* 7 (1), 8-20.

Kaimer, P. (2003). Story Dealer – ein Vorschlag zur Selbstbeschreibung von Psychotherapeut/inn/en. In: H. Schemmel, J. Schaller (Hrsg.), *Ressourcen. Ein Hand- und Lesebuch zur therapeutischen Arbeit* (S. 61-80). Tübingen: dgvt.

Luhmann, N. (1994). *Soziale Systeme* (5. Aufl.). Frankfurt/M.: Suhrkamp.

Maturana, H.R. (1996). *Was ist Erkennen?* (2. Aufl.). München: Piper.

Schmidt, G. (2004). *Liebesaffairen zwischen Problem und Lösung – hypnosystemisches Arbeiten in schwierigen Kontexten.* Heidelberg: Carl Auer.

Teil IV

Neue Felder, neue Themen

14. Kapitel

Wie sag ich's meiner Edelfeder?
Coaching im Kreativberuf Journalismus – mit besonderer Berücksichtigung von Kritikgespräch und Fehlerkultur

Hans Karl Peterlini

Zusammenfassung: Ausgehend von eigenen Erfahrungen als Chefredakteur von Wochenmagazinen und einer Tageszeitung beleuchtet der Autor die Schwierigkeiten bei der Implementierung von „Blattkritik" in Medienredaktionen. Mehrere Gründe wirken dabei zusammen: (1) Medienberufe sind Kreativberufe, bei denen die Sensibilität gegenüber Kritik besonders ausgeprägt ist; (2) die redaktionsinterne Hierarchie ist flach, die Leitungspersonen stehen meistens in einem ungeklärten Verhältnis zwischen Sachkompetenz und Management, zwischen Zugehörigkeit zur Redaktion und Verpflichtung gegenüber Eigentümern oder Herausgebern. Für das Coaching im Medienmanagement bieten sich drei Ansätze, die sich als die „drei F" zusammenfassen lassen: Klärung der Führungsaufgaben und Stärkung der internen Fehlerkultur als Voraussetzung für die Entwicklung einer Feedback-Kultur.

14.1 Das Dilemma „Blattkritik" – Praktische und theoretische Reflexion

Drei Erfahrungen aus der eigenen journalistischen Praxis seien dieser Arbeit vorangestellt, um nachvollziehbar machen, wie wichtig Kritikgespräch und internes Feedback im Journalismus sind und wie dürftig es darum häufig bestellt ist. Die erste Erfahrung als noch junger Journalist in einer Kleinredaktion war die intensive Zusammenarbeit mit einem erfahreneren Kollegen, die nach der Feedback-Theorie wohl als „Lernpartnerschaft" (*Fengler* 1998: 46) definiert werden könnte: Aus einer Haltung der gegenseitigen Anerkennung heraus besprachen wir gegenseitig intensiv unsere Texte, feilten daran und entwickelten allmählich einen neuen Stil für das Magazin. Die zweite Erfahrung machte ich, als ich – als Kaminaufsteiger – zum Chefredakteur wurde. Ich versuchte, die „Lernpartnerschaft" in Form einer Blattkritik auf die gesamte, größer gewordene Redaktion auszudehnen, in Form einer Blattkritik. Nach einigen ernstgemeinten Anläufen, die immer in vergiftetem Klima endeten, ließ ich die Initiative einschlafen. Es war uns nicht gelungen, einen Konsens zu entwickeln, was nun guter Journalismus war und was nicht, die Stimmung in der sonst gut motivierten Redaktion sank ab, und am Ende waren alle froh, ihre Texte in Einzelgesprächen mit mir zu besprechen, galt ich doch als milde und offen in ästhetischen Fragen. Die dritte Erfahrung folgte, als ich – von außen kommend – Chefredakteur einer Zeitschrift wurde, deren Redaktion intern zerstritten war und in der es teilweise Vorbehalte gegen mich gab, weil ich zuvor die direkte Konkurrenzzeitung geleitet hatte. Der Misserfolg der „Kritikrunden" war noch krasser: Redakteure, die wussten, dass sie einen schwachen Artikel abgeliefert hatten, „erkrankten" vor der Sitzung oder kamen mit großer Verspätung; ernsthaft kritisiert wurden nur Artikel von Abwesenden, die Anwesenden machten sich (leicht durchschaubare) Komplimente, bemängelten höchstens Nebensächlichkeiten. In der Regel waren die Hauptthemen Fehler in der Grafik oder in der Illustration. Wieder schlief die Blattkritik ein, allmählich gab ich – wenn es wirklich notwendig war – nur noch schriftliches Feedback per Mail, indem ich kritische Anmerkungen im klassischen „Feedback-Sandwich" zwischen einleitendem und abschließendem Lob verpackte.

Was macht es in Zeitungsredaktionen so schwer, eine offene Feedbackkultur zu begründen? Handbücher zu Journalismus und Medienmanagement behandeln die „Blattkritik" meistens nur knapp. Im „Handbuch Journalismus und Medien" findet sich der vielsagende Ratschlag, Blattkritik-Runden gut vorzubereiten, „damit Kritik nicht aus dem Bauch geübt wird und sie weder zum Ritual verkommt noch dazu missbraucht wird, Kollegen ‚vorzuführen'" (*Weischenberg u.a.* 2005: 379). Wie delikat das Thema in der Branche empfunden wird, zeigen Empfehlungen an Praktikanten, sie mögen bei der Besprechung ihrer Texte „zunächst einmal ruhig bleiben und die Kritik nicht persönlich" nehmen (*Ahlswede* 2002: 110).

Ein Problem dabei ist die extreme Subjektivität des „Qualitätsempfindens" im Journalismus. Vieles ist Geschmackssache, oft lässt sich schwer erklären, warum ein Satz einfach nicht gefällt oder ein Artikel nicht befriedigt. Die dafür verwendete Sprache ist häufig diffus oder besteht in einem eingefahrenen, selbstbezüglichen Redaktionsjargon, den Außenstehende schon nicht mehr verstehen. Auch „persönliche Antipathien oder einfach andere Vorlieben können nicht ausgeschlossen werden" (ebd.). Journalistische Texte sind zwar nicht (oder nur sehr selten) Literatur, sind aber als sprachlicher Ausdruck des Autors/der Autorin nicht einfach nur ein „Produkt", das auf die Prüfbank gelegt werden kann. Die Kritik daran ist subjektiv, schwer zu trennen von dem, wie man zum Kollegen/zur Kollegin steht, schwer zu trennen vom eigenen Geschmack, vom Konkurrenzverhältnis, eben auch von Antipathie und Sympathie. Und ebenso subjektiv ist die Annahme von Kritik an den eigenen Texten, jedes Lob freut, als würde nicht nur der Text gelobt, sondern die ganze eigene Person geadelt; jede Kritik kann als vernichtend empfunden werden, als würde nicht nur der Text kritisiert oder ein Satz in diesem Text, sondern als würde einem regelrecht ins eigene Fleisch geschnitten (vgl. *Wirtz* 2003: 111).

Fast jede Redaktion hat ihre Edelfedern, die meist wahrlich schöne Texte schreiben, aber auch ihre Schwächen haben, die aber kaum jemand zu kritisieren wagt. Und um ihren Primadonna-Status nicht zu gefährden, halten sich die meisten selbst mit Kritik zurück, genießen die Bewunderung und äußern sich zu dem, was in den Niederungen des einfachen Schreibens fabriziert wird, gar nicht oder mit einem von oben herabsehenden Wohlwollen. Ein bestimmtes Maß an Narzissmus (vgl. *Volkan & Ast* 1994; s. Kap. 4 in diesem Buch) ist, wie in vielen Berufen mit Öffentlichkeitswirkung, auch im Journalismus teilweise förderlich, bei den Stars der Branche ist er oft besonders ausgeprägt. Die Kritikfähigkeit wird dadurch beeinträchtigt, in schweren Fällen nahezu verunmöglicht. Und wer dagegen selbst unsicher ist über die Qualität seiner Texte (wobei die Unsicherheit ja auch aus dem unterdrückten oder verweigerten Feedback kommen kann), riskiert schon gar keinen Angriff auf Qualitätsmängel anderer Texte. Nichtangriffspakte solcher Art gibt es in vielen Redaktionen, und sie erschweren eine offene Feedbackkultur.

Die Entkoppelung von Person und Berufsrolle, wie sie für rationalisierte Arbeitsprozesse typisch ist, ist in Kreativberufen nicht so leicht nachzuvollziehen. Der Journalist steht zwischen beruflichen Ursprüngen, die ihn – im 18. und 19., zum Teil auch noch im 20. Jahrhundert – als „Gelehrten" oder „Schriftsteller" sahen (*Weischenberg u.a.* 2005: 395), und einer beruflichen Gegenwart, die ihn den Effizienzkriterien von Professionalisierung und Kommerzialisierung der modernen Medien unterordnet. Vor allem zwei berufsgruppenspezifische narzisstische Kränkungen mögen die Verletzlichkeit gegenüber Kritik zusätzlich erhöhen. Die eine hängt mit der fortschreitenden Entwertung des Journalistenberufs (*Langenbucher & Neufeldt* 1988: 270) durch einen sozialen Statusverlust zusammen; der hohe Anpassungsdruck an Marktbedürfnisse und Werbewirtschaft verlangt vielfach eine schnelle, oft auch seichte Berichterstattung. Die zweite Kränkung demütigt genau jene, die an ihre Arbeit noch hohe Ansprüche stellen, die Edelfedern: In nahezu allen Zeitschriften wird auf einen möglichst einheitlichen Stil hingearbeitet (*Wirtz* 2003: 103), der die Individualität des Einzelnen beeinträchtigt und einem „Blattrezept" unterwirft. Allerdings macht genau dieser Trend Blattkritik und die Entwicklung einer gemeinsam Redaktions- und Stilkultur umso notwendiger, da das lange gängige Umschreiben der meisten Texte durch einige wenige Blattmacher, die das „Rezept" der Zeitung beherrschen und prägen, aufgrund des hohen Zeit- und Produktionsdrucks kaum mehr möglich ist. Eine in der Fachpresse diskutierte „Enabling-Strategie", die möglichst viele Mitarbeiter in die Lage versetzt, das Blattrezept perfekt anzuwenden, erfordert eben ein dauerndes Feilen am Stil jedes einzelnen Redaktionsmitglieds und das Entwickeln einer gemeinsamen Redaktionskultur.

14.2 Drei „F" für Coaching-Ansätze im Medienmanagement

Drei Ansätze bieten sich für Coaching im Medienmanagement mit Schwerpunkt auf eine zur Kritik befähigte und befähigende Redaktionskultur an: Führung, Fehlerkultur und Feedbackkultur, wobei alle drei Ansatzpunkte unweigerlich zusammengehören und im Kontext gesehen und bearbeitet werden müssen. Die Art der Führung einer Redaktion wird großen Einfluss darauf haben, wie in dieser Redaktion mit Fehlern umgegangen wird, was wiederum von Bedeutung dafür ist, in welchem Maße Feedback als bereichernd und die Teamarbeit gestaltend erlebt oder als unangenehm vermieden oder gar als vernichtend gefürchtet wird. Und ebenso wird eine konstruktive Fehlerkultur und eine offene Feedbackkultur in einer Redaktion dem Chefredakteur, der Chefredakteurin eine andere Art von Führung erlauben als eine Redaktion, in der sich die meisten Redaktionsmitglieder hinter ihrem Schreibtisch oder in ihrem Themengarten verschanzen, um keine Angriffsfläche zu bieten.

14.2.1 Coaching-Ansatz „Führung"

Mit „Redaktion" ist in der Regel ein Team von acht bis zehn, maximal zwölf journalistischen Mitarbeitern gemeint. Auch in großen Medienbetrieben mit Hunderten von Mitarbeitern sind die einzelnen Redaktionsteams oder Subteams in solchen Größenordnungen organisiert, da in größeren Einheiten die im Journalismus nötige intensive Detailarbeit zwischen Führungskraft und Mitarbeiter nicht möglich wäre (*Wirtz* 2003: 103ff.). Für diese Detailarbeit ist es unwesentlich, ob es sich um Ressorts mit einem Ressortleiter an der Spitze handelt oder um eine Kleinredaktion mit einem Chefredakteur oder um eine Stadtredaktion mit einem Lokalchef. Gemeinsam ist den verschieden Typen von Redaktionen, dass sie in der Regel aus teils festangestellten, teils freiberuflichen, aber fest eingebundenen, teils ganz freien Journalist/innen, einigen Praktikanten und einer Leitungsfigur bestehen, wobei diese ebenfalls Journalist/in ist, zugleich aber hierarchisch höher eingestuft ist und in einer Hammer-Amboß-Situation steht: Er oder sie ist einerseits Teil des Teams und dessen Repräsentant nach außen sowie gegenüber den höheren Instanzen, andererseits hat die Leitungsfigur auch diese höheren Instanzen innerhalb der Redaktion zu vertreten, ist also Eigentümervertreter/in in der Redaktion oder Kontaktperson zur Ressortleiterkonferenz oder Bindeglied zur Zentralredaktion (vgl. *Rühl* 1969: 93ff.).

Diese Leitungsfigur wird in vielen Fällen hin- und hergerissen sein zwischen einer Truppenmentalität, die sie sich „ihrer" Redaktion verbunden fühlen lässt, und einer Aufsichts- und Vorgesetztenrolle, die ihr von ihrer Funktion her mitgegeben ist. Sie kommt immer aus der Sachebene (Chefredakteure sind immer auch Journalisten) und muss erst lernen, sich auf der Managementebene zu bewegen, wobei ein Teil der Aufgaben weiterhin zur Sachebene gehört. Wir haben es auf jeden Fall mit einer redaktionsintern flachen Struktur zu tun (*Altmeppen* 2006: 75), die aber in der Schlüsselfigur der Redaktionsleitung eine klar konturierte Schwelle zu höheren, auch nicht journalistischen Entscheidungsinstanzen und Machtebenen aufweist. Und zugleich ist ein Chefredakteur gegenüber dieser höheren Ebene – selbst gegenüber dem Aufsichtsrat als Organ der Eigentümer – nicht vorbehaltlos weisungsgebunden. Er kann entlassen oder versetzt werden, aber es kann nur sehr schwer in seine Kompetenzbereiche eingegriffen werden.

Ähnliches gilt, abgestuft, für jedes Redaktionsmitglied, denn jeder Journalist, jede Journalistin vertritt im Rollenkonzept moderner Managementstrategien (ebd.: 127f.) mehrere Rollen: die „Mitgliedsrolle" als Mitglied der Redaktion bzw. der Organisation, die „Berufsrolle" durch die Ausübung des Journalistenberufs (in Italien etwa durch eine eigene Berufskammer gestärkt) und die „Arbeitsrolle" (definiert durch einen Themenbereich, eine interne Redaktionsaufgabe, eine Leitungsaufgabe). Ist ein Journalist in den Mitglieds- und Arbeitsrollen einem klaren, auch hierarchischen Organisationsschema zu- und unterordenbar, ist er in seiner Berufsrolle nie nur seinem Chefredakteur oder dem Herausgeber oder dem Eigentümer verpflichtet, sondern immer auch einem öffentlichen Informationsauftrag und der Leserschaft (oder der Gemeinschaft der Fernsehzuschauer oder Radiohörer). Ein Artikel, ein Filmbeitrag, ein Radiofeature sind nie nur journalistische Produkte, sie sind zum einen auch Ausdruck persönlicher Meinungs- und Informationsfreiheit, und zum anderen stellen sie auch eine öffentliche Dienstleistung dar, die sie einer ausschließlich organisationsinternen und betriebswirtschaftlichen Bewertung entzieht.

Dies stellt an die im postmodernen Hierarchie- und Sicherheitsverlust immer wichtiger gewordenem „Identitätsentwicklung" von Führungskräften (*Schreyögg, G. & Lührman*, T. 2006) im Medienbereich besondere Ansprüche, denen möglichst nicht erst aufgrund von Krisen, sondern prophylaktisch begegnet werden sollte. Ein erster, wichtiger Ansatz für das Coaching könnte sein, diese in der Praxis meist diffus erlebte, ambivalente Situation zu klären (siehe dazu die Bedeutung von Rollenklärung und -beratung bei *Schreyögg, A.* 2003: 280). Patentrezepte für Führung gibt es wohl nicht. Es kann nur individuell – und im Kontext mit der jeweiligen Team- und Betriebssituation – entschieden werden, wie ein Chefredakteur, eine Chefredakteurin eine Redaktion leitet. Gerade die Reflexion der Sach- und Managementebenen durch Coaching kann helfen, die Managementaufgaben bewusster und auch selbstbewusster in die Hand zu nehmen.

In meinem Fall hätte mir eine Rollenklärung sicher dabei geholfen, Führung nicht nur auf ein vermeintliches – und schließlich als vergänglich erlebtes – Charisma und auf eine tolle Teamstimmung zu setzen, sondern auf stützende Maßnahmen zu setzen und korrigierende Verhaltensänderungen zu versuchen. Im Redaktionsleben läuft sehr viel über „persönliche Gespräche und Selbstabstimmung" (*Altmeppen* 2006: 91). Im Idealfall entsteht daraus auch eine gemeinsame Redaktionskultur, im Normalfall aber kann diese sehr bald wieder zerfallen, wenn sie nicht bewusst gestützt und gefördert wird. Eine Formalisierung von sonst nur informell bleibenden Regeln im Sinne einer modernen Organisationsgestaltung (vgl. *Schreyögg, G.* 1999: 12ff.), die im Medienbereich etwa durch Redaktionsstatut, Redaktionshandbuch, ethische Richtlinien, Ablaufpläne denkbar ist und mit mehr oder weniger Erfolg auch praktiziert wird, kann dem Chefredakteur das ständige und oft kraftraubende Austarieren der „Selbstabstimmungen" abnehmen. Was verbindlich festgehalten ist, muss nicht durch Motivation und Nettsein oder Machtworte jedes Mal aufs Neue erkämpft werden, sondern gilt auch ohne besondere Anstrengungen (*Rühl* 1969: 151ff.). Wo es solche Formalisierungen bereits gibt, ist es oft nötig, sie aus dem Archiv herauszuholen und aufs Neue bewusst zu machen. Denn häufig wird das „Redaktionsstatut" einem Praktikanten mit der Bemerkung in die Hand gedrückt, das müsse er genau lesen, worauf er bald feststellen wird, dass es im Redaktionsleben sonst keine Rolle spielt.

Die Methodenvielfalt des Coaching (*Schreyögg, A.* 2003) bietet ausreichend Möglichkeiten, um einer journalistischen Leitungsfigur bei der Reflexion ihrer Führungskompetenz behilflich zu sein: die Rekonstruktion der Situation und die damit verbundenen Möglichkeiten von Klärung und Umstrukturierung, die Klärung von beruflichen und persönlichen Biographien und Motivationen durch das Gespräch im Coaching, aber auch kreative Medien bis hin zu gestalttherapeutischen und psychodramatischen Methoden wie imaginativem Rollenwechsel (vgl. Kap. 9 in diesem Buch), um einer Führungskraft die Wirkung ihres Stils auf ihre Mitarbeiter/innen und Vorgesetzten bewusster zu machen. Für mich wäre z. B. erhellend gewesen, wie ich durch ein gewisses Bemuttern von Redaktionsmitgliedern zwar mich selbst persönlich aufgebläht habe, zugleich aber die Redaktion teilweise unmündig und durch das verschwommene Formulieren meiner Vorstellungen unsicher gemacht habe. Eine Übung mit dem leeren Stuhl, auf dem ich für meine Mitarbeiter Platz genommen hätte, hätte meine Scheu, meine Autorität auch einzusetzen, vielleicht vermindert – weil ich erlebt hätte, dass und wie ein klareres Feedback für meine Mitarbeiter entlastend sein und Sicherheit vermitteln kann. Und in anderen Fällen mag es darum gehen, einen Vorgänger zu würdigen, um die eigene Arbeit frei von Erblasten zu machen, oder das Verständnis zu entwickeln dafür, wie ein Fuchteln mit dem Rotstift in der Redaktion als ständige Bedrohung erlebt wird, die allen den Schreibfluss nimmt. Oder die Reflexion im Coaching kann die Erkenntnis stärken, dass ein Chefredakteur nicht der Knecht seiner Eigentümer ist, sondern dort gerade auch mit Rückgrat punkten kann, wenn er sich einmal vor seine Redaktion stellt.

14.2.2 Coaching-Ansatz „Fehlerkultur"

Eine Fehlerkultur, die Kritik nicht als Bedrohung des eigenen Status und Selbstwertgefühls sieht, sondern als wertvolle Anregung annimmt, ist Voraussetzung für eine konstruktive Feedback-Arbeit. Die weit verbreiteten Schwierigkeiten mit der Blattkritik, die zwischen völliger Vernachlässigung oder aber auch regelrechten Redaktionstribunalen mit Auswüchsen von Zerfleischung liegen, deuten auf eine negativ besetzte Fehlerkultur im Journalismus hin. Dass journalistische Arbeit zu den kreativen Äußerungen von Menschen gehört, ist als eine der Ursachen bereits festgehalten worden. Das macht sensibel gegenüber Kritik, die nicht ein der eigenen Persönlichkeit entfremdetes „Produkt" trifft, sondern ein Stück von einem selbst – eigene Gefühle, die in eine Reportage eingewoben sind, eigene ethische Maßstäbe, die in einem Kommentar gesetzt werden, eigene Weltbilder, die explizit oder implizit die gewählte Darstellung prägen. An der Dänischen Akademie für Kreatives Schreiben (*Haslinger & Treichel* 2006) etwa wird bewusst eine Haltung geübt, in der ein Autor von seinem Text zurücktreten und ihn sich fremd machen muss: „Denn nur wenn der Text ein eigenes Leben entfaltet, wird es möglich, den Text zu besprechen und nicht den Autor" (*Jørgensen* 2006: 69).

Eine andere Ursache liegt in der „Berufsrolle": Journalisten verstehen sich, manche mehr, manche weniger, auch als Träger öffentlicher Kritik. Sie zeigen Missstände auf, prangern Fehlverhalten an, attackieren skandalöses Verhalten. Dahinter steht, getragen von einer öffentlichen und weitgehend auch sozial wichtigen Aufgabe, oft auch eine „Tyrannei der Fehlerlosigkeit" (*Peterlini* 1998: 140), auf die das politische, sozioökonomische, kulturelle „System" oder „die Gesellschaft" hingetrimmt werden sollen. Fehltritte, Fehlleistungen oder auch nur schwache Leistungen von Politikern, Wirtschaftskapitänen, Kulturschaffenden sind ein „begehrtes Jagdgut" (ebd.: 141), das öffentlich aufgespießt und gebraten wird. Die spiegelverkehrte Seite ist, dass Journalisten für diese öffentlich zelebrierte Fehlerjagd zumindest unbewusst eine Haltung der eigenen Fehlerlosigkeit, ja beinahe Gottähnlichkeit einnehmen müssen und sich naturgemäß schwer tun, mit eigenen Unzulänglichkeiten konfrontiert zu werden. Eine Fehlerangst, die aus einer Kultur der Fehlerjagd entsteht: Im eigenen Fehler begegnet dem Journalisten gewissermaßen sein eigenes Beutetier, das er nun durch andere erlegt, zerlegt sieht und das ihn mit seinen eigenen Schwächen konfrontiert, während er sich doch auserkoren fühlt, die Schwächen anderer bloßzulegen.

Wird die eigene kritische Mission nicht reflektiert oder narzisstisch verschleiert, führt sie leicht zu einem Ausagieren eigener Unsicherheiten. In meiner Arbeit ist mir oft aufgefallen, wie Journalisten genau jene Unzulänglichkeiten mit besonderer Strenge aufspießen, mit denen sie selbst zu kämpfen haben. Ein Kollege etwa, der auch im Berufsalltag an Alkoholproblemen litt, schrieb ausgerechnet den Artikel über einen Beamten, der im Dienst getrunken hatte, mit süffisanter Gnadenlosigkeit. Ein Journalist, der nach Jahren vermeintlicher Vaterschaft draufkommen musste, dass sein Sohn nicht sein Sohn war, vernachlässigte jede journalistische Sorgfaltspflicht, als er einer Frau unterstellte, sie habe dreizehn Männer per Gericht zum Vaterschaftstest zitiert – eine europaweit übernommene Sensationsmeldung, die sich nachträglich als falsch erwies. Die vielen alltäglichen Varianten solcher „Übertragungen" sind subtiler und schwerer zu erkennen. Denn während journalistische Systeme einerseits Öffentlichkeit schaffen, gewähren sie selbst meistens keine, sondern verschanzen sich hinter einer – zum Teil auch nötigen – Unangreifbarkeit (vgl. *Russ-Mohl* 1992). Wer in einer Redaktionssitzung einen Kollegen fragt, warum er an einer bestimmten Stelle so plump den Zeigefinger eingesetzt habe, und eine zornige, beleidigte Antwort erhält, hat womöglich einen wunden Punkt getroffen, ohne es zu ahnen.

Für die Arbeit mit Redaktionen bedeutet dies eine Bewusstmachung solcher möglicher unbewusster Motive und Verletzlichkeiten. Mögliche Coaching-Ansätze richten sich wiederum in erster Linie an die Führungskraft, die ja letztlich die Verantwortung für konstruktive Feedbackprozesse innerhalb der Redaktion trägt. Sie sollte durch das Coaching in die Lage kommen, ein Klima des Vertrauens zu schaffen, das Kritik ermöglicht. Notwendig ist es auch, die narzisstischen Kränkungen kennenzulernen, die mit Kritik verbunden sein können, um klare Grenzen ziehen zu können. In Redaktionen mit hohen professionellen Ansprüchen wie etwa der Financial Times gehört die Blattkritik zur täglichen Routine, die Ergebnisse werden im Intranet veröffentlicht, sodass der Lernprozess über die einzelne Redaktionsabteilung hinaus alle Mitarbeiter erreichen kann; regelmäßig tritt die „European Editors Conference" zusammen, um die Ergebnisse zu analysieren und Fehlentwicklungen gegenzusteuern. Damit die Blattkritik nicht zum Tribunal ausartet, werden auch die gelungenen Beispiele hervorgehoben, einmal in der Woche verleiht die Chefredaktion den „Scoop der Woche" zur Belohnung herausragender journalistischer Arbeit (*Wirtz* 2003: 112), was auch die narzisstischen Bedürfnisse befriedigen und das Risiko aufwiegen könnte, ab und zu kritisiert zu werden. Das Ziel ist die Entwicklung einer Redaktionskultur, in der Kritik geübt und Anerkennung ausgesprochen wird. In meiner positiven Feedback-Erfahrung (Erfahrung 1) steckten wir uns oft gegenseitig den „Redaktionsorden der Woche" an den Hemdkragen, eine simple Büroklammer ohne jeden ökonomischen Wert, aber von hohem emotionalem Gehalt: Man wusste sich anerkannt von den anderen, wenn man etwas gut gemacht hatte.

Nicht immer aber herrscht der Idealfall, eher ist dieser die Ausnahme. In Zeitungsredaktionen gibt es, wie überall, Konkurrenzsituationen, Antipathien, Gruppenbildungen, Machtkämpfe (*Rühl* 1969: 188). Lob und Kritik können als ungerecht oder beliebig empfunden werden. Die Entwicklung einer gemeinsamen Redaktionskultur, in der allmählich – durch spontane, aber auch institutionalisierte Selbstabstimmung – gemeinsame Maßstäbe und eine gemeinsame Sprache für die Bewertung der eigenen Arbeit gefunden werden, ist ein langwieriger Prozess, der sich nur im Glücksfall von alleine einstellt und der einer regelmäßigen Pflege bedarf. Dabei geht es um Auflockerungen und Perspektivenerweiterungen, wo ansonsten das Triumvirat der Rechthaberei herrscht: (1) Die Macht der Gewohnheit („Das haben wir immer so gemacht"), (2) Die Macht des Gesetzes („Wir sind im Recht"), (3) Die Macht der Autorität („Wir haben Recht") (*Schulz* 2002: 153). Fehler sollten nicht als Verhängnis empfunden werden, das denjenigen, der ihn gemacht hat, vor allen anderen vernichtet, sondern als „ein Ereignis, dessen großer Nutzen sich noch nicht zu deinem Vorteil ausgewirkt hat" (*Senge* 1996: 189). Ein schönes Beispiel habe ich bei Jazzmusikern gefunden, die sich von der Fehlertyrannei in der klassischen Musik dadurch abheben, dass sie einen Fehler nicht als Schande empfinden, sondern als Anregung für eine neue Improvisation: „Statt zu sagen: Verdammt, ich habe einen Fehler gemacht, musst du dir sagen: Wau, ich habe daneben gegriffen, was für ein toller Impuls!" (*Peterlini & Widmann* 2007: 101).

Durch Coaching-Arbeit sollte die Führungskraft – etwa durch eine eigene Perspektivenerweiterung – befähigt werden, innerhalb der eigenen Redaktion einen offeneren, auch spielerischen Umgang mit Fehlern zu implementieren. Aber auch Teamcoaching (*Schreyögg, A.* 2003: 217), bei dem an der gemeinsamen Fehlerkultur gearbeitet wird, ist vorstellbar. Es könnte im Team erlebbar gemacht werden, dass das Eingestehen eines eigenen Fehlers keine Selbstkasteiung und das Aufzeigen des Fehlers eines anderen keine Bosheit ist. Denn neben dem Annehmen von Feedback ist auch die Ermutigung wichtig, anderen Fehler aufzeigen zu dürfen, ohne dass dies als Gemeinheit gegenüber einem Kollegen, einer Kollegin aufgefasst wird. Auch dafür gilt in der Regel, was die Journalistenbranche insgesamt betrifft: Der Bote der unbeliebten Nachricht („wie sag ich's meinem Kollegen, meinem Mitarbeiter?") wird leicht gleich unbeliebt, wie das, was er übermittelt, oder er muss zumindest fürchten, sich unbeliebt zu machen (*Schulz* 2002: 153) Womit das dritte „F" ins Spiel gekommen ist – die Stärkung der Feedbackkultur.

14.2.3 Coachingansatz „Feedbackkultur"

Für die Feedbackkultur in einer Redaktion wäre mit einer bewussten Fehlerkultur gewiss der erste große Schritt gemacht, das Feld für Feedback überhaupt erst freigemacht. Freilich muss, was hier nacheinander abgehandelt wird, Hand in Hand gehen: Reflexion der eigenen Berufs-, Mitglieds-, Arbeitsrollen, des eigenen Arbeitsverständnisses, der gemeinsamen formalen und informalen Redaktionscodices, des Führungsstils und des Kommunikationsstils schaffen Voraussetzungen für ein bereicherndes, anregendes und, da wo es Not tut, auch korrigierendes Feedback. Nicht sehr tauglich scheinen eher traditionelle Ratgeber für Mitarbeitergespräche, da diese meistens von einem klaren hierarchischen Gefälle zwischen Vorgesetzten und Mitarbeiter ausgehen und Fehlleistungen als objektiv messbar und bewertbar setzen (vgl. z. B. *Hofbauer & Winkler* 2004). So wird meistens das Einzelkritikgespräch zwischen Vorgesetztem und Mitarbeiter privilegiert, nach dem Motto „Üben Sie keinesfalls Kritik in Anwesenheit Dritter!" (ebd., 25). Dies kann auch in einem Medienbetrieb dann Sinn machen, wenn ein krasses, möglicherweise sich wiederholendes Fehlverhalten eines Mitarbeiters vom Chefredakteur (in diesem Fall in der Rolle des Vorgesetzten, nicht des Kollegen) besprochen werden muss – gewissermaßen als erster Schritt vor etwaigen disziplinarischen Schritten.

Eine Blattkritik aber, die ein gemeinsames Lernen – im Sinne einer lernenden Organisation (vgl. *Senge* 1996) – einleiten und dauerhaft begleiten soll, können Einzelkritikgespräche nicht ersetzen. Zu groß ist die Gefahr, dass diese an den spontanen Einzelabstimmungen vorbeidriften, gewissermaßen nur eine „offizielle" Normierung etablieren, die von informellen Maßstäben unterlaufen wird; oder es setzt die Mitarbeiter der Willkür eines Chefredakteurs aus, der sich dieser seiner Willkür nicht einmal bewusst sein muss und sich selbst um den Lernprozess aus einer Auseinandersetzung im Team bringt. Gewiss sollte ein journalistischer Vorgesetzter nicht darauf verzichten, die Berichte seiner Kollegen auch in Einzelgesprächen kritisch mit diesen zu besprechen, etwa wenn er Änderungen vorschlägt oder Texte zur Überarbeitung zurückgibt oder wenn ein Textchef nachträglich begründet, warum er einen Text im Redaktionsschluss umgeschrieben hat. Aber dies ersetzt nicht die Blattkritik und das Arbeiten an einer gemeinsamen Redaktionskultur.

Was kann Coaching dazu beitragen? Wieder geht der Königspfad über das Coaching der Führungskraft, die auch für die Feedbackkultur in ihrem Team Verantwortung trägt, wenn auch nicht die alleinige. So wäre es – neben Teamcoaching – vorstellbar, dass nicht nur der Chefredakteur, sondern immer wieder einzelne Redaktionsmitglieder an einem Gruppencoaching oder auch an Kritikcamps teilnehmen, in denen im geschützteren Ambiente mit Nicht-Mitarbeitern Feedbackgeben und Feedbacknehmen geübt werden. Ein Modell wären Schreibcamps nach dem Vorbild der Werkstätten für Dichtung (*Or* 2006: 91-97), aber auch die Aus- und Fortbildungsangebote in den verschiedenen praxisorientierten Journalismusschulen und Medienausbildungszentren.

Wichtig ist es gewiss, Blattkritik zu einer Einrichtung zu machen, die nicht einem Ratgeber entnommen wird, sondern die dem Kontext eines Teams, seiner formalen und informellen Struktur, seiner übergeordneten Systeme und seiner Geschichte entspricht. Dazu könnte im Coaching die Führungskraft zu Fantasien, aber auch zum emotionalen Erproben unterschiedlicher Situationen angeregt werden: Was passt am besten zu meinem Stil, zu meinem Team? Eine fixe Regel gibt es nicht: Weder das Rotieren der Moderation innerhalb des Teams, noch das prinzipielle Einladen externer Blattkritiker, noch die exklusive Blattkritik durch den Chefredakteur eignen sich für jeden denkbaren Fall. Diese Abstimmung auf die eigene Situation, auf die eigenen Bedürfnisse anzuleiten, ist eine Notwendigkeit, für die Coaching ein vorzügliches Mittel scheint. Ebenso muss – was für alle drei „F" gilt – im Coaching abgeklärt werden, ob der Schwerpunkt auf das individuelle Coaching oder auf ein Teamcoaching zu legen ist, weil es entweder eher um eine Lebens- oder Berufskrise einer Führungskraft oder einer Edelfeder oder aber um eine ins Team eingeschliffene Fehlentwicklung geht – im Grunde ein Ausloten der Problematik und Ansatzmöglichkeiten zwischen den zwei Coaching-Polen „Personalentwicklung" und „Dialogpartnerschaft über ‚Freud und Leid' im Beruf" (*Schreyögg A.*, 2003: 70).

Für die Feedbackkultur selbst gelten wohl die mittlerweile erprobten Kriterien aus Psychotherapie, Supervision und Gruppendynamik: eher beschreibend als bewertend und interpretierend, eher konkret als allgemein, eher einladend als zurechtweisend, eher verhaltensbezogen als charakterbezogen, eher erbeten als aufgezwungen, eher sofort und situativ als verzögert und rekonstruierend (was gegen Blattkritik sprechen würde), eher klar und pointiert als verschwommen und vage, eher durch dritte überprüfbar als auf dyadische Situationen beschränkt (was die Gruppen- oder Teamsituation gegenüber dem Chef-Mitarbeiter-Gespräch bevorzugt). Das „eher" wird damit begründet, dass oft Ausnahmen notwendig sind (*Fengler* 1998: 22). Und was dazu kommt: Je schematischer Feedback nach Rezepten ausgeübt wird (etwa nach der Sandwich-Methode), desto manipulativer kann es auch wirken – aha, erst lobt er mich, dann packt er die Kritik rein, dann gibt er mir noch ein Zuckerle (vgl. *Dollinger* 2007, 2).

Eine Gruppennorm, die „offenes Experimentieren durch spontanes Verhalten erlaubt", gilt für Feedback in Gruppen als förderlich (*Fengler* 1998: 22). Im Gegensatz dazu ist Unsicherheit ein hemmender Faktor – sowohl für Feedbackgeber als auch für Feedbackempfänger. Das „Zauberwort" lautet auch hier „Beziehung": Ein Chefredakteur, der Bezugsperson ist für seine Redaktion, wird leichter auch ein Wort der Kritik anbringen können als einer, der hinter verschlossenen Türen sitzt und Manuskripte rot angestrichen durch die Sekretärin zurückbringen lässt. Auch die Rotation des Feedbackgebers wird in der Literatur als günstig dargelegt, um einseitige Rollenverteilungen zu vermeiden (*Fengler* 1998: 24), etwa in „Austeiler" und „Einstecker". Sinnvoll ist die Bildung kleinerer Feedback-Gruppen, in denen die Arbeit einerseits detailgenauer ausgeübt werden kann und andererseits die Vertrauensbildung leichter fällt.

Interessant scheint mir die Lernpartnerschaft zu sein, vielleicht wohl, weil sie meine erste und beste Feedback-Erfahrung war, wobei immer ein Transfer der Ergebnisse ins Team vorgesehen werden sollte, um Subkulturen innerhalb einer Redaktion zu vermeiden. Für den Redaktionsleiter dürfte gelten, was in der Gruppendynamik für den Gruppenleiter Maßstab ist: „Wichtig ist, dass der Gruppenleiter selbst das Feedback modellhaft geben kann, ohne dabei zu übertreiben oder in Intimbereiche des Empfängers vorzustoßen, und dass er auf Feedback, das er selbst erhält, mit Aufmerksamkeit reagiert, statt es abzuwehren, lächerlich zu machen oder zu kritisieren. Dann hat die Gruppe Gelegenheit, zu erfahren, dass Feedback zu geben und zu empfangen weder übermäßig gefährlich noch folgenlos ist, sondern (…) zu bedeutsamen Klärungen führen kann" (*Fengler* 1998: 24). Dies ist ein weites und auch dankbares Arbeitsgebiet für Einzelcoaching mit Führungskräften im Medienbereich – und für Teamcoaching mit Redaktionen.

Vor romantischen Heilserwartungen ist trotzdem warnen, denn auch das Zaubermittel Feedback hat in den komplexen Interaktionen in einer Redaktion mit ihrem hohem Leistungsdruck, den hohen Außenerwartungen und Ansprüchen an die eigene Wirksamkeit und somit auch hohem Konkurrenzpegel seine Grenzen (vgl. *Dol-*

linger 2007[1]). „Distanzierende Rollenbeziehungen" (*Fengler* 1998: 18) gelten in der Gruppendynamik als hemmend für ein offenes Feedback. Wenngleich innerhalb einer Redaktion die Berufsrolle weitgehend allen gemeinsam ist, darf nicht verklärend weggewischt werden, dass es in den Arbeitsrollen ein formales Gefälle zwischen Chefredakteur und den anderen Redaktionsmitgliedern gibt. Wenn im Feedback „Gleichrangigkeit" und das „Bekenntnis zur Aspekthaftigkeit des eigenen Erkennens" an die Stelle von „Rollengefälle" und „Diagnose" treten sollen (ebd.: 19), stehen Führungskräfte und Redaktionen, die sich diesen Lernprozessen stellen wollen, vor einer großen Herausforderung. Es bedarf einer genauen Klärung, wer wann in welcher Rolle ist, um eine offene Feedbackkultur nicht in ein Verwischen von Zuständigkeiten, Aufgabenbereichen, aber auch Hierarchien übergehen zu lassen. Der brancheneigene Narzissmus setzt einer offenen Fehler- und Feedbackkultur natürliche Grenzen, die nur durch kontinuierliches Arbeiten und oft wohl auch behutsames Vorgehen gelockert werden können. Mit einem einmaligen Implementieren ist es – wie wohl auch in anderen Branchen nicht (vgl. *Liepmann* 2000: 28) – nicht getan. Blattkritik wird ein schwieriges Blatt im Medienmanagement bleiben, Coaching kann aber dazu anleiten, Führung zu reflektieren, mit Fehlern neu umzugehen und innerredaktionelles Feedback immer aufs Neue zu pflegen.

Literatur

Ahlswede, E. (2002). *Das Praktikum im Journalismus*. Konstanz: UVK Verlagsgesellschaft.

Altmeppen, K.D. (2006). *Journalismus und Medien als Organisation. Leistungen, Strukturen, Management*. Wiesbaden: VS Verlag.

Dollinger, M. (2007). *Führ nix gut. Warum Feedback-Gespräche als Führungsinstrument versagen. Essay*. ChangeX 02.08.2007, www.changeX.de (abgerufen am 20.12.2008).

Fengler, J. (1998). *Feedback geben. Strategien und Übungen*. Weinheim, Basel: Beltz.

Haslinger, J., Treichel, H.U. (Hrsg.) (2006). *Schreiben lernen – Schreiben lehren*. Frankfurt/M.: Fischer Taschenbuch.

Hofbauer, H., Winkler, B. (2004). *Das Mitarbeitergespräch als Führungsinstrument. Special: Schwierige Gespräche* (3., erw. Aufl.). München, Wien: Carl Hanser.

Jørgensen, H.O. (2006). Die Lernbarkeit und Lehrbarkeit des literarischen Schreibens. In: J. Haslinger, H.U. Treichel (Hrsg,), a.a.O., S. 67-74.

Langenbucher, W.R., Neufeldt, G. (1988). Journalistische Berufsvorstellungen im Wandel von drei Jahrzehnten. In: *Idee und Wirklichkeit des Journalismus*. Festschrift für Heinz Starkulla (S. 257-272). München: Olzog,.

Liepmann, D. (2000). Beurteilungsprozesse in Organisationen. Einige kritische Anmerkungen. In: R. Busch (Hrsg.), *Mitarbeitergespräch – Führungskräftefeedback. Instrumente in der Praxis* (S. 21-36). München, Mering: Hampp.

---

1 Beim Essay von Dollinger ist die Kritik an der Sandwich-Methode sehr gut nachvollziehbar, die Kritik an Feedback wirkt – trotz bedenkenswerter und deshalb hier zitierter Aspekte – als etwas gewollt und pauschal.

Or, A. (2006). Lektorat und Feedback in der Werkstatt für Dichtung. In: J. Haslinger, H.U. Treichel (Hrsg.), a.a.O., S. 90-103.

Peterlini, H.K. (1998). Schreiben in einem eingeklemmten Land. Journalismus in Südtirol. Arbeiten zwischen Einschränkungen, schlechten Gewohnheiten und historischem Nachholbedarf. *Arunda* 47, S. 121-148.

Peterlini, H.K., Widmann, K. (2007). Un orgasmo musicale. Reden über Jazz. In: *25th Anniversary Jazz Festival Bolzano-Bozen*. Bozen: Jazz Music Promotion.

Rühl, M. (1969). *Die Zeitungsredaktion als organisiertes soziales System*. Bielefeld: Bertelsmann Universitätsverlag.

Russ-Mohl, S. (1992). Am eigenen Schopfe … Qualitätssicherung im Journalismus – Grundfragen, Ansätze, Näherungsversuche. *Publizistik* 37, 83-96.

Schreyögg, A. (2003). *Coaching. Eine Einführung für Praxis und Ausbildung* (6. erw. Aufl.). Frankfurt/M., New York: Campus.

Schreyögg, G. (1999). *Organisation. Grundlagen moderner Organisationsgestaltung* (3. überarb. und erw. Aufl.). Wiesbaden: Gabler.

Schreyögg, G., Lührman, T. (2006). Führungsidentität. Zu neueren Entwicklungen in Führungskonstellationen und der Identitätsforschung. *Zeitschrift Führung und Organisation*, 1, 11-16.

Schulz, J. (2002). Unternehmenskommunikation oder Unternehmen Kommunikation? Die Organisation kommunikativer Kompetenz. In: Krzeminski, Michael (Hrsg.), *Professionalität der Kommunikation. Medienberufen zwischen Auftrag und Autonomie* (S. 142-158). Köln: Herbert von Halem.

Senge, P.M. (1996). *Die fünfte Disziplin: Kunst und Praxis der lernenden Organisation* (2. Aufl.). Stuttgart: Klett-Cotta.

Volkan, V., Ast, G. (1994). *Spektrum des Narzissmus. Eine klinische Studie des gesunden Narzissmus, des narzisstischen-masochistischen Charakters, der narzisstischen Persönlichkeitsorganisation, des malignen Narzissmus und des erfolgreichen Narzissmus*. Göttingen: Vandenhoeck & Ruprecht.

Weischenberg, S., Kleinsteuber, H.J., Pörksen, B. (Hrsg.) (2005). *Handbuch Journalismus und Medien*. Konstanz: UVK Verlagsgesellschaft.

Wirtz, B. (2003). *Handbuch Medien und Multimediamanagement*. Wiesbaden: Gabler.

15. Kapitel

Zeit- und Selbstmanagement
Ein Fallbeispiel für ein Fachcoaching

Constanze Sigl

Zusammenfassung: Seminare zum Thema „Zeitmanagement" bleiben oft wirkungslos, weil die Teilnehmer es nicht schaffen, die gelernten Inhalte auf ihre Arbeit und/oder ihr Leben umzulegen und nachhaltig anzuwenden. Hier kann ein Fachcoaching Abhilfe schaffen. Ausgehend von einem Fallbeispiel wird in diesem Beitrag erörtert, worauf bei einem solchen Coaching besonders zu achten ist, welche Methoden zum Einsatz kommen können und in welchen Bereichen ein Fachcoaching mit dem Fokus „Zeitmanagement" sinnvoll sein kann.

15.1 Zeit- und Selbstmanagement

Zeit- und Selbstmanagement ist ein Thema, an dem keine Wirtschaftstrainerin, kein Erwachsenenbildner vorbei kommt. Es gehört mittlerweile ebenso wie Kommunikationsfähigkeit und die Fähigkeit zu kooperieren zu den so genannten Soft-Skills, die, zusätzlich zu den Fachkenntnissen, wichtige Voraussetzungen sind, um im heutigen Arbeitsleben bestehen zu können.

Mit der Zeit beschäftigen sich die Menschen seit jeher. Es ist eines der großen Rätsel der Menschheit, unfassbar und geheimnisvoll: „Zeit ist etwas Geheimnisvolles. Keiner unserer fünf Sinne kann Zeit direkt fassen. Wir erfahren Zeit selbst nie, nur die Spuren, die sie hinterlässt, sind unübersehbar: Dass wir altern und die Welt mit uns" (*Taschner* 2007: 55). Es ist ein Thema, das jeden Menschen betrifft und das wohl deshalb so interessiert, weil es die Grundfesten unserer Existenz berührt. Die Zeit eines jeden Menschen ist begrenzt, wir kennen aber nur den Anfang. Wie viel Zeit wir zur Verfügung haben, unser Leben zu gestalten, wissen wir nicht. Darüber hinaus ist es aber auch ein Zeichen unserer Zeit und Gesellschaft, dass das Thema derartig boomt – und das seit Jahren mit steigender Tendenz. Die Anzahl der Publikationen und Zeitschriften mit diesem Themenschwerpunkt zeigen es deutlich.

Beschäftigten sich die Menschen vor der industriellen Revolution mit dem Phänomen Zeit eher mit dem Blick auf unsere Vergänglichkeit und war diese Beschäftigung einigen wenigen Gelehrten vorbehalten, so geht es seit der industriellen Revolution verstärkt darum, die Zeit als Faktor im Wirtschaftssystem zu begreifen und als solchen gewinnbringend einzusetzen. Zeit erscheint als Produktionsfaktor – oft reduziert auf die simple Formel „Zeit ist Geld". Mittlerweile ist die Beschäftigung mit der Zeit keine ausschließliche Angelegenheit von Top-Managern mehr, sondern hat die breiten Massen erreicht. Populärwissenschaftliche Bücher, die das Thema gut verpacken, haben ihren Beitrag dazu geleistet. Die Versprechungen klingen in den Ohren vieler stressgeplagter Menschen verlockend: endlich mehr Zeit für die wirklich wichtigen Dinge im Leben. Und Firmen geben viel Geld aus, um ihre Mitarbeiter in diesem Thema fit zu machen – in der Hoffnung, durch weniger Zeitverluste oder sinnvolleren Einsatz von Arbeits-Zeit mehr Produktivität zu erreichen.

Auf den Aspekt des Planens reduziert, klingt Zeitmanagement an sich simpel: Ziele setzen, alles aufschreiben, was zu tun ist, intelligent planen, kontrollieren. Rein logisch betrachtet, müsste das leicht funktionieren. Dies ist aber nicht der Fall. Evaluierungen von klassischen Zeitmanagement-Seminaren haben erschreckende Ergebnisse gebracht. Die Teilnehmer fühlen sich zwar unmittelbar nach dem Seminar besser, doch einige Wochen später verpufft die Wirkung: Weder verbessert sich die Arbeitsleistung, noch nimmt die Anspannung ab (*Klein* 2006: 188f.). Warum ist das so? Es hat damit zu tun, dass die Reduzierung von Zeitmanagement auf den planerischen Teil viel zu kurz greift: „Tatsächlich hat die Empfindung ständiger Zeitnot tiefere Gründe. Verantwortlich sind unser Fühlen und Denken" (S. 189). *Klein* nennt als Quellen von (gefühlter) Zeitnot die Unfähigkeit, sich zu konzentrieren, Stress und Unlust (S. 189f.). Durch die mediale und die elektronische Revolution haben sich die Anforderungen an die meisten Menschen im Beruf stark verändert. Die Verfügbarkeit von Informationen hat zu einer Vervielfachung von Information geführt, es müssen sehr viel mehr Informationen „verarbeitet werden", und die elektronischen Kommunikationsmedien haben den Standard der Geschwindigkeit von Informationsübermittlung enorm nach unten gedrückt. So war es beispielsweise noch vor einigen Jahren üblich, Sitzungsprotokolle innerhalb von zwei Wochen zu übermitteln, mittlerweile liegt hier der Maßstab bei 48 Stunden. Geschwindigkeit ist ein wesentlicher Faktor im wirtschaftlichen Wettbewerb geworden.

Meine Erfahrung mit Zeitmanagement-Trainings zeigt ein ähnliches, wenn auch nicht ganz so drastisches Ergebnis, wie bei *Klein* beschrieben. Die meisten Menschen können rein theoretisch einigermaßen gut planen, sie wissen „eigentlich", wie es geht. Schwierigkeiten, wenn es denn welche gibt (viele Teilnehmer sind mit ihrer Zeit- und Selbstorganisation ja auch ganz zufrieden), ergeben sich meistens in der Zusammenarbeit mit anderen. Hier geht es vor allem um Folgendes:

- unterschiedliche Einschätzungen von Prioritäten, von Aufwänden und Perfektionsgraden,
- die Tendenz, oft unterbrochen zu werden oder sich selbst zu unterbrechen,
- das Problem, ständig verfügbar sein zu müssen,
- unklare Aufgabenaufteilungen und daraus resultierendes „Herumschieben" von Aufgaben,
- viele über E-Mail verbreitete Informationen, die bewältigt werden sollen,
- sowie Sitzungen, die lange dauern und wenig konkreten Output bringen.

Viele Aufgaben heute sind sehr komplex und haben viele Schnittstellen. Hier stößt Planung meistens sehr schnell an ihre Grenzen: Für einen alleine lässt es sich relativ leicht planen, aber wenn mehrere andere dazukommen, wird es schwierig.

Im Laufe der vielen Zeitmanagement-Trainings, die ich in den letzten Jahren gehalten habe, ist mir immer mehr bewusst geworden, dass Zeitmanagement sehr viel mit Kommunikation zu tun hat und dass viele Schwierigkeiten dadurch entstehen, dass Menschen zu wenig oder zu wenig gut miteinander reden, dass sie die Verhandlungsspielräume nicht ausloten und sich zu schnell mit scheinbar vorgegebenen Situationen abfinden. Daher verfolge ich in meinen Seminaren ein Konzept, das an mehreren Punkten ansetzt: an der Planung, an der Kommunikation und am Umgang mit „Zeitfressern" (hier vor allem den Unterbrechungen durch E-Mail und Telefon, fehlender Motivation, Sitzungen usw.).

Allmählich habe ich die Anzahl der allgemeinen „guten Organisations-Tipps" reduziert – weniger ist mehr – und den Fokus auf die Arbeit mit den jeweils individuellen Aufgaben der Teilnehmer verstärkt. Doch genau hier stößt die Form des (zweitägigen) Seminars an seine Grenzen. Einerseits ist die Zeit zu knapp, um die eigenen Aufgaben und Problemfelder *aller* Teilnehmer/innen auf den Tisch zu bringen, zu diskutieren *und* Lösungen zu finden. Andererseits fällt es vielen Teilnehmern schwer, sich im Laufe von nur zwei Tagen in einer meistens fremden Gruppe so zu öffnen, dass eine substanzielle Arbeit möglich wäre.

Um qualitätvolles Zeitmanagement mit dem Ziel höherer Mitarbeiterzufriedenheit und mehr Produktivität in einem Unternehmen zu etablieren, braucht es weniger neue Inhalte als eine andere Form. Diese scheint Coaching zu bieten: Es ist individuell, bietet Wiederholungsschleifen und ermöglicht durch die Vertraulichkeit mehr Tiefe. Im Folgenden schildere ich meine Erfahrungen mit Zeitmanagement-Coaching anhand eines Fallbeispiels. Es geht darum, auszuloten, worauf bei einem solchen Coaching besonders zu achten ist, welche fachlichen Qualifikationen nötig und welche methodischen Ansätze sinnvoll sind.

15.2 Das Fallbeispiel

Vor knapp einem Jahr werde ich als Spezialistin für das Thema „Zeit- und Selbstmanagement" für ein Einzel-Coaching zu diesem Thema angefragt. Die Anfrage kommt von einem der Geschäftsführer der Firma, für die ich normalerweise als Trainerin arbeite. Mein Klient ist ein Key-Account-Mitarbeiter der Außenstelle in Südtirol, 32 Jahre alt, seit zehn Jahren bei der Firma, er ist maßgeblich am Aufbau der Außenstelle beteiligt.

15.2.1 Die Hypothesen

Um einen Überblick zu bekommen und meine Hypothesen zu überprüfen, führe ich zwei Vorgespräche: eines mit dem Vorgesetzten des Klienten (gleichzeitig Auftraggeber für dieses Coaching), der einerseits selbst im Verkauf arbeitet, andererseits die Leitung des gesamten Verkaufs innehat, und ein Gespräch mit dem Coaching-Klienten selbst. Meine erste Hypothese ist, dass das Thema „Zeitmanagement" vordergründiger Anlass für das Coaching ist und dass dahinter anderes steckt – möglicherweise nicht bearbeitete Führungsthemen. Meine zweite Hypothese ist, dass die Sichtweisen von Vorgesetztem und Klienten stark divergieren. Meine dritte Hypothese ist, dass meine eigene Rolle als halb-interner Coach nicht ganz unproblematisch ist und gewisse Gefahren in sich birgt, denen es gilt, ins Auge zu blicken.

15.2.2 Die Auftragsklärung

Beide Vorgespräche finden am demselben Tag statt. Das Vorgespräch mit dem Vorgesetzten Michael ergibt folgendes Bild: Michael schildert seinen Mitarbeiter Antonio als sehr engagiert und loyal, der bisher auch in schwierigen Phasen ein sehr guter Verkäufer war, der aber gleichzeitig ein typischer „Seminarkonsumierer" sei: bemüht und interessiert, aber schwach in der Umsetzung des Gelernten. Seit etwa zehn Jahren bei der Firma, hatte Antonio vor zwei Jahren schon einmal eine Krise, in der er bereits innerlich gekündigt hatte. Seine Arbeitsergebnisse (im Verkauf werden diese sehr unmittelbar in Verkaufszahlen sichtbar) lagen damals unter 50 % seiner vorherigen Ergebnisse. Zur tatsächlichen Kündigung kam es damals aber nicht, Antonio machte weiter und konnte seine Ergebnisse wieder steigern. Michael sieht in Antonio jedoch wesentlich mehr Potenzial: „Seine Performance könnte besser sein, er macht jetzt ca. 500.000 Euro Umsatz im Jahr, er könnte aber 700-800.000 zustande bringen." Als Grund für das Nicht-Ausschöpfen des Potenzials sieht Michael Antonios Arbeits-Organisation: „Er setzt sich oft mit Themen auseinander, die ihn nichts angehen, wie z. B. mit organisatorischen Dingen, wie Hotels reservieren, Trainer suchen. Er verzettelt sich leicht, ist in vielen Dingen ein Pedant, jedes Problem muss besprochen werden und er verwendet teilweise die falschen Medien, um Probleme zu lösen." Michael äußert die Vermutung, dass das auch so etwas wie eine Flucht aus dem immer Gleichen ist – die Haupttätigkeit im Verkauf ist Telefonieren. Michael äußert Verständnis dafür, sagt aber auch, dass er dann „etwas Gescheites" machen solle (z. B. Themen im Marketing-Bereich angehen, stärker Kontakte zu Organisationen knüpfen und Netzwerke aufbauen).

Ein Thema scheint auch die Frage der Position zu sein: Antonio hätte durchaus Interesse an der Leitung der Außenstelle. Die Geschäftsführung will das aber nicht, sie möchte die Geschäftsführung in der Zentrale behalten. Als ein Thema sieht Michael auch die Frage: „Wie motiviere ich mich selbst und wie kann ich mit Frustrationen umgehen?" Der Verkauf sei zudem von einem starken Einzelkämpfertum geprägt. Die Erwartung von Michael bzgl. des Coachings ist völlig klar: Steigerung der Umsätze durch besseres Ausschöpfen des Potenzials und weniger Reibungsverluste in der Zusammenarbeit. Als kostenmäßiger und damit zeitlicher Rahmen vereinbaren wir zwei Seminartage – die Aufteilung sollte so erfolgen, dass keine zusätzlichen Fahrkosten entstehen.

Meine erste Hypothese sehe ich durch dieses Gespräch bestätigt: Der Vorgesetzte „steht an" und sieht das Coaching als Mittel, Dinge bei seinem Mitarbeiter in Bewegung zu bringen, die er selbst nicht in Bewegung zu bringen im Stande ist. Daraus ergibt sich für mich die erste Frage: Kann ich einen solchen Auftrag überhaupt annehmen, ist er mit den ethischen Prinzipien, wie sie z. B. der DBVC in seinem Kompendium[1] aufgestellt hat, vereinbar? Um das für mich zu klären, weise ich Michael einerseits darauf hin, dass das Coaching keine Umsatzsteigerung garantieren kann, und andererseits, dass es im Coaching eine Verschwiegenheitspflicht gibt, das heißt, dass ich keine Auskünfte über Details des Coachings geben werde. Wenn das für ihn akzeptabel sei, könne ich den Auftrag annehmen. Er war einverstanden, und so führte ich mit dem Klienten selbst das zweite Vorgespräch.

Das Vorgespräch mit dem Klienten Antonio ergibt folgendes Bild: Antonio schildert seinen Bezug zum Thema „Zeitmanagement" so, dass er in den letzten zehn Jahren bereits 3 oder 4 Seminare besucht habe, dass auch interessante Instrumente dabei gewesen seien, dass es ihm aber schwer falle, „dran zu bleiben". Gerade in den Bereichen Telefonieren und Mails schreiben gebe es eine Diskrepanz zwischen dem, was er weiß, und dem, was er tut, weil es ihm sinnvoll erscheine. Das Mitarbeitergespräch mit Michael habe ergeben, dass viel Zeit verloren gehe bei Dingen, die er eigentlich nicht tun müsse, und daraus sei die Idee entstanden, es doch einmal mit einem Coaching zu versuchen.

Antonio bezeichnet sich selbst als Perfektionisten, der aber gleichzeitig die Tendenz hat, zwischen Tätigkeiten hin und her zu springen, und der sich schwer tut, etwas abzuschließen. Viel Zeit geht seiner Meinung nach bei der Verwaltung von Kunden-Daten drauf, die er in zwei unterschiedlichen Systemen verwaltet: Wiedervorlageliste im offiziellen Programm EIS (die verpflichtende Standard-Software für alle Verkäufer), Erinnerungen und Aufgabenliste im Outlook (damit könne er persönlich besser arbeiten). Zudem verzettelt er sich oft bei Kunden, die letztlich wenig Umsatz machen, und ist dabei immer in der Zwickmühle, was denn nun wichtiger sei: Kunde oder offen ausgeschriebenes Seminar, das voll werden muss. Da er mit seiner Kundenliste in ständigem Verzug ist und keine Aussicht besteht, den Verzug aufzuholen, hat er bereits in Absprache mit seinem Vorgesetzten einen Teil der Kunden an einen Kollegen bzw. auch an seinen Vorgesetzten abgegeben.

Im Großen und Ganzen sieht er die Situation ähnlich wie sein Vorgesetzter. Das Coaching nimmt auch er als Chance wahr, sein Potenzial besser zu nutzen und eine bessere Verknüpfung von dem, was er aus den Seminaren weiß, und seiner Alltagsrealität zu bekommen. Er steht dem Coaching offen gegenüber und ist bereit, sich darauf einzulassen.

Meine zweite Hypothese, dass die Sichtweisen von Vorgesetztem und Klienten stark differieren, hat sich also vorläufig nicht bestätigt. Auch merke ich keine Vorbehalte von Seiten des Klienten mir gegenüber. Alle Zeichen stehen auf Grün - wir vereinbaren den ersten Termin.

---

1 „Die ‚Professionalität' des Coachs soll nicht nur seine fachliche Kompetenz, sondern auch die Unabhängigkeit seines beruflichen Denkens und Handelns sichern. Ein Fehlen dieser Dimension kann sich folgendermaßen ausdrücken: (...) in einer Instrumentalisierung des Coaching durch die Auftrag gebende Organisation (...) oder wenn der zu beratende Mitarbeiter durch das Coaching nur den Organisationsinteressen gefügig gemacht werden soll" (*DBVC* 2007: 16).

15.2.3 Das Coaching

(1) Erster Termin: schwungvoller Einstieg und ambitionierte Ziele

Mein Plan für das erste Treffen ist ehrgeizig. Ich gehe davon aus, dass ich jemandem, der schon einige Zeitmanagement-Seminare besucht hat, nicht lange erklären muss, worum es hier geht. Es erscheint mir dennoch wichtig, die Bilder bzgl. Zeitmanagement zu klären, damit wir sicher gehen können, dass wir vom Gleichen sprechen. Ich möchte bei unserem ersten Termin auch klare Ziele und einen klaren Zeitplan für das Coaching festlegen und darüber hinaus schon die ersten inhaltlichen Schritte setzen. Selbstverständlich soll es auch schon einen konkreten Maßnahmenplan geben. Ich denke, dass ein sehr strukturiertes Vorgehen hier besonders wichtig ist. Tatsächlich ist der inhaltliche Wissensvorsprung des Klienten nützlich, Antonio ist klar, dass es beim Zeitmanagement nicht einfach nur darum geht, die Aufgaben schneller zu erledigen, sondern dass letztlich er selbst und sein Wohlbefinden Ausgangs- und Endpunkt sind.

An der *Zieldefinition* basteln wir dann aber doch eine ganze Weile. Ich lasse nicht locker und achte sehr darauf, dass die Ziele den Zielkriterien (SMART)[2] entsprechen. Vor allem die Definition von Prüfkriterien fordere ich ein. Aber auch bei der Frage der Selbstbestimmung bin ich hartnäckig und frage immer wieder nach, ob das das Ziel der Firma oder sein eigenes Ziel ist. Hilfreich ist in dieser Phase die Arbeit mit dem *Persönlichkeitsprofil H.B.D.I.*, das alle Mitarbeiter der Firma im Jahr davor bekommen haben. Ich arbeite auch in meinen Seminaren mit diesem Ansatz: Die Teilnehmer sollen zuerst herausfinden, in welche Richtung es für sie persönlich überhaupt Entwicklungspotenzial gibt, bevor sie sich konkrete Werkzeuge aneignen (vgl. *Guderian* 2003: 32ff.).

Mit einer *Übersicht an Empfehlungen* für die unterschiedlichen *Typen* lässt sich im Coaching sehr rasch sichtbar machen, an welchen Punkten es hapert. Antonio weiß selbst gut, wo seine Schwachpunkte liegen, und kann sie ohne Umschweife mitteilen. Diese Punkte greife ich heraus und füge sie nach der ersten Sitzung in ein Raster ein, anhand dessen wir in den kommenden Sitzungen recht klar Veränderungen sichtbar machen können. Schließlich legen wir folgende *Ziele* fest:

- Überblick haben: Das Gefühl haben, die Arbeit im Griff zu haben, das heißt in erster Linie einen Überblick über die Kunden zu haben, um im Fall des Falles auch dem Vorgesetzten oder einer Vertretung Auskunft über den Stand der Dinge geben zu können, messbar daran, dass die Wiedervorlage aktuell ist und die Outlook-Erinnerungen auf 5-10 gesunken sind;
- mit der Wochenarbeitszeit von 45 Stunden auskommen und am Abend besser abschalten können;
- Verbesserung der Zusammenarbeit in der Zweigstelle, erkennbar daran, dass Kunden Dinge wie ausgemacht erhalten und die Stimmung ruhiger ist und sich die Sicht bzgl. Prioritäten annähert;

---

2 SMART steht für: **s**elbst bestimmt und **s**chriftlich, **m**essbar, **a**ttraktiv, **r**ealistisch und **t**iming.

- Ergebnisse sehen: „Ich möchte am Abend sehen, was ich den ganzen Tag über getan habe."

Ich rege Antonio an, sich ein Bild oder eine Metapher für sein Ziel zu suchen, und er findet für sich das Bild eines Rennpferdes, das locker auf der Rennstrecke laufen kann, anstatt nur in der Box kleine Runden zu drehen.

Was wir in diesem ersten Coaching-Gespräch ebenfalls thematisieren, ist die *Arbeitsplatz-Situation*. Mein erster Eindruck von Antonios Büro ist nämlich, dass es seinen inneren Zustand widerspiegelt: viele Altlasten im Schrank, auf dem Schreibtisch und an den Wänden. Mein Gedanke dazu: eine Veränderung hier wird zwar nicht das Zeit- und Organisationsproblem lösen, aber es könnte ein erster Schritt sein und einen Anstoß für weitere Maßnahmen sein. Darauf angesprochen, stimmt Antonio zu und bestätigt, dass er sich durch seine Büro-Situation eher blockiert als unterstützt fühlt. Gemeinsam überlegen wir, wie sich die räumliche Situation verbessern lässt.

Ein weiteres Thema, das sich in diesem ersten Coaching-Gespräch ergibt, ist eine *personelle Veränderung*: Antonios Kollegin Sabine, die das Office managt, hat gekündigt. Antonio befürchtet durch diesen Wechsel eine weitere Verschärfung seiner Situation. Wir überlegen, wie er am besten mit dieser Situation umgehen kann. Als *Maßnahmen* vereinbaren wir schließlich:

- Ein gemeinsames Gespräch mit der scheidenden Kollegin Sabine, die mit Antonio sehr eng zusammen gearbeitet hat, um von ihr Feedback bzgl. seines Arbeitsstils zu bekommen.
- Ausmisten des Büros und Umstellen der Möbel, um einen ersten Schritt in Richtungen „Überblick bekommen" zu tun, um Platz zu schaffen für visuelle Arbeitsunterstützung sowie den Kopf von Altlasten frei zu bekommen.
- Antonio hat auch die Idee, seine Bürotür gegen eine Tür mit Glasscheibe zu tauschen, um sich leichter zu tun, die Tür zu schließen. Mit dem Glas hat er das Gefühl, zwar abgegrenzt und geschützt zu sein, aber doch mitzubekommen, was sich draußen abspielt.
- Erledigung aller 60 überfälligen Outlook-Erinnerungen Ich empfehle Antonio außerdem, sich bei der Personalauswahl für die Zweigstelle „hineinzureklamieren" und einzufordern, hier mitsprechen zu dürfen.

Als Zeitrahmen für das gesamte Coaching dient uns das nächste Jahresgespräch in vier Monaten mit dem Vorgesetzten. Bis dahin wollen wir sichtbare Fortschritte erzielt haben.

(2) Zweiter Termin: Feedback von außen und erste Ergebnisse

Das *Feedback-Gespräch mit Sabine,* das wir vor das eigentliche zweite Coaching-Gespräch setzen, bringt einige wichtige positive Rückmeldungen für Antonio: Die meisten Kunden würden den kommunikativen Umgang Antonios (der manchmal eben aber auch mehr Zeit braucht) sehr schätzen. Auch findet sie seine E-Mails sehr strukturiert – was in den persönlichen Gesprächen manchmal etwas fehle. Als „Problemzone" sieht Sabine den Anfrage-Prozess (Kunde-Organisation-Trainer), bei dem es oft sehr viel „Hin-und-Her-Gemaile" gebe. Da könnten klarere Informationen schon im Erstgespräch helfen, z. B. indem man die Kunden bittet, zum Wunschtermin noch Alternativ-Termine anzugeben. Was Sabine – ähnlich wie Antonio –als störend, aber oft auch als hilfreich empfindet, sind die kurzen Unterbrechungen im Arbeitsfluss („Ich hab mal schnell eine Frage ..."). Einerseits erleichtere und beschleunige es die eigene Weiterarbeit, andererseits sei es aber auch störend, weil man aus der Arbeit herausgerissen wird.

Um dieses Problem zu lösen, vereinbaren wir ein tägliches kurzes Abstimmungs-Meeting um 12.15 und ein Stören nur in dringenden Ausnahmefällen – eine klassische Zeitmanagement-Maßnahme, die in der Umsetzung schnell Verbesserung bringt, aber dennoch viel Disziplin braucht und, wenn noch nicht gewohnt, leicht wieder verworfen wird. Hier gilt es also aufzupassen. Der Blick auf die Maßnahmenliste vom ersten Termin ergibt folgendes Bild:

- Die Aufgabe, das Büro auszumisten, hat Antonio zu ca. 80 % erledigt – das Erscheinungsbild ist schon wesentlich besser, es sieht aufgeräumter und übersichtlicher aus. Im Schrank liegt allerdings noch einiges herum, hier gilt es noch, den letzten Rest zu schaffen – was wir schließlich (pragmatischer Zugang meinerseits) gemeinsam angehen. In etwa 20 Minuten haben wir es geschafft, das Büro ist aufgeräumt.
- Meinen Rat, sich an der Office-Nachbesetzung aktiv zu beteiligen, hat Antonio umgesetzt, die Auswahl läuft noch.
- Das Ziel, alle 60 überfälligen Outlook-Erinnerungen abzuarbeiten, hat sich als viel zu hoch gesteckt erwiesen. Es gelang zwar, die Erinnerungen von 60 auf 47 zu reduzieren, aber das Ziel, alle zu schaffen, wurde bei weitem nicht erreicht.

An diesem letzten Punkt arbeiten wir dann im Coaching weiter: Wie sieht es mit der Schätzqualität aus, mit den eigenen Vorgaben und was ist eigentlich das Problem beim Abarbeiten? Das Gespräch ergibt, dass die Liste der anzurufenden Kunden viel zu unstrukturiert ist und dass nicht zu erkennen ist, in welcher Phase die Kundenbeziehung gerade steht. Um hier mehr Überblick zu bekommen, vereinbaren wir eine Kategorisierung nach Phasen: (1) Anfrage, (2) Planung, (3) Durchführung, (4) Abschluss. Die Anrufe sind je nach Phase unterschiedlich aufwändig. Um ein Erfolgserlebnis zu bekommen, vereinbaren wir, mit den Kontakten in der Abschlussphase zu beginnen, weil diese den geringsten Aufwand haben. Diesmal lassen wir das zahlenmäßige Ergebnis offen, um den Erfolgsdruck etwas heraus zu nehmen, der nach meinem Eindruck eher bremsend wirkt. Es ist ohnehin klar, dass es um eine weitere Reduzierung geht – ein Endziel haben wir bereits am Anfang festgelegt.

(3) Dritter Termin: Rückschläge

Zwischen dem zweiten und dritten Termin liegt diesmal mehr Zeit (2 Monate) als zwischen dem ersten und zweiten (2 Wochen). Das hat den Vorteil, dass Antonio Zeit hatte, die vereinbarten Dinge auszuprobieren. Gleichzeitig lag in dieser Zeit aber auch der Arbeitsbeginn der neuen Office-Kollegin Claudia. Ich erwarte also, dass sich die Lage eher verschärft als gebessert hat. Tatsächlich ist es so, dass sich

Antonio zur Zeit nicht *ent*lastet, sondern noch mehr *be*lastet fühlt. Die Kollegin hatte zwar eine Woche Einarbeitungszeit mit der Vorgängerin, doch das reichte bei weitem nicht aus, das komplexe Arbeitsgebiet vollständig zu übergeben. Im Arbeitsalltag ergeben sich sehr oft Fragen, die – so scheint es – nur Antonio beantworten kann und die ihn viel zusätzliche Zeit kosten.

Antonios Stimmung ist zu Beginn unseres Gespräches eher gedrückt. Deshalb achte ich sehr darauf, die positiven Veränderungen herauszuarbeiten und bei diesen anzuknüpfen, anstatt die Problemtrance zu verstärken. Meine Frage „Wo gab es seit dem letzten Mal positive Veränderungen?" bringt dann doch einige Punkte zu Tage:

- „Dinge fertig machen, konsequent bei der Sache bleiben": „In 30-40 % der Fälle gelingt es mir, der Versuchung zu widerstehen, mich bei einem Kunden zu verzetteln – manchmal ist es aber auch wichtig, wenn ich wo anders weiter mache."
- Was ebenfalls besser gelingt, ist die Abgrenzung zum Office-Bereich bzw. zur neuen Kollegin. Sie hat, durch die Anfangsphase noch stärker als ihre Vorgängerin, die Tendenz, Antonio oft mit Fragen zu unterbrechen. Antonio gelingt es jetzt besser, in vielen Fragen auf den Ansprechpartner in der Zentrale zu verweisen.
- Was noch nicht so gut klappt, sind die täglichen Besprechungen. Sie werden zwar gemacht (ein Fortschritt zu früher, als es diese gar nicht gab), aber nicht täglich – und dann dauern sie natürlich länger (ca. 1 1/2 Stunden).

Insgesamt merkt Antonio, dass es sich lohnt, „dran zu bleiben" – immerhin! Als Maßnahmen vereinbaren wir:

- tägliches Abstimmungsmeeting um 12.15 Uhr, max. Dauer. 20 Minuten,
- wöchentliches Abstimmungsmeeting jeden Mittwoch, 12.15 Uhr, Dauer 30-45 Minuten,
- Claudia über die Maßnahmen informieren und bitten, dass sie die Infos, die sonst per Mail hin und her gehen, sammelt und zu Mittag mit Antonio bespricht,
- fixe Zeit (täglich 17.30-19 Uhr) einplanen für den Bereich „Angebote und Infos verschicken",
- das Büro spätestens um 19.30 Uhr verlassen.

(4) Vierter Termin: Es beginnt zu laufen

Nach drei Coaching-Einheiten habe ich nun den Eindruck, dass sich Antonio Inhalte selbstständig zu Eigen macht und sie tatsächlich für sich adaptiert. Es geht jetzt, drei Wochen nach dem letzten Termin, nicht mehr nur um ein reines Ausführen von Vereinbarungen, sondern um das Anpassen von konkreten Maßnahmen an die eigenen Bedürfnisse.

- So hat Antonio die Einteilung der zu tätigenden Kundenanrufe auf die im Projektmanagement üblichen Bezeichnungen nach Fertigstellungsgrad geändert (10/50/75 %). Als punktuelle Übersicht ist ihm diese Einteilung nun nützlich. Da ihm aber immer noch der Überblick fehlt, wen er gerade „heute" anrufen muss, fügt er eine Sortierfunktion zum „heutigen Datum" ein.

- Die Erinnerungen an Kunden-Anrufe und andere Tätigkeiten legt er nun nicht mehr wie bisher alle auf 9 Uhr, sondern überlegt sich vorher eine geeignete Uhrzeit für jede einzelne Tätigkeit. So wird er nicht um 9 Uhr an *alle* an diesem Tag fälligen Aufgaben erinnert, sondern zu den jeweiligen Tageszeiten – was Entlastung im Kopf bringt.
- Die Beginnzeit für das tägliche Abstimmungsmeeting hat sich als zu früh erwiesen: Um 12.15 Uhr ergeben sich oft noch Kundenanrufe, weil da manche Kunden gut zu erreichen sind oder zurückrufen. Daher haben Antonio und seine Kollegin beschlossen, das Meeting auf 13 Uhr oder später zu legen, aber vor 14 Uhr.
- Antonio hat sich bzgl. der Konzentration auf den Vertrieb von seinem Vorgesetzten Rückendeckung geholt und ihn gebeten, das auch gegenüber seiner Office-Kollegin Claudia noch einmal deutlich zu machen.
- Was die Reduzierung seines „Erinnerungsberges" betrifft, gibt es große Fortschritte: Durch „beinharte" Priorisierung und Terminisierung ist es Antonio gelungen, den Berg von ursprünglich 60 auf 10-26 Erinnerungen zu reduzieren (sein ursprüngliches Ziel waren 5-10).
- Auch schafft er es immer besser, die Tür zu schließen (und geschlossen zu lassen) und damit klar zu signalisieren: „ich will nicht gestört werden".
- Seinen Arbeitstag startet Antonio nun statt erst um 9 Uhr schon um 8.15 Uhr.
- Die wohl zentralste Erkenntnis für Antonio ist aber, „dass es ganz wichtig ist, sich selbst gegenüber ehrlich zu sein", vor allem was die Kunden-Rückruf-Termine betrifft.

Er hat beschlossen, in Zukunft nicht mehr die frühest möglichen Termine einzuplanen, sondern verstärkt auf die realistische Machbarkeit der Termine zu achten. Ähnliches gilt für die Zeit, die er für das Schreiben von Angeboten und Infos eingeplant hat: Hier ist zu bedenken, dass nicht jeder Tag zur Verfügung steht, da am Abend oft immer wieder Veranstaltungen stattfinden bzw. auch interne Aufgaben zu erledigen sind. Als Maßnahmen vereinbaren wir:

- das Tagesmeeting mit veränderter Zeit (bis 14 Uhr) beibehalten;
- beim Wochenmeeting darauf achten, dass entweder das Telefon auf die Zentrale umgeleitet wird oder, wenn das nicht möglich ist, der Anrufer sofort auf einen Rückruf verwiesen wird;
- mit Claudia eine bessere Vorbereitung der Tagesmeetings vereinbaren, damit es zügiger geht;
- von Claudia einfordern, dass sie Antonios Mails zumindest einmal pro Tag beantwortet, damit sein Arbeitsfluss möglichst wenig aufgehalten wird;
- gemeinsam mit dem Ansprechpartner in der Zentrale eine Regelung für die Einschulung der italienischen Trainer finden;
- Schiebeaufgaben am Tagesanfang erledigen;
- die Zeiträume zum Nachtelefonieren verlängern: nicht nach dem Kriterium „frühest möglicher Zeitpunkt" gehen, sondern nach dem Kriterium „spätester Zeitpunkt" (z. B. nicht drei Tage danach, sondern erst eine Woche danach);
- weiterhin fixe Zeit einplanen für „Angebote und Infos verschicken";
- weiterhin darauf achten, dass das Büro spätestens um 19.30 Uhr verlassen wird.

(5) Fünfter und letzter Termin: Reflexion und Abschluss

Beim letzten Termin, gut zwei Monate später, machen wir eine ausführliche Rückschau auf den Coaching-Prozess und sehen uns an, was es für Antonio gebracht hat. Die für mich wichtigste Aussage ist, dass es sich „auf jeden Fall gelohnt hat": Es wurden wichtige Themen angesprochen, und Antonio konnte für sich wesentliche Fragen klären. Auch schätzte er den Austausch mit einer, wie er sagt, „neutralen Person", da es sonst aus seiner Sicht firmenintern – auch bedingt durch die regionale Lage – nur wenige Austauschmöglichkeiten gibt. Das war für mich besonders interessant, da ich ja anfangs Zweifel gehabt hatte, ob ich tatsächlich als neutrale Person wahrgenommen werde. Klar geworden ist für Antonio auch, dass es bei den Schwierigkeiten in der Zusammenarbeit nicht nur um sein persönliches Zeitmanagement geht, sondern auch um Fragen, die die Organisation als Ganzes betreffen: das Gefühl, zu wenig Rückhalt aus der Zentrale zu haben („Meine Hilfeschreie werden nach wie vor nicht gehört."), das Gefühl, als regionale Zweigstelle oft „im Abseits" zu stehen, die knappe personelle Ausstattung mit nur zwei Personen ohne technisch versierte Person vor Ort, die auch das Zeitmanagement seiner Kollegin unter Druck bringen und dadurch auch immer wieder sein eigenes.

Antonio wirkt beim Abschluss-Gespräch sehr entspannt. Sein „Berg" wächst zwar zwischendurch immer wieder auf „alte Höhen", z. B. durch einen krankheitsbedingten Ausfall seiner Kollegin, pendelt sich dann aber wieder auf dem angepeilten Niveau ein. Insgesamt habe er jetzt einen besseren Überblick über seine Kunden. Auch hat er sein Jahresumsatzziel erreicht.

Was weiterhin ein Thema bleiben wird, ist die Selbstdisziplin. Hier helfen ihm die Maßnahmenpläne („To-do-Listen"). Sie sind eine wichtige Gedächtnisstütze, und er nimmt sich vor, auch in Zukunft immer wieder einmal einen Blick darauf zu werfen. Als hilfreich hat er das Führen des Protokolls empfunden sowie meine persönlichen Ergänzungen desselben mit Fotos und motivierenden Sprüchen. Das ist gleichzeitig eine Anregung für die Zeit „danach": Einmal im Monat einen kleinen Erinnerungs-Impuls per Email über einen Zeitraum von ca. einem halben Jahr könnte die Coaching-Arbeit verstärken und die Verhaltensänderungen unterstützen. Was die Abstände zwischen den einzelnen Sitzungen betrifft, ist Antonios Ansicht, dass sie oft zu kurz waren. „Da habe ich mir manchmal mehr Zeit zum Ausprobieren gewünscht." Alles in allem ein positives Feedback über den Prozess, der etwas mehr als ein halbes Jahr gedauert hat. Wir gehen beide zufrieden auseinander.

15.2.4 Ende gut - Ende gut? Oder: was ist Erfolg?

Meine Zufriedenheit über den positiven Ausgang und die positive Wirkung dieses Coachings wird kurze Zeit später erschüttert – als ich nämlich erfahre, dass Antonio gekündigt hat. Zuerst falle ich „aus allen Wolken" und stelle unwillkürlich eine Verbindung zu unserem Coaching her. Ich frage mich, warum er mir von diesem Entschluss nicht schon bei unserem Abschlussgespräch erzählt hat, warum ich das von einer Kollegin erfahre, die übrigens auch, genau zur gleichen Zeit, gekündigt hat. War doch nicht genug Vertrauen da, war ich doch nicht neutral genug gewesen?

Und vor allem: Wie ist die Kündigung zu werten? Als Erfolg oder als Misserfolg für unser Coaching? Wie würde der Vorgesetzte reagieren, und welchen Einfluss würde es auf die Bereitschaft, auch anderen Mitarbeitern Coachings anzubieten, haben? Solche Fragen sind Stoff für meine eigene Supervision. Mit einigem Abstand sehe ich nun die Sache entspannter. Ich denke, dass es sehr wohl einen indirekten Zusammenhang zwischen Coaching und Kündigung gibt, auch wenn Kündigung während des Coachings nie Thema war. Weder ich noch der Klient haben das Thema je angesprochen. Ich ging davon aus, dass wir das Coaching unter der Voraussetzung machen, dass Antonio bei der Firma arbeitet, und stellte das nie in Frage. Antonio wiederum ging offenbar davon aus, dass das Thema sein „Zeitmanagement" ist und sonst nichts. Daran hielt er sich auch – für das Thema sicherlich von Vorteil.

Trotzdem frage ich mich, ob ich hier etwa einen blinden Fleck hatte, ob ich hätte erkennen müssen, dass Antonio „am Absprung" ist. Möglich. Aber das war tatsächlich nicht Ziel und Thema des Coachings. Hier bietet der Rückzug auf das Fachthema einen gewissen Schutz gegenüber dem Auftraggeber. Ich kann auf mögliche Fragen antworten, dass wir am Thema gearbeitet haben und alles andere nicht mein Auftrag war. Ich denke, dass bei einem Coaching ohne Fachfokus meine Position als „halb-interner" Coach für mich wesentlich problematischer geworden wäre.

Wie ist aber nun der Erfolg des Coachings zu sehen? Aus der Sicht des Auftraggebers scheint es auf den ersten Blick eher ein Misserfolg zu sein. Ein langgedienter Mitarbeiter geht – das ist nicht angenehm. Wenn man aber genauer hinsieht, lässt sich das Coaching durchaus als Erfolg konstruieren. Man braucht nur die anfangs definierten Ziele des Coachings zu nehmen und sieht, dass diese, zwar nicht firmenintern, aber doch erreicht wurden. Der Coaching-Prozess hat dem Klienten die Augen geöffnet und ihn einen anderen Weg zum Ziel finden lassen. Der neue Job meines Klienten beinhaltet zumindest die Aussicht auf bessere Rahmenbedingungen. Ob das Pferd in Zukunft tatsächlich einen größeren ungebremsten Auslauf hat, wird sich erst zeigen. Aber auch aus Sicht des Auftraggebers kann sich mit einer neuen Person die Situation verbessern – eine reflektierende Aufarbeitung der Kündigung vorausgesetzt. Hier stellt sich die Frage, ob es bei einem Zeitmanagement-Coaching nicht auch sinnvoll ist, die anderen Beteiligten mehr einzubinden. Die Frage ist ja manchmal auch, ob überhaupt die „richtige" Person im Coaching sitzt.

15.3 Schlussfolgerungen

15.3.1 Worauf ist bei einem Fachcoaching dieser Art achten und welche fachlichen Qualifikationen sind notwendig?

Zunächst ist gut abzuklären, woher der Wunsch nach Veränderung kommt. Wenn der Wunsch nach Veränderung nur von außen kommt und ohne Entsprechung beim Klienten ist, ist das Coaching vermutlich wenig zielführend. Für den Klienten muss klar sein, welchen Nutzen er aus dem Coaching ziehen kann. Das ist möglicherweise beim ersten Termin erst zu klären. Denn nicht immer wissen Klienten, was ihnen ein Coaching tatsächlich bringen kann, auch wenn es um ein Fachthema geht!

Dann ist unbedingt darauf zu achten, dass man als Coach nicht zu sehr in die Rolle des Ratgebers kommt – das ist bei diesem Thema besonders verführerisch, da man als Zeitmanagement-Experte meist eine ganze Reihe von „guten Tipps" im Kopf trägt. Die Maßnahmen müssen jedenfalls gemeinsam erarbeitet und auch überprüft werden. In der Reflexion, warum bestimmte Maßnahmen nicht umgesetzt, Ziele nicht erreicht wurden, stecken wichtige Lernchancen für den Klienten. Obwohl sich dieses Fachcoaching zunächst einmal stark auf der persönlichen Ebene des Klienten abspielt, sollte man doch sehr wachsam sein und auch den Kontext, in dem sich der Klient bewegt, berücksichtigen. „Erlaubt" der Kontext überhaupt ein anderes Verhalten, mit welchen Widerständen ist zu rechnen, und wie kann der Klient diesen Widerständen begegnen? Dem Thema „Kommunikation" ist hier besondere Aufmerksamkeit zu schenken. Coaching hat hier auch die Funktion, die kommunikative Kompetenz des Klienten zu erweitern und ihn in die Lage zu versetzen, mehr und besser über Zeiträume, Termine, Aufgabengebiete usw. zu verhandeln.

Auf der Ebene der Coaching-Haltung ist es zentral, Zeitmanagement nicht einfach nur als „Werkzeugkasten" zur besseren Planung zu begreifen, sondern eine ganzheitliche und humanistische Sichtweise einzunehmen.[3] Zeitmanagement dient in erster Linie der existenziellen Zufriedenheit von Menschen und erst in zweiter Linie der Produktivität von Organisationen. Diese Werte-Reihung muss man für sich selbst sehr gut durchdacht und genau vor Augen haben, denn nur so wird das Vertrauen in Coaching-Prozesse vorhanden sein und wird das Coaching zu persönlichem Wachstum des Klienten führen. Ansonsten bleibt es eine oberflächliche Einübung von sozial erwünschtem Verhalten – die Grundlage, auf der Burnout gedeiht.

Als fachliche Qualifikation genügt es daher nicht, ein paar Bücher zum Thema „Zeitmanagement" gelesen zu haben. Man sollte sich mit dem Thema eingehend beschäftigt haben, die unterschiedlichen Facetten desselben kennen und an sich selbst ausprobiert haben. Nur so ist man anschlussfähig und glaubwürdig. Trainingserfahrung in diesem Bereich ist natürlich von Vorteil. Darüber hinaus sind grundlegende Kenntnisse zum Thema Burnout notwendig, um die Grenzen dieses Fachcoachings abschätzen und im notfalls andere Maßnahmen empfehlen zu können.

Und noch etwas: Jede Firma und jede Branche hat ihre eigenen Organisationsstrukturen, -regeln, -werkzeuge und -abläufe. Damit die Maßnahmen, die im Coaching vereinbart werden, auch tatsächlich spürbare positive Wirkungen im Arbeitsalltag zeigen, ist es ganz wichtig, dass man sich als Coach auch auf diese ganz praktische Ebene begibt: sich zeigen lässt, wie die Programme, mit denen Organisationsarbeit gemacht wird, funktionieren, dass man sich die Hintergründe bestimmter Regeln und organisatorische Abläufe erklären lässt. Das ist mitunter nicht ganz einfach; es erfordert nicht nur eine hohe Konzentration, sondern vor allem die Fähigkeit, komplexe organisatorische Inhalte rasch zu verarbeiten und zu analysieren. Das bedeutet, dass ich in diesem Punkt als Coach nur eine Chance habe, wenn ich

---

3 Hinsichtlich der Auffassung, was Zeitmanagement eigentlich ist, hat sich im letzten Jahrzehnt eine Trendwende vollzogen: Zeitmanagement wird heute immer weniger als „Speedmanagement" begriffen denn als „Mittel zur Zeitökologie, zu einem maßvollen Haushalten mit der Zeit" (*Seiwert* 2005: 16f.).

selbst ein hohes Maß an Organisationstalent und Strukturiertheit im Denken mitbringe. Mit Intuition, Einfühlungsvermögen und der Fähigkeit, die richtigen Fragen zu stellen, alleine lassen sich hier keine Meter machen.

15.3.2 Methodische Ansätze

In einem Fachcoaching zum Thema „Zeitmanagement" kann man grundsätzlich mit allen Coaching-Methoden arbeiten, mit denen man sonst auch arbeitet: Gesprächsführung, Aufstellungsarbeit, kreative Methoden zur Rollenklärung, Arbeit mit dem inneren Team, Arbeit mit dem leeren Stuhl, Rollentausch, Arbeit mit Bildern und Metaphern. Darüber hinaus halte ich die Arbeit mit Persönlichkeitsmodellen (wie z. B. dem H.B.D.I.-Modell) für sehr hilfreich. Sie kann gerade in der Anfangsphase das Verständnis für die Schwierigkeiten beim Einsatz von Zeitmanagement-Werkzeugen erhöhen und die Suche nach einer realistischen und zur Person passenden Strategie fördern.

Da Zeitmanagement sehr oft mit Frustration und Abwertung von persönlichen Eigenschaften und Wünschen einhergeht, halte ich es für wichtig, methodisch gegenzusteuern und bei der Überprüfung von Maßnahmen den Fokus auf Verbesserungen und Unterschiede zu legen und hier stark lösungs- und ressourcenorientiert zu arbeiten.[4] Gleichzeitig braucht Zeitmanagement-Coaching, wenn es aus einem Bedürfnis nach mehr Struktur entstanden ist, klare Strukturen: klare Zeitvereinbarungen, klare Themen, klare Maßnahmen. Hier hat sich in meiner Erfahrung das Schreiben eines zusammenfassenden Protokolls, in dem auch Vereinbarungen schriftlich festgehalten werden, als methodisch sinnvoll erwiesen. So wird zusätzlich auch auf der methodischen Ebene der Wert von (schriftlichen) Strukturen für den Klienten erfahrbar, und der Klient wird durch die Erinnerung bei der Umsetzung seiner Vorhaben unterstützt.

Einen weiteren methodischen Ansatzpunkt stellt die „Außenwelt" des Klienten dar: Der optische Eindruck des Büros kann Gelegenheit für Hypothesenbildung geben, für die Reflexion des Zusammenhangs von seelischem Innen und sichtbarem Außen genutzt werden und erste Anstöße für Veränderungen bieten.

15.3.3 Einsatzgebiete von Fachcoaching zum Thema „Zeitmanagement"

Ein Coaching mit dem Fokus auf Zeitmanagement bietet die Möglichkeit, Inhalte und Werkzeuge des Zeitmanagements auf die individuelle Situation eines Klienten anzupassen und für den Klienten förderliche Verhaltensänderungen zu unterstützen. Das Coaching vertieft und erweitert ein Fachtraining in diesem Bereich, stellt zusätzliche Lernschleifen zur Verfügung und erhöht damit die Chancen auf dauerhafte Umsetzung von Zeitmanagement-Maßnahmen erheblich. Sinnvoll erscheint mir ein solches Coaching allerdings hauptsächlich dann zu sein, wenn es von Seiten des Klienten einen ausreichenden „Leidensdruck" gibt, denn sonst fehlt der Anreiz zur Veränderung. Der Leidensdruck sollte aber auch noch nicht so groß sein, dass es

---

4 Zu Möglichkeiten und Grenzen lösungsorientieren Coachings vgl. *Eidenschink* 2006.

schon zu massiven psychischen und gesundheitlichen Problemen gekommen ist. Im Stadium eines fortgeschrittenen Burnout-Syndroms greift ein reines Zeitmanagement-Coaching als alleinige Maßnahme sicher zu kurz. „Leidensdruck" kann aber auch bestehen, wenn jemand gerade dabei ist, eine Führungsposition zu übernehmen und ernste zeitliche Probleme in Zukunft befürchtet. Auch hier also gibt es die Möglichkeit, Zeitmanagement im Sinne von Problemprävention einzusetzen. Allerdings liegt hier die Vermutung nahe, dass es in einem solchen Coaching nicht allein um organisatorische Fragen gehen wird, sondern vor allem um die neue Rolle und die damit verbundenen Änderungen in Hinsicht auf Aufgaben und Prioritäten. Zeitmanagement-Coaching kann somit in mehrerlei Hinsicht sinnvoll sein:

- als Vertiefung eines Fachtrainings: damit Arbeitstechniken auch angewendet werden;
- als Burnout-Prävention: damit es nicht zum Zusammenbruch kommt;
- Weiterentwicklung der Persönlichkeit: um einen Umgang mit der Zeit zu finden, der mir und meinen Stärken entspricht;
- als Entwicklung einer Zukunftsstrategie: um Antworten auf die Frage „Was will ich in meiner verbleibenden Lebenszeit noch verwirklichen und wie kann mir das gelingen?" zu finden;
- als Förderung der Work-Life-Balance: damit kein Lebensbereich „untergeht" oder „vergessen" wird (vgl. *Schmidt-Lellek* 2007).

Zeitmanagement-Coaching kann Klienten unterstützen, aus dem sprichwörtlichen „Hamsterrad" herauszukommen und den Fokus auf übergeordnete Ziele zu lenken. Es kann die Zufriedenheit mit der eigenen Arbeitsleistung verbessern, Möglichkeiten aufzeigen, die eigenen Stärken im Umgang mit der Zeit besser einzusetzen und zu einem reiferen Umgang mit der eigenen Lebenszeit zu kommen.

Literatur

Covey, S.R. u.a. (2001). *Der Weg zum Wesentlichen. Zeitmanagement der vierten Generation.* Frankfurt/M.: Campus.

DBVC (Hrsg.) (2007). *Leitlinien und Empfehlungen für die Entwicklung von Coaching als Profession.* Kompendium mit den Professionsstandards des DBVC. Osnabrück: DBVC e.V.

Eidenschink, K. (2006). Der einäugige Riese. *Psychologie in Österreich 1/2006.*

Guderian, C. (2003). *Arbeitsblockaden erfolgreich überwinden. Schluss mit Aufschieben, Verzetteln, Verplanen!* München: Kösel.

Klein, S. (2006). *Zeit. Der Stoff, aus dem das Leben ist. Eine Gebrauchsanweisung.* Frankfurt/M.: S. Fischer.

Nussbaum, C. (2007*). Organisieren Sie noch der leben Sie schon? Zeitmanagement für kreative Chaoten.* Frankfurt/M.: Campus.

Schmidt-Lellek, C.J. (2007). Ein heuristisches Modell zur Work-Life-Balance. *OSC* 14 (1), 29-40 (auch Kap. 12 in diesem Buch).

Seiwert, L.J. (2005). *Wenn du es eilig hast, gehe langsam. Mehr Zeit in einer beschleunigten Welt.* Frankfurt/M.: Campus.

Taschner, R. (2007). *Zahl, Zeit, Zufall. Alles Erfindung?* Salzburg: Ecowin.

16. Kapitel

Lovells „The People Development Firm" Implementierung von internem Coaching in einer internationalen Wirtschaftskanzlei

Gabriele Bollhöfer

Zusammenfassung: Die internationale Wirtschaftfskanzlei Lovells LLP hat im Februar 07 ein internes Coaching-Programm in Deutschland implementiert. Dies stellt in der Branche international ein Novum dar, auf das Wettbewerber und Medien sehr aufgeschlossen reagieren. Die Pilotphase ist nach einem Jahr mit großem Erfolg abgeschlossen worden. Lovells LLP ist im Jahr 2000 aus mehreren Fusionen hervor gegangen, und das Coaching-Programm soll zur Entwicklung einer „firmwide culture" beitragen. Es flankiert andere Initiativen der Organisationsentwicklung, wie neue Karrierewege und Kompetenzmodelle sowie Performance-Audits. Die Überlegungen zum Konzept, dem Kommunikations- und Umsetzungsprozess werden mit Blick auf die Kultur einer *Professional Service Firm* dargestellt, außerdem wird über Evaluationsergebnisse berichtet.

16.1 Coaching Als Interner Personalentwicklungsansatz

Karriere-Coaching als Bestandteil der Personalentwicklungsstrategie in der internationalen Anwaltssozietät Lovells LLP stellt in der Branche international eine Innovation dar. Es gab zwar immer schon Einzelbeauftragungen externer Coaches, diese wurden jedoch nicht als Teil der Personalentwicklungsstrategie verstanden und nicht als solche gestaltet, kommuniziert und vermarktet. Lovells hat im Februar 2007 begonnen, ein Coaching-Programm als Bestandteil der Personalentwicklung (PE) zu implementieren, das Wirkungen auf andere Felder der PE besitzt und in enger Kooperation mit allen Kernfunktionen Human Ressources / PE (HR) und weiteren Systembereichen wie z. B. Business Development steht. Anfang 2007 war noch offen, wie die Angebote der PE genau aussehen sollen, die für die Branche und die spezifischen Anforderungen an die Anwälte passend sind. Den verantwortlichen Partnern für Personalthemen und der HR-Leitung in Deutschland war klar, dass es sich lohnt, Personalentwicklung professionell auszugestalten. Diese Betonung erscheint wichtig, da im Unterschied zu anderen Industrien das Profil ergänzender Professionen, die als Support- oder Systembereiche bezeichnet werden, nicht sehr weit entwickelt ist. Der Nutzen von PE für den Kernprozess der anwaltlichen Tätigkeit musste nachgewiesen werden. Man kann in der Branche eine zunehmende Differenzierung der internen Dienstleistungsbereiche beobachten, die die Managementebene (hier: Partnerebene) zu neuen Verhaltensweisen herausfordert.

Heute kann Lovells für sich in Anspruch nehmen, in Bezug auf PE Vorreiter in der Branche zu sein. Dies ist durch erhebliche öffentliche Aufmerksamkeit seitens der Wettbewerber und Medien dokumentiert. Sehr wichtig ist die positive Wirkung im hart umkämpften Personalmarkt der Top 15 % der Absolventen. Durch die glaubwürdige Umsetzung von PE werden mehr attraktive Bewerber angesprochen und gewonnen. Das wichtigste jedoch ist, dass intern eine hohe Teilnahmequote von über 70 %, die sehr guten Feedbacks der Coaching-Klienten (Coachees) sowie die Beobachtung verbesserter Retention und Performance für das gelungene Projekt stehen. Der weitere Ausbau des Lovells-internen Coachingprogramms ist vom Management Continental Europe im Februar dieses Jahres positiv entschieden worden. Konzeptionelle Unterstützungen für Implementierung von Coaching in weiteren Lovells-Büros in Continental Europe werden aktuell nachgefragt.

Die Darstellung spiegelt die Auffassung des Kernteams wider, das diesen Prozess gemeinsam getrieben hat. Die zentralen Rollen nehmen der Personal Partner für Deutschland Dr. Christoph Hiltl und der Leiter HR Continental Europe Thorsten Ashoff ein. Dr. Hiltl steht in der Partnerschaft für innovatives Management und insbesondere Personalentwicklungs-Management und verfügt über die nötigen Hebel in der Sozietät. Thorsten Ashoff integrierte das Coaching aktiv mit anderen Personalprozessen und sorgte dafür, dass die wichtigen Informationen und Kenntnisse über die Organisation so flossen, dass Fettnäpfchen und sensible Themen durch den Coach eingeordnet werden konnten und eine schnelle Kenntnis der Psychologie der Organisation möglich wurde. Ich selbst bin angestellte Personalentwicklerin und Coach bei Lovells und seit Februar 2007 verantwortlich für die Konzeption, die Implementierung und Durchführung des Coaching-Programms.

16.2 Zum Aufbau des Berichts

Nach einem Kurzportrait der Firma wird die Ausgangslage bei Einführung von Coaching beschrieben. Dabei wird auf Kulturmerkmale einer internationalen Anwaltssozietät eingegangen, die ihre Merkmale mit anderen so genannten „professional service firms" (psf) teilt und Kennzeichen einer Hochleistungskultur aufweist. Diese zu erkennen, war wichtig für das Konzept und das Vorgehen bei der Implementierung. Beschrieben werden dann die für uns wichtigen Aspekte und Hemmnisse bei der Implementierung sowie die jeweiligen Lösungen im Vorgehen. Dabei wird die Perspektive des Organisations-Psychologen eingenommen. Fortschritte der Organisationsentwicklung beförderten das Programm. Besonderes Interesse gilt der Beschreibung der damit verbundenen

- Herausforderungen für die Karriereentwicklung,
- typischen Hürden bei der Einführung eines solchen Programms,
- Umgangsweisen mit den besonderen Bedingungen bei der Implementierung.

Der letzte Teil befasst sich mit den Ergebnissen und Wirkungen des Programms intern wie extern und gibt einen Ausblick auf die Planungen und die Weiterentwicklung der Personalentwicklung im gerade begonnenen Geschäftsjahr 2008/2009.

Nicht dargestellt werden die psychologischen Grundlagen und die Instrumente, mit denen gearbeitet wird. Diese sind vollkommen vereinbar mit den Grundhaltungen, wie sie *Astrid Schreyögg* (2003) beschreibt.[1] Das Repertoire der Arbeit umfasst Variationen heute anerkannter psychologischer Konzepte und Instrumente.

16.3 Die Firma

Lovells LLP ist mit über 3.500 Mitarbeitern eine der weltweit führenden wirtschaftsberatenden Anwaltssozietäten. Lovells berät Wirtschaftsunternehmen, keine Privatpersonen. Die Zentrale hat ihren Sitz in London. Die Kanzlei ist aus einer Reihe aufeinander folgender Zusammenschlüsse von selbstständigen größeren Kanzleien entstanden. Viele der Partner stammen noch aus den früheren Kanzleien, und der Prozess der Bildung einer einheitlichen Unternehmenskultur ist noch nicht abgeschlossen. Im Jahr 2000 wurde der „Cross Border Merger" zwischen der deutschen Kanzlei Boesebeck Droste, die selbst auch aus verschiedenen Zusammenschlüssen hervorgegangen war, und Lovell White Durrant abgeschlossen. In Deutschland sind etwa 300 Anwälte in vier Büros und noch einmal so viele Supportmitarbeiter tätig (Sekretariat, Office Services, Personalbereich, Marketingexperten, Eventmanagement).

Der britische Markt ist mit Abstand der größte. Der deutsche Teil der Kanzlei ist derzeit der am stärksten wachsende, die Profitabilität des Standorts Deutschland sehr hoch, der Markt und das Management gelten als hochdynamisch. Insofern hat sich das Management in Deutschland eine große Gestaltungsfreiheit hinsichtlich der Implementierung von Instrumenten und Prozessen erarbeitet und konnte auch die PE-Initiative weitgehend autonom von der Londoner Zentrale starten. Lovells versteht sich als Full Service Kanzlei, die zwölf umfassende Fachgebiete (Praxisgruppen) abdeckt vom Arbeitsrecht über Vertragsrecht, Patentrecht bis hin zu gesellschaftsrechtlicher Expertise. Strategische Zielsetzung ist es, weltweit agierende Unternehmen zu beraten (siehe Unternehmensbroschüre „A guide to the firm").

16.4 Zur Ausgangslage

16.4.1 Laufende Kulturentwicklung nach mehreren Fusionen

Die Prägung vieler Partner aus deutschen, national und regional orientierten Kanzleikulturen ist teilweise noch heute wirksam. Verschiedene Umgangsformen, Kommunikationsmuster, Haltungen sind an den verschiedenen Lovells-Standorten spürbar. Das Selbstverständnis des Anwalts als Alleinunternehmer, der zum Teil bis in die detaillierte Sachbearbeitung große Fälle selbst bearbeitet, weicht sukzessive einem Bild des Partners in einer internationalen Sozietät, der sich als Manager juristischer Spitzenlösungen für international agierende Konzerne versteht.

---

1 Schreyögg, A. (2003). Coaching. Einführung für Praxis und Ausbildung (6. Aufl.). Frankfurt/M., New York: Campus.

Die Partner changieren in ihrer Rollenwahrnehmung zwischen exzellentem Sachbearbeiter, Businessmanager und Führungspersönlichkeit. Es mag erstaunen, dass Führungs- und Managementrollen nicht automatisch zum Selbstverständnis aller Partner gehören, da jede Partner-Unit erhebliche Summen umsetzt, einen anspruchsvollen Markt bedient und junge Anwälte in kurzer Zeit so entwickeln muss, dass sie mandantentaugliche Lösungen im Team erbringen können und dabei einem hohem Leistungsdruck standhalten. Aus PE-Expertensicht ist also ein hohes Maß an Führungskompetenz und Initiative gefordert.

Eine Führungskultur und Handlungsleitlinien sind beschrieben, sie werden in der Praxis jedoch je nach Herkunftskultur und persönlicher Präferenz sehr unterschiedlich ausgeübt. Die Einschränkung der Freiheitsgrade und Verpflichtungen auf Standards sind in einer Partnerorganisation aufwändige Prozesse. Gleichzeitig ist es wichtig, dass Verabredungen „firmwide" funktionieren. Dialog und Aushandlung stehen häufig an der Stelle, an der in anderen Unternehmenskulturen Entscheidungen und Weisungen stehen. Auf diese „*Dialogische Kultur*" muss die Implementierung von Coaching Rücksicht nehmen. Eine Initiative zur Führungskräfteentwicklung oder Entwicklung einer Führungskultur als „Maßnahmen" schied aufgrund zu erwartender Akzeptanzhürden von vorne herein aus. Ein solcher Beitrag der PE zum Funktionieren eines Unternehmens war somit nicht zu „verkaufen". Benötigt wurde hingegen ein Instrument, das sich durch individuellen Nutzen unmittelbar bewährt und so den Nachweis „von unten" schafft, dass sich Entwicklung lohnt. Coaching erschien hier als der Königsweg.

16.4.2 Engpass Personalmarkt

Die Personalauswahl der großen Kanzleien wird wesentlich vom Notendurchschnitt der Bewerber bestimmt. Das Einstiegskriterium mit zwei voll-befriedigenden Examensnoten bzw. 18 Punkten in zwei Examina bedeutet, dass nur 10 bis 15 % der Absolventen in Deutschland für einen Einstieg bei Lovells und den Wettbewerbern überhaupt infrage kommen. Der Personalmarkt ist somit sehr eng; auf einen Absolventen, der die geforderten Noten mitbringt, kommen vier offene Stellen bei den Kanzleien. Die Folge ist, dass kaum Instrumente der qualitativen Auswahl und der Prüfung der persönlichen Eignung zum Einsatz kommen. Befürchtet wird, dass sehr gute Absolventen durch ein zu prüfintensives Auswahlverfahren abgeschreckt würden und der Personalbedarf noch schlechter gedeckt werden könnte.

Zudem rechnet man in den ersten drei Jahren immer mit erheblichen Abgängen. Denn die Entscheidung für eine große Anwaltskanzlei ist häufig „ein Schnuppern in dieser Welt" und stellt oft einen Übergang in den Staatsdienst oder eine Turbo-Lernerfahrung für einen Übergang in ein Unternehmen als Inhouse-Jurist dar. Die offene Frage des Managements lautet: Lohnt sich der Aufwand dann überhaupt und können wir diese Wirkungen tatsächlich beherrschen? Keine Frage war indes, dass die Bindung der Anwälte, die schon die ersten Jahre „überlebt" haben, verbessert werden soll, da mit jedem Exit eine erhebliche Investition und Know-How verloren gehen. Coaching sollte sich an dieser Stelle bewähren.

16.4.3 Retention-Problematik und Überlastung

Die Recruitement-Statistik des Geschäftsjahrs 2006/2007 zeigte, dass die Zahl der Aussteiger etwa genau so hoch war wie die Zahl der neu rekrutierten Anwälte. Lovells stellt hier keinen Sonderfall dar, sondern bildet die Situation der Branche ab. Ohne die Integrationskosten im Detail zu kennen, war damit klar, dass ein Wachstum in dem stark anziehenden Markt nicht möglich sein wird und schon die Bearbeitung des vorhandenen Geschäfts auf zunehmende Kapazitätsengpässe stoßen wird.

Die erwarteten und dann auch tatsächlich häufigen Coaching-Themen waren Überlastungsreaktionen auf der kommunikativen Ebene und unter dem Begriff „Work-Life-Balance" adressierte Schieflagen von Arbeit und erlebtem Erfolg sowie der Mangel an Souveränität in der beruflichen Tätigkeit. Die bekannte hohe Auslastung, insbesondere der Zielgruppe für das Coaching-Angebot, führte zu Zweifeln, ob das Angebot aus Mangel an Zeit überhaupt angenommen wird. Eine hohe Zahl an Terminausfällen und Intoleranz gegenüber 1,5 Stunden konzentrierter und weitgehend ungestörter Arbeit je Termin schien wahrscheinlich.

Konsequenz in der Kommunikation: Coaching wurde als Entlastung in Phasen von erlebter Enge und als hilfreiches Instrument zu Verbesserung der Selbststeuerung kommuniziert. Die Zeitinvestition wurde mit etwa 6 x 1,5 Stunden angegeben und der mögliche Effekt ins Verhältnis zu klassischen seminaristischen Angeboten gesetzt. Letztlich sollte die Entscheidung über den Nutzen und die Zeitinvestition jeder nach dem Vorgespräch treffen. Zusätzlich wurden die Terminverabredungen individuell flexibel getroffen, sodass eine optimale Vereinbarkeit mit der Tagesarbeit möglich war. Im Ergebnis sind ausfallende Termine die Ausnahme und wurden in der Regel frühzeitig angezeigt. Die Ausfallrate bzw. Verschiebungen lagen bei unter 5 %.

16.4.4 Neue Karrierestufen als Treiber für die Coachinginitiative oder das Prinzip „Stick and Carrot"

Die Anwaltskarriere in einer internationalen Sozietät beginnt mit dem Einstieg von Junganwälten nach 2,5 Jahren, die sie in verschiedenen Referendariatsstationen verbringen. Dieses Ausbildungssystem in Deutschland bedingt, dass die Anwälte bei Berufseinstieg mit 28-32 Jahren vergleichsweise alt sind. Das ist aus PE-Sicht kritisch, da entscheidende Entwicklungen in sehr kurzer Zeit voran gebracht werden sollen. Das Ziel ist, innerhalb von 5-7 Jahren eine unternehmerisch denkende und handelnde Persönlichkeit auszubilden, der es gelingt, ein Team anspruchsvoller Experten zu führen und zu binden, ein internes internationales Netzwerk sowie externe Reputation im spezifischen Markt aufzubauen. Die Umsatzerwartungen sind entsprechend hoch, um das Team zu finanzieren und die zu erzielenden Stundensätze am Markt durchzusetzen.

Auf dem Weg zur Partnerschaft gab es bis vor zwei Jahren keine Differenzierungen durch klar kommunizierte Karrierestufen. Die Orientierung für die Associates hinsichtlich ihrer persönlichen Performance und ihrer Positionierung in der Firma war schwierig. Diese Situation entsprach in keiner Weise der Relevanz, die die

Frage „wie werde ich gesehen?" für die Entwicklung in einer psf besitzt. Mit der Einführung von zwei Karrierestufen, dem Senior Associate (2007) nach 3 Jahren und dem Counsel (2006) nach 5 bis 6 Jahren, waren Anforderungsprofile, Performancegespräche, die Erarbeitung und das Controlling von Business-Plänen verbunden. Die Karrierestufen haben Wirkung auf den Status, das Gehalt, die zu erreichenden Ziele und den Verantwortungsrahmen.

Über diese Strukturierung des Karriereweges wurden geforderte Kompetenzen und Performance-Erwartungen stärker in den Blick gerückt. Die Bestätigung der nächsten Karrierestufe sollte kein Automatismus sein, sondern sollte an Performance und persönliche Eignung gebunden sein. Diese galt es folglich auch zu prüfen. Es ging um die Einführung von Maßstäben, die über alle Büros und Praxisgruppen hinweg gelten sollten. Ausgestaltet mit attraktiven Vergütungsregelungen wurde zum einen ein Sogeffekt verfolgt. Zum anderen wurde der Bewertungs- und Entwicklungsgedanke stärker in die Karriereentwicklung eingebaut. Da diese Bewertungen nicht vom eigenen Partner durchgeführt wurden, erhielten diese Gespräche einen „Audit-Charakter". Dies hat sich heute durchgesetzt und regt die Associates wie auch die zuständigen Partner zu einem Dialog über Leistung und Karriereentwicklung an.

Dieser Organisationsentwicklungsprozess sollte personalentwicklerisch flankiert werden. Die folgende Grafik zeigt die Karrierestufen im so genannten Partner-Track. Das Coaching wurde im ersten Schritt für die Stufe Senior Associate und Counsel angeboten. Mit Beginn des neuen Geschäftsjahres 2008/2009 ist es auf die Non Equity -Partner (neue Partner) ausgeweitet worden.

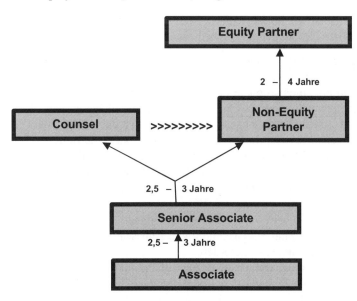

Abbildung 1: Karrierewege

16.5 Erwarteter Nutzen durch Coaching

Der Ausbau des Employer Brand Lovells im Personalmarkt der Nachwuchsjuristen ist das zentrale Anliegen neben der Unterstützung der unternehmerischen Entwicklung der Associates und Counsel und dem Support für die Partner in Führungsthemen. Um die gewünschte Außenwirkung zu erzielen, wurden die besonderen Leistungen von HR / PE im Rahmen von Hochschulmarketing, Messen, Inhouse-Veranstaltungen, Print Medien im Sinne von „unique selling points" (Alleinstellungsmerkmale) vermarktet.

Individueller Nutzen für den Coachee
- Standortbestimmung und Potenzialerkennung
- Steuerung und Forcierung der Karriere
- Erprobung und Verhaltensalternativen und neuen Rollen
- Professionelles Feedback und Empfehlungen

Vorteile für Lovells
- Klarheit über Leadership-Potenzial
- Unterstützung der Führungsarbeit
- Bindung und Ausschöpfung von Potenzialen
- Attraktivität im Bewerbermarkt

16.6 Besonderheiten der Karriereentwicklung, die für Coaching sprechen

Folgende Merkmale haben wir im Vorfeld via Interviews analysiert, die Coaching als PE-Instrument zu berücksichtigen und zu bedienen hat:

- *Gering formalisierte Aufstiegswege* (ist im Begriff sich graduell zu ändern). Aktuell wird die Auseinandersetzung darüber geführt, wie viel Formzwang notwendig ist, um eine internationale Firma zu bilden, und wie viel individuell gestaltete Wege notwendig sind, um Persönlichkeiten zu halten, zu entwickeln und einen angemessenen Gestaltungsraum zu bieten. Es ist unbestritten, dass eine psf immer so genannte „fast tracks" benötigt, um besonders leistungsstarken und karriereorientierten Menschen Perspektiven zu bieten. Persönliches „Profile Raising" kann eine Menge hinsichtlich der Karriere bewegen. Fleiß und Verweildauer im Unternehmen bedeuten relativ wenig für die Möglichkeiten des Aufstiegs.
- *Dynamischer interner Wettbewerb*, der die Position schnell (auch unvorhergesehen) verändern kann; Umgang mit Diskontinuität, Anpassung und ein geschickter Umgang mit Veränderungen ist gefordert.
- *Dynamischer Markt*, der Reaktionen in Bezug auf Produkt/Dienstleistung und Business Development unabhängig vom ursprünglichen Business-Plan und der bisher verfolgten fachlichen Schwerpunktsetzung verlangt. Ein „sich neu Erfinden können" gilt als ein Erfolgskriterium für die Karriere.
- In der Tendenz eine eher *geringe Betreuungsintensität* (bewusst nicht Führungsintensität genannt). Selbststeuerung ist wesentlich für Erfolg und wird verlangt.

216

Die Karriereentwicklung bei Lovells erfordert:

- Frühzeitige aktive interne und externe Positionierung der Kandidaten,
- Emanzipationsbewegungen in Bezug auf die Heim-Partner-Unit,
- Kreativität in Bezug auf die Entwicklung des eigenen Business.

Dies sind Merkmale einer „Hochleistungskultur", die dafür passenden PE-Instrumente sind nicht von der Stange zu bekommen. Coaching ist in hohem Maße kompatibel mit diesen Anforderungen. Die nachfolgende Tabelle zeigt in der linken Spalte die Merkmale eher geforderter Verhaltensweisen und Haltungen in einer Professional Service Firm.

Herausforderungen der Karriere – Unternehmenskultur

Eher	*Weniger*
• Personenbezogen	• Formale Prozesse
• Aushandlung	• Feste Entscheidungskriterien
• Bewährung und Erfolg	• Sicherheiten / Zusagen
• Eigensteuerung	• Enge, formale Führung
• Schneller Kompetenzaufbau	• Entwicklungszeit

Wie bewege ich mich hier?

16.7 Definition der Zielgruppe für Coaching

Die Wahrnehmung von Management- und Leadershipaufgaben sind die Kriterien dafür, dass das Coachingangebot genutzt werden kann. Das ist mit dem Erreichen des Senior Associate-Status gegeben. Ausnahmen halten sich in Grenzen. Wir haben keinen individuellen Entscheidungsprozess einführen wollen, ob ggf. auch weniger seniore Associates die Voraussetzung für ein nutzbringendes Coaching mitbringen. Denn wir wollten einerseits den Sogeffekt für die Karriereschritte aufrechterhalten und außerdem vermeiden, dass wir uns mit individuellen Assessments und notwendigerweise mit negativen Botschaften im Falle des Nicht-Gewährens von Coaching befassen müssen. Dies hätte die positiven Wirkungen des Coachingprogramms überschattet. Die Anspruchshaltung: „Was mein Kollege hat, soll mir auch zugestanden werden", wäre in der Diskussion wichtiger geworden als die Sinnhaftigkeit der Beratung durch Coaching selbst.

Vor Erreichen der ersten Karrierestufe geht es um das Einfinden in die Berufsrolle. Management- und Führungsaufgaben sind die Ausnahme, und Business-Development findet eher auf der Ebene des persönlichen Kontakts mit Mandanten unter enger Führung des Partners statt. Um ein Karriere-Coaching nicht mit einer Hilfestellung bei der beruflichen Orientierung und einem Integrationsprogramm zu vermischen, haben wir uns bewusst auf die Ebenen mit Management- und Führungsaufgaben konzentriert. Deren vereinbarte Ziele gehen klar über die fachlich exzellente Aufgabenerfüllung hinaus.

Die folgende Grafik (Stufe 1) visualisiert zunächst die Herausforderung in der Phase der Integration, für diese Phase wird kein Coaching etabliert.

Expertise entwickeln
- Fachliche Exzellenz ausbauen,
- Business der Mandanten verstehen lernen,
- Pragmatische Lösungen für das Business des Mandanten finden,
- Mandanten überzeugen und binden können (Teflon-Test),
- Guter Teamplayer sein.

Partner-Unit

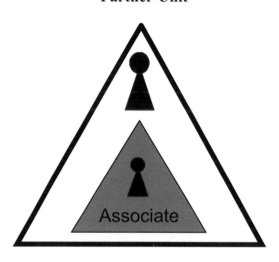

Abbildung 2: Herausforderungen der Karriere (Stufe 1)

Die nächste Darstellung zeigt die notwendige Emanzipationsbewegung der Anwälte aus ihrer „Heim-Partner-Unit", die spätestens nach 2,5 Jahren Seniorität wichtig wird. Der Anwalt ist gefordert, sich sozialverträglich aus der alleinigen Prägung und Versorgung mit Geschäft durch den Partner der Unit heraus zu entwickeln. Diese Emanzipationsbewegung ist gewünscht, erfolgt aber in einem Spannungsfeld, in dem der Anwalt geschickt agieren muss, um sich nach 5-6 Jahren als Partnerkandidat empfohlen zu haben.

In dieser Phase der Karriere übernehmen die Anwälte Aufgaben der fachlichen Führung und der Integration von Junganwälten, unternehmen Anstrengungen zum Aufbau des eigenen Marktes, bauen ihr internes Netzwerk auf und werden sich in der Regel über die interne kollegiale Wettbewerbssituation bewusster.

Unabhängigkeit entwickeln

- Sichtbarkeit, Auftritt   *und*   Statusthemen
- Eigener Kapazitätsbedarf   *und*   Vorfahrt für den Partner
- Marktanteil erarbeiten   *und*   Business Interesse des Partners
- Wettbewerb um Mandanten   *und*   Loyalität

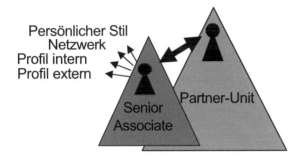

Abbildung 3: Herausforderungen der Karriere (Stufe 2)

16.8 Übersicht über die typischen Coaching -Themen

Nach einem Jahr der Implementierung konnten alle Coachinganliegen in der folgenden Übersicht zusammengefasst werden. Die Themen entsprachen sehr weitgehend unseren Erwartungen. Die Übersicht wird von den Anwälten häufig als „Katalog" zur Überprüfung, ob sie mit ihren Themen im Coaching „richtig liegen", herangezogen.

Abbildung 4: Typische Coaching-Themen

16.9 Herausforderungen für die Implementierung von Coaching und konzeptionelle Konsequenzen

Die folgenden Aspekte wurden zum Start des Coachingprogrammes aufgrund von Beratungen mit Partnern, ausführlichen Gesprächen mit der HR-Leitung und fünf Interviews mit Associates als entscheidend für den Erfolg eingestuft:

- Wir benötigten ein Instrument, welches Persönlichkeitsentwicklung individuell und spezifisch, dennoch mit großer Themenbreite unterstützen kann. Es musste ein Spektrum vom Kommunikationsstil bis zur persönlichen Herangehensweise an Business-Development, vom Verständnis psychophysischer Reaktionen bis hin zu mikropolitischen Vorgehensweisen abdecken können.
- Die Zeitinvestition der Anwälte musste so gering wie möglich, aber mit maximalen Wirkungschancen gestaltet werden. Die Einhaltung von Terminen ist ein Dauerproblem bei seminaristischen Angeboten. Was nicht unmittelbar als nützlich erkannt wird, wird nicht nachgefragt. Ein normativer Prozess, in dem Weiterbildung oder PE als Voraussetzung für Karriereentwicklung gilt, existiert nicht und war nicht gewünscht.

Die nächsten Abschnitte definieren weitere Aufgaben und Hürden in der Umsetzung. Die *kursiv gesetzten Textbereiche* beschreiben unsere Lösungen.

(1) Nachfrage erzeugen (Pull-Effekt)

Wir hielten es für wahrscheinlich, dass Coaching nicht aktiv von allen Partnern eingefordert bzw. empfohlen wird. Dies war aufgrund geringer Erfahrung mit PE-Instrumenten und aufgrund der immer knappen Kapazitäten sowie der geäußerten Skepsis eine realistische Einschätzung. Coaching musste sich also die Akzeptanz bei den internen Kunden selbst erarbeiten. Die Zubilligung von Kompetenz an eine „Nicht-Anwältin" in Sachen Karriere musste hergestellt werden. Der Branche wird allgemein ein hoher Selbstbezug bescheinigt („Anwälte machen alles selbst" – „und besser").

Konsequenz für das Vorgehen: Coaching musste einen Pull-Effekt erzeugen, eine „Anordnung" als Entwicklungsmaßnahme hätte dem Selbstbild des Anwalts widersprochen und wäre aller Wahrscheinlichkeit nach nicht durch die Partner eingefordert worden. Coaching sollte von Beginn an als Instrument für die „Guten" wahrgenommen werden und nicht als „Nachhilfe für schwierige Fälle". Coaching sollte kurzfristig zum guten Ton gehören.

Die Feedbacks der ersten Coachees im Kollegenkreis waren die wichtigsten. Wir haben viel daran gesetzt, die Meinungsbildner und die anerkannt „guten" Anwälte frühzeitig in den Coachingprozess einzubinden. Das wurde von den verantwortlichen Partnern und Unterstützern des Projekts leicht angetriggert. Die ersten Coachees wurden als Experten angesprochen, deren Feedback für die Pilotphase wichtig war und deren Vorschläge das Coachingprogramm optimieren sollten. Diese mitgestaltende Rolle nahmen Meinungsbildner gern an und fühlten sich als Pilotgruppe adäquat angesprochen. Der Effekt der internen Werbung durch die Pilotgruppe trat wie erwartet ein.

(2) Akzeptanz in der Partnerschaft aufbauen

Ein Beratungsprozess, der auch Führungswirkungen und den Umgang mit Mikropolitik zum Thema hat, zeitigt Sensibilitäten innerhalb der Partnerschaft. Diese Wirkung musste einkalkuliert werden. Vertrauensbildende Maßnahmen durch persönliche Gespräche mit Partnern und die wiederholte Benennung der sensiblen Themen durch den Coach waren wichtig.

Zentrale Botschaften in den Präsentationen und Diskussionen waren, dass Coaching nur dann funktioniert, wenn auch die ggf. anstrengenden Wirkungen akzeptiert werden. Die Führung kann somit anspruchsvoller werden, da die Coachees phasenweise mehr „pushy" werden. Auch Exit-Themen müssen offen angesprochen werden können, denn die Entscheidung für eine Karriere bei Lovells erfordert zugleich die Prüfung der Varianten und die Auseinandersetzung damit. Coaching darf nicht als verlängerter Arm der Partner wahrgenommen werden.

Die vorausschauende Darstellung dieser Themen war erfolgreich. Im Nachhinein konnten sich alle Verantwortlichen immer wieder darauf beziehen, dass darüber gesprochen wurde und nun die erwartete Situation eingetreten ist und dies kein Fehler des Coaching-Programms ist, sondern eine notwendige Wirkung im Rahmen der Entwicklung darstellt.

(3) Status des Coaching angemessen verkaufen

Coaching musste als PE-Instrument, welches einer „unternehmerischen Entwicklung würdig" ist, verkauft werden. Das bedeutete, einen unternehmerischen Prozess bei der Implementierung des Coachings selbst zu gestalten. Der Markt des Coachs sind die Anwälte.

Um diesen Markt zu gewinnen, war die Darstellung der Werthaltigkeit wichtig. Dies geschah durch Beispiele, wer und welche Unternehmen bzw. Branchen Coaching nutzen, die Nennung der üblichen am Markt zu zahlenden Honorare für ein Coaching sowie die Reputation des Coachs selbst.

(4) Vertrauen aufbauen und Vertraulichkeit „organisieren"

Besonders kritisch wurde die Frage der Vertraulichkeit eines internen Coachings diskutiert. Die Befürchtungen, dass Inhalte durch den Coach weitergegeben werden, war weniger im Vordergrund als die Kritik an dem Vorhaben, dass überindividuelle relevante Erkenntnisse in die Partnerebene kommuniziert werden sollten, sowie die Befürchtung, dass über die IT auf Dokumentationen des Coachs zugegriffen werden könne.

Unsere Lösung besteht aus mehreren Verabredungen: Der Coach hat die „Weisung", Stillschweigen zu den Inhalten zu bewahren, dies wurde deutlich kommuniziert. Themen, die der Coach – sei es auch nur zur besseren Kenntnis des Umfeldes – mit den Partnern besprechen möchte, sind durch die Coachees, aus deren Beratungszusammenhang das Thema stammt, zu autorisieren. Das bedeutet zwar einen gewissen Abstimmungsaufwand, der aber dazu diente, das Instrument Coaching als Instrument der Coachees statt als verkapptes Assessment zu stabilisieren. Dies ist auch gelungen. Der darüber hinaus gehende Effekt war, dass sich die Coachees stärker aufgefordert fühlten, ihr Thema selbst zu vertreten, sobald der Coach Aufklärungsbedarf mit einem Partner signalisiert hat. Der Prozess diente somit auf Umwegen auch dem Empowerment der Coachees.

Zur praktischen Umsetzung der Vertraulichkeit gehörte die Dokumentation der Coachings auf einem mit Fingerprint geschützten Stick, auf den nur der Coach Zugriff hat. So wird materiell sichtbar, dass das Thema praktisch umgesetzt ist. Der Aufwand ist überschaubar und die Signalwirkung sehr gut.

(5) Kommunikation

Um ein zügiges Feedback in die Partnerschaft zu ermöglichen, welches zugleich die Vertraulichkeit des Coachings wahrt, war es wichtig, relativ schnell eine Teilnehmerzahl über zehn zu erreichen. Nur so konnten auf glaubwürdige Art repräsentative Themen der Karriereentwicklung im Partnerkreis thematisiert werden.

Zwei aufwändige Road Shows im Pilotjahr durch die vier deutschen Büros mit jeweils gestaffelter Kommunikation, zuerst im Partnerkreis dann mit allen Associates, haben sich für die Visibilität ausgezahlt. Eine erste Road Show im Dezember 07 diente der Erläuterung „was ist Coaching, was nützt es, wie läuft es ab, welche Tools werden eingesetzt?" sowie der persönlichen Vorstellung des Coachs. Die zweite Road Show diente der Darstellung von Ergebnissen der Implementierung nach sechs Monaten.

Präsentationen zu Status und Handlungserfordernissen in den halbjährlichen Konferenzen der Local Personal Partner, den Zuständigen für Personalangelegenheiten an den vier Standorten, erlaubten eine Diskussion über Weiterentwicklungen im Kontext mit anderen Personalthemen.

(6) Coaching als Trigger für eine Personalentwicklungsstrategie

Kennzeichnend für die integrierte Stellung von Coaching ist die zeitgleiche Einführung von Coaching mit der Etablierung von zwei Karrierestufen, dem Senior Associate und dem Counsel. Diese Karrierestufen sind sichtbar ausgestaltet mit neuen Anforderungsprofilen und erfolgsorientierten Vergütungssystemen sowie mit einem neu definierten Status innerhalb der Kanzlei und nach außen in den Mandantenmarkt. Flankiert wurde die Einführung der Karrierestufen auch mit internationalen Business School-Konferenzen. „Lovells Campus" ist der Arbeitsbegriff für die systematisch weiter zu komplettierende Aus- und Weiterbildungslandschaft für das künftige Lovells-Management. Mit zunehmender Akzeptanz konnten aus dem Coaching heraus Beiträge in verschiedene benachbarte Bereiche mitgestaltet werden:

- Aus- und Weiterbildung, Lovells Campus,
- Business Development Trainings,
- Recruiting /Persoanauswahl.

Coaching war ein Einstieg in die strategische PE und wurde bewusst als Trigger für weitere Bausteine eingesetzt. Zielsetzung war es, nach dem erfolgreichen 12-monatigen Piloten, PE-Angebote sowohl „nach oben" auszubauen und in der Karrierestufe für die Partner ein Coaching anzubieten, als in den ersten drei Jahren geeignete PE-Instrumente zu platzieren.

Die Idee ist einfach: vom Einstieg bis zum Karriereende eine passgenaue PE zu etablieren. In dieser Hinsicht kann man das Coaching-Programm als idealen Einstieg und bestmögliche Analyse der Karriereerfordernisse und Kulturwirkungen betrachten, das zur Entwicklung einer Personalstrategie fachlich und hinsichtlich der Akzeptanz die Basis liefert. Die obige Tabelle (Abb. 5) zeigt in der Übersicht bereits existierende Angebote und die Vorschläge für neue People Development-Angebote, die aus der Erfahrung des Coachings platziert und argumentiert werden konnten.

Ein weiterer Vorteil, der in 1-2 Jahren zum Tragen kommen wird, ist der laufende Verjüngungsprozess der Partnerebene, die schon jetzt teilweise und künftig stärker aus Partnern bestehen wird, die Coaching in ihrer Entwicklung genutzt haben und diesem Instrument von vornehrein sehr positiv gegenüberstehen. Diese werden in höherem Maße Empfehlungen gegenüber ihren Teammitgliedern aussprechen. Somit ist ein noch höherer Durchdringungsgrad durch das Instrument zu erwarten.

People Development (PD)-Angebote				
Karriere-stufen	Associate 0 - 0,5 Jahre	Associate 0,5 - 3 Jahre	Senior Associate ab 3 Jahre	Partner
Existierende PD-Angebote		Associate Conference Seminar-programm	Senior Associate Conferences Coaching, Mentoring Seminarprogramm	New Partner Trainings, 360° Feedback
Neue PD-Angebote (im Geschäftsjahr 08/09	Eintritts-gespräch *Entscheidungs-kriterien, Erwartungen*	People Development Dialog I + II *Empfehlungen zum persönlichen Karriere-plan*	Team-Coaching *Unterstützung Networking*	New Partner Coaching (seit Mai 08)

Abbildung 5: Übersicht über existierende und neu geplante People Development (PD)-Angebote im Geschäftsjahr 08/09.

16.10 Wirkungen des Coachingprogramms

(1) Entwicklung der Nachfrage

Im Februar 2008 hatten 70 Anwälte den Status des Senior Associates oder des Counsel, diese bildeten die Zielgruppe für das Coaching Programm. Von diesen 70 Anwälten haben bis heute 52 das Coachingangebot genutzt. Das entspricht einem Prozentualen Anteil von über 70 %. Wir hatten bei unseren optimistischen Prognosen im Februar 07 eine Einschätzung für die Teilnahme von 30 %-40 % erwartet, die mit diesem Ergebnis weit übertroffen wurde. Damit ist die Wirkung des Pull Effektes erwiesen. Die zahlenmäßige Entwicklung zeigt die folgende Grafik (Abb. 6).

Der Trend zeigt weiter nach oben. Die aktuell startenden Coachees sind zum einen diejenigen, die zuvor sorgfältig in ihrem Kontaktkreis die Feedbacks abfragen, bevor sie sich „trauen" , zum anderen die neu ernannten Senior Associates, die jetzt mit Erreichung dieser Karrierestufe Zugang zum Programm haben. Hier wird bestätigt, dass Coaching zuerst durch die eher selbstsicheren, neugierigen und kommunikativen Anwälte wahrgenommen wird und in zweiter Line eher vorsichtige Charaktere nachziehen. Es war auch deutlich, dass Anwälte mit persönlicher Nähe zu den Befürwortern des Programms auf Partnerebene früher ein Coaching aufnahmen als andere. Hier sind Einflüsse von Machtsphären deutlich spürbar, die durch nachhaltige Überzeugungsarbeit langsam nivelliert werden.

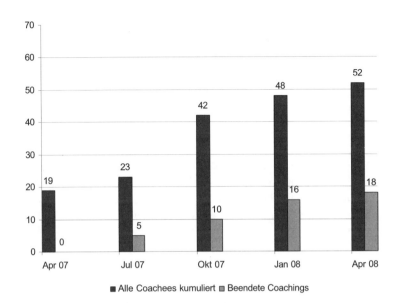

Abbildung 6: Entwicklung der Coaching-Nachfrage seit Einführung des Programms (dargestellt in Quartalszahlen)

(2) Feedback der Coachees

Die Auswertung der ersten 16 abgeschlossenen Coaching-Prozesse ergibt folgendes Bild:

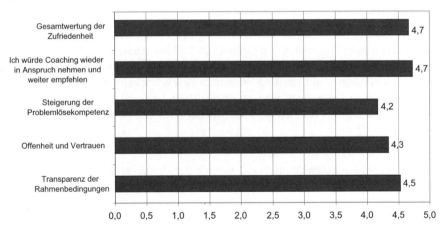

Abbildung 7: Feedbackauswertung (Skala: 1 = „trifft gar nicht" zu, bis zu 5 = „trifft sehr zu")

Die wichtigsten frei formulierten positiven Anmerkungen waren:

- individuelle Herangehensweise,
- einen Sparring Partner zu haben, der unabhängig vom anwaltlichen Geschehen ist,
- eine andere Profession als Berater zu haben,
- Verbesserung des Verständnisses der Kultur und Informationen über Wege und Zuständigkeiten,
- Nützlichkeit und Praxisnähe der Lösungen und Empfehlungen.

(3) Zielerreichung

Zu Beginn des Coachingprozesses wird das Karriereziel besprochen. Die Coachees haben bisher mit nur einer Ausnahme ihr Ziel erreicht, welches durch die angestrebte Karrierestufe definiert ist. Die Partnerschaft wie auch der Counselstatus hängen stark von der Entwicklung des Business ab, das nicht direkt im Coaching beeinflusst wird, dennoch stellen die Coachees selbst einen positiven Zusammenhang her, der mit der bewussten Steuerung ihrer Karriere zu tun hat.

(4) Performance-Wirkung

In Einzelfällen konnte die klare Verbesserung der Budgeterfüllung festgestellt werden. Das führte dazu, dass wir die Entwicklung für die Gruppe der Coachees im Business-Jahr 2007/08 controllt haben. Das Ergebnis ist nicht eindeutig und bedarf noch der Differenzierung. Eine Wirkung der durch Coaching unterstützten bewussten Steuerung ist sicher zu erwarten, die Budgeterfüllung wird aber von anderen Einflüssen maßgeblich bestimmt, sodass wir diesen Bereich des Erfolgscontrolling noch genauer prüfen werden.

(5) Retention-Wirkung

Das Controlling des abgelaufenen Geschäftsjahres zeigt, dass die Ausstiege in der Gruppe der Senior Associates und Counsel gegen Null tendieren, während die Quote in den ersten drei Jahre unverändert sehr hoch ist. Diese auffällig positive Retention-Wirkung wird auch dem Coaching-Programm zugeschrieben, da der Unterschied zur nicht gecoachten Gruppe so eklatant ist. Daneben sind die gute Auftragslage und damit insgesamt guten Karriereaussichten sicher relevante Rahmenbedingungen.

(6) Wirkung im Recruiting Markt

Die Partner stellen einen deutlichen Zuspruch der Bewerber fest, die Coaching und Personalenwicklung als positiv unterscheidendes Merkmal wahrnehmen, das zu einem höheren Interesse für Lovells als Arbeitgeber führt. Diese Wirkung ist die derzeit wichtigste, die auch Skeptikern die Akzeptanz für das Programm abringt. Der Personalmarkt wird als die Wachstumsbremse der Zukunft gesehen, sodass positive Wirkungen dort besonders vorteilhaft sind. Ein weiterer Aspekt: Lovells steht stärker im Wettbewerb mit Strategieberatungen, die traditionell als Kaderschmiede und als exzellente Einstiegsunternehmen für eine Karrieren stehen.

(7) Lovells interne Wirkungen

Es entsteht eine Nachfrage weiterer europäischer Lovells-Büros zur konzeptionellen Unterstützung der Einführung von Coaching. Bestätigend war die Managemententscheidung im Februar 2008

* für die Erweiterung des Coachingangebots für neue Partner,
* die Etablierung von Personalenwicklungsangeboten für die Junior Associates
* sowie die Schaffung einer weiteren Coach-Position.

(8) Öffentlichkeitswirkung oder „Der Anwalt auf der Couch"

Das Bild des „Anwalts auf der Couch" erscheint der Presse interessant. Seit der Verleihung des branchGeninternen Juve-Awards für Nachwuchsförderung sind einige Veröffentlichungen entstanden:

* Juve Award und Laudatio für Nachwuchsförderung im Oktober 2007
* FAZ Interview zum Coachingprogramm für Anwälte (Anlage)
* Interview zum Coachingprogramm in der Branchenzeitschrift JUVE Rechtsmarkt/Mai 08
* Interview zum Coachingprogramm in Azur, einem Absolventen-Branchenmagazin
* Interview zum Coachingprogramm im Online Magazin „Karriereführer Recht"
* Financial Times Deutschland; Round Table Gespräche

Eine weitere Öffentlichkeitswirkung sehen wir im Interesse unserer Wettbewerber, die den Austausch über PE-Instrumente mit uns suchen.

16.11 Meilensteine der Implementierung von Coaching

* Dezember 06: Road Show in den vier deutschen Lovells-Büros zur Vorstellung der neuen Karrierestufen Senior Associate und Counsel und gleichzeitiger Vorstellung des Coaching-Programms und des Coachs.
* Februar 07: Arbeitsaufnahme des ersten Experten für PE und Coaching.
* Februar 07: Schriftliche Information zum Coaching-Programm: Broschüre zu Zielen, Inhalten und Rahmenbedingungen und Hinweis zur Kontaktaufnahme. Diese wurde an allen Standorten verteilt.
* Februar 07: Start der ersten fünf Coachings, empfohlen und unterstützt durch Partner.
* Juni 07: Road Show in vier Lovells-Büros zur Erfahrungsauswertung der ersten 25 Coachingprozesse für alle Partner und Associates.
* Oktober 07: Juve Award für Nachwuchsförderung.
* November 07: FAZ Artikel zum Coaching.
* Februar 08: Managemententscheidung zum inhaltlichen und personellen Ausbau von Personalenwicklung. Bestätigung der PE-Strategie für Lovells unter dem Leitgedanken: „The People Development Firm."

16.12 Ausblick

(1) Ausbau: Die Agenda für das kommende Geschäftsjahr ist mit der Ausbauentscheidung klar. Die weiteren PE-Module werden unter Berücksichtigung der Erkenntnisse aus dem Coaching-Prozess designed und eingeführt.

(2) Profil des internen Coachs: Es gibt für das Profil des internen Coachs Themen, die weiter zu sondieren sind. Wir haben uns für das interne Programm entschieden, da der Zugang zu Partnern und die Beteiligung an Entwicklungsvorhaben für die Firma Vorteile bringt. Auf der anderen Seite wird der Coaching-Prozess stark unterstützt, indem der Coach ebenfalls stark vernetzt ist. Gleichzeitig sind Abhängigkeiten anders zu beachten und zu steuern als bei einem externen Coach, insbesondere die Möglichkeiten einer Instrumentalisierung des Coachings. Dabei ist weniger wichtig, ob dies tatsächlich gelingt, sondern vielmehr die Tatsache, dass es wahrscheinlich erscheint, da der Coach in vielen internen Runden und Zusammenhängen sichtbar ist.

(3) Akzeptanz für internes Coaching auf Partner-Ebene: Zu Beginn des Prozesses stand in Frage, ob wir davon ausgehen können, dass auch Partner das Angebot nutzen würden. Hier waren hauptsächlich Status-Themen zu vermuten: „Kann das gleiche Angebot für Associates auch für Partner tauglich sein?" Wir reagieren auf das Status-Thema, indem einem neuen internen Personalentwickler die Coachings der jüngeren Associates übertragen werden und der aktuelle Coach sich weiter in der Laufbahn nach oben orientieren wird.

Glossar

PE	Personalentwicklung
PD	People Develoment
PFS	Professional Service Firm
Associate	Anwalt
Senior Associate	Anwalt mit 3 Jahren Seniorität
Counsel	Anwalt hoher Seniorität im angestellten Status (ab 6 Jahren)
Partner	Anwalt mit finanzieller Beteiligung an der Sozietät
Unit	Team, das durch einen Partner geführt wird-

17. Kapitel

Coaching für neu berufene Hochschullehrer/innen Marketingwirkung beim Recruiting

Andreas Brüning

Zusammenfassung: In diesem Artikel werden die ersten Coaching-Förderprogramme für neu berufene Hochschullehrer/innen der Ruhr Universität Bochum und der Universität Bremen vorgestellt und verglichen. Coaching wird im „Unternehmen Hochschule" bisher zuwenig genutzt. Doch was für Manager/innen hilfreich ist, könnte auch die Entwicklung von neu berufenen Hochschullehrer/innen positiv begleiten. Sie sind die zentralen Innovationsträger der Hochschulenwicklung und müssen zukünftig intensiver durch Förderprogramme der Personalentwicklung in ihrer Rollen- und Aufgabenvielfalt unterstützt werden. Die mit Experten geführten Interviews weisen darauf hin, dass jede Hochschule ausgehend von ihrer Hochschul-, Management- und Marketingstrategie hochschulspezifische Akzente bei der Unterstützung von neu berufenen Hochschullehrer/innen entwickeln muss, um sich in der Hochschullandschaft positionieren zu können.

17.1 Einführung

Coaching ist in Unternehmen im Rahmen der Führungskräfteentwicklung heute schon ein Marketinginstrument beim Recruiting von Managern sowie ein anerkanntes und erfolgreiches Beratungsformat. In den Hochschulen wird das Potenzial dieses Personalentwicklungsinstruments, insbesondere für (neu berufene) Hochschullehrer/innen, bisher nur in ersten Ansätzen als Instrument der Leistungsoptimierung und des Marketings genutzt. Neu berufene Hochschullehrer/innen sind die zentralen Innovationsträger der Hochschulenwicklung und müssen zukünftig intensiver durch Förderprogramme der Personalentwicklung (PE) und/oder der Hochschuldidaktik in ihrer Rollen- und Aufgabenvielfalt unterstützt werden. Sie sind im Sinne des Wissenschaftsmarketings zentrale Erfolgsfaktoren für die Positionierung am internationalen und nationalen Hochschulmarkt. Das Marktgeschehen hat sich insofern geändert, als einerseits Rankings die Hochschullandschaft für Studierende, Hochschullehrer/innen und die Öffentlichkeit transparenter machen und andererseits die internationale Wettbewerbssituation die deutschen Hochschulen zu einer Profilierung ihrer Studienangebote herausfordert.

Das Personalmanagement (PM) ist Teil einer modernen Hochschulstrategie, und somit sind die Aktivitäten der PE von der Akzeptanz der Hochschulleitung und der Hochschulkultur abhängig. Die von mir befragten Experten weisen darauf hin, dass jede Hochschule ausgehend von ihrer Hochschul-, Management- und Marketingstrategie hochschulspezifische Akzente bei der Unterstützung von neu berufenen Hochschullehrer/innen entwickeln muss, um sich als Marke in der Hochschullandschaft positionieren zu können. Die Hochschulleitungen und das PM haben in vielen deutschen Hochschulen, u.a. Universität Bremen (UB), Ruhr Universität Bochum (RUB) und die Universität München, bereits im Jahr 2007 erkannt, dass die Förderprogramme und -instrumente der PE, Hochschuldidaktik und Weiterbildung für (neu berufene) Hochschullehrer/innen sowie Mitarbeiter im wissenschaftlichen Mittelbau und Hochschulmanagement mit darüber entscheiden, ob eine Hochschule durch ihre Recruiting-Maßnahmen renommierte Wissenschaftler gewinnen bzw. an sich binden kann. Die Förderprogramme für neu berufene Hochschullehrer/innen werden bis 2014 prosperieren, weil in dieser Zeit ca. 50-70 % von 37.800 Hochschullehrer/innen-Stellen neu besetzt werden.

Hier entsteht ein steigender Bedarf für das Beratungsformat Coaching an Hochschulen. Externe und zukünftig auch interne Coaches werden mit einer fundierten Feldkompetenz im Hochschulbereich Impulse für Leistungsverbesserungen bewirken. Die innovativen und wettbewerbsstarken Hochschulen[1] haben die Potenziale von innovativen Beratungsformaten im Bereich Marketing/Recruiting bereits entdeckt und planen bzw. setzen vereinzelt Coaching, als eine Säule in Förderprogrammen für neu berufene Hochschullehrer/innen ein.

Erst seit dem Jahr 2006 vermitteln Personalentwickler in der UB und RUB im Rahmen von Förderprogrammen vertraulich externe Coaches an neu berufene Hochschullehrer/innen. Meine Recherchen haben ergeben, dass es bis heute nur wenige Coaching-Netzwerke oder Coaches mit einer expliziten Feldkompetenz für Hochschulen in Deutschland gibt. Auf diese Leerstelle in der Qualifizierungsphase für Hochschul-Coaches reagieren die ersten Coaching-Akademien in Deutschland mit Fortbildungen.[2] Die zentrale Fragestellung meiner Untersuchung war: (1) Sind (neu berufene) Hochschullehrer/innen aus dem Blickwinkel des Wissenschaftsmarketings die zentralen Erfolgs-/Produktionsfaktoren im „Unternehmen Hochschule"? (2) Ist Coaching ein adäquates PE-Instrument für neu berufene Hochschullehrer/innen? (3) Gibt es einen Bedarf am Beratungsformat Coaching für neu berufene Hochschullehrer/innen?

17.2 Marketingwirkung beim Recruiting

Zu den strategischen Aufgaben einer Hochschule gehört auch das Personalmanagement, insbesondere das Recruiting von renommierten Forschern und exzellenten Didaktikern. Neue PE-Instrumente wie Coaching werden zukünftig einen hohen Stellenwert in Hochschulen einnehmen, die durchaus als Standortvorteil generiert werden können. Dies bedeutet, dass sich die Hochschulen als Unternehmen begreifen und entsprechende Strategien entwickeln. Die Freie Universität Berlin (2007 im

---

1 Die Elite-Universität München richtet seit Juli 2007 mit den Geldern der Exzellenzinitiative ein „Center for People-Management" ein.
2 Z. B. Coaching Akademie Hamburg Berlin, www.cahb.de.

Rahmen der Exzellenzinitiative zur Elite-Universität gekürt), die Technische Universität Dresden und die Universität Kassel gehören zu den Hochschulen, die in Deutschland in ihrem Handeln und Denken den Unternehmer-Geist stark entwickelt haben (vgl. *Prognos-Studie* 2007: 20). Doch wie autonom können Hochschulen heute agieren, und ist ihr Spielraum mit denen von Führungskräften in der Wirtschaft vergleichbar? Die Hochschulen sind trotz der Einführung von Globalhaushalten noch weit von einer leistungsorientierten Bewirtschaftung entfernt, u.a. weil sie bis zu 80 % ihres Budgets für Personalkosten aufwenden (ebd.). Zu berücksichtigen ist deshalb, dass Umstrukturierungsmaßnahmen im Wissenschafts- bzw. Hochschulmanagement erst mittelfristig Erfolg zeigen werden.

Eine unternehmerische Hochschule ist nach *Müller-Böling* (2000), Leiter des Centrums für Hochschulentwicklung (CHE), eine „entfesselte Hochschule", die ihr Augenmerk nicht nur auf das Verwalten der Organisation legt, sondern ein effektives Hochschulmanagement entwickelt und strategisch die Zukunft der Hochschule plant. Die Stimmen in Politik, Wissenschaft und Hochschule zum „Unternehmen Hochschule" sind aber ambivalent. Die neue Autonomie[3] der Hochschulen alleine lässt noch kein florierendes „Unternehmen Hochschule" entstehen, entscheidend sind der Strukturwandel, das Wissenschaftsmanagement und -marketing, die Organisationsentwicklung und das Personalmanagement. Eine der wichtigen Fragen wird es sein, ob die Leistungsanreize in Forschung, Lehre und Wissenstransfer ausreichen und ob jede Hochschule neue Wege zur Drittmittelfinanzierung findet, um unabhängiger von staatlichen Zuwendungen zu werden. Die Berufsbilder Wissenschaftsmanager, Wissenschaftsmarketing-Experte und möglicherweise der Hochschul-Coach bieten Expertisen an und könnten den Wandel mitgestalten, damit zukünftig mehr Unternehmergeist und Innovationskraft in die Hochschule einkehren.

17.3 Personalmanagement (PM) als Erfolgsfaktor im Wettbewerb der Hochschulen

Können Wettbewerbe das Wissenssystem Deutschland in Bewegung versetzen? Der Stifterverband der Deutschen Wissenschaft macht sehr variantenreich auf die Schwachpunkte im Hochschulsystem aufmerksam. Im April 2007 krönte er im Rahmen des Förderprogramms „Akademisches Personalmanagement" drei deutsche Universitäten mit jeweils 200.000 Euro. Die drei Gewinner des Wettbewerbs sind die Universität Bremen, die HAWK Hildesheim-Holzminden-Göttingen und die TU

---

3 Seit der Novellierung des Hochschulrahmengesetzes (HRG) von 1998 stehen die deutschen Hochschulen im Prozess der Modernisierung, der letztlich zu mehr Autonomie für die Hochschulen führen soll. Der Handlungsspielraum für Hochschulen wurde seither in zentralen Bereichen erheblich erweitert, mit der Konsequenz, dass die Wettbewerbslage unter den Hochschulen neue Impulse gesetzt hat. Vor dem Hintergrund der veränderten Rahmenbedingungen können nur diejenigen Hochschulen international und national wettbewerbsfähig sein, die ihre Organisationsstrukturen und -prozesse in den entscheidenden Bereichen den stärker marktwirtschaftlich gestalteten gesellschaftlichen Anforderungen anpassen.

Kaiserslautern.[4] Die Intention des Stifterverbandes der deutschen Wissenschaft ist es, ein modernes „Human Ressources Management", wie es in Dienstleistungsunternehmen angewandt wird, auf die Hochschulen zu übertragen. Bisher gibt es strategische PE in der Hochschullandschaft nur in Ansätzen.

Die Umfrage „Akademisches Personalmanagement" arbeitet heraus, dass die Personalmanager an Hochschulen die Frage, ob es möglich ist, deutsche Hochschullehrer/innen zu managen und zu entwickeln, tendenziell mit „Nein" beantworten. Nur wenige Hochschulen sind bereit, mit ihren begrenzten finanziellen Mitteln die für PE notwendigen Gelder zur Verfügung zu stellen. Gut ein Drittel der Hochschulen bieten PE-Maßnahmen an. Aber selbst an diesen Hochschulen erreichen diese Fördermaßnahmen nur einen kleinen Zielgruppenausschnitt. Nur jeder Dritte junge Forscher und jeder fünfte Professor wird laut Stifterverband-Umfrage von Personalentwicklungsmaßnahmen erreicht. Im Durchschnitt nehmen 12 % des wissenschaftlichen Nachwuchses und nur 7 % der neu berufenen Professoren und Juniorprofessoren diese Fördermaßnahmen in Anspruch. Das akademische PM steht vor der Herausforderung, sich von seinem administrativen Selbstverständnis zu lösen und die neuen Aufgaben mit strategischen und steuernden Funktionen umzusetzen.

Zusammenfassend lässt sich sagen: Eine erfolgreiche Positionierungsstrategie an deutschen Hochschulen beinhaltet auch ein strategisches PM. Die Reputation und Leistungsfähigkeit einer Hochschule wird entscheidend davon beeinflusst, wie gut es gelingt, exzellentes Personal (insbesondere neu berufene Hochschullehrer/innen) zu gewinnen, zu fördern und an die Hochschule zu binden. Eine aktuelle Frage, die Personalentwickler heute beschäftigt, ist, ob ein neu berufener Hochschullehrer die Rolle der Führungskraft überhaupt annehmen will und bereit ist, den neuen Identitätsfindungsprozess, der neben den beruflichen auch persönliche Identitätskonzepte berührt, anzugehen. Im Gegensatz zu den Hochschullehrer/innen hätten die Wissenschaftsmanager/innen das Instrument Coaching für die Optimierung des Hochschulmanagements schon entdeckt (vgl. *Schreyögg* 2006).

17.3.1 Ein Beispiel: Personalentwicklung zur Optimierung der Lehrqualität

Kann den Autoren *Kamenz & Wehrle* („Professor Untat") geglaubt werden, wenn sie den Standard der Lehrqualität in Deutschland auf das Niveau eines Drittweltlandes reduzieren? Sie schreiben: „Wir sind die Dritte Welt der Hochschuldidaktik" (*Kamenz, & Wehrle* 2007: 87). Hochschuldidaktische Weiterbildungsangebote für die Verbesserung der Lehrqualität sind in vielen Bundesländern zur Rarität geworden. Viele Hochschuldidaktische Zentren/Arbeitsstellen (z.B. Bielefeld in 2005) sind aufgelöst; insbesondere in den neuen Bundesländern ist das Angebot nicht flächendeckend. Baden-Württemberg, Nordhein-Westfalen und der Nachzügler Bayern sind zur Zeit Vorreiter im Ausbau ihrer hochschuldidaktischen Weiterbildungs- und Beratungsangebote. Besonders aktive Hochschuldidaktische Zentren gibt es an der

---

4 Stifterverband der Deutschen Wissenschaft (2007b). Pressemitteilung, Akademisches Personalmanagement.   www.akademisches-personalmanagement.de/cms/front_content.php?idcat=2, Zugriff am 05.07.2007.

Universitäten Dortmund, der Universität Hamburg, die hochschuldidaktischen Verbünde für Universitäten und Fachhochschulen in Baden-Württemberg und der TU München. Wird das PM/die PE hier Aufgaben übernehmen? Förderprogramme für neu berufene Hochschullehrer/innen, die in der PE entwickelt werden, könnten helfen, werden bisher aber nach einer Stifterverband-Umfrage (2006) mit durchschnittlich 80.000 Euro Jahresbudget ausgestattet. Die Grenzen der Optimierung von Organisationsprozessen werden hier schnell deutlich.

17.3.2 Arbeitssituation für neu berufene Hochschullehrer/innen

Die Arbeitssituation von (neu berufenen) Hochschullehrer/innen an Hochschulen ist gekennzeichnet von Konkurrenz, Angst, Individualisierung und Abwertung und ist oft nur an der eigenen Profilierung orientiert. In dieser Kultur ist es kaum möglich, eine Atmosphäre der Wertschätzung, der Motivation und des Vertrauens zu schaffen. Ausnahmen sind hier die Reformuniversitäten bzw. Universitäten, die im Rahmen der Exzellenzinitiative eine neue finanzielle Ausstattung erhalten. Neu berufene Hochschullehrer/innen leiden an Vereinsamung, und die Hochschulstrukturen fördern arbeitssüchtiges Verhalten.[1]

Rollen- und Identitätskonflikte von neu berufenen Hochschullehrer/innen
Neu berufene Hochschullehrer/innen stürzen nach ihrer Berufung in eine Rollenvielfalt. Sie sind Forscher, Lehrende, Manager, Moderatoren, Gremienarbeiter, Führungskräfte, Betreuer, Dekane usw. In diesen vielfältigen Rollen und Identitäten können sich neu berufene Professoren schnell verlieren. Sie kommen aus einer Kultur des Geführtwerdens – als Promovend, als Habilitierter und stehen jetzt als Führungskraft im Positionierungskampf um Reputation, Drittmittel und Anerkennung als Forscher. Die Managementkompetenzen standen nur selten als Qualifizierung oder Weiterbildung auf ihrer Agenda. Diese Rollen- und Identitätskonflikte sind in Fachkreisen durchaus diskutiert worden. So denken die Experten einerseits in Richtung Teaching-Professuren, Research-Professuren sowie Professoren, die sich für Managementfunktionen entscheiden, um diese Rollenvielfalt aufzulösen. Das Selbstbild einer neu berufenen Hochschullehrer/in lässt sich nur langsam transformieren. Wenn für neu berufene Hochschullehrer/innen keine wirksamen Förderprogramme entwickelt werden, dann ist davon auszugehen, dass sie noch einige Jahre brauchen, um die Rolle der Führungskraft wirklich zu verkörpern und mit Präsenz zu füllen.

17.4 Das PE-Instrument Coaching

Hinter dem PE-Instrument „Coaching" verbergen sich unterschiedliche Settings, wie z. B. individuelles Coaching, Team-Coaching oder kollegiales Coaching. Industrie- und Dienstleistungsunternehmen setzen das exklusive und zumeist individuelle Beratungsformat Coaching für die unterschiedlichsten Anlässe, Zielvorgaben und Zielgruppen ein. In den USA setzen Unternehmen seit den 80er Jahren auf Coaching-Maßnahmen für Führungskräfte. Die Geburtsstunde des heutigen Coaching war das Vorgesetzten-Coaching in den USA, das damals sehr nahe am heutigen Mentoring orientiert war. Ziel war es, die Nachwuchsführungskräfte optimal auszubilden und das Wissen auf die nächste Führungskräftegeneration zu übertragen.

Die deutschen Hochschulen setzen das Beratungsformat Coaching für wissenschaftliche Führungskräfte und Führungskräfte mit Managementaufgaben erst in wenigen Einzelfällen ein. Allerdings gibt es einige Coaching-Förderprogramme für neu berufene Hochschullehrer/innen. Denn die neu berufenen Hochschullehrer/innen sind Profilträger der Hochschulen. Sie agieren in einem kollegialen Netzwerk und vermarkten im Idealfall erfolgreich das Profil ihrer Hochschule. Zwei innovative Coaching-Konzepte von Hochschulen, der RUB und der UB, zur Förderung von neu berufenen Hochschullehrer/innen werden im Folgenden dargestellt und bewertet.

17.4.1 Ruhr-Universität Bochum (RUB) – angebotsorientiertes Coaching-Programm

Die RUB hat bewusst eine aktive PE im Bereich des PMs implementiert. Die RUB ist u.a. auch als Gewinner des Welcome-Centers-Wettbewerbs für weltoffene Universitäten in Deutschland hervorgegangen. Der Wettbewerb wurde von der Alexander von Humboldt-Stiftung, der Deutschen Telekom Stiftung und dem Stifterverband der Deutschen Wissenschaft im Frühjahr 2006 ausgerichtet und ist mit 125.000 € ausgeschrieben. Die RUB brillierte hier mit ihrem Engagement für die Betreuung von Forschern. Das Förderprogramm METIS „Coaching und Teamentwicklung für wissenschaftliche Führungskräfte an der Ruhr-Universität Bochum" wurde an die Zielgruppe der wissenschaftlichen Führungskräfte, insbesondere der neu berufenen Hochschullehrer/innen gerichtet. Die Personalentwickler waren positiv überrascht. Die allgemeine skeptische Haltung gegenüber PE-Maßnahmen für Hochschullehrer/innen schien durch das exklusive Coaching-Angebot aufgehoben.

Die PE veröffentlichte intern das Coaching-Förderprogramm (METIS). In einem Vorgespräch wurde mit den wissenschaftlichen Führungskräften geklärt, ob ihr Anliegen mit dem Beratungsformat Coaching zu bearbeiten ist oder ein anderes Beratungsformat bzw. eine Fachberatung passgenauer wäre. Dann erfolgte in Absprache mit dem neu berufenen Professor die themenspezifische Vermittlung an einen externen Coach. Im nächsten Schritt entstand ein Dreieckskontrakt (PE – Professor – externer Coach). Die Coaching-Anfrage, das Anliegen, Inhalte und das am Ende geführte Interview blieben anonym und wurden vertraulich behandelt. Der Coach war in keiner Weise fallbezogen berichtspflichtig. Das Coaching-Förderprogramm umfasste fünf Sitzungen. Die neu berufenen Professoren formulieren Auftrag und Ziel der Coachings in einer 1:1 Situation an einem selbst bestimmten Ort. Der Coach gab allgemeine Rückmeldung über den Coachingprozess an die PE, die Inhalte wurden ebenso absolut vertraulich behandelt. Der gecoachte Professor stellte sich der PE für ein Interview zur Verfügung (vgl. *Reinhardt* 2006).

17.4.2 Universität Bremen (UB) – bedarfsorientiertes Coaching-Programm

Die UB setzt seit 1996 auf eine systemische PE. Die Förderprogramme und Maß-nahmen basieren auf dem von universitären Leitzielen getragenen PE-Konzept. Auf der Agenda steht eine systematische Führungskräfteentwicklung, die eine langfristig angelegte Nachwuchsförderung und Mitarbeiter-Vorgesetztengespräche beinhaltet.

Im Jahr 2006 machte die UB mit einem PE-Förderprogramm „Begleitung und Förderung neu berufener Professorinnen und Professoren" öffentlich auf sich auf-merksam. Sie überzeugte mit ihrem Modellprogramm die Jury des Stifterverbandes der Deutschen Wissenschaft und gewann mit diesem Best Practice Modell 200.000 €. Der Ausgangspunkt der UB ist, neu berufene Professoren in ihrer neuen Rolle als verantwortlich Lehrende und Forschende in der Universität Bremen zu unterstützen. Wissenschaftliche Führungskräfte müssen heute über Organisationsstrukturen und -wissen verfügen. Sie benötigen u.a. soziale und kommunikative Kompetenzen. Ohne ein gekonntes Moderieren von Sitzungen wie auch das Vermitteln zwischen unterschiedlichen Interessen und Wertvorstellungen können die Leitungs- und Ko-ordinationsaufgaben nicht angemessen erfüllt werden. Die neu berufenen Professo-ren müssen Ziele, Kulturen, aber auch den Umgang mit „Spielregeln" in der Univer-sität kennen lernen. Nur so haben sie gute Voraussetzungen, sich durch persönliche Leistungen in Forschung und Lehre zu profilieren und zu positionieren. Mit Mento-ring und Coaching, Beratung, Qualifizierung, Information und Vernetzung werden die neu berufenen Professoren an der Universität Bremen gezielt unterstützt. Das Förderprogramm steht auf vier Säulen: (1) Mentoring, (2) Coaching, (3) Workshops/Seminare und (4) Vernetzung. Insbesondere von den Beratungsformaten Mentoring und Coaching erhofft sich die UB neue Impulse, bezogen auf die Identi-fikation und den Profilierungsprozess der neu berufenen Professoren.

17.5 Evaluation und Vergleich der Förderprogramme

Coaching ist nach meiner Auffassung ein wichtiges PE-Instrument und kann die Hochschulentwicklung positiv beeinflussen. Eine erfolgreiche Hochschulentwick-lung wird in den nächsten Jahren davon abhängen, ob die neu berufenen Hochschul-lehrer/innen sich selbst als Führungskräfte definieren werden und diese Rolle in ihr Selbstbild integrieren können. Die UB und die RUB haben die ersten Schritte mit ihren Förderprogrammen für neu berufene Professoren gestartet. Coaching ist mit seiner individuellen Ausrichtung ein kostenintensives, aber effektives PE-Instrument und für die Zielgruppe der „Hoffnungsträger", die sich im Übergang zur Führungs-kraft befindet, ein viel versprechendes Beratungsformat. Im Detail: Die RUB hat ein angebotsorientiertes bzw. intuitives Vorgehen gewählt und hat damit erfolgreich gepunktet. Die UB hat die bessere Verankerung, verfolgt einen Ansatz, der in der Organisationsentwicklung gründet, und hat komplexere Förderung durch Wettbe-werbe. Bei der Finanzierung und den Zielgruppen liegen die Universitäten gleichauf.

17.5.1 Expertenstimmen zum Coaching für neu berufene Hochschullehrer/innen

Meine Literaturrecherche zur Quellenlage ergab, dass zum Thema „Coaching für neu berufene Hochschullehrer/innen" bis Juli 2007 nur Anthologien von *Reinhardt, Kerbst, Dorando* (2006) und Zeitschriftenbeiträge von *Hammerl* (2006), *Klinkhammer* (2006) und *Mehrtens* (2006) existieren. Deshalb war die Expertise von Experten[5] gefragt, die ich hier in einer gekürzten Form vorstelle.

Experte 1: Geschäftsführer eines Coaching-Ausbildungsinstituts
Er sieht kein neues Berufsbild Hochschullehrer/innen-Coach am Firmament der neuen Hochschulprofessionen auftauchen. Das „Unternehmen Hochschule" ist aus seiner Sicht zu begrüßen. Aber zu den innovativen Unternehmen (z. B. Automobil-, Pharma, Solarindustrie) werde die Institution Hochschule aus seiner Sicht nie gehören und somit auch nicht den Trend in modernen Beratungsformaten setzen können.

Expertin 2: Selbständige Beraterin von Hochschul- und Wissenschaftseinrichtungen, Mitbegründerin eines Coachingnetzwerks Wissenschaft
Sie sieht einen Bedarf für Coaching von neu berufenen Hochschullehrer/innen. Die drei Säulen Personalplanung, PE und Personalgewinnung seien essentiell, um die neuen Anforderungen, die das Unternehmen Hochschule entfalten werde, zu meistern. Mit einem Berufsbild Hochschul-Coach rechnet sie in naher Zukunft nicht.

Experte 3: Berater und Autor aus dem Wissenschaftsmarketing und -management
Er findet, Coaching unterstütze den Profilträger Hochschullehrer/innen und kann von Hochschulen beim Rekrutieren von exzellenten Wissenschaftlern als Marketingargument vorgetragen werden. Eine grundlegende Bedarfserhebung des PE-Instruments Coaching sei die Voraussetzung für einen Erfolg. Ein neues Berufsbild Hochschul-Coach werde nur begrenzt entstehen. Im Rahmen der neuen Hochschulprofessionen entstehe aber das Berufsbild des Wissenschaftsmanagers.

Experte 4: Berater auf Hochschulverbandsebene
Hochschullehrer/innen sollen für den Experten 4 besser auf ihre Führungsaufgaben im Rahmen ihrer Qualifikationsphase vorbereitet werden, damit auf die Nachbesserung durch das teure PE-Instrument Coaching verzichtet werden kann. Er weist auf einen Widerspruch hin: einerseits lebe das Wissenschaftssystem von einer gesunden Fluktuation. Andererseits profilierten sich Hochschulen mit Coaching im Wettstreit um die besten Köpfe und wünschten sich von den neu berufenen Hochschullehrer/innen eine hohe Verbindlichkeit und Identifikation mit ihrer Hochschule.

---

5 Experte 1: Geschäftsführer eines Coaching-Ausbildungsinstituts; Expertin 2: Selbständige Beraterin von Hochschul- und Wissenschaftseinrichtungen, Mitbegründerin eines Coachingnetzwerks Wissenschaft; Experte 3: Berater und Autor aus dem Wissenschaftsmarketing und –management; Experte 4: Berater auf Hochschulverbandsebene; Expertin 5: Autorin zum Thema neu berufene Professoren.

Expertin 5: Autorin zum Thema neu berufene Professoren

Die moderne PE an Hochschulen stellt für die Expertin 5 einen entscheidenden Wettbewerbsvorteil für die Hochschule dar, insbesondere das Recruiting von exzellenten Wissenschaftlern. Die Aufwertung des PM werde die Möglichkeiten und den Etat der Personalentwickler in den nächsten Jahren erweitern.

17.5.2 Bewertung und Analyse der fünf Expertengespräche

Vier von fünf Experten kennen die Förderprogramme für neu berufene Hochschullehrer/innen der RUB und der UB und halten die Ansätze für Trendsetter im PM an Hochschulen. Alle Experten können heute einen steigenden Bedarf von Beratungsleistungen wie Coaching von neu berufenen Hochschullehrer/innenn ausmachen. Coaching ist als ein Instrument der PE sowie des Wissenschaftsmarketing zu betrachten. Coaching wird von neu berufenen Hochschullehrer/innen als exklusives und attraktives Beratungsformat wahrgenommen. Deutlich machen die Experten auch, dass Hochschullehrer/innen Führungskräfte sind, die als Profilträger Unterstützung brauchen, um die vielfältigen Aufgaben erfolgreich zu realisieren.

Das „Unternehmen Hochschule" wird von allen Experten begrüßt. Die wissenschaftspolitischen Vorgaben, die zumeist vom Bolognaprozess abgeleitet sind, und der aufkommende internationale Wettbewerb bestärken die Experten in ihrer Einschätzung. Die Reform der Hochschule läuft, es bleibt aber abzuwarten, inwiefern die Hochschulen sich in Einrichtungen mit Unternehmensstatus verwandeln können. Es gibt Best Practice Modelle in den USA und England, doch dass diese Hochschulstrukturen nicht 1:1 auf die deutsche Hochschullandschaft zu übertragen sind, scheint allen Akteuren im Wissenschaftssystem einzuleuchten. Hochschulen werden nicht wie Automobilunternehmen geführt werden können.

Die Experten positionieren sich unterschiedlich zur Hochschulprofession Hochschul-Coach am Wissenschaftsmarkt. Erstens gibt es im Coaching unterschiedliche Auffassungen, ob Feldwissen als förderlich oder hinderlich für den Coachingverlauf zu bewerten ist. Vier Experten sehen in der Feldkompetenz eine wichtige Schlüsselqualifikation, um neu berufene Hochschullehrer/innen erfolgreich coachen zu können. Mir wurde aber auch von erfolgreichen Coaching-Verläufen mit externen Coaches aus der Wirtschaft berichtet, die keine Feldkompetenz aufweisen konnten.

Im Rahmen der Organisationsentwicklung verweisen einige Experten auf eine solide Bedarfserhebung des PE-Instruments Coaching, damit der Zielrahmen und eine Evaluation möglich sind. Coaching ist ein Marketingargument, und es hat sich gezeigt, dass die innovativen Hochschulen Förderprogramme mit Coaching-Anteilen für neu berufene Hochschullehrer/innen implementieren, um exzellente Wissenschaftler für sich zu gewinnen, die wiederum als Profilträger in die Zielgruppensegmente bzw. die Öffentlichkeit ausstrahlen.

17.6 Ausblick

Die neu berufenen Hochschullehrer/innen sind die Wissensträger und -vermittler in der Expertenorganisation Hochschule und benötigen Qualifikationen, um sich selbst und die Hochschulen in einem internationalen Bildungsmarkt erfolgreich zu positionieren. *Kamenz & Wehrle* (2007: 263) schreiben: „Der erste Schlüssel für unsere Zukunft, die Innovation, liegt also in der Hand der Professoren." Die neu berufenen Hochschullehrer/innen sind klassische Kunden des Coachings, und die ersten Erfahrungen mit Coaching an der UB und der RUB zeigen, dass Coaching sich zu einem Erfolgsmodell für die Führungskraft Hochschullehrer/innen entwickeln kann. Dafür, dass es ein Trendthema ist, spricht insbesondere der Generationswechsel der Hochschullehrer/innen an deutschen Hochschulen, der bis 2014 ca. 18.900-22.700 (der 37.800 Hochschullehrer/innenstellen) Neubesetzungen an deutschen Lehrstühlen auslösen wird. Die neu berufenen Hochschullehrer/innen finden bei ihrem Einstieg eine andere Marktsituation vor als ihre Vorgängergeneration in den 1970er Jahren. Die politischen Akteure wünschen sich von ihnen, dass sie Antworten und Strategien für einen erfolgreichen Wettbewerb am Hochschulmarkt finden und umsetzen. Dazu ist es notwendig, ihre Kompetenz als Führungskraft durch entsprechende Förderung und Begleitung zu entwickeln und zu stärken.

Die Personalentwickler sehen im Zuge der Neubesetzung von Hochschullehrer/innenstellen die Chance und die Notwendigkeit, die Neuberufenen mit exzellenten Einstiegs-Förderprogrammen zu empfangen. Die ersten Erfolge mit Coaching-Programmen bzw. Coaching als Aspekt eines Förderprogramms verbuchten die UB und die RUB. Der Bedarf am Beratungsformat Coaching wird nach Einschätzung der befragten Experten bis 2014 deutlich steigen. Das Berufsbild Hochschul-Coach ist heute erst in begrenztem Umfang auszumachen, doch vier Aspekte einer zunehmenden Professionalisierung versprechen einen ansteigenden Bedarf für das Coaching von neu berufenen Hochschullehrer/innen und Wissenschaftsmanager/innen:

- Professionalisierung der Wissenschaftler, insbesondere der neu berufenen Hochschullehrer/innen
- Professionalisierung der Hochschule insgesamt durch stärkere Stützung des Handelns auf systematische Information
- Professionalisierung der Hochschulleitungen
- Expansion und Höherqualifizierung der Hochschulprofessionen

Die von mir vorgenommene Untersuchung diagnostiziert eindeutig einen Coaching-Bedarf für neu berufene Hochschullehrer/innen. Coaching-Förderprogramme oder kombinierte Einstiegs-Förderprogramme mit Coaching-Anteilen sind an allen innovativen deutschen Hochschulen heute schon in der Planung- bzw. Umsetzungsphase. Die Analyse der Expertengespräche zeigt, dass der Hochschul-Coach sich in nächster Zukunft nicht als eigenständiges Berufsbild etablieren wird. Ich denke, dass sich das Berufsbild Hochschul-Coach als Spezialisierung in das Berufsbild Coach einordnen wird. Ferner werden die etablierten Coaches das Segment „Unternehmen Hochschule" in den nächsten Jahren mit bedienen. Die notwendigen Kompetenzen werden durch Qualifizierungs- und Weiterbildungsmaßnahmen abgedeckt werden.

Es wird aber Qualifizierungsmaßnahmen für Coaches geben, die sich Hochschul-Feldkompetenz aneignen wollen. Die „Coaching Akademie Hamburg Berlin" (vgl. ihr Programm 2007/08: 5) reagiert als erste Coaching-Akademie mit einem Themenabend „Coaching an Hochschulen" im April 2008 auf den steigenden Bedarf an Hochschul-Coaches. Letztlich steht es an, den neu berufenen Hochschullehrer/innen ein Qualifizierungsprogramm mit auf den Weg zu geben, in dem Didaktik, Kommunikations-, Management- und Vernetzungs-Tools, Coaching, Mentoring sowie Wissenschaftsmarketing enthalten sind. Dieses Qualifizierungspaket oder Einstiegs-Förderprogramm sollte das Potenzial haben, neu berufene Hochschullehrer/innen zu Profilträgern und professionellen Führungskräften heran zu bilden.

Nach den Experten-Interviews und meiner Literaturrecherche komme ich abschließend zu der Bewertung, dass Coaching für neu berufene Hochschullehrer/innen ein wertvolles, d. h. ein leicht einsetzbares, individuelles und für die PE der Hochschulen finanzierbares Beratungsformat darstellt. So lässt sich als Ergebnis festhalten: Es gibt einen Bedarf für Coaching für neu berufene Hochschullehrer/innen, der bis 2014 deutlich zunehmen wird. Das „Unternehmen Hochschule" ist in den nächsten Jahren auf eine leistungsfördernde PE angewiesen. Coaching sollte nicht als Geschenk an neu berufene Hochschullehrer/innen verstanden werden, sondern als Investition in Profilträger von morgen. Die UB und RUB haben als Trendsetter die ersten Förderprogramme dazu vorgelegt. Ich bin der Überzeugung, dass in naher Zukunft hochschulspezifische Konzepte für Einstiegs-Förderprogramme mit individuellen Methodenkombinationen erarbeitet und umgesetzt werden.

Literatur

Buchinger, K., Klinkhammer, M. (2007). *Coaching, Supervision, Organisationsberatung. Grenzen – Nachbarschaften – Professionalität.* Stuttgart: Kohlhammer.

Buer, F. (2007). Coaching, Supervision und die vielen anderen Formate. In: A. Schreyögg, C.J. Schmidt-Lellek (Hrsg.), a.a.O., S. 117-136.

Dany, S. (2007). *Start in die Lehre. Qualifizierung von Lehrenden für den Hochschulalltag.* Reihe: Bildung – Hochschule – Innovation, Dissertation. Berlin: Lit Verlag.

Elvers, B. (2006). Führungskulturen an Universitäten: Feedbackinstrumente als Schlüssel zur Personalentwicklung. *OSC* 13 (4), 343-354.

Fallner, H., Pohl, M. (2001). *Coaching mit System. Die Kunst nachhaltiger Beratung.* Opladen: Leske + Budrich.

Goleman, D. (1996). *Emotionale Intelligenz.* München, Wien: Carl Hanser.

Hammerl, M. (2006). Neu auf dem Lehrstuhl. Hochschullehrer/innen als Führungskraft. *OSC* 13 (3), 217-227.

Hochschulrahmengesetz (1999). Fassung der Bekanntmachung vom 19. Januar 1999 (BGBl. I S. 18), zuletzt geändert durch Art. 2 des Gesetzes vom 12. April 2007 (BGBl. I S. 506).

Hubrath, M., Jantzen, F., Mehrtens, M (Hrsg.) (2006). *Personalentwicklung in den Wissenschaften.* Bielefeld: UVW Universitätsverlag Wehler.

Kamenz, U., Wehrle, M. (2007). *Professor Untat. Was faul ist hinter den Hochschulkulissen.* Berlin: Econ/Ullstein.

Klinkhammer, M. (2004). *Supervision und Coaching für Wissenschaftlerinnen. Theoretische, empirische und handlungsspezifische Aspekte* (Dissertation). Wiesbaden: VS Verlag.

Klinkhammer, M. (2006a). Brauchen Wissenschaftler/innen (k)eine Beratung? Supervision und Coaching für Wissenschaftler/innen. *Personal- und Organisationsentwicklung*, 2: 34-39.

Klinkhammer, M. (2006b). Supervision und Coaching im Hochschul- und Forschungsbereich: Beschreibung eines Beratungsformates. *Personal- und Organisationsentwicklung*, 4: 89-93.

Klinkhammer, M. (2007). Supervision und Coaching im Kontext der Hochschullehre. In: B. Behrend, , H.-P.Voss, J. Wildt (Hrsg.), *Neues Handbuch Hochschullehre*. Berlin: Raabe.

Mehrtens, M. (2006). *Personalentwicklung für Juniorprofessoren. Ein Beitrag zur individuellen Förderung und aktiven Hochschulentwicklung.* In: M. Hubrath et al. (Hrsg.), a.a.O., S. 89-98.

Mehrtens, M. (2006a). Begleitung und Förderung neu berufener Professor/innen in der Universität Bremen. *Personal- und Organisationsentwicklung* 3, 69-72.

Meka, R., Jochmann, J. (2006). Was können Hochschulen von Unternehmen lernen? In: Stifterverband für die Deutsche Wissenschaft (Hrsg.), a.a.O., S. 10-15.

Müller-Böling, D. (2000). *Die entfesselte Hochschule*. Gütersloh: Bertelsmann Stiftung.

Prognos-Studie (2007). *Unternehmen Hochschule*. Basel: Prognos AG.

Reinhardt, C. (2006). *Coaching und Beratung an Hochschulen*. Bielefeld: UVW Universitätsverlag Wehler.

Schmidt, B. (2007). Die strukturelle Basis der Personalentwicklung, *Hochschulwesen* 2.

Schreyögg, A. (2006). Die Bedeutung von Coaching für die Identitätsentwicklung von Führungskräften. *OSC* 13 (2), 127-138.

Schreyögg, A., Schmidt-Lellek, C.J. (Hrsg.) (2007). *Konzepte des Coaching*. OSC Sonderheft 1. Wiesbaden: VS Verlag.

Stifterverband für die Deutsche Wissenschaft (Hrsg.) (2006). *Akademisches Personalmanagement*. Essen: Edition Stifterverband.

Stifterverband der Deutschen Wissenschaft (2007b). *Pressemitteilung, Akademisches Personalmanagement.* www.akademisches-personalmanagement.de/cms/front_content.php?idcat=2, Zugriff am 05.07.2007.

Stifterverband für die Deutsche Wissenschaft (Hrsg) (2008). Leitlinien für eine deregulierte Hochschule – Kodex guter Führung. Essen: Edition Stifterverband.

Szczyrba, B., Wildt, J., Wildt, B. (2006). Promotionscoaching. Eine Weiterbildung in einem neuen Beratungsformat. In: J. Wildt, B. Szczyrba, B. Wildt (Hrsg.), *Consulting, Coaching, Supervision. Eine Einführung in Formate und Verfahren hochschuldidaktischer Beratung* (S. 117-131). Bielefeld: wbv.

Webler, W.-D., Otto, H.-U. (1991). *Der Ort der Lehre in der Hochschule – Lehrleistungen, Prestige und Hochschulwettbewerb*. Blickpunkt Hochschuldidaktik Bd.90, AHD. Weinheim: Deutscher Studienverlag.

Wildt, J. (2006). Formate und Verfahren in der Hochschuldidaktik. In: J. Wildt, B. Szczyrba, B. Wildt (Hrsg.), *Consulting, Coaching, Supervision. Eine Einführung in Formate und Verfahren hochschuldidaktischer Beratung* (S. 12-39). Bielefeld: wbv.

Winde, M. (2006). Stiefkind Personalmanagement. Ergebnisse einer Stifterverband-Umfrage. In: Stifterverband für die Deutsche Wissenschaft (Hrsg.), a.a.O., S. 5-9.

18. Kapitel

Die letzten hundert Tage

Bertram Wolf

Zusammenfassung: Während Coaching von neu ernannten Führungskräften oft in Anspruch genommen wird, um neue Aufgaben mit professioneller Unterstützung besser bewältigen zu können, so geht es in diesem Beitrag um die letzten hundert Tage in einer Organisation. Der Autor beschreibt sein persönliches Erleben, wie er den Prozess des Abschiednehmens und das innere Loslassen von seiner Position als Geschäftsführer mit Hilfe eines Coachs bewältigt hat. Dazu gehört die emotionale und reflektierende Verarbeitung des in der Organisation Erfahrenen – die Höhen und Tiefen, die Erfolge und Kränkungen, die Widersprüche und Spannungen und vielleicht auch manche ungelöste Konflikte. Eine solche Verarbeitung kann sich als äußerst nützlich erweisen, um dann für neue Aufgaben gut gerüstet zu sein. Der Autor plädiert dafür, dass das Abschiednehmen auch im Coaching als Thema wahrgenommen wird und dass Coaches es gezielt aufgreifen.

> „Mit Leuten, die nicht aufhören können, ist nichts anzufangen"
> (*Wirtschaftsmagazin „brand eins"*)

Grundlage dieser Arbeit ist ein Tagebuch, das ich während der letzten hundert Tage meiner Geschäftsführung im Zukunftszentrum geschrieben habe. Das Tagebuch habe ich so strukturiert, dass ich auf der rechten Seite die sachlichen Notizen und auf der linken Seite die emotionalen Auswirkungen notiert habe. So war es mir relativ gut möglich, Aktionen und Reaktionen für mich gut sichtbar zu machen. Am Anfang dieser Arbeit steht eine kurze Rahmenbeschreibung, es folgen die mir relevanten Kapitel mit kurzen Reflexionssplittern, und am Ende steht meine Reflexion über das Coaching.

18.1 Die Ausgangssituation

Der Auftrag vor fünf Jahren

Ein Zukunftszentrum soll aufgebaut werden, das sich mit den neuen Arbeits- und Lebenswelten auseinandersetzt. Das Zukunftszentrum soll Ideenschleuder und Umsetzungsmaschine zugleich sein, die heute eine Idee gebiert und sie morgen umsetzt. Das ist, überspitzt formuliert, die politische Vorstellung. So unklar der Auftrag ist, so vielfältig sind die Ideen und so groß ist die politische Erwartungshaltung des Haupteigentümers.

Der Gründer, Haupteigentümervertreter und Aufsichtsratsvorsitzender des Zukunftszentrums (im Text nur Aufsichtsratsvorsitzender), ist ein mächtiger Landes- und Arbeitnehmerinteressenspolitiker, involviert in vielerlei partei- und interessenspolitischen Spannungsfeldern und Auseinandersetzungen, ideenreich und sprunghaft in seinen dynamischen Zielvorgaben. Die Eigentümer (Interessensvertretung der Arbeitnehmenden, Land und Stadt) stellt pro Jahr zwei Millionen Euro zur Verfügung. Moderne Räume werden um viele Millionen Euro errichtet, die für die politischen Parteien und politiknahen Institutionen ein breites Kritikfeld ergeben.

Mein Auftrag als Geschäftsführer lautet, innerhalb von fünf Jahren das Zukunftszentrum für neue Arbeits- und Lebenswelten mit konkreten Inhalten zu füllen, eine Struktur aufzubauen, es öffentlich bekannt zu machen, politisch außer Streit zu stellen, mit internationalen Institutionen zu vernetzen und permanent Neues zu kreieren. Die Aufgabe ist zwar zum einen äußerst verlockend, weil die diffusen Inhalte viele Gestaltungsmöglichkeiten eröffnen; zum anderen ist der Auftrag, ein Zukunftszentrum für „Neue Arbeits- und Lebenswelten" aufzubauen, so gut wie unerfüllbar, weil die Zielsetzung völlig unklar ist und beliebige Interpretationen zulässt. Die inhaltliche Fokussierung und eine konkrete Zielsetzung ist für mich als Geschäftsführer für die Umsetzung absolut notwendig, für den politischen Eigentümer aber eine Einengung des gestellten Auftrags. In diesem Spannungsfeld stehen meine Mitarbeitenden, die Institution und ich in den fünf Aufbaujahren.

Das Zukunftszentrum nach fünf Jahren

Nach fünf Jahren ist das Zukunftszentrum öffentlich als Institution für soziale Innovationen über die Grenzen hinaus bekannt – wenn auch nur in einschlägigen Kreisen. Das Zentrum hat in Kooperation eine wissenschaftlich fundierte, innovative Arbeits- und Wirtschaftsforschung aufgebaut. Es wurden Methoden mit Universitäten entwickelt und Projekte in folgenden Themenfeldern umgesetzt: Neuorientierung am Arbeitsmarkt, Laufbahnberatung, Vereinbarkeit von Familie und Beruf, kreatives Handwerk, Open Source. Vorträge und Tagungen zu den Themenfeldern fanden mit international bekannten Persönlichkeiten statt. Teile der Politik goutieren die Arbeit, andere lehnen sie ab, um politisches Kapital zu schlagen und auch berechtigte Kritik anzubringen. Soweit der Rahmen und die inhaltliche Entwicklung der Institution nach fünf Jahren.

Die Pionierphase ist vorbei, der Aufsichtsratsvorsitzende und der Geschäftsführer ziehen in verschiedene Richtungen. Nichts geht mehr. Der Aufsichtsratsvorsitzende möchte für die Zukunft ein noch breiteres Themenfeld im Zukunftszentrum verwirklicht sehen, und ich als Geschäftsführer möchte die geschaffene Basis stabilisieren, die erfolgreichen Projekte bündeln und klare, realisierbare Ziele vereinbaren. Die Auffassungen über die strategische Ausrichtung zwischen Aufsichtsratsvorsitzenden und mir als Geschäftsführer sind unüberwindbar, und ich entschließe mich zu gehen. Am Ende der fünf Jahre bin ich aufgerieben zwischen den inhaltlichen Herausforderungen, dem Aufbau der Struktur, der Führung der Mitarbeitenden, den politischen Spannungsfeldern, den medialen Verzerrungen, den dynamischen Zielen des Aufsichtsratsvorsitzenden und den daraus resultierenden Konflikten.

18.2 Die letzten hundert Tage

Der Anfang vom Ende

Die Gespräche zwischen Aufsichtsratsvorsitzendem und Geschäftsführer sind beendet, die Vorstellungen gehen zu weit auseinander und sind unüberbrückbar. Das Ende wird mit dem 31.12.2007 mündlich vereinbart – bis dahin sind es noch etwa hundert Tage. Zwei Wochen später wird die mündliche Vereinbarung schriftlich mit den Eigentümern fixiert – ein Akt, der weit über die Unterzeichnung eines Stücks Papier hinausgeht. Ich gehe zwar freiwillig, und doch habe ich auch das Gefühl, gehen zu müssen, weil mein vorgeschlagener Weg nicht akzeptiert wird. Das ist ein innerer, schwerwiegender Konflikt. Die Unterschrift löst eine erste emotionale Welle aus und lässt den Abschied Wirklichkeit werden. Die Emotionen pendeln zwischen Erleichterung und Angst, zwischen Wut und Ohnmacht, zwischen Kampf und „Wurstigkeit". Herzklopfen, Magenkrämpfe, Brustkorbschmerzen, Schlaflosigkeit, Niedergeschlagenheit, Müdigkeit und andere psychosomatische Reaktionen machen sich breit. Sie markieren den Anfang vom Ende.

Die letzten 100 Tage spiegeln verdichtet die Konflikte der vergangenen fünf Jahre wieder und zeigen auf, wie ich mich mit meiner Tätigkeit identifiziert habe und nun das Herz blutet; wie schwer ich mich tue loszulassen; wie viele psychosomatische Störungen aufkommen; wie viele Abschiede zu bewältigen sind und wie sehr das Pendel zwischen fassen und lassen schwingt.

Das Chaos im Kopf

Jetzt kommen die Fragen: Was habe ich falsch gemacht? Was bleibt, was kann ich noch retten? Was passiert mit den Mitarbeitenden, mit den Projekten, mit den Partner/innen? Was wird die neue Geschäftsführung daraus machen? Was ist am Tag danach? Die Unsicherheit ist der maßgebliche Faktor – so wie all die Jahre zuvor Unsicherheit und Ungewissheit im Zukunftszentrum das Thema schlechthin waren, nach innen wie nach außen. Ich spüre den Kontrollverlust und er lähmt mich.

Zum ersten Mal wird mir richtig bewusst, dass ich alles loslassen muss, und gleichzeitig wird der innere Druck immer größer, alles festhalten zu wollen. So als gebe es auf dieser Welt etwas Ewiges, wohin ich das Gemachte retten könnte. Meine ganze Identifikation war über Jahre das Zukunftszentrum, der Mittelpunkt, der auch die Familie zurückstellte und beeinflusste. Und jetzt, wer bin ich dann?

Zum ersten Mal wird mir auch richtig bewusst – so paradox das nach fünf Jahren klingen mag –, welche Machtfülle die Funktion ermöglichte (Budget, Personal, Inhalt, Öffentlichkeit usw.) und wie alle Macht am Tag X erloschen sein wird. Dass diese Macht eine geliehene ist, eben eine auf Zeit und auf die Funktion hin zentrierte, war zuvor nie ein Thema. Und so wird die Macht zur Ohnmacht. Im Körper macht sich eine unendliche Müdigkeit breit. War alles vergeblich? Angst kommt empor. War das alles eine Scheinwelt, eine Projektion? Wofür war der Einsatz, der totale Einsatz, um jetzt vor dem Nichts zu stehen?

So vieles geht mir im Kopf herum. Die Mitarbeitenden müssen als erste über die Situation offiziell informiert werden, bevor die Eigentümer einen Headhunter beauftragen, um die neue Geschäftsführung zu suchen oder die Stelle international auszuschreiben. Die Projektpartner/innen brauchen Informationen über die Zeit meiner Geschäftsführung hinaus. Die Medien wollen Informationen, warum ich gehe oder gehen muss. Das Budget für das kommende Jahr muss erstellt werden. Und die laufenden Projekte müssen abgesichert werden. Innerlich verspüre ich einen enormen Druck, noch einmal alles geben zu müssen. Irgendwie bin ich getrieben, einsam, erschöpft und traurig. Ich habe alles gegeben, und nun scheint mir alles so sinnlos und vergebens.

Ich muss! Warum eigentlich? Weil ich die Anerkennung doch noch haben möchte, die ich all die Jahre vom Aufsichtsratsvorsitzenden nicht bekommen habe. Das ist das Hauptmuster zwischen Aufsichtsratsvorsitzendem und mir, dem Geschäftsführer. Ein Dauerkonflikt, der zwar vieles auf die Beine stellt, aber schlussendlich alle Kraft verbraucht bis zur totalen Erschöpfung. Dass dahinter ein Vater-Sohn-Muster steckt, war sowohl dem Coach als auch mir seit längerem klar. Dieses tiefgreifende Muster ist im Setting des Coachings nicht zu lösen. Ich brauche einen Anker für die letzten hundert Tage, etwas, das mich aufrichtet und handlungsfähig macht. Der Zeitraum ist kurz, und jetzt heißt es, Wesentliches vom Wichtigen zu unterscheiden. Ich vereinbare mit meinem Coach, der mich seit fünf Jahren begleitet, einen Tagestermin, um die Situation in Ruhe und aus der Ferne zu betrachten. Er fragt mich, ob ich bis zum Treffen in ein paar Tagen ein Bild malen möchte, wo ich in drei Jahren bin. Innerlich sträubt sich alles dagegen. Die weite Zukunft ist mir jetzt nicht wichtig genug, und ich habe auch keine Energie für das, was später kommt. Ich will zurückschauen, die Gegenwart verstehen und meinen Abgang planen.

Das Coaching für den Abgang

Mein Coach lässt mich einmal abladen und lädt mich, schon ein wenig erleichtert, auf eine Wanderung ein. Im Gehen bekommt die Energie mehr Raum, und die Bewegung ermöglicht verschiedene Perspektiven – hinaus aus der Sackgasse auf die Weite der Landschaft. Wir sprechen erst einmal über die vergangenen fünf Jahre im Überblick. Seine Fragen sind: Was hast du alles geschaffen und aufgebaut? Was funktioniert? Was hast du gelernt und was kannst du mitnehmen? Welche Beziehungen sind entstanden? Wie hast du dich als Person weiterentwickelt? Die Richtung meiner Sicht auf das Positive verändert meine Stimmung und lässt mich klarer, differenzierter und ein bisschen distanzierter blicken. Nein, das Negative lassen wir nicht aus, es gehört genauso dazu. Aber es ist nicht mehr zu ändern, und wir konzentrieren uns auf das Positive, um daraus die Haltung zu modellieren und die notwendigen Schritte für einen guten Abgang festzulegen.

Den Rückblick beenden wir mit einer überaus wertvollen Übung. Mein Coach gibt mir die Aufgabe, die letzten fünf Jahre in ein Bild zu gießen. Zuerst denke ich, das ist unmöglich. Doch im Dialog nähern wir uns den Konturen. Zuerst kommt das Bild einer Wüste. Ja, es war Wüste vor fünf Jahren im Zukunftszentrum, diffuse Inhalte, keine Strukturen, politisch ein unwirtliches Klima, eine negative veröffentlichte Meinung usw. Dann kommt das Bild von einem Schiff. Das Schiff wird von einigen durch die Wüste gezogen und vorne weg der Kapitän. Aber wo kommt das Schiff auf einmal her und wo soll es denn hin in der Wüste? Eine völlig ver-rückte Szenerie. Wir lassen es so stehen. Das Bild wandelt sich Tage später nochmals. Die Wüste wird zum Eismeer und das Schiff zum Eisbrecher. Das Bild wird zum Film. Vorne bricht der Eisbrecher das Eis auf und wendet sich der Kapitän auf der Brücke nach hinten, beginnt das Eis langsam wieder zuzufrieren. Ich bin verblüfft von diesem Vorgang und was daraus entstanden ist. Jetzt stimmt das Bild für mich und es bringt vieles auf den Punkt.

„Der Kapitän eines Eisbrechers". Ja, das Bild hat meinen Blick geschärft und vieles der letzten fünf Jahre verdichtet: Den Aufbruch ins Unbekannte, die vielen mühsamen und kraftraubenden Schritte, die Einsamkeit und die Kälte des Umfeldes, die Sehnsucht nach der Anerkennung, das Gefühl, nicht weiterzukommen, immer wieder anzufangen – wo doch schon so ein mühsamer, langer Weg zurückgelegt wurde, ich der Held (einer gegen alle), die eigenen Durchhalteparolen und der Drang zu beweisen, dass ...? Die andauernden Konflikte zwischen dem Aufsichtsratsvorsitzenden und mir als Geschäftsführer sind ebenfalls eine Wiederholung der Wiederholung vom aufgebrochenen und wieder zugefrorenen Eis.

Das entwickelte Bild und die Szenerie, die daraus entsteht, sind die Basis, aus der wir die Haltung für die Zeit des Abgangs in einen Satz gießen. „Egal was kommt, der Kapitän bleibt bis zum letzten Tag an Bord und erledigt die notwendigen Aufgaben, bis das Schiff an den neuen Kapitän übergeben wird." Diese Haltung soll mich leiten bei allem was kommt. Das war zwar ehrenhaft und ernst gemeint, aber schließlich ungeheuer kraftraubend und schwierig – wie sich noch zeigen wird.

Nach dem Rückblick und dem Bild erarbeiteten wir die wesentlichen Punkte für die nächsten Wochen bis zum Ende. Was ist jetzt noch sachlich möglich und wesentlich für einen guten Abgang? Wir haben alle „mir" wichtigen Punkte themenspezifisch gesammelt (Geschäftsführung, Projekte, Medien, Übergabe, Körper/Geist/Seele etc.) und dann radikal auf das Wesentliche aussortiert und zeitlich festgelegt, um keinen zusätzlichen Stress zu erzeugen. Denn es war uns klar, dass noch einiges Unvorhersehbares auf mich zukommen wird. Ein Auszug:

- Mitarbeitende und Partner/innen transparent und so offen wie möglich informieren,
- das neue, landesweite Projekt der Laufbahnberatung wenn irgendwie möglich noch starten,
- die Medienarbeit vorbereiten für einen persönlichen, positiven Abgang und eine Kampagne für das Projekt Laufbahnberatung entwickeln,
- genügend Schlaf, viel Bewegung, Ruhezeiten festlegen,
- auf die körperlichen Signale achten,
- telefonisches Coaching in Krisensituationen,
- Projekte für Übergabe vorbereiten,
- Budget für 2008 zur Beschlussfassung vorbereiten,
- keine Konflikte mit den Eigentümern,
- Einzelgespräche mit den Mitarbeitenden führen,
- Aufsichtsrat und Jahresbericht gut vorbereiten.

Nun folgen Taten, viele kleine Abschiede, Fallen, Frustrationen, Freuden, Zweifel, Enttäuschungen und Déjà-vu-Erlebnisse. Und alles geht so unglaublich schnell und unkontrollierbar dahin.

Die Geschäftsführung wird ausgeschrieben

Die Geschäftsführung wird überregional ausgeschrieben, und ich katapultiere mich nach nur wenigen Tagen in einen grandiosen Rückfall. Die virtuelle Beschäftigung mit dem Phantom beginnt – bei den Mitarbeitenden und bei mir. Kenne ich die Person? Welche Interessen hat sie? Was sind die Anforderungen an die Person? Steckt in der Ausschreibung eine versteckte Kritik von dem, was ich nicht kann? Was wird die Person mit dem machen, was ich aufgebaut habe? Eine Lawine von Fragen und Gedanken kommen auf mich zu. Sie nehmen viel Raum ein. Sie lenken ab vom täglichen Geschäft und mehren den Zweifel an der eigenen Arbeit. Die Gedanken kleben förmlich an mir und machen das notwendige Loslassen noch unerträglicher.

Ich berate mich mit meinem Coach und schildere ihm die Situation, die mich blockiert; die Angst vor dem Moment, wenn der oder die Neue mir vorgestellt wird; der Kontrollverlust, der mich lähmt; der unerbittliche Kampf in mir zwischen fassen und lassen, der mich ermüdet. Eigentlich will ich nur noch weg und gleichzeitig alles festklammern. Nichts geht mehr, und ich verfange mich vollkommen in dieser Spirale, die mich innerlich von jeglicher Handlung entbindet. Nach dem Motto: „Ist doch eh alles sinnlos, ich mache nichts mehr." Mein Coach holt mich langsam auf den Boden zurück. Wir besprechen nochmals die erst vor Tagen erarbeitete Haltung und die zu erledigende Aufgabenliste. Sonst gibt es nicht viel zu besprechen. Die Situation ist klar, es gilt sie anzunehmen. Die Kontrolle ist am Tag X passé. Ich werde allmählich ruhiger, gewinne sozusagen wieder an Boden und kurve nicht nur in der Zone meiner Phantasien und Ängste herum, in denen ich mich auch suhle.

Mein Coach gibt mir eine Übung, die mir helfen soll, mich zu distanzieren – einen Blick aus der nahen und weiten Ferne einzunehmen. Ich soll versuchen, mich ins Jahr 2008, ins Jahr 2010 und dann ins Jahr 2015 zu versetzen. In welchem Licht sehe ich dann die Situation von heute, wie wichtig sind die „Wichtigkeiten" und was bleibt Wesentliches übrig? Zum Einstieg blicke ich fünf Jahre zurück und vergegenwärtige mir das damals so „Wichtige" im Lichte von heute. Dieser Blick ist ein guter Schuhlöffel. Die Übung ist für mich wie ein Waschgang mit einer Überdosis Klarspüler. Das heute Unüberwindbare und das unendlich Wichtige nimmt kontinuierlich und ab dem Jahr 2010 radikal ab. Es bleiben nur ganz wenige Dinge übrig und am Ende nur die persönliche Entwicklung und ein paar Beziehungen.

Und auf einmal dämmert mir etwas und schafft mir eine neue Perspektive für die Beurteilung dieser Zeit. Es bleibt vielmehr das WIE als das WAS: *Wie* habe ich meine Führungstätigkeit gemacht, wie bin ich mit meinen Mitarbeitenden und mit den Menschen umgegangen, wie habe ich den Abgang vollzogen, wie bin ich durch die Krisen gegangen und wie habe ich mich als Mensch und Führungskraft in dieser Zeit entwickelt? Das WAS gleicht eher einem Inventar, einer materiellen Aufzählung mit dem Bewusstsein, dass das Morgen keinen Wert mehr haben kann, weil es eben nach außen gerichtet ist und künftig in anderen Händen liegt. Das WIE gleicht vielmehr einem inneren Schatz, zwar nur für mich selbst fassbar und fühlbar, aber von bleibendem Wert. Das WIE macht die Persönlichkeit aus, es ist das Rüstzeug für das Kommende. Das sind meine Gedanken dazu.

Natürlich trübt sich die Sicht in den folgenden Tagen immer wieder ein, so wie auch ein gewaschenes Kleidungsstück wieder schmutzig wird. Aber der Waschgang kann wiederholt werden, und die Distanz säubert immer wieder. Da meine Gedankenspielereien von „was wird sein wenn ...“ so viel Raum einnehmen, will ich dem etwas entgegen halten. Ich hänge mir das Bild von einem Eisbrecher in der Weite des Eismeeres gut sichtbar im Büro auf. Ebenso positioniere ich eine Skizze meiner Distanzierungsübung 2008/2010/2015. So ist die Haltung für den Abgang und die herausgearbeitete Distanzierung für mich anwesend und präsent.

Die Loyalität schwindet

Dem Team hatte ich zwar längst mitgeteilt, dass meine Zeit zu Ende geht, aber der Unterschied zwischen Hören und Bewusst-Werden scheint in dieser Phase besonders groß zu sein. Denn nun wird das Gesagte zum Faktum, und dieser Akt ändert sofort die Atmosphäre und die Beziehungen zwischen Team und Geschäftsführer, den einzelnen Personen und dem Geschäftsführer und die Beziehungen innerhalb des Teams. So gibt es Teile des Teams, die loyal bleiben, und Teile, die sich sofort neu ausrichten. Bei einigen schwindet die Autorität des Geschäftsführers, weil er ein definitives Ablaufdatum hat („Der König ist tot, es lebe der König"). Der persönliche Nutzen tritt viel mehr in den Vordergrund. Was kann der „Alte" noch für mich tun? Vielleicht eine Gehaltserhöhung, eine Ausbildung, eine Sondervereinbarung absegnen, mein Projekt soll er absichern und damit meinen Job usw. Die Gerüchtebörse, wer der „Neue" werden könnte, ist eröffnet, und die Wünsche an den „Neuen" liegen sofort als verdeckte Kritik am „Alten" auf dem Tisch. So kommt es zumindest bei mir an. Diese Haltungen und die abgeschossenen Pfeile treffen und schmerzen. Je treffender sie sind, desto mehr tun sie weh. Die eigene Illusion wird schonungslos entblößt. Die Geschäftsführung ist eine Funktion auf Zeit. Wehe dem, der das nicht weiß oder wahrhaben will.

Die Medienarbeit zwingt loszulassen

Ein weiters zentrales Thema ist die Medienarbeit in diesem explosiven, politischen Umfeld. Ich habe Angst, dass die Politik meinen freiwilligen Abgang zum Abschuss umformuliert, um selbst im Licht des Handelnden zu bleiben. Wir organisieren einen erfahrenen „Mediencoach", um schnell eine Strategie zu entwickeln. Wieder kommt ein schwieriger Abschiedsprozess in Gang. Ich wünsche mir natürlich, dass alle Projekte nochmals ans Licht der Öffentlichkeit transportiert werden. Doch es zeigt sich schnell, dass nur das Wesentliche vielleicht das Licht erblicken wird. Von 90 % unserer Arbeit muss ich mich trennen, und max. 10 % können medienwirksam transportiert werden. Welches Projekt hat Neuigkeitswert, kann gut bebildert, einfach formuliert werden und Emotionen erwecken? Die Entscheidung liegt auf der Hand, es gibt nur ein neues Projekt: Die „Laufbahnberatung". Das Projekt ist allerdings noch nicht definitiv vom Aufsichtsratsvorsitzenden abgesegnet, aber es lohnt sich, dafür zu kämpfen, und das Projekt hat alles, was ein medienwirksames Projekt braucht. Alle Menschen, die sich umorientieren müssen oder wollen sind betroffen. Wir können Menschen mit ihren Sorgen zu Wort kommen lassen, haben also gute Bilder und Emotionen. Die Arbeit der letzten fünf Jahre bekommen wir in diesem neuen Projekt am besten widergespiegelt. Allerdings muss ich alle anderen Projekte zur Seite schieben, und das schmerzt. Außerdem werden sich viele Mitarbeitende vor den Kopf gestoßen fühlen, weil ihre Projekte unberücksichtigt bleiben.

Dann behandeln wir die Frage zum Abgang. Warum verlassen Sie das Schiff? Diese Frage löst in mir eine emotionale Welle der Wut aus. Warum? Weil der Aufsichtsratsvorsitzende völlig unfähig ist, einen klaren Auftrag zu formulieren, weil er nur Illusionen nachhängt, weil er nur die eigenen politischen Interessen verfolgt usw. All die Kränkungen, Kämpfe, Enttäuschungen, Machtspiele und Verführungen kommen in mir hoch, und ich bin kaum fähig, meine Aggressionen zu bändigen – aber ich habe ja einen Sündenbock. Der Ausbruch und die Schuldzuweisung sind in dieser Situation wahrscheinlich normal. Rational ist aber klar, dass die Formulierung für beide tragbar sein muss, damit es zu keiner Eskalation kommt, die ich öffentlich nur verlieren kann. Emotional ist dies für mich eine der schwierigsten Situationen, weil alles so schnell geht und ich mich permanent entscheiden muss.

Der letzte Kraftakt

In einem letzten Kraftakt setze ich nochmals alles auf eine Karte und starte in letzter Minute ein längst geplantes, aber immer wieder durch die Unschlüssigkeit des Aufsichtsratsvorsitzenden verzögertes, landesweites Projekt – „die Laufbahnberatung". In der Laufbahnberatung sind die meisten Projekte und sozialen Innovationen der letzten fünf Jahre vereinigt, – sozusagen auch eine Möglichkeit, vieles über meine Geschäftsführungszeit hinaus zu retten. Es ist eine regionale Dienstleistung für alle, die sich beruflich umorientieren wollen oder müssen, die Rat für die Vereinbarkeit von Familie und Beruf suchen, für Jugendliche, die ihren Berufseinstieg planen usw. Die Laufbahnberatung ist mein großer Wurf, den ich schon ein Jahr früher starten wollte und der am besten das Zerwürfnis und die Probleme zwischen dem Aufsichtsratsvorsitzenden und mir verdichtet zeigt. Zuerst ist die Euphorie über die Laufbahnberatung bei allen groß. Sie ist eine neue, dringend notwendige Dienstleistung für die Menschen im ganzen Land. Alle können sie beanspruchen, sie bietet viele Möglichkeiten, weiter zu forschen, neue Projekte zu starten und das Zukunftszentrum auch politisch zu stabilisieren, wenn es von den Menschen angenommen wird.

Das Zukunftszentrum bleibt die Drehscheibe eines großen Zukunftsthemas. Die Euphorie verfliegt aber schnell, Zweifel kommen beim Aufsichtsratsvorsitzenden auf, weil es politischen Widerstand gibt und das Projekt Zeit und Partner/innen braucht, um auf Dauer zu funktionieren. Zuerst will der Aufsichtsratsvorsitzende die Laufbahnberatung unbedingt, und die Finanzen werden großzügig bereitgestellt. Dann kommt ein halber Rückzieher, dann kommt ein totaler Rückzieher, dann soll das Projekt doch wieder gestartet werden, und so gehen eineinhalb Jahre verloren. Zweieinhalb Monate vor meinem Abgang erkämpfe ich unter enormem Druck eine

Zustimmung und setze sofort unumkehrbare Schritte und Fakten. Ich stelle fünf neue Mitarbeitende ein, starte eine mediale Kampagne, suche Standorte in den Regionen und versuche, die zuständige Landespolitik einzubinden. Ein medialer Auftakt mit der zuständigen Landesrätin und dem Aufsichtsratsvorsitzenden sind geplant. Zwei Wochen vor der Pressekonferenz lässt uns das Büro der Landesrätin per Mail mitteilen, dass aus terminlichen Gründen der zuständige Spitzenbeamte an ihrer Stelle teilnehmen wird. Am Morgen der Pressekonferenz ruft die Landesrätin den Aufsichtsratsvorsitzenden an, um ihm zu klagen, dass sie von mir nicht ausreichend informiert worden sei. Der Haupteigentümer verlegt die Pressekonferenz um eine Woche und teilt es mir per Telefon eine Stunde vor Beginn der Pressekonferenz mit. Ich drehe innerlich beinahe durch, und es kommt noch einmal zu einem Machtkampf. Ich stelle ihn vor die Wahl, entweder heute mit mir die Pressekonferenz zu machen oder nächste Woche mit der Landesrätin – aber ohne mich. Und ich drohe ihm, der Presse den Grund der Absage unverblümt und sofort mitzuteilen. Es gibt einen heftigen Schlagabtausch, und er entscheidet sich in letzter Minute, mit mir die Pressekonferenz zu bestreiten. Ein Ablauf, der sich ähnlich etliche Male in den letzten fünf Jahren wiederholt hat. Zuerst Euphorie, dann kommen Zweifel und politische Überlegungen, dann kommt der Rückzieher, dann ist alles wieder ganz anders und dann kommt es zum Finale mit Drohungen und Machtgebärden. Das Projekt startet und wird von den Menschen sehr gut angenommen – wie so oft.

Die Abschiede im Stakkato

Die letzte Pressekonferenz, die letzte Steuerungsgruppensitzung, die letzten Projektsitzungen, die letzte Teamsitzung, die letzte Aufsichtsratssitzung, die letzte Generalversammlung, die letzten Gespräche mit den Mitarbeitenden. Es sind unfreiwillige Übungen loszulassen, und es ist immer ein letztes Mal. Manchmal geschieht es mehr im Taumel als in Klarheit. Immer wieder dieselben Erklärungen, wie ein Endlosband. Immer die gleichen Fragen. Warum gehst du und was machst du danach? Ja, diese Fragen machen müde, weil die Antworten so vielschichtig und in der Kürze nicht transportierbar sind. Diese Situationen und Begegnungen haben etwas Unbefriedigendes. Authentisch ist das alles nicht, manchmal ist mir mehr zum Weinen als gute Miene zu machen. Ich gehe von etwas weg, was ein Teil von mir ist. Es hat so viel Kraft und Energie gekostet, soviel Schläge musste ich einstecken und so viele Untergriffe haben wehgetan. Und jetzt muss ich es in eine Hand geben, die ich nicht einmal kenne.

Die letzten Schritte

Die Einladungen für die letzte Aufsichtsratssitzung und die letzte Generalversammlung sind verschickt, der Jahresbericht ist geschrieben. Die sachliche Arbeit ist mehr oder weniger getan. Doch es stellt sich keine Erleichterung ein, vielmehr erhöht sich der Druck in mir, und es spitzt sich emotional zu. Ich spüre starke Schmerzen in der linken Schulter, in den Beinen, bin extrem müde und niedergeschlagen. Drei Ereignisse stehen noch vor mir: Zuerst die Weihnachtsfeier mit dem Team, dann ein Abschiedsfest mit den Partner/innen, die jahrelang mit uns zusammengearbeitet haben, und zuletzt die letzte Aufsichtsratssitzung – der offizielle Abschlussakt.

Die Familie spürt meine Anspannung und sieht meine geknickte äußere Haltung. Meine kleinste Tochter zerreißt am Frühstückstisch vor meinen Augen ein von ihr wunderbar für mich gemaltes Bild. Ich bin völlig perplex und es trifft mich mitten ins Herz. Meine Frau spricht mich an, und wir reden über meine Ängste und das, was ich noch vor mir habe. Am meisten belastet mich die Weihnachtsfeier mit dem Team. Allein der Gedanke an diesen Abschied schnürt mir den Hals. Ich weiß nicht, was ich tun soll? Was soll ich sagen? Zwei Tage vor der Weihnachtsfeier wird die Anspannung für meine Frau unerträglich, und sie bittet mich, ich solle keine Rede halten wie üblich, sondern nur begrüßen und da sein. Ich halte diese Bitte für absurd und verschließe mich noch mehr, aber der innere Druck steigt. Meine körperlichen Verspannungen und Schmerzen nehmen rapide zu, sodass ich zum Physiotherapeuten gehen muss. Zuerst reden wir über meine Situation, und ich erzähle ihm auch die Bitte meiner Frau, heute keine Rede bei der Weihnachtsfeier zu halten, und wie abwegig ich das finde. Zu meiner Überraschung verstärkt er die Bitte meiner Frau und sagt: „Mach doch endlich einmal etwas anders, es ist doch längst alles gesagt." Nach der Behandlung gehe ich mit gesenktem Kopf hinaus und weiß nicht so recht, was ich damit anfangen soll. Es sind nur noch wenige Stunden bis zur Weihnachtsfeier, und ich denke immer wieder nach. Wie aus dem Nichts treffe ich die Entscheidung, keine Rede zu halten. Ja, es ist alles gesagt.

Ich begrüße das Team und lade sie auf einen schönen Abend ein. Es sind zwar alle etwas erstaunt über mein unerwartetes Verhalten, aber es wird zur Kenntnis genommen. Und dann passiert für mich etwas völlig Unerwartetes. Das Team hat eine Bilanz für mich vorbereitet, die mit viel Humor und so manchen Anekdoten der letzten fünf Jahre vorgetragen wird. Es ist ein wundervoller Abend, und ich kann erstmals herzhaft über meine „Ticks" lachen. Tonnen fallen von mir ab. Der Humor entspannt mich und nimmt die Schwere von mir. Ich gehe zufrieden und erleichtert nach Hause. Die Angst und die Unentschlossenheit waren eigentlich eindeutige Signale auf meine immer wiederkehrende Frage: „Was soll ich denn sagen?" Nichts. Diese Antwort wollte ich offensichtlich nicht hören.

Die nächsten Tage sind enorm dicht und chaotisch. Wie aus dem Nichts bekomme ich einen Anruf des Aufsichtsratsvorsitzenden mit der Bitte, sofort für ein Gespräch mit dem neuen Geschäftsführer zur Verfügung zu stehen. Die Zusammenkunft mit dem neuen Geschäftsführer ist etwas eigenartig. Er ist Wissenschaftler aus dem Nachbarland, der eigenartige Fragen stellt und dessen Auftreten etwas Professorales an sich hat. Am Tag des Abschiedsfestes mit den Partner/innen kommt wieder ein Anruf vom Aufsichtsratsvorsitzenden. Der neue Geschäftsführer wird in drei Stunden dem Team vorgestellt. Er sei bereits für die morgige Aufsichtsratssitzung angereist, und das Team soll ihn jetzt kennen lernen. Ich wollte mich am Nachmittag zurückziehen, um meine Rede für das Abschiedsfest mit den Partner/innen vorzubereiten, aber daraus wird nichts.

Der neue Geschäftsführer kommt gemeinsam mit dem Aufsichtsratsvorsitzenden in mein Büro. Emotional stehe ich unter Hochstrom. Auch der Aufsichtsratsvorsitzende wirkt höchst angespannt und meint: So schwer sei er noch nie hereingekommen, und es sei schon ein eigenartiges Gefühl, den Neuen vorzustellen nach so vielen Jahren der Zusammenarbeit mit mir. Das erste Mal empfinde ich eine ernst gemeinte Anerkennung, sie wühlt mich auf und beruhigt mich zugleich. Während der Ansprache des Aufsichtsratsvorsitzenden und der Vorstellung des neuen Geschäftsführers vor dem Team stehe ich irgendwie neben mir selbst. Ich horche auf jeden Zwischenton, jede Pause und habe alles im Blick, was mir wichtig erscheint. Als mir das Wort erteilt wird, bin ich äußerst kurz und präzise in meinen Aussagen und ende mit der Bitte, dem neuen Geschäftsführer soviel Vertrauen entgegen zu bringen, wie es jedem Einzelnen möglich ist.

Eine halbe Stunde nach dieser Aktion beginnt das Abschiedsfest, und ich habe keine Minute mehr Zeit, mich zu sammeln. Es ist klar, ich muss eine Stegreifrede halten. Ich sehe in die Gesichter, und die gemeinsame Zeit läuft vor mir ab. Noch einmal werden die für mich wichtigen Szenen der letzten fünf Jahre Wirklichkeit, und ich bin innerlich sehr ruhig. Die Rede gelingt, ich treffe den Ton und die Gefühle. Der Applaus ist lang und anhaltend. Ein Gefühl der Erleichterung und Zufriedenheit stellt sich ein. Wieder ein guter Abschied.

Doch der emotional schwierigste Schritt liegt noch vor mir, die Aufsichtsratssitzung am folgenden Tag. Ich bin total angespannt. Der Aufsichtsratsvorsitzende sitzt neben mir, der neue Geschäftsführer mir gegenüber, und in diesem Spannungsfeld arbeite ich die vorbereiteten Punkte ab. Es war mir schon vorher klar, dass heute alles abgenickt wird, die Projektstatusberichte, der Jahresabschlussbericht und das Budget 2008. Dann kommt eine emotional bewegende Abschiedsrede des Aufsichtsratsvorsitzenden. Er lässt die Jahre Revue passieren und streicht meine Leistung als Pionier hervor. Er meint, dass das Bild mit dem Kapitän auf dem Eisbrecher, das ich in einem Interview formuliert habe, meine Zeit wohl am besten beschreibe. Die gesamte Leistung werde erst in ein paar Jahren ihre öffentliche Anerkennung finden. Dann bedankt er sich zum Abschluss mit einem Geschenk. Ich bin stark berührt in diesem Augenblick. Es ist mir schwer gefallen, nach diesen Worten etwas zu sagen. Ich bedanke mich für die Zusammenarbeit bei allen, ganz besonders beim Aufsichtsratsvorsitzenden und ende. Ich wusste nicht, was jetzt abgelaufen war, und wundere mich über meine Dankbarkeit und Zufriedenheit. Konnte ich in wenigen Minuten einfach über alle Konflikte der letzten fünf Jahre hinwegsehen, nur weil ich einmal die Anerkennung bekam – von ihm? War das wirklich ernst gemeint oder anlassbezogen? Aber was spielt das jetzt für eine Rolle, denke ich mir, nimm es so, wie es dir jetzt gut tut und lass das Hinterfragen. Es ist vorbei.

Die Tür fällt ins Schloss

In den zwei Tagen zwischen den Weihnachtsfeiertagen und Silvester räume ich mein Büro auf. Ich bin allein im Zukunftszentrum. Nochmals kommen viele Szenen hoch. Die Ordner sind wie Zeugen meines Schaffens. Ich gehe sie alle nochmals durch, nehme meine persönlichen Skizzen und Notizen heraus und stelle sie mit den offiziellen Papieren in einen Kasten im Nebenraum. Bis auf die wichtigsten Aktennotizen landet alles im Reißwolf – auch meine Tagebücher, die ich während der fünf Jahre geschrieben habe. Das Büro leert sich, und irgendwie werde auch ich leerer und leerer. Die geistige Distanzierung nimmt jetzt auch eine physische Gestalt an. Es ist eine Art Ritual, das mir gut tut. Noch einmal gehe ich durch alle Räume im Zukunftszentrum, dann lege ich meinen Schlüssel auf den Tisch meiner Assistentin und lasse hinter mir die Tür ins Schloss fallen.

18.3 Reflexion

Das Schreiben der Arbeit und der Tagebücher haben viel dazu beigetragen, dass ich mich gut vom Zukunftszentrum verabschieden konnte und dass ich gleichzeitig und zusätzlich – gewiss aus meiner subjektiven Klientensicht – einige Einsichten für meine künftige Arbeit als Coach bekommen habe. Vieles was ich in der Ausbildung gehört und in Kleingruppen erarbeitet habe, konnte ich nochmals „live" erleben. Das professionelle Coaching hat mir einen Anker und eine Struktur für die letzten 100 Tage gegeben. Trotz des „freiwilligen Abgangs" hatte ich nach meiner Entscheidung zu gehen auch das Gefühl, gegangen worden zu sein. Sofort waren die Fragen auf dem Tisch: Was ist alles schief gelaufen? War alles umsonst? In dieser Zeit ist es eine große Stütze, einen Coach zu haben, dem man voll vertraut und der durch seine Vorgangsweise die notwendigen Schritte setzt, damit der Klient seine Handlungsfähigkeit zurückgewinnt. Im Nachhinein betrachtet, war es für mein Handeln essentiell, dass der Coach durch seine gezielten Fragen mich zwar geführt hat, aber mich durch seine Fragen auch gezwungen hat, meine eigenen Antworten auf die Probleme zu finden. Das Coaching für den Abgang hatte folgenden Ablauf:

(1) Das Anliegen: Der Coach hat mich nach meinem Anliegen gefragt und den Vorschlag gemacht, auch an der Zukunft zu arbeiten. Meine Antwort war: „Ich will zurückschauen, die Gegenwart verstehen und meinen Abgang planen." Das war der Auftrag an den Coach. Ich wollte das Chaos im Kopf und in meinen Gefühlen verstehen und wieder handlungsfähig werden. Allein war mir das nicht möglich. Die Arbeit an meiner Zukunft hat mich in dieser Phase nicht interessiert.

(2) Die Orientierungsphase: Der Coach hat mich am Anfang des Coaching meine Gedanken und Gefühle abladen gelassen. Er hat vor allem zugehört und offene Fragen gestellt. Meine Antworten, meine Gestik und Mimik haben ihm einen Eindruck meines Standorts gegeben. Der Standort war die eigene Achse, um die ich mich gedreht habe – oder ein Stillstand, der meine Sichtweise und Ängste geradezu einzementiert hat.

(3) Der Perspektivenwechsel: Der Coach hat relativ rasch darauf reagiert und mich aus dem Stillstand (im Stuhl sitzend) herausgeführt. Er hat mich auf eine kleine Wanderung eingeladen, schon ein wenig erleichtert durch das verbale und gefühlsmäßige Abladen. Durch seine Fragen: „Was hast du alles geschaffen und aufgebaut? Was funktioniert? Was hast du gelernt und was kannst du mitnehmen? Welche Beziehungen sind entstanden? Wie hast du dich als Person weiterentwickelt? hat er meine Aufmerksamkeit auf das Positive gelenkt und meine eingefahrene, negative Perspektive verändert.

(4) Die Haltung: Um diesen Perspektivenwechsel zu verankern, also mir einen nachhaltigen Anker für die letzten hundert Tage zu geben, hat mein Coach eine

Stärke von mir aktiviert. Er wusste aufgrund der langjährigen Zusammenarbeit, dass ich sehr gut und gerne mit Bildern arbeite und sie auch relativ schnell im Dialog entwickeln kann. Seine Aufgabenstellung: Gieße die letzten fünf Jahre in ein Bild. So ist in einem relativ kurzen Dialog das Bild mit der Wüste und dem Schiff entstanden samt einer heroischen und verrückten Tat (ein Selbstbild, das natürlich vieldeutig ist, analysiert und gedeutet werden könnte). Entscheidend für mich war aber, dass es mein Bild war. Es hat nachgewirkt und sich weiter entwickelt bis zum Bild des „Kapitän eines Eisbrechers". Aus diesem Bild heraus hat er mich die Haltung formulieren lassen: Der Kapitän trägt die Verantwortung, bis das Schiff im Hafen ist. Dieser Zugang war für mich eine Idealvariante, weil er meine Ressourcen aktiviert hat und ich damit selbst der Akteur war. Natürlich hat dieses Bild nicht alles gelöst. Es hat mir aber Halt gegeben und mich immer wieder aufgerichtet.

(5) Die Aktivierung: Die vorhergehenden Schritte haben die Basis gelegt, um mich wieder in die Handlung zu bringen. Dann ist die Frage gekommen: Was ist jetzt konkret zu tun? Der Coach hat folgenden Vorschlag über die Struktur der Herangehensweise gemacht: Wir sammeln alle *mir* wichtigen Punkte zu folgenden Themenbereichen: Geschäftsführung, Projekte, Medien, Übergabe, Körper-Geist-Seele etc., sortieren sie radikal auf das Wesentliche aus und terminieren die Abarbeitung. Die Aufgabenliste haben wir gemeinsam im Coaching skizziert, ich habe sie zu Hause fertig gestellt und per Telefon mit dem Coach kurz besprochen.

Der Ablauf des Coachings hat mich elegant aus dem Stillstand in die Bewegung gebracht. Die Fragen haben mich auf eine positive Fährte gelenkt. Durch die dialogische Arbeit am Bild hat der Coach meine eigenen Ressourcen angezapft und mich selbst nach Lösungen für meine Probleme suchen lassen. Schließlich hatte ich das Gefühl: Es sind meine Lösungen, es ist mein Weg und auch meine Verantwortung.

Der kurzfristige Rückfall durch die öffentliche Ausschreibung der Geschäftsführung erscheint mir im Rückblick als Glücksfall. Ich bin der Meinung, dass die Haltung, die Struktur und die Aufgaben ein sehr wichtiges und notwendiges Gerüst waren. Allerdings konnte ich damit nicht meine enorme Identifikation mit dem Zukunftszentrum überwinden. Jegliches Loslassen war verbunden mit der Angst, was dann noch von mir bleibe. Die Distanzierungsübung hat mir die Möglichkeit eröffnet, die unheilvolle Verschmelzung zwischen meiner Person und der Organisation überhaupt wahrzunehmen, um sie dann langsam lösen zu können. Die Veränderung der eigenen Sicht vom „*was* bin ich" zum „*wie* bin ich" hat dann den wirklichen Loslösungsprozess in Gang gebracht, wenn auch nicht sofort, aber doch nachhaltig. Ich denke, dass die „Wie-Fragen" für jeden Klienten heilvolle Fragen sein können und eine reinigende Herangehensweise ermöglichen.

Interessant erscheint mir noch mein emotionaler Zustand, nach der Abarbeitung der Aufgaben. Die Struktur und die Aufgaben haben mich handlungsfähig gehalten, ich habe funktioniert. Nachdem aber die Aufgaben erledigt waren, haben mich die Emotionen und die damit verbundenen Ängste sprichwörtlich überwältigt. Eine Situation, die bei vielen Führungskräften vielleicht erst nach dem Abgang auf sie zukommt.

In meinem Fall möchte ich von einem sachlichen und einem emotionalen Abschiednehmen sprechen. Das sachliche Abschiednehmen war durch die Struktur und die terminierten Aufgaben gut möglich und ist durch den Coach auch gut eingeleitet worden. Das emotionale Abschiednehmen ist mehr oder weniger unvorbereitet passiert. Ich habe zum einen beim Physiotherapeuten Hilfe gefunden und habe mir selbst mit intuitiven Ritualen geholfen.

Hier sehe ich eine Lücke im Coaching. Ich habe den Eindruck, dass zu schnell an der Frage „Wie geht es beruflich weiter?" gearbeitet wird und das Abschiednehmen noch nicht wirklich ein großes Thema ist – zumindest ist es mir nicht bekannt, und es gibt auch kaum Literatur dazu. Es geht im Coaching meistens darum, die Führungskräfte handlungs- und funktionsfähig zu machen. Diese Sichtweise ist sicher berechtigt und auch die primäre Arbeit des Coaches. Aber emotional gut Abschied zu nehmen, erachte ich als grundlegende Voraussetzung dafür, wieder gut anfangen zu können. Hier könnten vielleicht auch gut erprobte Rituale helfen. Ich denke, dass wir Coaches uns diese Aufgabe nicht entgehen lassen sollten – immer im Rahmen unserer Möglichkeiten und in klarer Abgrenzung zur Psychotherapie und anderen Formen. Das Thema „Abschied" wirft viele Fragen auf, und der „Abschied" im Kleinen wie im Großen ist in unserer westlichen Welt nicht wirklich ein populäres Thema. Ungeachtet dessen bin ich der Meinung, dass es für uns alle ein entscheidendes und substanzielles Thema ist – auch im Coaching.

Im Zuge dieser Arbeit habe ich mir offensichtlich selbst nochmals meine Antriebskräfte, meine Wünsche, einige meiner Muster aufgezeigt, und wie sehr dies alles die Arbeit im Zukunftszentrum beeinflusst hat. Für mich waren die letzten hundert Tage irgendwie eine Art Verdichtung der letzten fünf Jahre meiner Geschäftsführung. Der Abschied von der Organisation Zukunftszentrum ist gut gelungen, und das Zukunftszentrum war innerhalb von zwei Wochen kein Thema mehr.

Nach meinem Abgang im Zukunftszentrum habe ich mich für eine längere Auszeit entschieden. Die Erkenntnisse aus meinem Tagebuch und das Schreiben an dieser Arbeit haben mir einen tieferen Einblick in mich selbst ermöglicht. Es hat sich auch mein Verständnis verbessert, was Coaching kann und was es nicht kann. Noch eines ist mir ein wenig klarer geworden: Coaching ist für mich nicht nur dazu da, Führungskräfte handlungs- und funktionsfähig zu machen, denn sonst verkommen sie zu reinen „Funktionären". Und Coaching sollte sich mit allen Führungsfragen beschäftigen, auch mit der Frage des umfassenden Abschiednehmens.

„Der Mensch weiß richtig nur das, was er durchgemacht hat."
(*Franz von Assisi*)

Verzeichnis der Autorinnen und Autoren

Dr. phil. Manuel Barthelmess, MSc. in Organisation Development (Univ. Klagenfurt), Dipl. Päd. (Univ. Regensburg). Als Leiter des Instituts für Systemische Beratung und Bildung (INSYS) in Regensburg arbeitet er als Coach, Supervisor und Organisationsberater sowie als Ausbilder für Systemische Therapeuten, Berater und Coachs. Ferner ist er in eigener Praxis als Systemischer Psychotherapeut tätig. *Anschrift*: INSYS, Albertstraße 11, D-93047 Regensburg. Mail: info@insys-institut.de, Internet: www.insys-institut.de.

Gabriele Bollhöfer, Dipl.-Psych., Studium der Psychologie in Köln, Weiterbildung in Intensivberatung, Universität Köln, Fünf Jahre Praxis in der Neuropsychologie Bad Godesberg, Universitätsklinik Köln, Klinik Berlin; seit 1999 für verschiedene Firmen tätig als Beraterin für Personal- und Organisationsentwicklung, Management Development, Executive Coaching, seit 2007 Strategische Personalentwicklung Lovells. *Anschrift*: Karl-Scharnagl-Ring 5, D-80539 München. Mail: gabriele.bollhoefer@lovells.com.

Andreas Brüning, freiberuflicher Dipl.-Soz.arb/Soz.päd., Master of Science Communication (MSc) Schwerpunkte: Coaching, Beratung und Konzeptionen im Bereich des PR- und Wissenschaftsmarketing, Kommunikationsberatung und -Trainings. Promoviert zum Thema Beratung für Hochschullehrer/innen. *Anschrift*: Am Comeniusplatz 1, D-10243 Berlin, Mail: bruening_a@web.de.

Inés Cremer-v. Brachel, Supervisorin und Lehrsupervisorin (DGSv), Psychodramaleiterin (DFP/DAGG), Gruppendynamikerin. Praxis für Supervision und Psychotherapie, Institut für Psychodrama und Supervision. A*nschrift*: Friedrich-Ebert-Str. 101, D-48153 Münster, E-mail: beratungspraxis@t-online.de; Internet: www.institut-psychodrama-supervision.de.

Lilo Endriss, Dipl.-Psych., Pädagogische und Klinische Psychologie, BWL-Sozialmanagerin (WBA), Coaching (DPA), Geschäftsführertätigkeit im NGO-Bereich, seit 1997 selbstständig im eigenem Beratungsbüro, Arbeitsschwerpunkte: Kreativität und Fehlerkultur im Coaching, Teamentwicklung, Moderation, Selbstmanagement, Gesundheitsbereich, Gründerberatung. *Anschrift*: Völckersstr. 13, D-22765 Hamburg; Mail: info@kreatives-management-hamburg.de, Internet: www.kreatives-management-hamburg.de.

Mohammed El Hachimi, Systemtherapeut, Organisationsberater und Supervisor, Lehrtherapeut und lehrender Supervisor am Institut für Familientherapie Weinheim, langjährige Tätigkeit in Migrantenberatung, Suchttherapie und Erwachsenenbildung. *Anschrift*: Bensbergerstr 360, D-51469 Bergisch Gladbach. Mail: M.Elhachimi@t-online.de.

Marion Jonassen, Diplom-Verwaltungswirtin, Dipl.-Psych. (FH), Tätigkeitsfelder: Coaching, Organisationsentwicklung, Teamentwicklung. *Anschrift*: Walzmühlestrasse 57, CH-8500 Frauenfeld, Mail: marion.jonassen@bluewin.ch.

Prof. Dr. Gerhard Jost, ao. Universitäts-Professor, Institut für Soziologie und empirische Sozialforschung, Department für Sozialwissenschaften, Wirtschaftsuniversität Wien. Forschungsschwerpunkte: Qualitative Methoden empirischer Forschung; Biographieforschung, Arbeits- und Berufssoziologie. *Anschrift*: Augasse 2-6, A-1090 Wien; Mail: Gerhard.Jost@wu-wien.ac.at.

Jasmin Messerschmidt, Dipl.-Psych., arbeitet als selbstständige Führungskräftetrainerin, Coach und Beraterin. Schwerpunkte: Karriere-Coaching, Führungskräfte-Coaching, Konfliktberatung, Potenzialanalysen. *Anschrift*: Lichtenbergstr. 43, D-64289 Darmstadt, Mail: info@messerschmidt-coaching.de.

Hans Karl Peterlini, Journalist und freier Autor, Kommunikationsberater und Coach. Ausbildung: Erziehungswissenschaftler mit psychoanalytischer Ausrichtung und psychotherapeutischer Grundausbildung (Propädeutikum), derzeit Forschungsdoktorat an der Fakultät für Bildungswissenschaften der Freien Universität Bozen. *Anschrift*: Weggensteinstraße 18, I-39100 Bozen; Mail: Hkp12@gmx.net

Dr. phil. Wolfgang Rechtien, Klinischer Psychologe BDP, Supervisor FPI, Geschäftsführendes Vorstandsmitglied des Kurt Lewin Institutes für Psychologie der Universität Hagen, Ausbildungsleiter in Psychologischer Psychotherapie, Mitherausgeber der Zeitschrift OSC. 1. Vorsitzender der Vereinigung von Hochschulleherern und Hochschullehrerinnen zur Förderung von Beratung und Counseling in Forschung und Lehre VHBC e.V. *Anschrift*: FernUniversität in Hagen, Kurt Lewin Institut für Psychologie, D-58084 Hagen; Mail: Wolfgang.Rechtien@FernUni-Hagen.de. Internet: http://psychologie.fernuni-hagen.de/Psychologie/KLI/rechtien.html.

Prof. Dr. phil. Arist v. Schlippe, Dipl.-Psych., Psychol. Psychotherapeut, Inhaber des Lehrstuhls „Führung und Dynamik von Familienunternehmen" an der Privaten Universität Witten-Herdecke, davor 23 Jahre im Fachgebiet Klinische Psychologie und Psychotherapie der Universität Osnabrück tätig. Lehrtherapeut für systemische Therapie sowie Lehrender Supervisor und Coach (SG), Lehrtrainer am Institut für Familientherapie Weinheim, Ausbildung und Entwicklung e.V. *Anschrift*: Private Universität Witten/Herdecke, Alfred-Herrhausenstr. 50, D-58448 Witten; Mail: schlippe@uni-wh.de oder schlippe@uos.de, Internet: www.uni-wh.de/wifu.

Dr. phil. Christoph J. Schmidt-Lellek, Studium der ev. Theologie und Philosophie sowie der Erziehungswissenschaften; langjähriger Verlagslektor eines psychologischen Fachverlages, seit 1982 freiberufliche Praxis für Psychotherapie, Paartherapie, Supervision (DGSv) und Coaching (DBVC); zahlreiche Veröffentlichungen zu Psychotherapie, Supervision und Coaching, insbesondere zu Fragen der Berufsethik, Mitherausgeber und Redakteur dieser Zeitschrift. *Anschrift*: Taunusstr. 126, D-61440 Oberursel, Mail: Kontakt@Schmidt-Lellek.de; Internet: www.Schmidt-Lellek.de.

Dr. phil. Astrid Schreyögg, Dipl.-Psych., langjährig in leitenden Positionen im sozialen Dienstleistungsbereich; Psychologische Psychotherapeutin, seit 1985 freiberufliche Psychotherapeutin, Supervisorin, Coach; Wiss. Leitung an der Deutschen Psychologen-Akademie des BDP für Supervision und Coaching; Lehr- und Beratungsaufträge im In- und Ausland. Autorin von Lehrbüchern zu Supervision und Coaching; zahlreiche Publikationen in Sammelbänden und Fachzeitschriften; Herausgeberin dieser Zeitschrift. *Anschrift*: Breisgauer Str. 29, D-14129 Berlin, Mail: info@schreyoegg.de, Internet: www.schreyoegg.de.

Mag. Constanze Sigl, studierte Politikwissenschaft, Germanistik, Geschichte und Philosophie an der Universität Salzburg, Kommunikationstrainer-Ausbildung am EAK (Europäisches Aus- und Fortbildungsinstitut für Kommunikation), Coaching-Ausbildung an der Universität Innsbruck; selbstständige Trainerin, Coach und Moderatorin. *Anschrift*: Höhenstraße 23 a, A-6020 Innsbruck, www.constanze-sigl.at, Mail: office@constanzesigl.at.

Dr. Bettina Warzecha, Diplom-Sozialwirtin, Studium der Sozialwissenschaften in Göttingen, arbeitet heute schwerpunktmäßig zur Problematik der Methoden des „Qualitätsmanagements" und bietet Begutachtung zu Fragen rund um Organisation und Planung an. *Anschrift*: Raabestraße 6, D-29664 Walsrode. Mail: Dr.BettinaWarzecha@t-online.de, Internet: www.lektorat-wimac.de.

Bertram Wolf, 12 Jahre ORF-Fernsehjournalist Innenpolitik und Ausbildner, 6 Jahre Geschäftsführer im Zukunftszentrum Tirol, seit 2008 zertifizierter Coach für Führungskräfte. *Anschrift*: Jagdgasse 12b, A-6020 Innsbruck, Mail: bertram.wolf@aon.at.

Quellennachweis

4. Kapitel. Christoph Schmidt-Lellek: Charisma, Macht und Narzissmus. Zur Diagnostik einer ambivalenten Führungseigenschaft. Erschienen in: OSC 11 (1), 2004, S. 27-40; für diese Ausgabe überarbeitet.

5. Kapitel. Astrid Schreyögg: Die Bedeutung von Familienkonstellationen im Coaching. Erschienen in: OSC 11 (1), 2004, S. 53-63.

6. Kapitel. Wolfgang Rechtien: Struktur, Beziehung und Leistung in gruppalen Settings. Erschienen in: OSC 8 (3), 2001, S. 253-263; für diese Ausgabe überarbeitet.

7. Kapitel. Bettina Warzecha: Zur Problematik der Übertragung systemtheoretischer Beschreibungen auf Organisationsberatungskonzepte. Erschienen in: OSC 7 (3), 2000, S. 269-279; für diese Ausgabe überarbeitet.

9. Kapitel. Jasmin Messerschmidt: Die Methode des imaginativen Rollenspiels im Konflikt-Coaching. Erschienen in: OSC 12 (2), 2005, S. 159-167.

10. Kapitel. Inés Cremer-v. Brachel: Die psychodramatische Organisationsskulptur als Weiterentwicklung des Organigramms. Erschienen in: OSC 12 (2), 2005, S. 168-174.

11. Kapitel. Mohammed El Hachimi, Arist v. Schlippe: Crea-Space – eine Methode zur Entwicklung des kreativen Potenzials in Teams. Erschienen in: OSC 10 (2), 03, S. 137-144.

12. Kapitel. Christoph Schmidt-Lellek: Vier Dimensionen des Tätigseins – ein Modell zur Work-Life-Balance. Erschienen in: OSC 14 (1), 2007, S. 29-40; für diese Ausgabe überarbeitet.

Die übrigen Beiträge sind für diese Veröffentlichung neu verfasst worden.

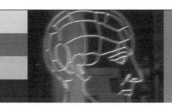

Schwerpunkt Coaching